Abenteuer

Philologie des Abenteuers

Herausgegeben von

Susanne Gödde und Martin von Koppenfels

BAND 1

Martin von Koppenfels, Manuel Mühlbacher (Hg.)

Abenteuer

Erzählmuster, Formprinzip, Genre

BRILL | Wilhelm Fink

Gefördert durch die Deutsche Forschungsgemeinschaft (DFG) – 391707582; 391707523; 391968121; 392014007; 391760332; 392375606

Umschlagabbildung:
Paul Klee, *Das Abenteurer-Schiff*, 1927

Bibliografische Information der Deutschen Nationalbibliothek

Die Deutsche Nationalbibliothek verzeichnet diese Publikation in der Deutschen Nationalbibliografie; detaillierte bibliografische Daten sind im Internet über http://dnb.d-nb.de abrufbar.

Internet: www.fink.de

Einbandgestaltung: Evelyn Ziegler, München
Herstellung: Brill Deutschland GmbH, Paderborn

ISSN 2628-5215
ISBN 978-3-7705-6472-9 (paperback)
ISBN 978-3-8467-6472-5 (e-book)

Inhalt

MARTIN VON KOPPENFELS UND MANUEL MÜHLBACHER

Einleitung

Paul Klees Graphik *Das Abenteurer-Schiff*, 1927 am Bauhaus entstanden, verwirrt die Ebenen der Betrachtung: Einerseits funktioniert das Bild gegenständlich, genrehaft, ja narrativ in der Darstellung des titelgebenden Wasserfahrzeugs samt Abenteurern, Steuerrad, Segeln, Schornstein, Fahnenschmuck und Wellenschlag. Andererseits folgt es ostentativ den konstruktivistischen Formprinzipien, die am Bauhaus gelehrt wurden – Quadrat, Rechteck, Kreis, Senkrechte, Waagrechte, Diagonale, ungemischte Grundfarben –, so dass es scheint, als hätten sich diese Elemente nur zufällig und vorübergehend zu einem Gegenstand zusammengetan.[1] Zu diesem Eindruck trägt wesentlich bei, dass die Fahnen und Wimpel des Schiffes, im gegenständlichen Sinne bloß bewegtes Beiwerk, dank ihrer flachen Farbigkeit als autonome Elemente in den Vordergrund treten. Ganz zu schweigen von dem mysteriösen schwarzblauen Hintergrund, in dem das Schiff auf eine andere, flächigere Weise schwimmt, als Schiffe gemeinhin im Wasser schwimmen, nämlich so, als sei es eben aus ihm herausgewachsen.[2]

Wie Klees Bildraum ist auch der Begriff des Abenteuers, den er diesem Raum eingeschrieben hat, weniger simpel, als er auf den ersten Blick erscheint. Verbindet man mit diesem Begriff zunächst elementare, nämlich kindliche oder adoleszente Erzählmuster, so offenbart er auf den zweiten Blick zahlreiche Paradoxien, die es nicht leicht machen, ihn theoretisch zu fassen. Erscheint er auf der einen Seite allzu konkret mit bestimmten trivialen Gegenständen verbunden, eignet ihm auf der anderen die abstrakte, konstruktive Qualität eines erzählerischen Grundbausteins. Und wie Klees Schiff kommt der Begriff Abenteuer in einer Atmosphäre vager Faszination dahergeschwommen, die seine erstaunliche historische Haltbarkeit garantiert. Denn es ist wohl erstaunlich zu nennen, dass sich ein mittelalterliches Erzähl- und Erfahrungsschema unbeschadet aller gesellschaftlichen und kulturellen Umbrüche bis in die Gegenwart als Faszinationsbegriff erhalten hat. Über die Jahrhunderte hat das Abenteuer immer neue Bereiche der Kultur durchdrungen und eine

1 Cathrin Klingsöhr-Leroy bezeichnet das Bild daher als „Persiflage“ des Konstruktivismus: *Paul Klee in der Pinakothek der Moderne*, hg. v. d. Pinakothek der Moderne / Bayerische Staatsgemäldesammlungen, Ostfildern-Ruit: Hatje Cantz 1999, S. 132.

2 Klees Bild wurde – von uns spät bemerkt – auch für den Schutzumschlag von Michael Nerlichs Buch *Abenteuer oder das verlorene Selbstverständnis der Moderne* (München: Gerling Akademie Verlag 1997) verwendet.

 | DOI:10.30965/9783846764725_002

solche Zahl von Kontexten und Konnotationen an sich gebunden, dass es – als schillernder Allerweltsbegriff – zunächst nicht gerade zu narratologischer Präzisierung einlädt.

Wenn überhaupt, dann ist an eine Definition nur in Form einer historischen Semantik, einer *Archäologie* des Abenteuers zu denken. Zu einer solchen wiederum scheint die literaturwissenschaftliche Erzählforschung prädestiniert, denn der Begriff tritt – in der altfranzösischen Form *aventure* oder *avanture* – erstmals in narrativen Texten ins Licht der Geschichte, nämlich in den höfischen Verserzählungen von Chrétien de Troyes, Marie de France und ihren Zeitgenossen. Und bereits an seinen mittelalterlichen Anfängen erscheint das Wort als eine bewusst inszenierte Stelle der Unbestimmtheit, als das Ziel einer Suche, die sich notwendig ins Offene richtete. Was eine *aventure* ist, wissen schon bei Chrétien de Troyes nur die Eingeweihten – und die haben notorisch Schwierigkeiten, es den Uneingeweihten zu erklären. Von Chrétiens Ritter Calogrenant bis zu Cervantes' Don Quijote verwickeln sie sich daher in regelrechte Definitionsabenteuer, die integraler Bestandteil ihrer Geschichte sind und nicht selten als Auslöser anderer Formen des Abenteuers fungieren, in denen es nicht mehr nur um Fragen der Semantik geht, sondern um Leben und Tod.

Im vorliegenden Band (dem ersten der Münchner Forschungsgruppe ‚Philologie des Abenteuers') geht es um einen kleinen Teilbereich einer möglichen Archäologie des Abenteuers, nämlich um die Frage, wie sich der Begriff zu den gängigen Ordnungsmustern verhält, die uns die Orientierung im Meer der erzählenden Texte erleichtern – zu Gattungen, Genres, Textmustern, aber auch zu übergreifenden Konstruktionsprinzipien wie Vers und Prosa. Der Begriff ‚Abenteuer' erscheint nämlich in seinen höfischen Ursprüngen zwar an einen bestimmten kulturellen Kontext, nicht aber an eine bestimmte literarische Gattung gebunden: Die *aventure* verweist zwar auf die ‚bretonische' bzw. ‚arthurische' Erzählwelt (*matière de Bretagne*), aber nicht auf eine bestimmte Textform. In diesem Sinne behandelt Chrétien de Troyes die *avanture* als eine Art Rohmaterial, aus der die konkrete textuelle Gestalt (*conjointure*) erst ‚herausgezogen' werden müsse:

> Et tret d'un conte d'avanture
> Une moult bele conjointure[3]

3 Chrétien de Troyes, *Érec et Énide*, V. 13 f., in: ders., *Œuvres complètes*, hg. v. Daniel Poirion, Paris: Gallimard 1994, Bd. 1, S. 3–169, hier S. 3.

Seine Anpassungsfähigkeit an unterschiedliche Mikro- und Makrostrukturen, an verschiedene Formprinzipien und Genres hat sich das Abenteuer über die Jahrhunderte bewahrt: Es überschritt scheinbar unbeeindruckt die Grenze von der Vers- zur Prosaerzählung, bildete wechselnde Amalgame mit literarischen Gattungen wie etwa dem Epos oder der Novelle, es fand sich als Binnen- oder Episodenbegriff in den verschiedensten neuzeitlichen Genres wieder und machte auch vor Mediengrenzen nicht Halt, wie seine Verwendung im Bereich von Film und Computerspiel zeigt.[4] Vor dem Hintergrund dieser bemerkenswerten Karriere erscheint die Verfestigung des Begriffs zur Genrebezeichnung eher als Anomalie. Dies geschah erst mit dem populären Abenteuerroman, der sich an der Wende vom 18. zum 19. Jahrhundert etablierte[5] – als eine synkretistische Form, die einerseits als ein Sammelbecken älterer, aus dem Kanon der Moderne herausgefallener Erzähltraditionen fungierte, andererseits aber auch in die Populärkultur des 20. Jahrhunderts ausstrahlte. Womöglich konnte ein solches Genre erst entstehen, als die Ambivalenzen und internen Spannungen des mittelalterlichen Abenteuerbegriffs gründlich abgeschliffen waren; also erst in einer ‚sentimentalischen' Perspektive, als Reflexion über etwas vermeintlich Verlorenes.

Die Ablösbarkeit des Begriffs Abenteuer von seinem kulturellen Entstehungskontext lässt sich jedoch nicht nur im Hinblick auf spätere Adaptierungen beobachten. Sie funktioniert auch retrospektiv. So ist es etwa gängig, ihn auf Texte zurückzuprojizieren, die lange vor seinem ersten Auftreten entstanden, vor allem auf jene namenlosen antiken Erzählungen, die mangels eines anderen Gattungsbegriffs meist als ‚Liebes- und Abenteuerromane' bezeichnet werden; aber auch auf Teile der epischen Tradition der Antike, namentlich die Seefahrermärchen (Apologoi) der *Odyssee*, die in modernen Nacherzählungen wie selbstverständlich als ‚Abenteuer des Odysseus' firmieren. Ein Vertreter dieses historisch entgrenzten Abenteuerbegriffs ist etwa Volker Klotz:

> Abenteuerliteratur ist so alt wie Literatur überhaupt. Auch wenn sie von Fall zu Fall im Namen des Mythos, des Epos oder des Märchens auftrat. Gilgamesch zieht aus und muss ein Abenteuer nach dem anderen bestehen. Desgleichen, zu andrer Zeit und in anderen Breiten, Homers Odysseus. Ebenso ergeht es,

4 Zunächst rein textbasierte *Adventures*, eigentlich interaktive Erzählungen, bildeten eines der ersten etablierten Computerspiel-Genres. Vgl. Nick Montfort, *Twisty Little Passages. An Approach to Interactive Fiction*, Cambridge/MA: MIT Press 2003.

5 Dazu: Hans-Jörg Neuschäfer, *Populärromane im 19. Jahrhundert. Von Dumas bis Zola*, München: Wilhelm Fink 1976; Jean-Yves Tadié, *Le roman d'aventures*, Paris: Presses Universitaires de France 1982; Volker Klotz, *Abenteuer-Romane*, Reinbek b. Hamburg: Rowohlt 1989; Mathieu Letourneux, *Le roman d'aventures 1870–1930*, Limoges: Presses Universitaires de Limoges et du Limousin 2010.

wiederum später, im Westen den Artusrittern und im Osten dem Seefahrer Sindbad.[6]

Diese Sichtweise ist literarisch bestimmt von der Perspektive des modernen Abenteuerromans; konzeptuell aber basiert sie auf der Interpretation des Abenteuerbegriffs als im Grunde textindifferenter Erlebniskategorie, wie sie z. B. Georg Simmel in seiner einflussreichen „Philosophie des Abenteuers" entwickelt hat.[7] Von hier aus ist es nur ein Schritt, um das Abenteuer zu einem anthropologischen Grundmythos, zum Kern allen menschlichen Erzählens zu erklären.[8]

Gegen die historische Entgrenzung erhob wiederum eine philologische Forschung Einspruch, die die mittelalterlichen Entstehungsbedingungen des Erzählmusters betonte. Sehr deutlich formulierte diesen Einspruch bereits Erich Auerbach:

> das Abenteuer, aventure, eine überaus eigentümliche und seltsame Form des Geschehens, welche die höfische Kultur ausbildete. Wohl gibt es lange zuvor die phantasiereiche Ausmalung der Wunder und Gefahren, die denjenigen erwarten, der über die Grenzen der bekannten Welt in ferne, unerforschte Gegenden verschlagen wird – und nicht minder phantasiereiche Vorstellungen und Erzählungen von den geheimnisvollen Gefahren, die selbst innerhalb der geographisch bekannten Welt durch das Wirken von Göttern, Geistern, Dämonen und anderen zauberkundigen Gewalten den Menschen bedrohen; es gibt auch längst vor der höfischen Kultur den furchtlosen Helden, der durch Kraft, Tugend, List und göttliche Hilfe solche Gefahren überwindet und andere daraus erlöst. Aber daß ein ganzer Stand, der in voller zeitgenössischer Blüte steht, das Bestehen solcher Gefahren als einen eigentlichen und in der Idealvorstellung ausschließlichen Beruf ansieht – daß die verschiedensten Sagenüberlieferungen, vor allem die bretonische, aber auch andere, von ihm rezipiert werden, um eine eigens dafür präparierte ritterliche Wunderwelt zu schaffen, in der die phantastischen Begegnungen und Gefahren gleichsam am laufenden Bande dem Ritter entgegentreten – diese Geschehensanordnung ist eine Neuschöpfung des höfischen Romans.[9]

Implizit grenzt der Autor von *Mimesis* die höfische *aventure* hier vom Muster der Odyssee, vom antiken Roman, von Heroenmythen und vom Märchen ab.

---

6 Klotz, *Abenteuer-Romane*, S. 10.

7 Georg Simmel, „Philosophie des Abenteuers", in: ders., *Aufsätze und Abhandlungen 1909–1918*, hg. v. Rüdiger Kramme u. Angela Rammstedt, Frankfurt/Main: Suhrkamp 2001, Bd. 1 (= Simmel, *Gesamtausgabe*, hg. v. Otthein Rammstedt, Bd. 12), S. 97–110.

8 So argumentiert etwa Paul Zweig, *The Adventurer*, Pleasantville/NY: Akadine Press 1999.

9 Erich Auerbach, *Mimesis. Dargestellte Wirklichkeit in der abendländischen Literatur*, Basel u. Tübingen: Francke 2001, S. 131.

Entscheidend für diese Abgrenzung ist das von Auerbach hervorgehobene Moment der aktiven Suche nach dem unbestimmten Ausnahmeereignis[10] – eine Suche, die als vornehmste Aufgabe einer sich im höfischen *roman* selbst idealisierenden Kaste gilt. Dieses Merkmal fungiert als Kriterium der Unterscheidung von antiker, aber auch mittelalterlicher Heldenepik (*chanson de geste*), die in der Regel mit einer klaren Mission einhergeht. Das gilt selbst für Odysseus, den abenteuerähnlichsten der antiken Heroen, dessen Mission im *nostos*, in der Heimkehr besteht. Es gilt für unzählige pikarische Helden, die nicht aus Abenteuerlust, sondern schlicht aus Lebensnot in die Welt hinaus ziehen. Und man könnte vor diesem Hintergrund sogar die Reinform der Abenteuersuche von jener höfischen Erzählform unterscheiden, die man als *queste* bezeichnet, insofern deren Helden nicht ins Offene hinausziehen, sondern ein bestimmtes Ziel vor Augen haben. Wolfram von Eschenbach hat diese Unterscheidung zur Strukturbedingung seines *Parzival* gemacht, indem er die Erzählung von der Gralssuche seines Titelhelden mit der Erzählung von dem perfekten Ritter (und perfekten Abenteuersucher) Gawan zu einem Doppelroman verflocht. Doch auch eine ursprünglich klar definierte *queste* kann wieder ins Abenteuer kippen – so etwa, wenn sie zum Vorwand für die Herbeiführung immer neuer Begegnungen herabsinkt, also nur als ein narrativer Motor fungiert, der die Figuren den Raum durchqueren lässt und dadurch eine essentielle Voraussetzung für das Abenteuer bereitstellt – so etwa in einem italienischen *romanzo* des späten 15. Jahrhunderts wie Matteo Boiardos *Orlando innamorato*.

Das Abenteuer weist, obgleich seinem Begriff nach mit keinem Genre identifiziert, doch Affinitäten zu einer ganzen Reihe narrativer Formen auf (vom Märchen über die Novelle und den Schelmenroman bis hin zur modernen Detektivgeschichte), wobei sein Verhältnis zu diesen Formen nie systematisch untersucht wurde. Ebenso ist das Abenteuer als bestimmender Faktor in die großen gattungspoetischen Debatten der Neuzeit eingegangen. Das gilt zum Beispiel für die Diskussion um die Begriffe *epos* und *romanzo*, die die italienische Renaissancepoetik beschäftigte. Durch Cervantes' Auseinandersetzung mit den frühneuzeitlichen Ritterbüchern wurde die Kritik des abenteuerlichen Erzählens dann zu einer Schlüsselfrage der Poetik des Romans. In der englischen Debatte, die *novel* und *romance* gegeneinander in Stellung brachte, tauchte das abenteuerliche Erzählen als Unterscheidungskriterium ebenso auf wie in den entsprechenden deutschsprachigen Diskussionen des

10 Mit dem Kriterium der aktiven Suche setzen sich auch die Artikel von Susanne Gödde und Wolfram Ette in diesem Sammelband auseinander. Vgl. dazu insb. unten, S. 41–44 u. 107–109.

18. Jahrhunderts. Und auch für die moderne Ausdifferenzierung des Romans war der Begriff von Belang, etwa wenn der realistische Roman sich dezidiert vom Paradigma des Abenteuers absetzte, dann aber doch die eine oder andere abenteuerliche Novelle als Binnenerzählung in sich aufnahm.

Die strukturale Erzählforschung des 20. Jahrhunderts zeigte zwar (etwa im russischen Formalismus) Interesse am abenteuerlichen Erzählen, nahm das Abenteuer aber nicht in die Reihe seiner Grundbegriffe auf. Das Abenteuer besitzt mehr narrativen Gehalt als Konzepte wie „Ereignis"[11] oder „Funktion"[12], die jeweils kleinste Bausteine eines narrativen Verlaufs bezeichnen. Andererseits ist es weniger abgeschlossen als die „Heldenreise"[13] und weniger umfassend als das „Sujet"[14]. Strukturell bildet das einzelne Abenteuer eine episodische Einheit, die vom plötzlichen Erscheinen der Bewährungsprobe bis zu deren Bewältigung reicht, doch erfordert es bestimmte raumzeitliche Bedingungen – mit Bachtin: einen bestimmten Chronotopos[15] –, um überhaupt eintreten zu können. Selbst wenn es den Teil und nicht das Ganze bezeichnet, sich also unterhalb der Gattungsschwelle bewegt, hat es deshalb Auswirkungen auf das Textganze.[16] Zwischen Mikro- und Makroebene angesiedelt, erscheint es nicht als strukturelle, sondern als phänomenologische Einheit. Als solche vermag es Fragestellungen an sich zu ziehen, die mit der *Erfahrung* des Narrativen zu tun haben und sich im Vokabular der strukturalen Erzählanalyse kaum artikulieren lassen: psychologische, anthropologische und fiktionstheoretische Fragen, die an elementaren Erzählakten ansetzen. Zugleich bleibt aber die Frage auf der Tagesordnung, welche textuellen Formen überhaupt dazu in der Lage sind, dem Phantasma des Abenteuers Raum zu geben, und wie sich dieses zu literarischen Formen und Gattungen je historisch verhält. Die Geschichte des Abenteuerbegriffs und die Typologie narrativer Formen werden deshalb im vorliegenden Band gemeinsam verhandelt, um zur historischen Differenzierung

---

11 Boris Tomaševskij, „Fabel und Sujet", in: ders., *Theorie der Literatur, Poetik*, hg. v. Klaus-Dieter Seemann, Wiesbaden: Harrassowitz 1985, S. 214–227.

12 Vladimir Propp, *Morphologie des Märchens*, hg. v. Karl Eimermacher, München: Hanser 1972, S. 25–30.

13 Vgl. Joseph Campbell, *The Hero with a Thousand Faces* [1948], Princeton u. Oxford: Princeton University Press 2004.

14 Vgl. Jurij Lotman, *Die Struktur literarischer Texte*, übers. v. Rolf-Dietrich Keil, München: Wilhelm Fink 1972, S. 329–340.

15 Michail Bachtin, *Chronotopos*, Frankfurt/Main: Suhrkamp 2008, S. 9–36 u. S. 79–87.

16 Den Umstand, dass das Abenteuer als narrativer „Baustein" in das Ganze des Textes einfließt, haben Jutta Eming und Ralf Schlechtweg-Jahn zuletzt mit dem Begriff des „Narrativs" gefasst. Vgl. Eming u. Schlechtweg-Jahn, „Einleitung", in: *Aventiure und Eskapade. Narrative des Abenteuerlichen vom Mittelalter zur Moderne*, hg. v. dens., Göttingen: V & R unipress 2017, S. 7–48, hier S. 20 f.

beider Bereiche beizutragen – und zwar in einer Reihe von Studien, die einen weiten historischen Bogen vom antiken Epos bis zur Wissenschafts- und Populärkultur der Gegenwart abschreiten. Im Folgenden sollen die einzelnen Artikel vorgestellt und der Aufbau des Bandes erläutert werden.

Der erste Beitrag führt in Form eines Prologs zum Gegenstand hin: JULIKA GRIEM (Essen) untersucht die Inanspruchnahme des Abenteuerbegriffs in aktuellen wissenschaftspolitischen Debatten, sie tut dies aber anhand von literarischen Texten und schlägt dadurch einen Bogen zwischen dem Abenteuer als ideologisch besetzbarer Erlebniskategorie und als formgebundenem Erzählschema. Griem geht von der Beobachtung aus, dass die Inszenierung von Wissenschaft als Abenteuer sowohl in populärwissenschaftlichen Formaten als auch in den Selbstverständigungsprozessen der einzelnen Disziplinen Konjunktur hat. Dieser Reaktivierung des Abenteuers als Inbegriff hochintensiver Erfahrung begegnet sie mit der Lektüre zweier zeitgenössischer Romane, die Wissenschaft als Abenteuer erzählen: Felicitas Hoppes *Johanna* (2006) und Mathias Énards *Kompass* (2015). Die räumliche Grenzüberschreitung wird hier jeweils in die Zeit projiziert, die Bewährungsprobe wird zur universitären Prüfung und das Risiko geht von institutionell verankerter Gewalt aus. Die erzählerische Form der beiden Romane ist jedoch höchst unterschiedlich: Hoppe setzt auf Konzentration und Verdichtung, sie erzeugt auf sprachlicher Ebene eine Spannung, die sich nie auf Makroebene entlädt. Énard hingegen entfesselt einen ausladenden und assoziativen Erzählfluss, der trotz aller Digressionen in die quasi-mystische Vereinigung des Wissenschaftlerpaars mündet. Durch die unterschiedlichen Erzähltechniken wird auch das episodische Abenteuerschema jeweils anders geformt und in eine andere Gesamtstruktur eingelassen. Während Énard das in den Geisteswissenschaften bestehende Bedürfnis nach Charisma, Intensität und Heroismus bedient, plädiert Griem mit Hoppe für ein Pathos der Nüchternheit: Die Zukunft der Wissenschaften liegt nicht in der Sinnstiftung durch romantisches Heldentum, sondern in egalitären Gemeinschaften, die Wissenschaft als Spiel und Sport betreiben.

Schlägt der erste Beitrag noch eine Brücke zwischen Ideologiekritik und Formanalyse, zwischen der weltanschaulichen Inanspruchnahme und den narrativen Funktionen des Abenteuers, so stößt SUSANNE GÖDDE (Berlin) zum Kern des Themas vor, indem sie die Abenteuerlichkeit antiker Gattungen, insbesondere die des Epos und des griechischen Romans, der Analyse unterzieht. Statt, wie in der Forschung vielfach geschehen, Odysseus den Status als Abenteurer pauschal zu- oder abzusprechen, macht Gödde in den Apologoi Elemente ausfindig, die auf das Erzählschema des Abenteuers vorausweisen, ohne dieses bereits völlig zu realisieren. Im Zentrum der Analyse stehen vor allem das Kriterium der gezielten Suche nach Abenteuern und das Moment der Kontingenz. Während Odysseus nur selten aus eigenem Antrieb Risiken eingeht und die ihm begegnenden Hindernisse meist als Duldender überwindet, lässt der Götterapparat der *Odyssee* ein Maß von Kontingenz zu, das durchaus eine Affinität zum Abenteuer aufweist. Insbesondere aus Perspektive des Protagonisten ist der Ausgang der einzelnen Episoden alles andere als vorhersehbar, und zudem wird der Einfluss der Götter gerade während der Apologoi besonders selten geltend gemacht. Die griechischen Romane der Kaiserzeit, zu denen Gödde in der zweiten Hälfte des Artikels übergeht, fassen die Zwistigkeiten der epischen Götter in der wesentlich unbestimmteren Figur der *tychê* zusammen, deren Semantik zwischen Schicksal und Zufall oszilliert. Ihre Pläne wirken irrational und sind undurchschaubar – für die Figuren, aber auch für den Leser, der in *tychê* das Prinzip des Plots überhaupt erkennen kann. Angesichts der von *tychê* inszenierten Wechselfälle des Glücks müssen sich die Protagonisten der Romane bewähren. Hierin liegt eine spezifische Differenz gegenüber der *Odyssee*, wo sich die Heimkehr des Helden kaum als eine Belohnung für bestandene Prüfungen auffassen lässt. Obwohl die Antike, anders als das Mittelalter, die gezielte Suche nach Abenteuern nicht kennt, finden sich sowohl im antiken Epos als auch in den griechischen Romanen Elemente, die einen fruchtbaren Nährboden für abenteuerliches Erzählen darstellen.

Der kultur- und literaturgeschichtliche Kernbereich, in dem das Abenteuer entscheidend geprägt, wenn nicht sogar erfunden wurde, ist dennoch der höfische Roman des Mittelalters. Mit dieser genuin nachantiken Gattung, die sich vom Epos absetzt und zugleich aus den figuralen Schemata der Heilsgeschichte heraustritt, beschäftigen sich innerhalb des Bandes drei Beiträge. Den Anfang macht MIREILLE SCHNYDER (Zürich), die der changierenden Semantik von *âventiure* in der mittelhochdeutschen Literatur nachgeht und dabei zeigt, wie ein Begriff, der zunächst eng an die ritterliche Bewährungsprobe im höfischen Roman gebunden war, zunehmend als ein Synonym für das Fiktionale und Imaginäre, ja sogar als ein Vorgängerbegriff von ‚Literatur' überhaupt fungiert. Der für das Abenteuer charakteristische Umschlag von Kontingenz in Providenz erfolgt stets durch das Erzählen der bestandenen Bewährungsproben am Artushof: Was in der Vorausschau zufällig scheint und in einen offenen Horizont eingelassen ist, verwandelt sich retrospektiv in ein vorherbestimmtes Heilsgeschehen. In diesem Prozess entsteht die Identität des Ritters aus den Geschichten, die ihm am Hof zugeschrieben werden. Sobald der Ritter – so etwa im *Tristan* Gottfrieds von Straßburg (um 1210) – diese Geschichten jedoch frei erfindet, steht der Begriff der *âventiure* für ein Möglichkeitsdenken, das gegebene Ordnungen auch in Frage stellen kann und das Eigene auf das Fremde, Andere und Ferne bezieht. Deshalb wird auch die *inventio*, die Suche des Erzählers nach neuen Geschichten als ein Abenteuer eigener Art dargestellt, etwa wenn der Dichter in Wolfram von Eschenbachs *Parzival* (ca. 1200–1210) unerwartet Besuch von „frou Aventiure" erhält. Je stärker sich der Begriff der *âventiure* jedoch mit dem Wunderbaren und Phantastischen verbindet, desto deutlicher setzt er sich auch der authentischen und abgesicherten *historia* entgegen. Es ist deshalb nur konsequent, dass die reale Begegnung mit dem Fremdem im 16. Jahrhundert nicht mehr unter dem Schlagwort des Abenteuers, sondern dem der ‚Erfahrung' verhandelt wird. Man kann hier die Schwelle zu einer neuen Art der Literatur ansetzen, die kein seine Imaginationen reflektierendes Ich, sondern ein sich in die Welt einschreibendes Subjekt voraussetzt.

Âventiure bezeichnet somit schon in der deutschen Literatur des Mittelalters Phantasien, deren Wirklichkeitsbezug vom Erzähler selbstbewusst gekappt wurde. Ganz ähnlich sollte die Poetik der Aufklärungszeit im Abenteuer einen traumhaften Erzählstoff sehen, dem es jedoch an eigener Formung mangelt. Ein später Reflex dieser Zuschreibung findet sich noch in Freuds Essay „Der Dichter und das Phantasieren". Freud beschreibt das literarische Erzählen hier nicht nur als eine Form der Wunscherfüllung, sondern wirft zugleich die Frage auf, durch welche poetischen Verfahren es dem Dichter gelingt, die eigenen Phantasien intersubjektiv mitteilbar, ja für den Leser sogar lustvoll genießbar zu machen. Martin von Koppenfels (München) nimmt das freudianische Rätsel zum Anlass, um den Zusammenhang zwischen Abenteuer und Vers- bzw. Prosaform in den romanischen Literaturen des Mittelalters und der Frühen Neuzeit zu untersuchen. Anhand von vier Stichproben vergleicht er, wie sich der Wechsel zwischen gebundener und ungebundener Rede auf die Darstellung einer vergleichbaren Abenteuer-Situation – die Passage des Ritters über eine gefährliche Brücke – auswirkt. Im Abenteuer an der Schwertbrücke aus Chrétiens *Lancelot* trägt der Reim dazu bei, die mit einem Inzestverbot belegte Vereinigung mit der Königin akzeptabel zu machen, er stellt aber auch ein stabiles Gerüst bereit, das die chaotischen Tendenzen des Abenteuers – seine strukturelle und temporale Offenheit – eingrenzt. Mit dem Wechsel zur ungebundenen Form im *Prosa-Lancelot* verändert sich auch die Darstellung derselben Abenteuer-Situation radikal: An die Stelle des Reims treten komplexe syntaktische Verschlingungen; gegenüber der Linearität der Verserzählung schafft die Prosa perspektivische Pluralität. Ariosto versucht im *Orlando furioso* gewissermaßen, die Errungenschaften der Prosa in die Oktavenform zu übernehmen: Der Vers hat hier seine begrenzende Funktion verloren, er wird vielmehr zum Vehikel der Handlungsvielfalt und des Perspektivismus. Im *Don Quijote* schließlich fallen der prosaische Welt- und Textzustand zusammen.

Doch auch hier sind es noch Verse aus dem *Romancero*, die die Vermittlung zwischen den solipsistischen Phantasien des Helden und der realen Welt der anderen Figuren herstellen.

Der dritte Beitrag, der sich schwerpunktmäßig der mittelalterlichen Literatur widmet, stammt von WOLFRAM ETTE (München) und kehrt zu einer genuin gattungstheoretischen Fragestellung zurück, nämlich zum Verhältnis von Abenteuer und Märchen. Als Materialbasis dienen dabei der höfische Roman sowie die Märchensammlung der Gebrüder Grimm und Alexander Afanasjews Zusammenstellung *Russischer Volksmärchen*. Einigen Interpreten gilt das Märchen bekanntlich als stoffliche Grundlage des höfischen Romans; gleichzeitig wird das Märchen häufig eher unverbindlich mit dem Begriff des Abenteuers in Verbindung gebracht. Demgegenüber betont Ette die zentrale Differenz zwischen beiden Gattungen, und diese bestimmt er entwicklungspsychologisch: Das Märchen spiegelt eine kindliche Weltwahrnehmung wider und führt über einen Moment der Initiation ins Erwachsenenleben. Der Übergang zwischen beiden Stadien erfolgt durch einen radikalen Sprung und wird durch äußere Umstände veranlasst: Nicht aus eigenem Antrieb, sondern aus Not bricht der Märchenheld in die Welt auf. Die Abenteuersuche des Ritters hingegen entspricht einer adoleszenten Entwicklungsstufe: Hier wird der Held von einer libidinösen und erotisch gefärbten Triebkraft dazu veranlasst, die Bewährungsprobe selbst zu suchen. In den kämpferischen Auseinandersetzungen treffen stets männliche Konkurrenten aufeinander, die ihre Kraft messen wollen und dabei um (ebenfalls begehrende) Frauen streiten. Dank seines erotischen Begehrens ist der abenteuersuchende Ritter in der Lage, die Ordnung seines Lebens selbst zu formen, auch wenn das Entwicklungsmoment im höfischen Roman völlig unterschiedlich ausgeprägt ist und häufig rudimentär bleibt. Das Abenteuer steht auf halbem Weg zwischen dem diskontinuierlichen Initiationsmodell des Märchens und der autonomen Selbstgenese des modernen Bildungsromans.

Nach seiner Hochphase in den „verwilderten" Prosaromanen des Mittelalters[17] sowie in den italienischen *romanzi* des 15. Jahrhunderts – einen vielleicht unübertroffenen Höhepunkt der Abenteuerlichkeit markiert Matteo Boiardos *Orlando innamorato* von 1494 – beginnt für das Abenteuer eine Zeit der Krise. In Italien wird diese nicht zuletzt durch die Wiederentdeckung der aristotelischen *Poetik* und die Konfrontation des abenteuerlichen *romanzo* mit dem Modell des antiken Epos ausgelöst. MANUEL MÜHLBACHER (München)

17 Vgl. Karlheinz Stierle, „Die Verwilderung des Romans als Ursprung seiner Möglichkeit", in: *Literatur in der Gesellschaft des Spätmittelalters*, hg. v. Hans Ulrich Gumbrecht, Heidelberg: Winter 1980, S. 253–313.

sucht nach Spuren des Abenteuers in der hitzigen Debatte um Ariostos *Orlando furioso* und Tassos *Gerusalemme liberata*, die sich durch die zweite Hälfte des *Cinquecento* zieht. Die aristotelische Brille, mit der die italienischen Dichtungstheoretiker die frühneuzeitliche Ritterepik betrachten, führt zwar dazu, dass die Kategorie des Abenteuers aus dem poetologischen Vokabular verschwindet, aber die Vorrangstellung, die Aristoteles dem *mythos* zuspricht, zwingt gleichzeitig zu einer intensiven Auseinandersetzung mit den abenteuerlastigen Plot-Strukturen des *romanzo*. Die gattungstheoretischen Traktate dieser Zeit können deshalb fruchtbar gemacht werden, um Elemente für eine historische Narratologie des Abenteuers zu sammeln. Im Mittelpunkt des Artikels stehen insbesondere das sinnliche Lustprinzip, das der Gattung des *romanzo* zugeschrieben wird, und seine konstitutive Endlosigkeit, die aus der seriellen Struktur des Abenteuers resultiert. Der episodischen Reihung der Bewährungsproben entspricht ein zyklisches Wechselspiel von Spannungsaufbau und Spannungsabfuhr, das das narrative Begehren des Lesers nie vollkommen stillt und daher vielen Kommentatoren moralisch fragwürdig scheint. Die Suche nach impliziten Reflexionen über das Abenteuer in den Poetiken des *Cinquecento* fördert all die Konnotationen und Wertungen zu Tage, die sich einer rein strukturalen Erzähltheorie entziehen.

Zu der Zeit, als sich das Italien des 16. Jahrhunderts zum antiken Epos zurückwendet, bringt die spanische Literatur eine neue Romangattung hervor, die sich in radikaler Opposition zur idealisierten Welt des Ritterromans definiert und die mit ihm dennoch die episodisch-kontingente Struktur teilt: den pikarischen Roman. Von Grimmelshausens *Abentheuerlichem Simplicissimus Teutsch* bis in die moderne Forschung[18] ist es üblich, die Erlebnisse des *pícaro* bzw. des Schelms als ‚Abenteuer' zu bezeichnen, ohne dass diese Zuschreibung immer reflektiert und kritisch geprüft würde. MICHAEL WALTENBERGER (München) untersucht die ‚Abenteuerlichkeit' des deutschen Schelmenromans des 17. Jahrhunderts und definiert dafür zunächst die strukturellen Bedingungen, die abenteuerlichen Erzählmustern zugrunde liegen: Während bei sujethaften Texten die ursprüngliche Ordnung durch den transgressiven Akt des Helden für einen Moment erschüttert wird, um dann sogleich wieder in eine neue Ordnung überzugehen, eröffnet das Abenteuer einen Raum der wilden Kontingenz (Ricœur) in der Kluft zwischen zwei Ordnungszuständen. Das Moment der Transgression wird dadurch von dem der Ereignishaftigkeit abgelöst, da die Ereignisse jetzt in einem von der Grenzüberschreitung überhaupt erst eröffneten abenteuerlichen Dazwischen

18 So etwa – um nur ein Beispiel zu nennen – bei Franz Stanzel, *Typische Formen des Romans*, Göttingen: Vandenhoeck & Ruprecht 1981, S. 67 f.

stattfinden. Während der Raum der Ordnung und der Raum des Risikos bei der ritterlichen *aventure*, aber auch im modernen Abenteuerroman meist getrennt sind, wird im Schelmenroman die Welt des Bekannten und Alltäglichen selbst zu einer kontingenzgesättigten Abenteuersphäre. Diese ‚Verabenteuerung' der Gesellschaft analysiert Waltenberger anhand von Hieronymus Dürers *Lauf der Welt und Spiel des Glücks* (1668) und Grimmelshausens *Springinsfeld* (1670), wo der Dreißigjährige Krieg als abenteueraffiner Chronotopos in Betracht gezogen wird. Bei Dürer ist die Kontingenz noch durch ihre Darstellung im Rad der Fortuna rationalisiert: Während die Hauptfigur es verpasst, sich gegen die immer wieder eintretenden Glückswechsel vorzusehen, kann der Leser im Wirken Fortunas eine zyklische Regelmäßigkeit erkennen. Diese Figuration des Glücks fordert weniger zu einem Rückzug aus der eitlen Welt auf, wie ihn das erzählende Ich mit seiner gattungstypischen *conversio* bereits vollzogen hat, sondern vielmehr zu klugem ökonomischem Handeln, das aus der Berechenbarkeit der Fortuna Kapital schlägt. Diese Möglichkeit, das Spiel des Glücks vorauszusehen und potentiell zu bewältigen, verschwindet bei Grimmelshausen. Hier verdanken sich Gewinn und Verlust nicht mehr dem klugen bzw. unvernünftigen Handeln der Figuren, sondern unvorhersehbaren Zufällen. Das christliche Ordnungsvertrauen ist zwar nicht verloren gegangen, es dient jetzt aber vor allem als Kontrastfolie, von der sich die unkalkulierbaren Kontingenzen des Kriegsgeschehens abheben.

Während das Abenteuer in der Frühen Neuzeit an narrative Großformen gebunden bleibt – Ritterroman, Schelmenroman, barocker Liebesroman –, soll es in der Aufklärungszeit gerade aus dem Roman ausgetrieben werden: mit der Folge, dass es unter anderem in kleinere Gattungen wie die Novelle abwandert. Dieser Gattungswechsel, den Inka Mülder-Bach (München) anhand der Novellistik Goethes nachzeichnet, ist kulturgeschichtlich nicht von einem sozialen und literarischen Rationalisierungsprozess zu trennen. Das von der aufklärerischen Poetik Ausgeschlossene – das Romanhafte, Wunderbare, Abenteuerliche – stellt ein Verdrängtes dar, das jederzeit in Form des Unheimlichen wiederkehren kann. Genau deshalb taucht der Begriff des Abenteuers im Rahmen phantastischer Kurzerzählungen wieder auf: In einigen Erzählungen aus den *Unterhaltungen deutscher Ausgewanderten* (1795) markiert es einen Moment des akustischen Schocks, ein „unerhörtes Hörereignis", wie Mülder-Bach schreibt, das die Ordnung zerstört und das narrativ nicht bewältigt werden kann – ganz im Gegensatz zur ordnungsstiftenden Funktion der mittelalterlichen *aventure*. Goethes *Novelle* (1828) hingegen stellt den Versuch dar, das Abenteuer als novellistisches Ereignis aufzufassen und es dadurch wieder in ein Erzählprojekt zu integrieren. In Goethes Bearbeitung wird das Abenteuer deshalb zu einer episch-romantischen Variante des novellistischen Ereignisses. Allerdings wird die ereignishafte Neuheit, die der Titel des Textes ankündigt, systematisch von den Blicken und Projektionen der Figuren konterkariert: Diese überformen das Neue und Gegenwärtige fortwährend mit Altbekanntem. So ist es in erster Linie das Phantasma eines Abenteuers, das in der *Novelle* zur Erscheinung kommt und sich ‚eräugnet'. Wie Mülder-Bach zeigt, stellt Goethe hier eine sozialgeschichtliche Diagnose: Die Aufklärung hat eine Kultur hervorgebracht, die auf das Abenteuer verzichten musste und genau deshalb in der ständigen Gier nach Sensation lebt. Im Moment des Ereignisses, das als Abenteuer imaginiert wird, lockert sich diese kollektive Verdrängungsleistung vorübergehend, bevor das Realitätsprinzip wieder die Kontrolle übernimmt.

Durch den weitgehenden Ausschluss aus bestimmten Romangattungen – sei es dem Bildungsroman oder später dem realistisch-psychologischen Roman – wandert das Abenteuer einerseits in kleine narrative Formen wie die Novelle ab. Andererseits entsteht im Lauf des 19. Jahrhunderts erstmals eine Gattung, die das Abenteuer im Namen trägt, nämlich der populäre Abenteuerroman. Mit der viktorianischen Spielart dieses Genres beschäftigt sich der Beitrag von Kathrin Härtl (München). Obwohl der spannungsorientiert erzählte Abenteuerroman nicht gerade für seine Autoreflexivität und metaliterarische Verspieltheit bekannt ist, kann Härtl nachweisen, dass die Paratexte viktorianischer Abenteuererzählungen den Prozess der Lektüre als ein Abenteuer eigener Art inszenieren. In den Vorworten von Frederic Marryats *Masterman Ready* (1841) und R. M. Ballantynes *The Coral Island* (1858) wird der Eintritt in den Text als eine abenteuerliche Grenzüberschreitung dargestellt, so dass sich der Leser in Analogie zum Protagonisten als Abenteurer imaginieren kann. Die liminale Position des Paratextes reflektiert somit auf einer strukturellen Ebene ein zentrales Element des Abenteuerschemas: das Überschreiten der Schwelle, die die Welt des Alltags vom Raum des Abenteuers trennt. Der Text wiederum präsentiert sich als ein Bereich, in dem jederzeit mit gefährlichen Zufällen und riskanten Bewährungsproben zu rechnen ist. Die Vorworte viktorianischer Abenteuerromane sind deshalb nicht nur ein Ort der Indoktrinierung und Subjektivierung, wo ein paternalistischer Autor seinen jugendlichen Lesern die Ideologie des Empire näherbringt. Vielmehr verhandeln und reflektieren sie zentrale Fragen, die mit dem Abenteuer als Erzählschema verbunden sind, etwa das Verhältnis von Fakt und Fiktion, von Kontingenz und Providenz oder von Wunscherfüllung und Integration in die bürgerliche Ordnung. Durch die Markierung einer Grenze steckt der Paratext den Raum ab, in dem Abenteuer imaginativ miterlebt werden können, er verweist aber auch auf die Notwendigkeit, aus diesem wieder in die Gesellschaft zurückzukehren.

Die Kultur der Moderne wird vom Phantasma des letzten Abenteuers heimgesucht – und der Abenteuerroman sieht sich zeitgleich mit dem Problem konfrontiert, dass angesichts der zunehmend lückenlosen Kartierung des Planeten kaum noch weiße Flecken übrig sind, wo mit gefährlichen Zufällen zu rechnen ist. Die Gelegenheit zur heroischen Selbstbewährung muss in immer entlegeneren Gebieten aufgesucht werden: auf fremdem Kontinenten, in der Luft oder unter dem Meer, im Weltall oder in phantastischen Parallelwelten. Der Frage, wo in der Moderne überhaupt noch der Stoff für abenteuerliche Erzählungen herkommen kann, geht der Beitrag von Dariya Manova (Berlin) in deutschen Abenteuertexten des späten 19. und frühen 20. Jahrhunderts nach. Die Frage nach dem (narrativen) Stoff stellt sich hier auf zwei Ebenen: In den von Manova analysierten Texten geht es um industrielle Rohstoffe im wörtlichen Sinne, aber deren Abbau wird nach einem abenteuerlichen Plot-Muster, nämlich als gefahrvolle Schatzsuche erzählt. Während bei traditionellen Rohstoffen wie Erz und Kohle noch ein ausgewogenes Verhältnis zwischen Risikobereitschaft und Fleiß besteht, erscheint vor allem das äußerst wertvolle und zugleich höchst entflammbare Petroleum als das ideale Material, welches das Begehren von vielerlei Abenteurern, Glücksrittern und Spekulanten auf sich zieht. Karl May setzt sich in seinen Beiträgen für die Montanzeitschrift *Schacht und Hütte* (1875) mit dem Risiko- und Abenteuerpotential der Rohstoffsuche auseinander und nutzt das Abenteuernarrativ dabei als ein Instrument zur Popularisierung technischen Wissens, aber auch zur Verschleierung der realen wirtschaftlichen Ausbeutung. Wie Manova zeigt, wandert das Rohstoff-Abenteuer fünfzig Jahre später in die gerade entstehende Gattung des Sachbuchs und überschreitet dabei die Grenze von der Fiktion zum faktualen Bericht, über die schon Karl May hinwegtäuschen wollte. Autoren wie Heinrich Eduard Jacob und Anton Zischka versprechen ihren Lesern, die rohen Fakten über den weltweiten Abbau von und Handel mit Rohstoffen zu liefern. Während der Stoff und die Mechanismen seiner Zirkulation zu den neuen Aktanten der Erzählung werden, inszenieren sich die Autoren selbst als investigative Abenteurer, die bei der Entschlüsselung der Produktionsketten den Globus umrunden und zahlreiche Gefahren bestehen. Das Stoff-Abenteuer verlagert sich damit auf den Prozess des Recherchierens und Schreibens: Auf der Suche nach dem Rohstoff ‚Tatsache' ist der Sachbuchautor zum neuen Abenteuerhelden geworden.

Während der populäre Abenteuerroman im Westen bei einer breiten Publikumsschicht Absatz findet, aber von den Autoren des literarischen Höhenkamms und deren gebildeten Lesern eher als Jugendlektüre belächelt wird, beklagt die russische Avantgarde der 1920er Jahre gerade das Fehlen einer handlungsstarken narrativen Prosa. Wie Aage A. Hansen-Löve (München/

Wien) zeigt, führen die russischen Formalisten den Abenteuerroman deshalb gegen die ornamentale Prosa des Realismus und des Symbolismus ins Feld – mit dem Ziel, der russischen Literatur wieder die Fähigkeit zum Erzeugen intensiver Handlungsspannung einzupflanzen. Der Abenteuerbegriff wird dabei verfremdet, ‚entkernt' und gleichzeitig auf neue Weise nutzbar gemacht: Innerhalb der formalistischen Theoriebildung steht er für die Mechanisierung der Handlungsstruktur, für die Depsychologisierung der Figuren und das Ausspielen von identifikatorischen Spannungseffekten gegen autoreflexive Theoriesignale. Das Abenteuerschema, das sich aufgrund seiner Tendenz zur mechanischen Wiederholung immer schon am Rand der Selbstparodie bewegt, wird bei den Formalisten somit gezielt zur parodistischen Bloßlegung narrativer Verfahren eingesetzt. Der Abenteuerbegriff fungiert dabei als ein Schlagwort für das Formale im Erzählen: für Sujethaftigkeit, textuelle Syntagmatik und Plot-Konstruktion. Und aus der Abenteuer-Literatur wird das Abenteuer ‚Literatur': eine nicht nur theoretische, sondern auch literarisch-experimentelle Auseinandersetzung mit den Grundmechanismen des Erzählens. Tatsächlich beschränkten sich Formalisten wie Viktor Šklovskij nicht auf eine narratologische Reflexion über die Erzählsyntax von Gattungen wie der Kurzgeschichte oder dem Abenteuer- und Kriminalroman, sondern unternahmen selbst den Versuch, auf russischem Boden eine handlungsstarke Unterhaltungsprosa nach anglo-amerikanischem Vorbild zu installieren. Das Projekt eines experimentellen Schundromans scheiterte zwar auf dem literarischen Markt, stellt aber einen einzigartigen Versuch dar, den Abenteuerbegriff für eine avantgardistische Prosa in Anspruch zu nehmen.

Medienrevolutionen konnten dem Abenteuer in den vergangenen Jahrhunderten wenig anhaben, häufig war es an ihnen sogar wesentlich beteiligt: Die venezianischen Druckerpressen um 1500 produzierten vor allem Ritterromane[19] und das Feuilleton des 19. Jahrhunderts verhalf dem populären Abenteuerroman zu seiner Blüte.[20] Ob und in welcher Form das Abenteuer in moderne Unterhaltungsmedien einwandert, etwa in die zeitgenössische, mit langen Handlungsbögen operierende Fernsehserie, ist eine Frage, der sich die Forschung noch annehmen muss. Manche Serien bringen durchaus Erzähltechniken zum Einsatz, die sich auf mittelalterliche und frühneuzeitliche Abenteuertexte zurückführen lassen, wie die Vervielfältigung der Handlungsstränge (*entrelacement*) und den Cliffhanger – so etwa die HBO-Serie *Game of Thrones* sowie George R. R. Martins als Vorbild dienender Romanzyklus *A Song*

19 Vgl. dazu Marco Villoresi, *La letteratura cavalleresca. Dai cicli medievali all'Ariosto*, Rom: Carocci 2000, S. 138.

20 Vgl. dazu etwa Tadié, *Le roman d'aventures*, S. 17.

of Ice and Fire, mit dem sich der Beitrag von JAN SÖFFNER (Friedrichshafen) beschäftigt. Söffner geht vom Modell der Campbell'schen Heldenreise aus und zeigt, wie dieses in der Fantasy-Literatur gängige Erzählschema von Martin zugleich aufgegriffen und systematisch negiert wird: Insbesondere die äußerst populäre Figur Daenerys Targaryen scheint über lange Zeit eine klassische Heldenreise zu absolvieren, ausgehend von einer schicksalshaften Berufung (*calling*), entlang eines mit initiatorischen Prüfungen versehenen Weges und unter der Leitung unterschiedlicher Mentoren. Doch obwohl sie über weite Teile der Serie als eine Erlöserfigur erscheint, die ihrer Gemeinschaft die Freiheit bringt, macht sie ihre Heldenreise in der achten Staffel durch einen Akt der Brutalität zunichte. Diese Negation von Campbells Monomythos erhellt sich zusätzlich, wenn man diesen als Transformation des mittelalterlichen *aventure*-Schemas begreift. In beiden Fällen zieht ein Held aus, um sich unterschiedlichen Prüfungen zu stellen, doch während die Wechselfälle der Reise bei Campbell immer schon einem transzendenten Ziel – der mystische Vereinigung mit einer Gottheit – untergeordnet sind, ist der Abenteuerweg des Ritters grundsätzlich offen: Seine Bewährungsproben geben dem Zufall Raum; sie sind nicht nur obligatorische Stationen einer metaphysisch grundierten *queste*. In *Game of Thrones* wird gerade das Transzendenzversprechen der Heldenreise enttäuscht, und mit der unvorhersehbaren Liquidierung von Hauptfiguren, für die die Serie berühmt wurde, hält das Moment der Kontingenz wieder Einzug – allerdings nicht, um mit Hilfe des Abenteuerschemas bewältigt zu werden, sondern um unheilbare Traumata zu hinterlassen. So bleiben die verstümmelten Figuren zwar im Spiel, doch anders als der klassische Abenteuerheld werden sie nicht mehr auf wunderbare Weise geheilt.

Dieser Sammelband geht auf eine Tagung der DFG-Forschungsgruppe ‚Philologie des Abenteuers' an der LMU München im Juni 2018 zurück, die von den Herausgebern zusammen mit Wolfram Ette und Susanne Gödde organisiert wurde. Weder die Durchführung der Veranstaltung noch die Veröffentlichung der Ergebnisse wären ohne die Unterstützung engagierter Hilfskräfte möglich gewesen. Danken möchten wir insbesondere Elisa Purschke für die gestalterische Unterstützung sowie Melina Brüggemann und Maciej Bakinowski, die sowohl die Veranstaltung als auch die Publikation dieses Sammelbandes mit großem Einsatz begleitet haben.

JULIKA GRIEM

Wissenschaft als Abenteuer?

Auf diese Ausgangsfrage schallt uns gegenwärtig aus vielen Richtungen ein fröhliches „Ja!" entgegen. Um nur einige Beispiele zu nennen: Der Sender 3sat vermeldete, dass zwölf Jugendliche das vierte „nanoCAMP" abgeschlossen, dabei Wissenschaft „als Abenteuer erlebt" und „fürs Leben gelernt" haben.[1] Die „Science plus-Klasse 7b des Gymnasiums Werden" war auf großer Fahrt ins Wattenmeer und hat dort am Beispiel des Überlebenskampfes von Muscheln und Krebsen ebenfalls „Wissenschaft als Abenteuer" kennengelernt.[2] In einem ähnlichen Sinne schlägt auch „Forschung Aktuell", die tägliche Wissenschaftssendung im Deutschlandfunk, „die Brücke zwischen Labor und Laien":

> Wir verstehen Wissenschaft als Abenteuer und nehmen sie mit auf eine Entdeckungsreise, die im Kopf beginnt, aber auch das Gefühl anspricht. Aktuelle Forschungsergebnisse aus Naturwissenschaft und Technik liefern den Stoff für fesselnde Geschichten. In Berichten, Reportagen und Interviews machen wir komplexe Sachverhalte aus Naturwissenschaft und Technik begreifbar, sowie ihre Hintergründe und gesellschaftlichen Implikationen transparent. Populär und wissenschaftlich sind für uns zwei Seiten derselben Medaille. Ein Pool kompetenter Fachautoren ermöglicht es uns, aktuelle Entwicklungen schnell und gründlich, präzise und umfassend zu beurteilen.[3]

Die genannten Beispiele bilden einen aktuellen Trend der Wissenschaftsvermittlung ab, mit dem der Imperativ der popularisierenden Übersetzung im Vordergrund steht. Wie sehr sich gerade in diesem Segment ein Topos des Abenteuerlichen etabliert hat, ist auch an vielen Fortbildungen zu erkennen, die eine spezifische Form des *storytelling* für Wissenschaftsjournalisten und Wissenschaftskommunikatoren anbieten: Wie in anderen Feldern des Journalismus und zuvor schon bei Drehbuch-Autoren hat sich auch hier die

---

1 „Wissenschaft als Abenteuer erleben. NanoCamp kommt am 11. Juni in die Wissenschaftsstadt Berlin-Adlersdorf", Presseportal, 30. Mai 2005. https://www.presseportal.de/pm/6348/684589 (abgerufen am 16. Mai 2019).

2 Julia Colmsee, „Gymnasium Werden: Wissenschaft als Abenteuer", *Lokalkompass*, 5. September 2014. https://www.lokalkompass.de/essen-werden/c-ueberregionales/gymnasium-werden-wissenschaft-als-abenteuer_a468883 (abgerufen am 16. Mai 2019).

3 „Forschung Aktuell", Deutschlandfunk, 5. Februar 2005. https://www.deutschlandfunk.de/deutschlandfunk-forschung-aktuell.2003.de.html?dram:article_ id=276109 (abgerufen am 16. Mai 2019).

 | DOI:10.30965/9783846764725_003

sogenannte „Campbell'sche Heldenreise"[4] als ein Erzählschema bewährt, mit dem selbst komplexe wissenschaftliche Stoffe in ein schnell wiedererkennbares Muster von Aufbruch, Krise, Bewährung und Heimkehr übertragen werden können.

Schaut man sich einzelne Motive dieser Aufrüstung von Wissenschaft zum Abenteuer genauer an, wirkt einiges durchaus vertraut und historisch bewährt. Metaphern wie z. B. „die große Fahrt" und die „Entdeckungsreise" gehören spätestens seit der Renaissance zum Repertoire der Konkretion und Legitimation von Wissenschaft. Sie begegnen uns in prominenter Form etwa auf dem Innentitel zu Francis Bacons *Novum Organon* (1620), auf dem ein Schiff zwischen zwei Säulen in Richtung des offenen Horizonts aufbricht. Und ebenso in zwei Passagen dieses Werks, in denen Bacon ebenfalls die Bildsprache von Wissenschaft als Entdeckungsreise aufgreift:

> Nachdem ich so an den alten Küsten vorübergesegelt bin, werde ich den menschlichen Geist zur Fahrt ins offene Meer vorbereiten.[5]

> Aber es ist ratsam, die Wege nicht nur anzuzeigen und zu befestigen, sondern sie auch zu betreten. Deshalb umfasst der dritte Teil des Werkes die „Erscheinungen des Weltalls", d. h. die Erfahrungen aller Art und eine solche Naturgeschichte, wie sie als Grundlage der Philosophie dienen kann, die darauf aufgebaut werden soll. Denn weder eine gute Art der Beweisführung noch eine Form der Erklärung der Natur, die den Geist vor dem Irrtum und dem Versehen schützt und bewahrt, kann ihm den Stoff des Wissens darreichen und gewähren. Diejenigen aber, die nicht bloß vermuten und voraussagen, sondern entdecken und wissen wollen, die nicht nur Äffereien und Geschwätz für die Welt ersinnen, sondern die Natur dieser wirklichen Welt selbst durchschauen und im Geist zergliedern wollen, müssen alles aus den Dingen selbst entnehmen. Diese Arbeit, Untersuchung und Durchwanderung der Welt kann durch keinen Scharfsinn, kein Nachdenken und keine Beweisführung ersetzt oder ausgeglichen werden, auch dann nicht, wenn die Geister aller Menschen sich vereinten.[6]

Weitere, und deutlich jüngere Beispiele lassen sich in Vannevar Bushs Auftragsschrift *Science – The Endless Frontier* finden, die im November 1945 Franklin D. Roosevelt vorgelegt wurde. Bush war ein Ingenieur, Erfinder und Wissenschaftsadministrator, der seinem Präsidenten mit diesem Bericht einen Leitfaden zur Neuorganisation des amerikanischen Wissenschaftssystems und eine Grundlage für die National Science Foundation (NSF) zur Verfügung

4 Vgl. Joseph Campbell, *The Hero with a Thousand Faces*, New York: Pantheon 1953.

5 Francis Bacon, *Neues Organon*, hg. v. Wolfgang Krohn, übers. v. Rudolf Hoffmann, Hamburg: Meiner Verlag, Bd. I, S. 41.

6 Bacon, *Neues Organon*, S. 51.

stellte. Der Text wird auch von heutigen Wissenschaftsmanagern gern zitiert. Er bedient sich eines Vokabulars amerikanischer Selbstvergewisserung, das ebenfalls auf die tradierte Semantik neugieriger Welterforschung setzt und bis zu Francis Bacon zurückverfolgt werden kann:

> It has been basic United States policy that Government should foster the opening of new frontiers. It opened the seas to clipper ships and furnished land to pioneers. Although these frontiers have more or less disappeared, the frontier of science remains. It is in keeping with the American tradition – one which has made the United States great – that new frontiers shall be made accessible for development by all American citizens.
> Scientific progress on a broad front results from the free play of free intellects, working on subjects of their own choice, in the manner dictated by their curiosity for exploration of the unknown.[7]

Die zeitlichen und räumlichen Abstände zwischen den Auszügen aus Bacons und Bushs Schriften sind groß, und sie lassen viele Fragen offen: Wie verhalten sich Selbst- und Fremdbeschreibungen von Wissenschaft zueinander? Wo lassen sich Kontinuitäten, Varianten und Brüche ausmachen? Und wie sind die eingangs aufgerufenen aktuellen Beispiele für das Abenteuer Wissenschaft zu bewerten: Deuten wir sie, ähnlich wie einschlägige Versprechen der gegenwärtigen Tourismus- und Selbsterfahrungsindustrie, als Verschiebung oder Verlust, als Gestaltwechsel oder Gewinn? Beklagen wir Schwundformen des Abenteuerlichen oder begrüßen wir seine Neuerfindung?

Auf der Suche nach Antworten auf diese Fragen bietet sich ein Schlüsseltext an, der die Frage nach der Abenteuertauglichkeit von Wissenschaft auf einflussreiche Weise ambivalent behandelt hat: Max Webers Rede „Wissenschaft als Beruf", gehalten in der Münchner Buchhandlung Steinicke im Jahr 1917. Wie in Richard Pohles Kommentierung nachzulesen ist, waren die Erwartungen des Publikums ebenso hoch wie diskrepant, weil sie durch die krisenhafte Erfahrung eines Zwiespalts zwischen „Erkennen" und „Erleben", zwischen funktionierendem Forschungsbetrieb und individuellem Bildungsempfinden polarisiert wurden. Weber intensivierte diese Dissonanz, weil er seine Diagnose als Mischung aus Affirmation und Resignation gestaltete, die

7 Vannevar Bush, „Science – The Endless Frontier. A Report to the President", National Science Foundation. https://www.nsf.gov/od/lpa/nsf50/vbush1945.htm (abgerufen am 1. Juni 2019). Eine hervorragende Analyse dieses Schlüsseltextes und seiner semantischen und ideengeschichtlichen Referenzen bietet David Kaldewey, *Wahrheit und Nützlichkeit. Selbstbeschreibungen der Wissenschaft zwischen Autonomie und gesellschaftlicher Relevanz*, Bielefeld: transcript 2013, S. 361–371.

von einer Minderheit als mutig, von der Mehrheit der Zuhörer aber als Affront empfunden wurde.[8]

Im Zentrum der Irritation stand die normative Abrüstung eines Berufes, „der zwar Berufung und Hingabe erfordere, diesen aber die Verwirklichung beinahe notwendig verwehrt".[9] Mit seinem erst später von Theodor Heuss auf den Begriff gebrachten „Pathos der Nüchternheit"[10] trug Weber zudem Sorge, zentrale Punkte seiner Analyse ambivalent zu belassen. So bot sein Vergleich deutscher und amerikanischer Verhältnisse nicht einfach die Möglichkeit, sich auf eine Seite zu schlagen: Armut, Scheitern und der Verlust intrinsischer Motivation drohen dem aufstrebenden jungen Wissenschaftler sowohl im von Feudalbeziehungen durchzogenen deutschen Kollegialsystem als auch in der arbeitsteilig organisierten amerikanischen Wissenschaft; in der Plutokratie wie in der Bürokratie; auf dem Weg zum Ordinarius oder zum „Chef"[11]. Schuld daran ist u. a. die Kategorie des mehrfach aufgerufenen „wilde[n] Hazard"[12]: Jener Mischung aus verschiedenen Kontingenzvorstellungen; aus glücklichem Zufall und gefährlichem Risiko, in der die Belohnung durch „serendipity" und die Enttäuschung angesichts spezialistischer Irrelevanz ihre Rolle spielen. Kein Wunder also, dass sich schon zwischen den ersten prominenten Kommentatoren wie Karl Löwith und Werner Mahrholz tiefe Gräben auftaten:

> In seinen Sätzen war die Erfahrung und das Wissen eines ganzen Lebens verdichtet, alles war unmittelbar aus dem Innern hervorgeholt und mit dem kritischsten Verstande durchdacht, gewaltsam eindringlich durch das menschliche Schwergewicht, welches ihm seine Persönlichkeit gab. Der Schärfe der Fragestellung entsprach der Verzicht auf jede billige Lösung. Er zerriss alle Schleier der Wünschbarkeiten, und doch musste jeder empfinden, dass das Herz dieses klaren Verstandes eine tiefernste Humanität war.[13]
>
> Erschütternd ist die Stellung gerade der Führernaturen unter den Professoren: Ihnen wird mehr und mehr die Wissenschaft zu einer anständigen Form des Selbstmordes, ein Weg zum Sterben in stoischem Heroismus.[14]

8 Vgl. Richard Pohle, *Max Weber und die Krise der Wissenschaft: Eine Debatte in Weimar*, Göttingen: Vandenhoeck & Ruprecht 2009, S. 7–13.

9 Pohle, *Max Weber*, S. 21.

10 Vgl. auch die Kommentierung der Debatte zu Webers Rede in Matthias Bormuth, *Wissenschaft als Beruf. Eine Debatte*, Berlin: Matthes & Seitz 2017.

11 Max Weber, „Wissenschaft als Beruf", in: Bormuth (Hg.), *Wissenschaft als Beruf*, S. 37–94, hier S. 42.

12 Weber, „Wissenschaft als Beruf", S. 47.

13 Karl Löwith, „Mein Leben in Deutschland vor und nach 1933", in: Bormuth (Hg.), *Wissenschaft als Beruf*, S. 146–153, hier S. 150 f.

14 Werner Marholz, „Die Lage der Studentenschaft", in: *Die Hochschule* 3 (1919), S. 225–232, hier S. 230. In ähnlicher Formulierung auch ders., „Die Humanistische Fakultät", in: *Neuer*

Max Weber entzauberte mit seiner Rede die Wissenschaft in einer Krisenzeit, in der hochfliegende Erwartungen gerade auch an Geisteswissenschaften gerichtet wurden. Weniger analytische *Selbstbesinnung* als idealistische *Sinnstiftung* hatten nicht allein die Zuhörer im Sinn, die dem George-Kreis nahestanden – und „stoischer Heroismus" war hier nur ein sarkastisches Zerrbild dessen, was gewünscht wurde.

Dass Weber sich 1917 auf dem semantischen Feld bewegte, auf dem Wissenschaft seit Jahrhunderten als Abenteuer kultiviert wurde, ist auch zum hundertjährigen Jubiläum der Rede wieder in den Blick geraten. So war ein Beitrag von Christoph Möllers für die *ZEIT* wie folgt überschrieben: „Vor 100 Jahren hielt Max Weber seine berühmte Rede. Für ihn waren Wissenschaftler Helden. Heute wollen sie vor allem Chef werden. Versponnene Gelehrte und zerstreute Käuze gibt es immer weniger. Muss der Heroismus wiederauferstehen?"[15] Möllers vollzieht in seinem Artikel eine interessante Verschiebung: Wo Webers zeitgenössische Kritiker zu wenig Führungskraft und Heldentum konstatierten, empfiehlt der *permanent fellow* des Wissenschaftskollegs zu Berlin den Soziologen als heroische Leitfigur – und er tut das passenderweise von einem Ort aus, den Uwe Pörksen in einem Buch über das Wissenschaftskolleg als „Camelot in Grunewald"[16] charakterisiert hat. Möllers knüpft sein Plädoyer für das Heroische zudem nicht nur an die Figur und Thesen Webers, sondern schreibt diesen auch eine narrative Mobilisierbarkeit zu. Er präsentiert Max Weber nämlich als Erzähler seiner eigenen Heldengeschichte, die gleichzeitig eine Verfallsgeschichte darstelle:

> Weber erzählt eine Heldengeschichte – die Geschichte des Wissenschaftlers, der der moralischen Leere seiner eigenen Tätigkeit ins Auge sehen kann, ohne deswegen sein Wahrheitsstreben moralisch oder politisch zu kompromittieren. Plausibilität gewinnt diese Heldengeschichte durch Webers eigenes Leben, in dem der große Forscher und der große Polemiker, der, der grundstürzend gute Soziologie betrieb, und der, der sich mit unglaublicher Energie und Aggressivität in jede öffentliche Debatte stürzte, auch in der Lage war, beide Rollen auseinanderzuhalten. [...] Der Gelehrte träumt davon, Chef zu werden – er sucht nach gesellschaftlicher Relevanz, nach Anerkennung, vielleicht gar Sinn, der sich nicht aus wissenschaftlicher Forschung direkt ergibt. Er ist kein Weberscher

Humanismus; Aufsätze und Reden an die deutsche Jugend, hg. v. Hans Röseler, Berlin: Deutsche Verlagsgesellschaft für Politik und Geschichte 1921, S. 52–58.

15 Christoph Möllers, „Er ist wieder da!", *DIE ZEIT*, 29. November 2017. https://www.zeit.de/2017/49/max-weber-wissenschaft-beruf-oeffentlichkeit (abgerufen am 16. Mai 2019).

16 Uwe Pörksen, *Camelot im Grunewald. Szenen aus dem intellektuellen Leben der achtziger Jahre*, München: C. H. Beck 2014.

> Held mehr. So bleibt Webers Text attraktiv, weil er uns vergessen lässt, wie wenig Wissenschaft als Beruf heute noch mit Webers Heroismus zu tun hat.[17]

Die narrativisierenden Elemente dieser Passage sind elegisch besetzbar: „kein Held mehr", „heute nur noch wenig". Möllers liefert damit ein weiteres Beispiel für ein nostalgisches Erzählschema, das Bruce Robbins in seinem 1993 erschienenen Buch *Secular Vocations* als Standard-Erzählung geisteswissenschaftlicher Selbstvergewisserung beschrieben hat.[18] Dieses Schema ist in jüngerer Zeit auch in Romanform variiert worden: Der späte Erfolg von John Williams' Philologen-Roman *Stoner* hat vielen gerührten Lesern eine tragische Variante des Musters beschert;[19] Peter Sloterdijks *Schelling-Projekt* lieferte ein burleskes Komplement, indem er ein Trüppchen renitenter Akademiker die Lust an der Wissenschaft weit abseits der staubigen Stuben deutscher Universitäten und ihrer Forschungsgemeinschaft wiederfinden ließ.[20] Im Folgenden soll es indessen nicht um diese beiden Texte gehen, sondern um zwei weitere Romane, mit denen sich die Ausgangsfrage anhand von komplexeren Verbindungen zwischen Wissenschaft und Abenteuer weiter verfolgen lässt. Mit dieser Fokussierung auf die Binnenstrukturen und formalen Repertoires literarischer Texte folge ich einer zentralen Akzentverschiebung der Münchner Forschungsgruppe, deren Arbeit weniger die Erlebnis-Qualität von Abenteuern als ihre epistemische und narrative Dimension in den Vordergrund stellt. Mit dieser Fokussierung auf die psychische und soziale Funktionalität des Abenteuers als erzählerischer Form lassen sich, so die Prämisse dieses Beitrags, Nuancen, Variationen und Effekte herausarbeiten, die nicht erkennbar werden, wenn sich Präferenzen für abenteuerliche Affekt-Steigerung mit einem Bedürfnis nach kompensatorischer und kulturkritischer narrativer Sinnstiftung verbinden. Solche literarischen und nicht-literarischen Narrative haben gegenwärtig auch im Diskurs über Wissenschaft Konjunktur, aber sie sind, wie im Folgenden zu zeigen sein wird, nur *eine* Option des Erzählens und Deutens von Wissenschaft.

---

17 Möllers, „Er ist wieder da!".

18 Bruce Robbins, *Secular Vocations. Intellectuals, Professionalism, Culture*, London u. New York: Verso 1993, S. 18, S. 61 u. S. 82.

19 John Williams, *Stoner*, London: Vintage 2012. Zur elegisch geprägten Rezeption dieses wiederentdeckten Romans vgl. auch meinen Beitrag „Lichtgestalt im Modernisierungsdunkel. William Stoner als Projektionsfläche für nostalgische Bildungskritik", in: *Westend. Neue Zeitschrift für Sozialforschung* 2 (2015), S. 111–122, sowie die weiteren Beiträge in diesem Themenheft mit dem Titel „Stoner – Ambivalenzen einer literarischen Sozialfigur".

20 Zu Peter Sloterdijks Roman vgl. meinen Beitrag „Von der Sehnsucht nach dem Freigehege", in: *forschung. Das Magazin der Deutschen Forschungsgemeinschaft* 2 (2016), S. 2–4.

Felicitas Hoppes *Johanna* (2006)[21] und Mathias Énards *Kompass* (2015)[22] handeln jeweils auch von Wissenschaft und von der Universität, und sie beziehen sich dabei in historischer und struktureller Weise auf Erzählstoffe und -muster, die der Abenteuer-Tradition entstammen. Weil beide Bücher auch als historische Romane gelesen werden können, verdichten sich die jeweiligen Referenzgeflechte: Énard lässt einen Ich-Erzähler mit dem sprechenden Namen Franz Ritter eine Nacht lang von einer angebeteten Orientalistin träumen und dabei Verbindungen zum Minnesang, zu Tristan und Isolde sowie zu arabischen Varianten romanzenhafter Liebesliteratur herstellen. Hoppe führt ihre schon mit früheren Texten begonnene Arbeit an mittelalterlichem Material weiter, indem sie eine Studentin der Geschichtswissenschaft auf ihrer Suche nach Jeanne d'Arc als einer weiblichen Ritterfigur begleitet.

In struktureller Hinsicht komplizieren beide Romane, wie so viele andere moderne Erzählungen, die ‚Münchner Minimaldefinition' des Abenteuers.[23] So haben wir es jeweils mit mindestens zwei Hauptfiguren zu tun, deren Heldenrolle bei Énard auf psychologische, bei Hoppe auf apsychologische Weise relativiert und von tradierten Geschlechterrollen abgesetzt wird: Der sich in seiner Wiener Matratzengruft schlaflos wälzende Franz Ritter ist ein sanfter Muttersohn von eher trauriger Gestalt, der der besungenen Kollegin bereitwillig eine heroische Statur zuschreibt. Hoppes Erzählerin arbeitet sich an Johanna ab, indem sie ihre Position an der Universität in der von Männern umringten kämpferischen Jungfrau und Nationalheiligen spiegelt. Zu grenzüberschreitenden Bewegungen kommt es in beiden Romanen in Form komplexer erzählerischer Choreographien, weil *Johanna* und *Kompass* reale und imaginierte abenteuerliche Reisen in verschiedenen Epochen verknüpfen. Das für das Abenteuer typische Handlungselement der Probe taucht schließlich in beiden Texten in Form akademischer Prüfungen auf: Franz Ritters Freundin wird gleich zu Beginn bei ihrer Disputation in Paris geschildert, während Hoppes Erzählerin sich im fünften Kapitel von *Johanna* einem Examen bei einem Professor für spätmittelalterliche Geschichte unterzieht.

In beiden Romanen werden diese akademischen Prüfungen als Rituale der Demütigung geschildert. Bei Hoppe ziehen sich Prüfungsmotive und vor allem die Angst vor Prüfungen durch den gesamten Text. Im entscheidenden

21 Felicitas Hoppe, *Johanna*, Frankfurt/Main: S. Fischer 2006.

22 Matias Énard, *Kompass*, übers. v. Holger Fock u. Sabine Müller, Berlin: Hanser 2016.

23 „Wissenschaftliches Programm", DFG-Forschungsgruppe „Philologie des Abenteuers", LMU München, September 2018. https://www.abenteuer.fak13.uni-muenchen.de/forschungsgruppe/wissenschaftliches-programm/index.html (abgerufen am 27. Mai 2019), S. 4.

Moment lässt das vernichtende Urteil des Professors zwei unvereinbare Annäherungen an die Figur Johannas aufeinanderprallen:

> Eine richtig schöne Frauengeschichte, eine Herzensangelegenheit. Ein Mann, eine Frau. Ein Spion, eine Hexe. Ein Fluss und zwei Herzen. Zwei Herzen, die sich im Tod wieder finden. Erlösung durch Tod. Verzeihung durch Nachsicht. Liebe Dame! Wissen Sie, wie das die Wissenschaft nennt? Sie sehen nicht aus, als ob Sie das wissen, und das, unter uns, ist auch besser so. Tatsächlich, Sie sollten Romane schreiben, mir scheint, Sie haben das Zeug dazu, Einbildungs- und Empfindungskraft. Sinn für die Szene, für Pomp und Posaune. Für Reiter und Ross. Das so genannte Naturtalent, eine schöne und blühende Fantasie. Sinn für Farben und Stimmen. Für die richtige Stimmung, für Atmosphäre. Sinn für Symbole, auch wenn sie schon etwas abgenutzt sind. Das heißt Sinn für das Volk, Sie lieben das Einfache, kann das sein?[24]

Auch für Énards Orientalistin gerät die Prüfung vor den akademischen Autoritäten zu einer auszehrenden Machtdemonstration, mit der Abweichungen vom wissenschaftlichen Standard als „literarisch" disqualifiziert werden:

> Als man Sarah bei der Verteidigung ihrer Doktorarbeit den „romantischen" Ton der Einleitung und die „vollkommen abwegige" Parallele zu Gracq und Kafka vorwarf, war sie wütend geworden. Morgan, ihr Doktorvater, hatte immerhin versucht, sie in Schutz zu nehmen, auf ziemlich naive Weise allerdings, meinte er doch, es sei immer gut, „von Kafka zu sprechen", was die Jury aus pikierten Orientalisten und schläfrigen Mandarinen aufseufzen ließ, die allenfalls durch den Hass, den sie einander entgegenbrachten, aus ihrem doktrinären Schlaf gerissen werden konnten. Sie vergaßen Sarahs befremdliche Einleitung übrigens ziemlich schnell, um sich über Fragen der Methodologie zu streiten, das heißt, sie sahen nicht, worin das wissenschaftliche Interesse an diesem *Spaziergang* (der alte Prof spuckte das Wort aus wie eine Beleidigung) liegen konnte.[25]

Die in beiden Romanen dargestellten akademischen Standardsituationen stellen Momente von Kontingenz dar, in denen die geprüften Frauen das Risiko eingehen, Regelverstöße gegen die jeweils vorherrschende wissenschaftliche Ordnung zu begehen. Die Verstöße werden von den männlichen Autoritäten umgehend als unwissenschaftlich sanktioniert. Allerdings sorgt die Sympathielenkung in beiden Szenen dafür, dass die abenteuerlustigen Wissenschaftlerinnen Identifikationsfiguren bleiben: Bei Hoppe gibt die listenreiche Erzählerin nicht so schnell klein bei und schlägt immer wieder neue geschmeidige Haken zwischen Fakten und Fiktionen. Bei Énard liefert der Erzähler zahlreiche Belege dafür, dass die Wissenschaft und ihre

24 Hoppe, *Johanna*, S. 123 f.
25 Énard, *Kompass*, S. 11 f.

Institutionen längst durch die „numerische Aufzählung von Erwähnungen und Indexierungen" „ins Verderben" geführt wurden; dass Forschungsdrang und neugierige Risikobereitschaft vor verknöcherten Würdenträgern verteidigt werden, die sich in „Geheimgesellschaften" verschanzt haben.[26] Ihre akademische Umgebung versinkt derweil, aus der Sicht Franz Ritters, in Schäbigkeit und Mittelmaß, wie jener schmucklose Pariser Hörsaal mit „zusammengeschobenen Pulten, die jede Menge Risse und Sprünge aufwiesen und kein Wissen, sondern unterhaltsame Graffiti und festklebende Kaugummis bargen"[27]. Ein weiteres Detail verweist schließlich in beiden Texten darauf, dass das Risiko, Wissenschaft als Abenteuer zu betreiben, in einer gewaltförmigen Ordnung eingegangen wird. Hoppes Erzählerin verliebt sich in einen Assistenten namens Doktor Peitsche, während Franz Ritter die europäischen Forschungsvorhaben im Iran wie folgt beschreibt: „Man musste auf gesunde Prinzipien der Organisation zurückgreifen. Stillhalten und Peitsche."[28]

Als weitere Parallele zwischen Hoppes und Énards Wissenschaftserzählungen lässt sich – es klang schon an – anführen, dass jeweils die Literatur gegen die Universität in Stellung gebracht wird. Bei Hoppe eskaliert dieser Konflikt in der bereits zitierten Prüfungsszene; und der Roman lässt sich auch als ein Wettkampf lesen, in dem eine Geschichtenerzählerin die institutionelle Macht und epistemologische Legitimität der Geschichtswissenschaft anzweifelt und herausfordert. Énard stellt ein spezifischeres Projekt ins Zentrum seiner anti-akademischen Abenteuererzählung. Seine Protagonistin Sarah hat sich nämlich vorgenommen, gegen Edward Said anzutreten. Sie will mit der literarischen Spurensuche, die sie in ihrer Dissertation unternommen hat, die Spiegel zwischen Orient und Okzident durch „kontinuierliches Hin- und her-Wandern zertrümmern":

> Es gehe darum, die Rhizome dieser gemeinsamen Konstruktion der Moderne ans Licht zu fördern. Sie wolle zeigen, dass die „Orientalen" nicht davon ausgeschlossen waren, sondern im Gegenteil aktiv daran teilhatten, häufig sogar diejenigen waren, von denen die Anregung, der zündende Funke ausging, letztlich zeigen, dass Saids Theorien ungewollt zu einem besonders subtilen Herrschaftsinstrument geworden seien. Die Frage sei nicht, ob Said mit seiner Sicht auf den Orientalismus recht habe oder nicht; das Problem sei die Bruchlinie, der ontologische Riss zwischen einem Okzident, der beherrsche, und einem Orient, der beherrscht werde, den seine Leser akzeptiert hatten, eine Bruchlinie, die sich weit über die koloniale Wissenschaft hinaus auftue und daher dazu beitrage, dass das auf diese Weise geschaffene Modell zur Realität werde und a posteriori

26 Énard, *Kompass*, S. 201.
27 Énard, *Kompass*, S. 12.
28 Énard, *Kompass*, S. 263.

> das Szenario der Herrschaft vollende, gegen das Said mit seinen Thesen ankämpfen wollte. Dabei könne man doch die Geschichte auf eine ganz andere Weise verstehen, meinte sie, auf eine ganz andere Weise schreiben, nämlich als Miteinander und Kontinuität.[29]

Während ich mich bisher darauf konzentriert habe, wie Hoppe und Énard ähnliche Vorstellungen von Wissenschaft als Abenteuer literarisch aufwerten, muss nun erläutert werden, dass dieses Projekt in den beiden ausgewählten Romanen in sehr unterschiedlichen narrativen Formen umgesetzt wird. Beide Autoren setzen zwar auf metaleptische Verbindungen verschiedener Erzählorte und Erzählzeiten, aber deutliche Unterschiede zeigen sich bereits in der Mikrostruktur der Texte. Énards in der deutschen Übersetzung 415 Seiten langer Roman kombiniert die Erzählzeit einer Nacht mit der erzählten Zeit von Jahrhunderten des Reisens nach Osten. Sein Rhythmus vollzieht sich in einem schlafwandlerischen Tempo halbwacher Erinnerung; seine Syntax suggeriert an- und abschwellende Rhythmen von gelehrtem Begehren und belesenem Sehnen, indem eine große Menge von abenteuerlichen Figuren, Texten und Bezügen verknüpft wird. Hoppes allein Johanna gewidmeter, 171 Seiten langer Text setzt dagegen auf Kontraktion und Konzentration. Ihr auffälligstes Stilmittel sind nicht fließende Assoziationen und Digressionen, sondern die verdichtende Konsoziation. Ausgehend von stabreimförmigen Phraseologismen wie z. B. „Reiter und Ross, Pomp und Posaune“[30] erfindet die Erzählerin immer wieder neue Paare, in denen sie auch Verschiedenstes zusammenzwingt: „Einfalt und Fleiß, Rascheln und Knistern, Falten und Schneiden, Sortieren und Ordnen, Beschriften und Zeichnen, Suchen und Finden und wieder Verlieren“.[31]

Hoppes Erzählerin bevorzugt einen Modus der Hellwachheit; ihr wiederholtes Credo lautet „helle Stimme, schnelle Zunge, schlagende Rede“.[32] Ihr wichtigstes Darstellungsprinzip ist der Gedankensprung, der weit Auseinanderliegendes auf engstem Raum benachbart: „Johanna brennt und ich sitze im Hörsaal.“[33] Franz Ritter sieht sich dagegen als zielloser Flaneur und Wanderer, dessen wissenschaftliche Karriere ähnlich mäandernd verläuft wie seine träumerische Rekonstruktion. Er ist der Nacht verpflichtet, in der er sich der Vorlust immer wieder aufgeschobener erotischer Begegnungen mit Sarah hingibt. Aus diesen so unterschiedlichen Erzählstrategien auf der Mikroebene ergeben sich für beide Romane auch sehr unterschiedliche

29 Énard, *Kompass*, S. 303.
30 Hoppe, *Johanna*, S. 123.
31 Hoppe, *Johanna*, S. 149.
32 Hoppe, *Johanna*, S. 58.
33 Hoppe, *Johanna*, S. 34.

Makro-Dramaturgien, also insgesamt andere Verhältnisse zwischen Textteilen und Textganzem. Hoppe inszeniert Spannung in den kleinsten Einheiten und sie setzt den Erzählton unter Dauerspannung, ohne diese einer Auflösung entgegenzuführen. Dies gilt auch für die angedeutete Liebesgeschichte zwischen der Erzählerin und Dr. Peitsche, dem Konkurrenten und Mitstreiter, Prüfungshelfer und Besserwisser. Zwar werden immer wieder Indizien für eine Romanze präsentiert, diese aber zugleich unterminiert:

> Bin ich jemals bei ihm zu Haus gewesen? Kommt mir das alles nicht nur so vor? Kann doch sein, ich bin überhaupt nicht verliebt, sondern tue bloß so, und er tut auch so, wir beide tun so, das heißt wir tun nichts. Wir haben uns nur in ein Spiel verliebt, ERKENNE DIE JUNGFRAU, in Rüstungen und in lachhafte Hauben, in Mützen, die wir weder falten noch ablegen können. Ein Kostümfest mit lauter Nebenfiguren, die langsam aus unserem Blickfeld verschwinden. Nur wir sind noch übrig und spielen weiter, weil uns das Spiel viel zu gut gefällt, um jetzt einfach so damit aufzuhören. Wir spielen noch immer, wir hätten Gäste, aber gemeinsam sind wir nur doppelt verwirrt. Wer sind wir wirklich?[34]

Énard streut in die weit ausgreifenden Schleifen der Erzählung seiner Liebesgeschichte immer wieder Hoffnungsschimmer ein, die auf eine teleologische Gesamtanlage verweisen. Und während Hoppes Erzählerin und Dr. Peitsche sich am Ende schwimmend in der Seine wiederfinden und den Lesern nur in Aussicht stellen, dass sie sich bei gutem Wetter am folgenden Tag duzen werden, kündigt sich auf den letzten Seiten von *Kompass* ein *happy ending* an. Dieses verspricht, Franz Ritters geduldiges Warten zu belohnen und das libidinöse mit dem philologischen Grundprinzip des Romans zu verbinden:

> *Ischq, hawa, hubb, mahabba*, das sind die arabischen Wörter für die leidenschaftliche Liebe, die Liebe unter Menschen und die Liebe zu Gott, die dasselbe ist. Sarahs Herz, göttlich; Sarahs Körper, göttlich; Sarahs Worte, göttlich. Isolde, Tristan, Tristan, Isolde, Isolde, Tristan. Der Zaubertrank. Die Einheit, Azra und Farid und ihr tragisches Glück, Menschen, zermalmt vom Schicksalsrad. Wo ist Suhrawardis Licht, auf welchen Orient zeigt die Bussole, welcher in Purpur gekleidete Erzengel wird kommen, um uns das Herz für die Liebe zu öffnen? *Eros, Philia* oder *Agape*, welcher griechische Trunkenbold in Sandalen wird, begleitet von einer Flötenspielerin, die Stirn von Veilchen umkränzt, von neuem kommen, um uns an den Wahnsinn der Liebe zu erinnern? Khomeini hat Liebesgedichte geschrieben. Gedichte, in denen es um Wein und Trunkenheit geht, um den Liebhaber, der um die Geliebte weint, um Rosen und Nachtigallen, die Liebesbotschaften überbringen. Für ihn ist das Martyrium eine Liebesbotschaft. Das

34 Hoppe, *Johanna*, S. 139.

> Leiden eine sanfte Brise. Der Tod eine Mohnblume. Das sagt wohl alles. Ich habe den Eindruck, dass heutzutage nur Khomeini von der Liebe spricht.[35]

Felicitas Hoppes und Mathias Énards sehr unterschiedliche Anordnungen abenteuerlicher Stoffe, Tropen und Strukturen zeigen sich schließlich auch in ihren jeweiligen Leitmotiven und deren semantischen Feldern. Als sehr häufig genannte Allegorie für das Sujet im Lotman'schen Sinne[36] bietet Hoppe die „Schwelle" an; Énard den ebenfalls mehrfach erwähnten, aber eben ganz andere Optionen narrativer Sinnstiftung nahelegenden „Riss". Diesen liminalen Raumfiguren werden jeweils unterschiedliche Dingsymbole der Orientierung und Kontingenzbewältigung zugeordnet: Wo Hoppes Erzählerin und Dr. Peitsche auf der Suche nach Johanna Mützen falten und mit verwirrenden Sentenzen versehen, liefert der Kompass Énards Roman das Navigationsinstrument, das die Abenteuerreisenden zusammenführt. In *Kompass* richtet sich die Erzählenergie darauf, Risse zu kitten, Wunden zu heilen und Verschmelzungen herbeizuführen. Insgesamt geht es hier um die Einlösung von Gefühlen. Hoppes Erzählung wird von dem Wunsch angetrieben, Rätsel zu lösen. Diese kognitive Libido ist nicht auf Vereinigung aus, sondern markiert immer neue Distanzen. Ihren Antrieb bildet die Angst; ihre Leitbegriffe findet sie im Sport und im Spiel: In *Johanna* geht es immer wieder um Übung und Training, um Wettkampf und Mannschaften, um Spielzüge und Regelverstöße.

Énards liebende Orientalisten werden dagegen von der Melancholie angetrieben; ihre Forschungs- und Lesereisen werden von Drogen beflügelt und kulminieren nicht im Spiel, sondern in der erotisierenden Beschwörung von Kunst – im ersehnten und schließlich herbeigeführten Fall als Ideal einer Liebeskunst, in der Sarah und Franz die Vereinigung von Literatur und Musik, von Ost und West, von Philologie und Liebe zur Philologie verkörpern. Hoppes narratives Handlungszentrum ist wiederum nicht das Paar, sondern die historisch interessierte Reise- und Forschungsgruppe, die ihren Zusammenhalt in immer wieder neuen Formen überprüft: Ihre Sozialformen des Abenteuers sind das Kostümfest und der Maskenball, die Kirmes und der Jahrmarkt, der Fasching und der Fußball. Hier geht das Spiel weiter und man bleibt unterwegs;[37] neue Reisegefährten können hinzukommen. Bei Énard sind alle Umwege und Abwege darauf ausgerichtet, das Paar beieinander ankommen

35 Énard, *Kompass*, S. 348.

36 Vgl. Jurij Lotman, *Die Struktur literarischer Texte*, übers. v. Rolf-Dietrich Keil, München: Wilhelm Fink 1972, S. 329–340.

37 Vgl. meinen Beitrag „Bleibt alles im Spiel? Ludische Motive und Strategien in Felicitas Hoppes Prosa", in: *Felicitas Hoppe*, hg. v. Peer Trilcke, München: edition text+kritik 2015, S. 41–50. Vgl. zum Roman *Johanna* und zu Hoppes Gesamtwerk auch die „Innsbrucker

zu lassen – und zumindest aus der Sicht des Erzählers sind gleichgesinnte Tote willkommen, konkurrierende mitreisende Abenteurer eher nicht erwünscht.

Felicitas Hoppe und Mathias Énard finden, wie hoffentlich zu erkennen war, ganz unterschiedliche Lösungen für die narrative Gestaltung der episodischen und seriellen Dimension des Abenteuers, das in ihren Romanen auch als eines der Wissenschaft überprüft wird. Kehren wir mit dem Wissen um diese Unterschiede nun noch einmal zum Ausgang zurück. Wenn wir Befürworter wissenschaftlichen Abenteuertums wie Harald Lesch und Christoph Möllers nicht nur als *pin-up boys* gegenwärtiger Wissenschaftsvermarktung für unterschiedliche Zielgruppen, sondern als unterschiedliche Symptome einer krisenbewussten akademischen Selbstbeschreibung betrachten, ist gegenwärtig ein grassierendes Bedürfnis nach der Wiederherstellung wissenschaftlichen Charismas auf allen Kanälen zu beobachten. Dieses Charisma – darauf scheint mir die eingangs zitierte und gegenwärtig häufig anzutreffende Verwendung des Wortes ‚Abenteuer' auch zu verweisen – braucht Munition und Rückendeckung; es braucht einen Nährboden von Tradition. Ein solcher ist mit dem Bestand des Abenteuerlichen auch für die Wissenschaft gegeben: Wie nicht nur die Romane von Williams und Sloterdijk, von Hoppe und Énard zeigen, lassen sich attraktive Verbindungen von mittelalterlicher *aventure* und Romanzentradition über die Topoi neugieriger und furchtloser Welterkundung bis in die Gegenwart einer scheinbar entzauberten Wissenschaft herstellen.

Mit wesentlich mehr Material ließe sich aus diesen Bezügen – das ist zumindest meine Vermutung – nicht nur eine gegenwärtige akademische Bedürfnis- und Gefühlsstruktur, sondern auch ein tradiertes Repertoire zur Mobilisierung erkenntnisstiftender Leidenschaften, zur Entfachung epistemischer Neugier rekonstruieren. Dieses Repertoire hat in den Geisteswissenschaften einen eigenen Habitus und eigene Sozialformen herausgebildet, die wiederum in spezifischen disziplinären Kontexten besonders gepflegt werden. Ein Beispiel dafür stellen aktuelle Debatten über die Philologie dar, in denen nicht allein die Kulturtechnik versunkenen und konzentrierten Lesens zur Tugend erhoben wird, sondern auch kleine Zirkel von Gleichgesinnten dabei helfen sollen, Inseln von charismatischer Präsenz und erlebter Bildung innerhalb der Massenuniversität zu errichten. In einem jüngst erschienenen Beitrag in der FAZ[38] wurden als Ahnherren dieses Projekts – von der Autorin Melanie

Bibliographien zur Literaturkritik. Themen im deutschsprachigen Feuilleton", Fischer Verlage. http://www.felicitas-hoppe.de/site/fhoppe/extras (abgerufen am 16. Mai 2019).

38 Melanie Möller, „Lassen wir die Sache. Athematisches Lesen", *Frankfurter Allgemeine Zeitung*, 1. Juni 2018. https://www.faz.net/aktuell/feuilleton/hoch-schule/renaissance-der-philologie-lassen-wir-die-sache-15612423.html (abgerufen am 16. Mai 2019). Repliken sind u. a. nachzulesen bei Laurenz Lütteken, „Schlechte und gute Traditionen?",

Möller – Christoph König, Jürgen Paul Schwindt, Heinz Schlaffer und Hans Ulrich Gumbrecht empfohlen.

Als affektives Bindemittel verschiedener Ansätze zur Re-Charismatisierung insbesondere der Geisteswissenschaften fungiert der gute alte pädagogische Eros, der auch in Mathias Énards *Kompass* als Allheilmittel zur Rettung der Forschung vor ihren Institutionen gepriesen wird. Diese Rezeptur wird mittlerweile nicht nur von männlichen Ordinarien, sondern z. B. auch von amerikanischen Akademikerinnen empfohlen, denen die politisch korrekten Reinigungsfantasien und administrativen Interventionen im Einsatz gegen *harrassment*-Fälle und zur Verteidigung sogenannter ‚safe spaces' zu weit gehen. Corey Robin hat in einem sehr empfehlenswerten Essay im *Chronicle of Higher Education* einige jüngere Beiträge zu dieser Tendenz als ein eigenes Genre ausgemacht. Hier heißt es:

> Every few years an essay appears that treats the question of sexual harassment in the academy as an occasion to muse on the murky boundaries of teaching and sex. While a staple of the genre is the self-serving apologia for an older male harasser, the authors are not always old or male. And though some defend sex between students and professors, many do not. These latter writers have something finer, more Greek, in mind. They seek not a congress of bodies but a union of souls. Eros is their muse, knowledge their desire. What the rest of us don't see – with our roving harassment patrols and simpleminded faith in rules and regulators – is the erotic charge of education, how two particles of mind can be accelerated to something hotter. In our quest to stop the sex, we risk losing the sexiness. Against the discourse of black and white, these writers plea for complexity: not so that professors can sleep with their students but so that we can speak openly and honestly about the ambiguities of teaching, about how the most chaste pedagogy can generate a spark that looks and feels like – maybe is – sexual attraction. I call this genre The Erotic Professor.[39]

„The Erotic Professor" ist, wie Robin schreibt, weniger in den Ingenieurwissenschaften, der Zellbiologie oder der Psychologie als in den Geisteswissenschaften beheimatet: Vor allem hier erkennen wir die Wunschvorstellung,

---

Frankfurter Allgemeine Zeitung, 10. Februar 2019. https://www.faz.net/aktuell/feuilleton/hoch-schule/philologie-debatte-schlechte-und-gute-traditionen-16024628.html (abgerufen am 16. Mai 2019). Vgl. auch Christian Benne, „Die anderen müssen antworten, ohne ja, nein, schwarz, weiß zu sagen", *Frankfurter Allgemeine Zeitung*, 9. September 2018. https://www.faz.net/aktuell/feuilleton/hoch-schule/philologie-debatte-die-anderen-muessen-antworten-ohne-ja-nein-schwarz-weiss-zu-sagen-15770039-p3.html (abgerufen am 16. Mai 2019).

39 Corey Robin, „The Erotic Professor", *The Chronicle of Higher Education*, 13. Mai 2018. https://www.chronicle.com/article/The-Erotic-Professor/243401 (abgerufen am 16. Mai 2019).

sich in aufgeladenen Projektionen und Spiegelungen des eigenen Habitus zu vergewissern. Diese professionelle Mimesis vollzieht sich häufig in überschaubaren Meister-Schüler-Verhältnissen oder Dyaden-Form – indem, wie in Énards Roman, z. B. ein Paar herangezogen wird, um die Lehrenden und Lernenden wie auch die Wissenschaft selbst exemplarisch zu erotisieren.

Dass die Wissenschaft erotisierende Dyade auch noch als Männerfreundschaft funktioniert, zeigt Peter Sloterdijks jüngst in der *NZZ* veröffentlichter Geburtstagsartikel für den bereits genannten Hans Ulrich Gumbrecht. Hier werden noch einmal zentrale Register akademischer Selbstentflammung versammelt, die indirekt auch Elemente der Abenteuertradition weiterschreiben: „Vielleicht kann man *humanities*", so Sloterdijk, „authentisch nur an Universitäten studieren, deren Innenhöfe Kreuzgängen gleichen". Neben mittelalterlichen Topographien und Architekturen brauche es eine heroische Haltung, um Geisteswissenschaften angemessen zu verkörpern: „Als aus der Zeit gefallenes Phänomen verkörpert Gumbrecht Qualitäten aus der Heldenzeit inmitten der Demokratie. [...] [G]enau das ist er auf seine Weise: ein Held, der die postheroische Phase überlebt hat." Mit einem Schuss Nietzsche garantiert der Held im Kreuzgang der *humanities* schließlich, was auch Énards Romanfiguren auf ihren Reisen nach Osten suchen: „Das intensive Leben", so noch einmal Sloterdijk, den „Nutzen der Literaturwissenschaft für das intensive Leben" und die Literatur als „die intensivste Direktheit der Kultur".[40]

Mathias Énards Roman *Kompass* schloss sehr erfolgreich an die Traditionen geisteswissenschaftlicher Auto-Erotisierung an. Seine gelehrsam anschwellende Forschungs-Elegie wurde bis zum Leipziger Buchpreis zur Europäischen Verständigung des Jahres 2018 getragen: Hier verband sich die nostalgische Beschwörung akademischen Abenteurertums mit einem Angebot zur Zeitdiagnose; und schon vorher hatten viele Rezensenten das belesene Hohelied auf Variationen der *aventure* als neuen west-östlichen Diwan für unsere von Migrationskonflikten zerrissene Gegenwart gepriesen.[41] Aus der Sicht einer romantisierten Politik mag es attraktiv sein, die Flüchtlingskrise

---

40 Peter Sloterdijk, „Ein Gelehrten-Held in der postheroischen Zeit: Der Romanist Hans Ulrich Gumbrecht wird 70", *Neue Züricher Zeitung*, 15. Juni 2018. https://www.nzz.ch/feuilleton/man-darf-ihn-einen-gelehrten-helden-in-der-postheroischen-zeit-nennen-der-romanist-hans-ulrich-gumbrecht-hat-grund-zu-feiern-ld.1394415 (abgerufen am 16. Mai 2019).

41 So z. B. Ijoma Mangold, „Alles ist kosmopolitisch!", *DIE ZEIT*, 8. Dezember 2016. https://www.zeit.de/2016/49/mathias-enard-kompass (abgerufen am 16. Mai 2019). Vgl. auch Vanessa de Senarclens, „Eine orientalische Reise ans Ende der Nacht", *Neue Züricher Zeitung*, 8. September 2016. https://www.nzz.ch/feuilleton/buecher/mathias-enard-kompass-eine-orientalische-reise-ans-ende-der-nacht-ld.115500 (abgerufen am 16. Mai 2019).

mit den sehnsüchtigen und melancholischen Schriften von liebeskranken Orientalisten zu verzaubern. Aus wissenschaftspolitischer Perspektive würde ich allerdings aus einigen abschließenden Gründen eher auf Felicitas Hoppe setzen.

Natürlich bietet der Roman *Johanna* wesentlich weniger aktualisierbare Anknüpfungspunkte als Énards *Kompass* – aber genau darin liegt für mich eine Chance, die Frage nach dem Abenteuer der Wissenschaft eben nicht im Rekurs auf eine nostalgisch beschworene Norm, sondern als etwas nüchterner gestellte Frage nach Formen zu behandeln. Wo Wissenschaft als Abenteuer normativ ersehnt wird, stellen sich schnell, wie ich zu zeigen versucht habe, bekannte Reflexe ein: Hier formieren sich exklusive Dyaden im heroisierbaren Kampf um Intensitäten, hier wird der Modus im Inneren des Kreuzganges schnell heiß und feucht, während draußen die graue Ödnis geistfeindlicher Bürokratisierung zu herrschen scheint. Gegen diese Option möchte ich nun keinesfalls Verhaltenslehren der Kälte empfehlen.[42] Ausgehend von Felicitas Hoppes Suche nach weiblichem Rittertum gälte es Gegenkonzepte auszuarbeiten, mit denen sich andere akademische Sozialformen und eine etwas andere akademische Säfte-Lehre erproben ließen. Anstelle der Dyade sähe ich nicht, wie Christoph Möllers in seinem *ZEIT*-Artikel vorgeschlagen hat, die „Gelehrtenrepublik", sondern die offene Gruppe mit möglichst wenig Häuptlingen und vielen Indianern, mit mehr Knappen und weniger Rittern. Auf die gerade für Wissenschaft unausrottbare und unverzichtbare Kontingenz sollte man nicht mit Intensität, sondern mit Irritierbarkeit reagieren; statt der fiebrigen Nähe unter Eingeweihten wünsche ich mir den Sinn für Vorbehaltlichkeit und ein Recht auf Distanz. All dies, denke ich, lässt sich eher in einem trockenen und kühlen Modus erreichen als in sich selbst befeuernden Kreisen mit und ohne Meister.

Wo Sloterdijk dem Freund Gumbrecht zuschreibt, dass dieser seine heroische Anomalie hinter der Liebe zum American Football verstecke, geht es interessanterweise auch bei Felicitas Hoppe immer wieder um Zusammenhänge von Abenteuer und Sport. Sie bezieht sich allerdings in vielen ihrer Texte nicht auf ein Ideal muskelbepackter Rauferei, das sich leicht gegen Alteuropa mobilisieren lässt, sondern auf ganz unterschiedliche Kombinationen von Spiel und Sport, von *game* und *play*, von Regeln und Überschreitungen, Übung und Rausch. Diese vielfältige Bandbreite von Spielformen scheint mir gegenwärtig geeigneter, um Wissenschaft als Abenteuer nicht zu erhalten, sondern zu gestalten.

---

42 Helmut Lethen, *Verhaltenslehren der Kälte. Lebensversuche zwischen den Kriegen*, Frankfurt/Main: Suhrkamp 1994.

Das auch aus einem letzten Grund, der abschließend noch genannt sei. Die nostalgische Beschwörung eines akademischen Heroismus im Zeichen seiner Erotisierung hat in all ihren Varianten eine institutionenfeindliche Kehrseite, die in populistisch bewegten Zeiten problematische Projektionsflächen eröffnet. Die Keimzellen im Kreuzgang, in denen traditionell Geistesabenteuer vermutet werden, formieren sich fast immer gegen größere gesellschaftliche Zusammenhänge: gegen Phantasmen von Verwässerung, Vermassung und häufig auch Verweiblichung. In einer Zeit, in der wir mit Akademisierungsquoten von deutlich über 50 Prozent und immer heterogener zusammengesetzten Gruppen von Studierenden umgehen müssen, erscheint es mir weder mutig noch originell, an Wunschträumen von exklusiver Überschaubarkeit festzuhalten. Sowohl konservative als auch progressive Vorstellungen einer von Modernisierungs- und Demokratisierungsprozessen möglichst unbehelligten Wissenschaft riskieren zudem, aktuelle Zusammenhänge von *venture* und *adventure*, von Wettbewerb und Wettstreit, von akademischem Kapitalismus und epistemischer Agonalität zu vernachlässigen. In einer Gegenwart, in der epistemologische Bestimmungen von Wissenschaft zunehmend als irrelevant und nutzlos unter Beschuss geraten, ergänzen sich Tendenzen der Ästhetisierung und der Ökonomisierung: Kreuzgänge sorgen für Intensität, Kinderuniversitäten für Akzeptanz und Wettbewerbe für risikofreudige Strategiefähigkeit – so zumindest der Plan. Wissenschaft wird damit, wie eingangs zitiert, längst wieder als Abenteuer inszeniert: Als kompetitive Beschwörung von Disruption und ‚Sprung-Innovation', als spektakuläre Demonstration von Partizipation und Präsenz.

In dieser Lage helfen aus meiner Sicht keine barrierefreien Abenteuerspielplätze, sondern mehr hartnäckiger und frustrationstoleranter Ernst für die privilegierte Sache. Und die Bereitschaft, nicht nur uns selbst darüber aufzuklären, wie sich Prüfungen bestehen und Hindernisse überwinden lassen – ohne dabei aus den Augen zu verlieren, dass vieles auch anders sein könnte. In solcher Verfassung könnte man sich dann der Aufgabe zuwenden, ein zeitgemäßes „Pathos der Nüchternheit" zu entwickeln. Dieses bräuchte es, um einen affektiven Glutkern für geisteswissenschaftliches Arbeiten zu erhalten, das sich nicht vorschnell mit den elegischen Heroisierungsangeboten akademischer Abenteuererzählungen zufrieden gäbe.

SUSANNE GÖDDE

Abenteuer *avant la lettre*
Kontingenz und Providenz in Epos und Roman der griechischen Antike

1 Politik des Zufalls oder: warum geschieht etwas?

> Aus Zufall (*ek tychês*) kreuzten sich nun ihre Wege an einer etwas engen Straßenecke, und sie fielen sich gegenseitig beinahe in die Arme. Denn der Gott war es, der diese Begegnung in die Wege geleitet hatte (*tou theou politeusamenou*) damit einer den anderen zu sehen bekomme.[1]

Diese Passage aus der *Kallirhoe* des Chariton von Aphrodisias aus dem 1. Jahrhundert nach Christus macht mehr als deutlich, dass ‚Zufall' und göttliches Eingreifen sich in der Welt der kaiserzeitlichen griechischen Romane nicht ausschließen müssen. Der Gott, von dem hier in anonymer Form die Rede ist, ist der Liebesgott Eros; das geht aus den vorausgehenden Passagen unmissverständlich hervor, in denen mitgeteilt wird, dass Eros, obwohl die Familien der beiden syrakusischen Protagonisten, Chaireas und Kallirhoe, einander nicht wohlgesonnen waren, dieses Paar dennoch zusammenbringen wolle:

> Doch streitsüchtig ist Eros und liebt Ereignisse, die niemand erwarten würde. Dazu suchte er sich nun folgende gute Gelegenheit (*kairon*),

so heißt es unmittelbar vor der oben zitierten Stelle.[2] Bereits diese kurze, aber für die gesamte Handlung des Romans grundlegende Szene entfaltet ein differenziertes Vokabular der Unhintergehbarkeit, Unvorhersehbarkeit und Instabilität eines Ereignisses, das als ‚zufällig' (*ek tychês*),[3] als ‚Fall' von Körpern (*periepeson allêlois*), als ‚paradox' (griechisch *paradoxon*, hier übersetzt mit

1 Chariton von Aphrodisias, *Kallirhoe* 1, 1, 6, in: *Im Reich des Eros. Sämtliche Liebes- und Abenteuerromane der Antike*, hg. v. Bernhard Kytzler, übers. v. Heinz Martin Wehrhan, Düsseldorf: Patmos-Verlag 2001, Bd. I, S. 511–672, hier S. 515. Der griechische Text wird zitiert nach Bryan P. Reardon, *Charitonis Aphrodisiensis de Callirhoe narrationes amatoriae*, München u. Leipzig: K. G. Saur 2004, S. 1–147.

2 Chariton, *Kallirhoe* 1, 1, 4.

3 Dass *tychê* nicht mit ‚Zufall' übersetzt werden muss, sondern auch mit ‚Glück', ‚Unglück' oder ‚Schicksal' wiedergegeben werden kann, und dass das Wort in Majuskelschreibung auch die Göttin *Tychê* bezeichnen kann, wird weiter unten erneut thematisiert. Der Übersetzer

 | DOI:10.30965/9783846764725_004

„Ereignisse, die niemand erwarten würde") und als dem Gesetz des Augenblicks, dem *kairos* folgend, beschrieben wird. Das aus menschlicher Perspektive kontingente Ereignis, das sich scheinbar ohne Planung und Intentionalität ereignet, hat aber bei Chariton gleichwohl einen Agenten: Es wird gesteuert und arrangiert vom Gott Eros, der keineswegs das Prinzip des Zufalls oder der Kontingenz verkörpert.[4] Er hat vielmehr eine klare Agenda: Hinter der hier zitierten Übersetzung „streitsüchtig" verbirgt sich das Wort *philonikos*, ‚den Sieg liebend', was man auch mit ‚ehrgeizig' wiedergeben könnte. Vor allem aber das Eingangszitat (1, 1, 6) verwendet ein Verb, das die scheinbare Kontingenz hier zugleich als ‚Providenz' ausweist: Eros verfolgt mit seinem Arrangement eine ‚Politik' – *tou theou politeusamenou*, von Martin Wehrhan etwas abgeschwächt wiedergegeben mit „der diese Begegnung in die Wege geleitet hatte" –, und der Gott lässt sich in dieser gouvernementalen Rolle auch als ein Regisseur der Handlung betrachten.[5]

scheint es hier auf das Paradox der gleichzeitigen Steuerung des Geschehens durch den Zufall und durch einen Gott ankommen lassen zu wollen.

4 Der Begriff ‚Kontingenz' wird in diesem Beitrag zunächst heuristisch (und anachronistisch) im Sinne von aus menschlicher Perspektive unhintergehbaren und unkontrollierbaren Ereignissen verwendet, die auch als ‚zufällig' wahrgenommen werden können. Diese Bedeutung von Kontingenz etabliert sich allerdings historisch erst spät, nämlich seit der Scholastik, und ist zu unterscheiden von Kontingenz als lateinischer Übersetzung für den aristotelischen Terminus *endechomenon*, der das Mögliche im Gegensatz zum Wirklichen bzw. Notwendigen bezeichnet. Es wird sich im Laufe dieses Beitrags zeigen, dass es im hier zu untersuchenden Textkorpus kein akkurates Äquivalent zum philosophischen Kontingenz-Konzept gibt, da in dem für die Romane zentralen Begriff *tychê/Tychê* Kontingenz und Providenz, Mögliches und Wirkliches zusammenfallen. Vgl. zu der entsprechenden Begrifflichkeit in der griechischen Antike Peter Vogt, *Kontingenz und Zufall. Eine Ideen- und Begriffsgeschichte*, Berlin: de Gruyter 2011, insb. Kap. 2: „Tyche – Die griechischen Wurzeln des Zufallsbegriffs", S. 67–183; Gertrud Herzog-Hauser, „Tyche und Fortuna", in: *Wiener Studien* 63 (1948), S. 156–163; Giulia Sfameni Gasparro, „*Daimôn* and *Tuchê* in the Hellenistic Religious Experience", in: *Conventional Values of the Hellenistic Greeks*, hg. v. Per Bilde u. a., Aarhus: Aarhus University Press 1997, S. 67–109; zur Geschichte der Konzepte ‚Kontingenz' und ‚Zufall' über die Antike hinaus vgl. des Weiteren die Beiträge in: *Kontingenz*, hg. v. Gerhart von Graevenitz, München: Wilhelm Fink 1998 sowie in: *Kein Zufall. Konzeptionen von Kontingenz in der mittelalterlichen Literatur*, hg. v. Cornelia Herberichs u. Susanne Reichlin, Göttingen: Vandenhoeck & Ruprecht 2010 sowie Walter Brugger u. Walter Hoering, „Kontingenz", in: *Historisches Wörterbuch der Philosophie*, hg. v. Joachim Ritter u. Karlfried Gründer, Basel u. Stuttgart: Schwabe & Co Verlag 1971–2007, Bd. 4, Sp. 1027–1038.

5 Vgl. auch Chariton, *Kallirhoe* 1, 1, 12, wo Eros als ‚Demagoge' bezeichnet wird. In 2, 2, 8 wird das Verb *politeuesthai* von Aphrodite gebraucht, die hier vorübergehend eine Ehe zwischen Kallirhoe und Dionysios arrangiert. Zu den Göttern als potentiellen Agenten der Handlung in Charitons Roman vgl. Thomas Baier, „Die Funktion der Götter bei Chariton", in: *Würzburger Jahrbücher für die Altertumswissenschaft*, N.F. 23 (1999), S. 101–113, insb. S. 108, der Eros

Der vorliegende Beitrag geht der Frage nach, inwieweit die antike griechische Literatur, insbesondere Epos und Roman, ein Paradigma des Abenteuerlichen ausbildet, das diese Bezeichnung bereits vor der Geburt des Terminus *âventiure* (oder frz. *aventure*) im mittelalterlichen Vers- und Prosaroman rechtfertigt. Das eingangs exemplarisch vorgeführte Vokabular des zufälligen Ereignisses, das aber doch einem größeren (göttlichen) Plan zu folgen scheint, soll den Hintergrund für diese Untersuchung abgeben, denn das Erzählschema des Abenteuers ist seit dem Mittelalter eng an die Kategorien der Kontingenz und der Providenz gebunden.[6] Die Frage jedoch, ob die Protagonisten des antiken Liebesromans tatsächlich ‚Abenteuer' erleben, kann und soll nicht gestellt werden ohne einen Blick auf die Gattung, die das fragliche Erzählschema viel früher ausgebildet haben dürfte, nämlich das Epos und insbesondere die *Odyssee*. Die fünf erhaltenen auf Griechisch verfassten Liebesromane aus der römischen Kaiserzeit (entstanden vermutlich zwischen dem 1. und dem 4. Jahrhundert nach Christus)[7] gelten nicht nur als Gattungshybride, in denen vielerlei Einflüsse, etwa seitens der Neuen Komödie oder der Historiographie, aber auch der Rhetorik, zusammenkommen, sondern sie werden vor allem immer wieder vor der Folie der *Odyssee* gelesen.[8] Daher soll die Frage, ob die Antike

gerade nicht als „personale Gottheit" auffasst, die „das Geschehen [determiniere]", sondern als „menschliche Leidenschaft", als „externalisierte Liebe" (*eros* mit Minuskel). Meines Erachtens sind jedoch alle die Götter personifizierenden Zuschreibungen zunächst einmal ernst zu nehmen im Sinne einer Auffassung der Götter als eigenständiger Akteure. Vgl. des Weiteren Michael Weißenberger, „Der ‚Götterapparat' im Roman des Chariton", in: *Der antike Roman und seine mittelalterliche Rezeption*, hg. v. Michelangelo Picone u. Bernhard Zimmermann, Basel, Boston u. Berlin: Birkhäuser 1997, S. 49–73.

6 Vgl. die Literatur in Anm. 4. Zur *âventiure* als Zentralbegriff einer „Poetik des Geschicks" vgl. Mireille Schnyder, „Âventiure? Waz ist daz? Zum Begriff des Abenteuers in der deutschen Literatur des Mittelalters", in: *Euphorion* 96 (2002), S. 257–272, hier S. 263; des Weiteren Mireille Schnyder, „Sieben Thesen zum Begriff der *âventiure*", in: *Im Wortfeld des Textes. Worthistorische Beiträge zu den Bezeichnungen von Rede und Schrift im Mittelalter*, hg. v. Gerd Dicke, Manfred Eikelmann u. Burkhard Hasebrink, Berlin u. New York: de Gruyter 2006, S. 369–375; Ingrid Kasten und Volker Mertens, „Aventure (âventiure)", in: *Lexikon des Mittelalters*, hg. v. Robert Auty, Robert-Henri Bautier u. a., München u. Zürich: Artemis & Winkler 1980, Bd. 1, Sp. 1289–1290. Zum Verhältnis von Erzählen und Handeln vgl. Peter Strohschneider, „*âventiure*-Erzählen und *âventiure*-Handeln", in: *Im Wortfeld des Textes*, S. 377–384.

7 Es handelt sich in chronologischer Reihenfolge um Chariton, *Kallirhoe* (1. Jhd. n. Chr.); Xenophon von Ephesos, *Ephesiaka* (bzw. *Habrokomos und Anthia*; Ende 1. Jhd. n. Chr.); Longos, *Daphnis und Chloe* (2. Jhd. n. Chr.), Achilleus Tatios, *Leukippe und Kleitophon* (2. Jhd. n. Chr.) sowie den deutlich späteren Roman des Heliodor, *Aithiopika* (bzw. *Theagenes und Charikleia*; vermutlich 4. Jhd. n. Chr.). Alle Datierungen sind approximativ.

8 Vgl. etwa die zahlreichen Hinweise auf die Kontinuität vieler Erzählmuster zwischen *Odyssee* und Roman in: Jonas Grethlein, *Die Odyssee. Homer und die Kunst des Erzählens*, München:

das Abenteuer als Erlebnis und/oder Erzählform kennt, bis zurück zum Anfang der griechischen literarischen Überlieferung verlängert werden, um mögliche Gattungskonventionen und Paradigmenwechsel in der Bearbeitung des Erzählschemas ausmachen zu können.

Der Umstand, dass die Erlebnisse des Odysseus, die ihm während seiner Irrfahrt von Troia nach Ithaka widerfahren und von denen er am Hof der Phaiaken erzählt, in der Forschung bedenkenlos als ‚Abenteuer' bezeichnet werden,[9] steht in einer Spannung zu dem Befund, dass die griechische Antike kein Wort für ‚Abenteuer' kennt. Die Suche nach einem Konzept oder einer Erzählform ‚Abenteuer' in der antiken Erzählliteratur wird also dadurch erschwert, dass zunächst definiert werden muss, was gesucht werden soll, dass aber eine allgemeingültige und epochenübergreifende Definition des Abenteuers nicht existiert. Jede Epoche, so scheint es, bestimmt ‚Abenteuer' in Relation zu ihren eigenen gesellschaftlichen und kulturellen Normen, ihren etablierten Denk- und Handlungsmustern als dasjenige, das diese Normen und Muster überschreitet und das daher als außeralltägliche Erfahrung wahrgenommen wird.[10]

C. H. Beck 2017, etwa S. 20, 22, 44, 47, 81, 267; eine Nähe zwischen *Odyssee* und Romanen postulieren ebenfalls Massimo Fusillo, „Roman", in: *Der Neue Pauly*, hg. v. Hubert Cancik, Helmuth Schneider u. Manfred Landfester, (http://dx.doi.org/10.1163/1574-9347_dnp_e1024310, abgerufen am 3. Juli 2019) sowie Suzanne Saïd, *Homer and the Odyssey*, Oxford: Oxford University Press 2011, S. 116. Auch Thomas Mann hat den antiken Reiseroman als „späte[n] Ableger der Odyssee" verstanden (Thomas Mann, „Die Kunst des Romans", in: ders., *Reden und Aufsätze* 2, Frankfurt/Main: S. Fischer 1960 [= Mann, *Gesammelte Werke in dreizehn Bänden*, hg. v. Peter de Mendelssohn, Bd. 10), S. 348–362, hier S. 350). Vgl. dazu auch Baier, „Die Funktion der Götter bei Chariton", S. 101. Weniger deutlich ist dieser Zusammenhang in der antiken Gattungstheorie: Vgl. dazu Carl Werner Müller, „Chariton von Aphrodisias und die Theorie des Romans in der Antike", in: *Antike und Abendland* 22 (1976), S. 115–136, hier S. 122 (zur antiken Poetik) sowie S. 131 (zu den Homer-Bezügen in Charitons *Kallirhoe*).

9 Besonders prominent, allerdings ohne die Implikationen oder die Wortgeschichte des Abenteuer-Begriffs zu reflektieren, von Karl Reinhardt, „Die Abenteuer der Odyssee" (1948), in: ders., *Tradition und Geist. Gesammelte Essays zur Dichtung*, Göttingen: Vandenhoeck & Ruprecht 1960, S. 47–124. Vgl. auch, mit erzähl- und gattungstheoretischer Fragestellung, Almut Renger, *Zwischen Märchen und Mythos: Die Abenteuer des Odysseus und andere Geschichten von Homer bis Walter Benjamin. Eine gattungstheoretische Studie*, Stuttgart: Metzler 2006. Renger betont insbesondere die Nähe der ‚Abenteuer' zum Märchen und, für diesen Beitrag relevant, die „Indifferenz der ‚Apologoi' gegen Deutungen" (S. 207 f.).

10 Wenn in den Fußnoten dieser Einleitung immer wieder auf die mediävistische Literatur zum Abenteuer verwiesen wird, so deshalb, weil die Geschichte des Begriffs, zumal seiner literarischen Ausformung und Reflexion, hier beginnt. Die Untersuchung des antiken Abenteuers begibt sich dabei notgedrungen in einen methodischen Zirkel, da sie die Definition dessen, was sie bestimmen will, einer anderen Epoche entlehnen muss, um die Bestimmung dann aufgrund der Befunde der früheren Epoche zu korrigieren.

Konsens ist, dass zum Abenteuer Risiko und Gefahr gehören und dass von Abenteuern nur erzählt werden kann, wenn sie auch überstanden werden, ja dass sie, so das Verständnis der mittelalterlichen Literatur, geradezu zu Erzähleinheiten werden.[11] Weniger einheitlich sind die Bestimmungen hinsichtlich der Aktivität respektive Passivität des Abenteurers: Ist das Abenteuer immer etwas, das aktiv und freiwillig gesucht wird, oder lässt sich auch das, was gemäß der Etymologie des Wortes ‚auf einen zukommt', also das Ungeplante und Unvorhersehbare, als Abenteuer greifen?[12] Und ließen sich hier nicht unterschiedliche Verläufe und Mischungen vermuten, etwa eine anfänglich aktive Suche, die dann aber in ungeahnte Situationen führt und den Abenteurer zum passiven Opfer der ihn überwältigenden Kräfte und Gefahren macht?

Die Auffassungen dessen, was ein Abenteuer sei, unterscheiden sich des Weiteren in der Frage, in welchem Verhältnis das abenteuerliche Erleben zu einer von Göttern determinierten Ordnung steht. Kann es in einer Welt, in der alles von den Göttern oder dem einen christlichen Gott geplant und gelenkt wird, Abenteuer geben? Oder ist die Götterferne und die Negation einer ‚sinnstiftenden' Ordnung eine Voraussetzung für das Abenteuer als Weg ins Offene, das damit zu einer genuin modernen und säkularen Erlebniskategorie avancieren würde?[13] Der Blick in die mittelalterliche, aber auch die antike Literatur zeigt, dass der göttliche (Heils-)Plan und das Abenteuer keineswegs als einander ausschließende Kategorien zu verstehen sind.[14] Darüber

11 Vgl. Kasten u. Mertens, „Aventure (âventiure)", Sp. 1289; Schnyder, „Sieben Thesen zum Begriff der *âventiure*", S. 369 f. sowie Strohschneider, „*âventiure*-Erzählen und *âventiure*-Handeln". Zu Odysseus als Erzähler vgl. unten Anm. 50.

12 Zu dieser Etymologie und zur Genese der Abenteuer-Ideologie im Mittelalter vgl. Michael Nerlich, *Kritik der Abenteuer-Ideologie. Beitrag zur Erforschung der bürgerlichen Bewußtseinsbildung 1100–1750*, 2 Bde., Berlin: Akademie Verlag 1977, Bd. 1, insb. S. 21–25. Nerlich versteht die Suche, die „queste de l'aventure" als konstitutives Merkmal des Abenteuers.

13 Nerlich, *Kritik der Abenteuer-Ideologie*, Bd. 1, S. 27, hält die „Gegenüberstellung von aventure und ordo" für problematisch und impliziert damit, dass das Abenteuer durchaus Teil einer Ordnung ist. Zum fraglichen Übergang von der vormodernen *âventiure* in das moderne Abenteuer vgl. die Überlegungen in der Einleitung der Herausgeber zum Sammelband *Aventiure und Eskapade: Narrative des Abenteuerlichen vom Mittelalter zur Moderne*, hg. v. Jutta Eming u. Ralf Schlechtweg-Jahn, Göttingen: V & R unipress 2017, S. 7–34, hier S. 12. Eine lineare Entwicklung wird hier infrage gestellt und die Herauslösung der Abenteuer aus einem Sinnzusammenhang und ihr Autonom-Werden bereits für die frühen Alexandererzählungen angesetzt. Ein solcher Sinnzusammenhang bleibt in dieser Debatte gleichwohl die Folie, von der das Abenteuer sich abhebt.

14 Dass die *âventiure* im mittelhochdeutschen Artusroman „von Gott gegeben" sei und im Rahmen eines göttlichen Plans einzulösen sei, betont etwa Schnyder, „Sieben Thesen zum Begriff der *âventiure*", S. 370 f. Auch der Eintrag „âventiure" im *Lexikon des Mittelalters* spricht von der Einbindung des Abenteuers in einen „höheren Sinnzusammenhang" (der

hinaus ist zu bedenken, dass es in der frühen Antike keine Vorstellung vom göttlichen Heil und vom Anspruch auf dieses gibt, mithin keine Garantie des Überstehens – offenbar eine gute Voraussetzung für Abenteuer, trotz des Fehlens einer adäquaten Terminologie. Gleichwohl sei hier die Behauptung gewagt, dass sich eine kontinuierlich stärker werdende Verknüpfung abzeichnet zwischen der moralischen Auszeichnung der Helden von Abenteuerromanen und dem Bestehen ihrer Abenteuer. Für Odysseus dürfte diese Logik nur sehr implizit gelten, doch spätestens in den kaiserzeitlichen und spätantiken Liebes- und Abenteuerromanen, die von einer stoischen und prä- bzw. frühchristlichen Ethik geprägt sind, beginnt sich diese Form der poetischen Gerechtigkeit abzuzeichnen, die vermutlich den Erfolg des populären Abenteuerromans aller Epochen erklären kann.

2 Odysseus: Spielball der Mächte, Dulder, listiger Stratege

Angesichts der Heterogenität von epochal geprägten Bestimmungen des Abenteuers hat die Forschungsgruppe, die diesen Sammelband initiiert hat, sich auf eine sehr basale und abstrakte Minimaldefinition des Abenteuers geeinigt. Demnach müssen folgende vier Parameter vorliegen, um von einem Abenteuer sprechen zu können: „(1) ein identifizierbarer Held, (2) eine grenzüberschreitende Bewegung im Raum, (3) ein Moment (gefährlicher) Kontingenz und (4) eine Erzählinstanz, die den Zusammenhang herstellt, in dem jene Kontingenz sich als Probe oder Prüfung erweist".[15] Dass die Kriterien (1) und (2) von der *Odyssee* erfüllt werden, ist unstrittig, und sie sollen hier

allerdings nicht notwendig ein theologischer sein muss) und von „göttlicher Vorsehung", vgl. Kasten/Mertens, „Aventure (âventiure)", Sp. 1289. Dies schließt jedoch nicht aus, dass der Artusritter das Abenteuer „aus eigenem Antrieb" sucht. Von einer „schicksalsbestimmten, stufenweisen Bewährung eines Auserwähltseins" spricht auch Erich Auerbach, „Der Auszug des höfischen Ritters", in: ders., *Mimesis. Dargestellte Wirklichkeit in der abendländischen Literatur* [1946], Bern: Francke 1994, S. 120–138, hier S. 133. Zum Ineinandergreifen von Providenz und Kontingenz in mittelalterlichen *âventiuren* vgl. Armin Schulz, „Kontingenz im mittelhochdeutschen Liebes- und Abenteuerroman", in: Herberichs u. Reichlin (Hgg.), *Kein Zufall*, S. 206–225. Den vielfältigen Schattierungen des mittelalterlichen Konzepts, insbesondere zwischen einem heilsgeschichtlich gebundenen und einem weltlich verstandenen Abenteuerschema, kann in diesem Beitrag leider nicht nachgegangen werden.

15 Vgl. DFG Forschungsgruppe „Philologie des Abenteuers", LMU München („Wissenschaftliches Programm", https://www.abenteuer.fak13.uni-muenchen.de/forschungsgruppe/wissenschaftliches-programm/wissenschaftliches-programm.pdf [abgerufen am 30. Juni 2019], S. 4). Der letzte Punkt beruft sich auf Auerbachs Ausführungen zum *Iwein* Chrétien de Troyes': Auerbach, „Der Auszug des höfischen Ritters", S. 131.

keine Rolle spielen. Bevor die Aspekte (3) und (4) für das homerische Epos überprüft werden sollen, ist jedoch noch ein weiteres Merkmal hinzuzufügen, das Odysseus von den späteren Abenteurern, insbesondere denen des Mittelalters, kategorial zu trennen scheint, nämlich das Merkmal der aktiven Suche nach dem Abenteuer.[16]

Aktive Suche oder passives Erleiden

Will man die aktive Disposition des Abenteurers als notwendiges Kriterium der Definition voraussetzen, dann muss man Odysseus, wie es oft geschehen ist, den Abenteuer-Status wohl absprechen. Denn wer wie Odysseus gezwungen reist, so ein häufig formuliertes Argument, ist kein Abenteurer, zum Abenteuer gehöre die mutige Entscheidung, es auf sich zu nehmen, sich ihm auszusetzen, den Nervenkitzel der Gefahr zu wollen und zu ertragen – eine Haltung, die die Antike möglicherweise gar nicht kennt. So schreibt Michael Nerlich in seiner einschlägigen Studie *Kritik der Abenteuer-Ideologie*, aus dem Jahr 1977:

> Die Abenteuer des Odysseus, der nach Hause möchte, sind ihm durch Beschluss der Götter auferlegte Schicksalsschläge [...]. Das gleiche gilt für Iason und seine Gefährten, die Argonauten, auch wenn spätere Zeit sie als Sinnbild von moderner Abenteuer-Existenz verstanden wissen wollten. Und wenn Herakles auszieht, die Hydra zu töten, so tut er das nicht, weil er im Wagnis, im Risiko, im Abenteuer den Sinn seines Daseins sieht, sondern weil er nach dem Ratschluss der Götter dem König von Mykenai Dienste zu leisten hat.[17]

In ähnlicher Weise spricht Vladimir Jankélévitch Odysseus' Erlebnissen die dem Abenteuer eigene Kinetik ab, nennt ihn einen „faux voyageur" und einen „aventurier par force" und sieht in seinem Drang heimzukehren das genaue Gegenteil des Abenteuers:

> Ulysse, le héros méditerranéen par excellence, représente-t-il véritablement le style aventureux? [...] à y regarder de plus près, les tentations d'Ulysse sont des tentations de la halte et non point celles du mouvement: ces tentations sont plutôt statiques que cinétiques; ce qui est proposé au voyageur c'est d'interrompre son voyage et de s'arrêter en route et, de lambiner, et de boire à l'ombre. Les

16 Zu diesem Kriterium vgl. auch den Artikel von Wolfram Ette in diesem Band, insb. S. 107–109.

17 Nerlich, *Kritik der Abenteuer-Ideologie*, Bd. 1, S. 21 f. Nerlich setzt für die von ihm rekonstruierte Abenteuer-Ideologie nicht nur die Freiwilligkeit des Aufbruchs und die Suche nach dem Abenteuer, sondern auch dessen Verherrlichung voraus. Das Kriterium der aktiven Suche nach Abenteuern wurde schon von Erich Auerbach hervorgehoben. Vgl. dazu Auerbach, „Der Auszug des höfischen Ritters", S. 131 sowie die Einleitung zu diesem Sammelband, S. 4 f.

> séductrices incarnent pour le vagabond les délices de la vie sédentaire et le domicile fixe. À ce compte, c'est plutôt le devoir qui dit à Ulysse: debout! En avant! Toujours plus loin! [...]. Ulysse ne désire qu'une seule chose: rentrer à la maison, retrouver son épouse fidèle [...]. Les aventures il ne les a pas cherchées. En somme ce faux voyageur est aventurier par force et casanier par vocation, et ses pérégrinations, à cet égard, sont des aventures un peu bourgeoises.[18]

Es ist ohne Zweifel richtig, dass das Abenteuer im homerischen Epos nicht in der Weise institutionalisiert ist, wie es für den arthurischen Hof der mittelalterlichen Epik zutrifft. Abenteuer zu bestehen gehört nicht zum heroischen Code der homerischen Epen, der, zumindest nach der Logik der *Ilias*, den Ruhm des Helden vor allem an den Einsatz in der vordersten Schlachtreihe, an Sieg oder ruhmvollen Tod im Krieg und an das Grabmal, das an ihn erinnert, knüpft.[19] Der Krieg ist in der *Ilias* kein Abenteuer, sondern eine gesellschaftliche Verpflichtung, er verbürgt Ruhm und Ehre und damit auch Besitz in Form von Ehrgeschenken und perpetuiert somit den Status der ‚Könige', also der obersten Schicht der homerischen Gesellschaft. In einer sehr allgemeinen Weise lässt sich jedoch eine strukturelle Analogie behaupten: Denn so wie in der mittelalterlichen Artus-Epik der Ritter ausziehen muss, um Abenteuer zu bestehen und dadurch seinen Status zu bestätigen oder allererst zu erwerben, so muss der Protagonist des homerischen Epos im Krieg kämpfen, weil dies seiner qua Geburt definierten sozialen Rolle entspricht.

Der Protagonist des zweiten homerischen Epos etabliert hingegen ein ganz neues Verhältnis von ‚heroischen' Taten und Ruhm. Im Zentrum dieses Epos steht nicht der im Krieg erworbene Ruhm, wenngleich dieser dem Odysseus, der entscheidend an der Einnahme Troias beteiligt war, unwiderruflich zusteht.[20] Die ‚Taten' dieses Helden werden vielmehr in eine mythische und märchenhafte[21] Gegenwelt verlegt und antizipieren somit in sehr loser Weise

---

18 Vladimir Jankélévitch, *L'aventure, l'ennui et le sérieux*, Paris: Aubier 1963, S. 23. Vgl. auch François Hartog, *Mémoire d'Ulysse. Récits sur la frontière en Grèce ancienne*, Paris: Gallimard 1996, S. 16, der Odysseus als „voyageur malgré lui" bezeichnet. Vgl. dazu auch Renate Schlesier, „Transgressionen des Odysseus", in: *Reisen über Grenzen. Kontakt und Konfrontation, Maskerade und Mimikry*, hg. v. ders. u. Ulrike Zellmann, Münster u. a.: Waxmann 2003, S. 133–141, hier S. 133, die herausarbeitet, dass das Reisen in der *Odyssee* als Ausweis eines neuen Heroenstatus zu verstehen ist.

19 Vgl. dazu etwa Homer, *Ilias* 12, 310–328, wo Sarpedon gegenüber Glaukos das intrikate Ineinandergreifen von Sterblichkeit, Kriegseinsatz und Ehre im Selbstverständnis des homerischen Kriegers erläutert.

20 Vgl. Homer, *Odyssee* 9, 19 f.

21 Zu den Relationen zwischen Epos und Märchen vgl. insbesondere Reinhardt, „Die Abenteuer der Odyssee"; Renger, *Zwischen Märchen und Mythos* sowie Uvo Hölscher, *Die Odyssee. Epos zwischen Märchen und Roman* [1988], München: C. H. Beck 2000. Zu

den Abenteuerwald der mittelalterlichen und rinascimentalen Epen und Romanzen. An die Stelle des Waldes tritt freilich in der *Odyssee* das Meer als der Raum der Gefahren und der unberechenbaren und unbeherrschbaren Naturmächte.[22]

Allerdings gibt es keinen arthurischen Code, nach dem Odysseus die zwölf Abenteuer zu bestehen hat,[23] kein Preis wurde ihm dafür versprochen, und auch reist Odysseus – anders als die nach der mythischen Chronologie früheren Argonauten[24] – nicht durch das Mittelmeer, um einen Schatz, ein magisches Vlies (oder einen Gral), zu suchen. Er segelt über das Meer mit einem einzigen Ziel: Er will heimkehren – und er formuliert diesen Wunsch niemals mit Blick auf seine Position als König und Herrscher, sondern immer hinsichtlich der ersehnten Insel, Ithaka, und der geliebten Frau, Penelope. Die ‚Abenteuer', die er auf dieser Reise erlebt, sind, wie Jankélévitch sehr richtig formuliert, daher zunächst einmal Unterbrechungen seiner Reise und Retardationen seines Ziels: „tentations de la halte". Dass sie den Helden von seinem intendierten Weg abbringen, ändert allerdings nichts daran, dass er sich auf diesen Um- und Abwegen jeweils auch aktiv verhält: planend und kalkulierend, das Fremde suchend und die Gefahr herausfordernd, mutig und listig.[25] Zugleich gibt es Situationen, in denen Passivität, das Abwarten und Ausharren, zur Rettung

den als ‚heroisch' einzustufenden Taten des Odysseus gehört natürlich auch die Rache an den Freiern im Palast von Ithaka. Diese bleibt im vorliegenden Beitrag jedoch unberücksichtigt, da der Fokus auf den immer wieder als ‚Abenteuer' titulierten Erlebnissen der Apologoi liegt. Eine differenzierte Analyse des veränderten heroischen Paradigmas der *Odyssee* findet sich in Fabian Horn, *Held und Heldentum bei Homer. Das homerische Heldenkonzept und seine poetische Verwendung*, Tübingen: Narr Verlag 2014, Kapitel III: „Die *Odyssee* und der Held im Wandel"; zu den Apologoi vgl. insb. S. 255–282.

22 Dass es sich um Naturmächte handelt, ist allerdings eine moderne Annahme, die auf einer unantiken Gleichsetzung von Natur und Mythos beruht. Diese Redeweise findet sich etwa in der prominenten *Odyssee*-Lektüre von Max Horkheimer u. Theodor W. Adorno, *Dialektik der Aufklärung. Philosophische Fragmente* [1944], Frankfurt: S. Fischer 1988, hier S. 50–87: „Exkurs I: Odysseus oder Mythos und Aufklärung". Exakter handelt es sich bei den Mächten, mit denen Odysseus konfrontiert ist, um Riesen, Menschenfresser, Zauberinnen und Meeresungeheuer.

23 Die Analogisierung mit Herakles, die Nerlich (vgl. oben Anm. 17) vornimmt, ist irreführend. Anders als die ‚Abenteuer' des Odysseus sind die Taten (oder ‚Abenteuer') des Herakles in der Tat Auftragsarbeiten.

24 Vgl. Homer, *Odyssee* 12, 69 f.

25 Odysseus ist vor allem der ‚viel Umhergetriebene' (*polytropos*) und der viel Duldende (*polytlas*), doch gibt es unter den zwölf Episoden seiner Irrfahrt tatsächlich mindestens vier, in denen er sich freiwillig und aktiv in eine unbekannte und unberechenbare Gefahrensituation begibt, und zwar mit der Intention, „etwas zu erfahren" oder zu „erkunden": *Odyssee* 9, 87–90 (Lotophagen); 9, 172–176 (Kyklopen); 10, 100–103 (Laistrygonen) und 10, 151–155 (Kirke).

führt. Odysseus besteht ohne Zweifel die Gefahren, die seinen Weg markieren, vor allem als ein Leidender und Duldender. Ein Abenteuer-Konzept, dass diese Form des ‚Pathos' ausschließt, ließe sich auf die *Odyssee* nicht anwenden.

Kriterium (3): „ein Moment (gefährlicher) Kontingenz"

In dem oben präsentierten Zitat von Michael Nerlich wird Odysseus und Herakles der Abenteuerstatus abgesprochen, weil sie nicht „im Wagnis, im Risiko, im Abenteuer den Sinn [ihres] Daseins" sehen, sondern weil es sich bei ihren vermeintlichen Abenteuern lediglich um „durch Beschluss der Götter auferlegte Schicksalsschläge" handele.[26] Schicksal oder Götterbeschluss auf der einen und Kontingenz auf der anderen Seite werden hier als einander ausschließende Konstellationen gefasst, und Nerlich legt, aus der Perspektive eines für die Moderne einschlägigen Abenteuer-Paradigmas, Wert darauf, dass der Abenteurer sein Abenteuer um seiner selbst willen und vollkommen initiativ erlebt. Ob dies auch auf das mittelalterliche Muster zutrifft, in dem das Abenteuer durchaus Teil eines ‚Berufs' oder einer ‚Berufung' zu sein scheint, auch wenn sich der Ritter für diese Aufgabe freiwillig entscheiden kann, wäre zu diskutieren.[27]

Im antiken Epos mit seinem polytheistischen Götterhimmel lässt sich das Schicksal oder der Götterbeschluss nicht auf einen klar zu identifizierenden Plan, und schon gar nicht auf einen Heilsplan, reduzieren, sondern das Wirken der Götter ist selbst kontingent. Zwar wird in der *Ilias* der ‚Plan des Zeus' (die berühmte *boulê*) noch ausführlich entfaltet und liest sich exakt als Exposé der dann folgenden Handlung, gleich einem Orakel, das den Lauf des Geschehens wahrheitsgemäß voraussagt.[28] Doch ist dies niemals die Perspektive der Figuren, die in keiner Weise auf Rettung durch die Götter zählen können. Selbst wenn alles, was geschieht, immer auch durch das Einwirken eines Gottes geschieht, so ist doch dieses Gesetz so ubiquitär, dass es keinerlei Gewähr und Planbarkeit oder gar Sicherheit verspricht. Die Entscheidungen der Götter werden aus menschlicher Perspektive als vollkommen

26 Vgl. oben Anm. 17.

27 Nerlich, *Kritik der Abenteuer-Ideologie*, Bd. 1, S. 26, verweist für diesen Zusammenhang auf eine Arbeit von Erich Köhler (*Ideal und Wirklichkeit in der höfischen Epik. Studien zur Form der frühen Artus- und Gralsdichtung*, Tübingen: Max Niemeyer Verlag 1970, S. 71), nach der „das Abenteuer als ein Sicherproben ohne Auftrag, ohne Amt, ohne konkreten geschichtlich-politischen Zusammenhang" zu verstehen ist. Gleichwohl definiert Nerlich es „als allgemeine ethische Pflicht". Auch Auerbach, „Der Auszug des höfischen Ritters", S. 130 f. negiert die „politisch-geschichtliche Aufgabe", verwendet aber für die Pflicht, Abenteuer zu bestehen, das Wort „Beruf".

28 Homer, *Ilias* 15, 49–77.

offen wahrgenommen, wie das berühmte Bild von den zwei Fässern des Zeus aus der *Ilias* dokumentieren kann, mit dem Achill Priamos' Trauer um Hektor begegnet – die Negation jeder Vorstellung eines Heilplans:

> Denn zwei Fässer sind aufgestellt auf der Schwelle des Zeus
> Mit Gaben, wie er sie gibt: schlimmen, und das andere mit guten.
> Wem Zeus sie nun gemischt gibt, der donnerfrohe,
> Der begegnet bald Schlimmem und bald auch Gutem.[29]

Dass die *Ilias* die Vorstellung eines einhelligen und klar zu berechnenden Schicksals zu unterlaufen sucht, zeigt auch der Fall des Achill, der mit dem Bewusstsein zweier „Todeslose" nach Troia gezogen ist und sich nun entscheiden muss, ob er ruhmlos heimkehren oder ruhmvoll, aber jung vor Troia sterben will.[30] Der Götterapparat des antiken Epos führt jedoch keineswegs zur Handlungslethargie angesichts dieser vollkommenen Determination, wenngleich keiner der Protagonisten dem ihm ‚Zugeteilten' entkommen kann.

Auch dem Odysseus ist die Heimkehr nach Ithaka „von den Göttern zugesponnen" – und der Rezipient des Epos erfährt dies gleich im ersten Gesang.[31] Zudem werden ihm Teile seiner Reise von Kirke (im 10. Gesang, also im Rahmen des sechsten Abenteuers, und dann erneut nach der Rückkehr aus der Unterwelt im 12. Gesang) und von Teiresias (im 11. Gesang) vorausgesagt.[32]

---

29 Homer, *Ilias* 24, 527–529; Übersetzung nach: Homer, *Ilias*, übers. v. Wolfgang Schadewaldt, Frankfurt/Main: Insel Verlag 1975. Eine vergleichbare Ansicht findet sich auch in der *Odyssee*, wo Eumaios formuliert: „Der Gott aber wird das eine geben und das andere versagen, wie er es in seinem Sinne will, denn er kann alles" (14, 444–445; Übersetzung hier und im Folgenden nach: Homer, *Die Odyssee*, übers. v. Wolfgang Schadewaldt, Reinbek/Hamburg: Rowohlt 2008). Damit ist menschliches Leben zwar durch Götter determiniert, aber nicht im Sinne eines Plans oder einer Ordnung vorhersehbar – eine Konstellation, die durchaus als kontingent bezeichnet werden kann. Vgl. zur *Odyssee*-Stelle und dem Konzept der göttlichen Willkür Grethlein, *Die Odyssee*, S. 229 f.

30 Homer, *Ilias* 9, 410–416. Die zunehmende Gewissheit, dass Achill dem Tod vor Troia eben doch nicht entkommen kann, hebt allerdings im Laufe des Epos die scheinbare Wahl wieder auf.

31 Homer, *Odyssee* 1, 16–18: „ἀλλ' ὅτε δὴ ἔτος ἦλθε περιπλομένων ἐνιαυτῶν, / τῷ οἱ ἐπεκλώσαντο θεοὶ οἶκόνδε νέεσθαι / εἰς Ἰθάκην, […]." Der griechische Text der *Odyssee* wird zitiert nach *Homeri Opera, Tomus III: Odysseae Libros I–XII*, hg. v. Thomas W. Allen, Oxford: Oxford University Press 1985. Vgl. auch *Odyssee* 5, 113–115 (Athena zu Hermes): „Denn nicht ist es ihm bestimmt (*aisa*), daß er hier, fern den Seinen, zugrunde gehe, sondern sein Teil (*moira*) ist, daß er noch die Seinen sehe und in sein hochbedachtes Haus und in sein väterliches Land gelange."

32 Mit Nerlich, *Kritik der Abenteuer-Ideologie* (oben Anm. 17) könnte man demnach die Abenteuer als „Schicksalsschläge" bezeichnen. Vgl. auch Reinhardt, „Die Abenteuer der Odyssee", S. 87: „Voraussage verwandelt die Gefahren in ein auferlegtes Schicksal."

Doch spielt diese Gewissheit in der Erzählung von Odysseus' Irrfahrt kaum eine Rolle: Jedes Ereignis und jede Gefahr werden so erzählt, als stünden sein Leben und seine Heimkehr immer wieder neu auf dem Spiel. Zudem sind die Prophezeiungen auf Alternativen und Entscheidungen hin angelegt, wie die zwischen den Plankten auf der einen und Skylla und Charybdis auf der anderen Seite, die Kirke wie folgt einleitet:

> Doch sind die Gefährten nun an diesen [scil. den Sirenen, S.G.] vorbeigerudert, dann werde ich dir nicht mehr weiter der Reihe nach ansagen, welcher von beiden Wegen der deine sein wird, sondern auch selber mußt du es in dem Gemüt bedenken. Doch will ich ihn dir in beiderlei Richtung sagen.[33]

Wenn im ersten Gesang der *Odyssee* die Götter auf Athenas Initiative beschließen, die Heimkehr des Odysseus nach Ithaka zu befördern, befindet Odysseus sich seit zehn Jahren auf seiner Irrfahrt und seit sieben Jahren auf der Insel der Kalypso. Dies ist die letzte Station seiner sogenannten ‚Abenteuer', und an keiner Stelle seines Berichtes wird erkennbar, dass er zu irgendeinem Zeitpunkt eine Ahnung vom Gesamtablauf seiner Reise hat oder davon, dass das Durchstehen der sich aneinanderreihenden Gefahren mit Sicherheit zu einem guten Ende führen wird.

Die Verantwortlichkeit der Götter für Odysseus' Irrfahrt ist diffus: Während Zeus – zumal in der Rahmenhandlung – grundsätzlich für die gesamte Verkettung der Ereignisse und des Schicksals und, zusammen mit Athena, auch für die Heimkehr des Odysseus einsteht, lässt sich die Rache des durch die Blendung seines Sohns Polyphem verletzten Poseidon zwar als Motor der Handlung seit den Ereignissen auf der Kyklopen-Insel und bis zum Geleit der Phaiaken veranschlagen, aber außer in der Teiresias-Prophezeiung im 11. Gesang spielt diese Instanz in keinem der folgenden Abenteuer explizit eine Rolle.[34] Ausgerechnet in den Apologoi wird der Einfluss der Götter auf

---

Grethlein, *Die Odyssee*, S. 114 f., arbeitet jedoch heraus, wie diese Vorhersagen vage bleiben und eine „Spannung auf das *wie*" erzeugen.

33 Homer, *Odyssee* 12, 56–58. Zur Verwendung von Konditionalsätzen in der Prophezeiung des Teiresias vgl. John Peradotto, „Prophecy Degree Zero: Tiresias and the End of the *Odyssey*", in: *Oralità: cultura, letteratura, discorso*, hg. v. Bruno Gentili u. Giuseppe Paioni, Rom: Edizioni dell' Ateneo 1985, S. 429–455, insb. S. 441 und dazu Susanne Gödde, „Heimkehr ohne Ende? Der Tod des Odysseus und die Poetik der *Odyssee*", in: *Nostos und Gewalt. Heimkehr in der Prosa des 19. und 20. Jahrhunderts*, hg. v. Eva Eßlinger, *DVjs* 92.2 (2018), S. 163–180, hier S. 179.

34 Odysseus weiß spätestens seit der Prophezeiung des Teiresias, dass Poseidon ihm zürnt. Der Leser/Hörer der *Odyssee* weiß darüber hinaus seit Beginn des Epos, dass der Zorn des Poseidon den Beschluss der übrigen Götter nicht aushebeln kann (vgl. Grethlein, *Die Odyssee*, S. 231). Diese Argumentation findet sich auch bei Reinhardt, „Die Abenteuer der

die Handlung auffällig selten geltend gemacht: In den Gesängen 9–12 lassen sich gerade einmal fünf Erwähnungen göttlicher Präsenz zählen, von denen man allerdings nur ein oder zwei als direkte Einflussnahme auf den Verlauf der Ereignisse verstehen kann.[35]

Einmal befördert „ein Gott“ Odysseus und seinen Gefährten die erwünschte Jagd, zweimal wird die göttliche Präsenz durch die ähnlich anonyme Wendung „und es ging ein Gott vor uns her“ angedeutet.[36] In den beiden weiteren Situationen ist das Eingreifen der Götter deutlich folgenreicher, wenn auch nicht verabsolutierbar: Der erste größere Sturm, der Odysseus und seine Schiffe aus der realen Welt hinaus- und in die ‚Abenteuer‘-Welt hineintreibt, wird dem Zeus angerechnet und sowohl als Strafe für das fehlerhafte Verhalten der Gefährten als auch als zugemessenes Schicksal erklärbar.[37] Nach einem ersten Kampf gegen die Kikonen führt das lustvolle Verweilen der hier als ‚Toren‘ bezeichneten Gefährten, die sich bei Wein und Mahl vergnügen, während Odysseus zum Aufbruch drängt, zu einem erneuten Überfall der inzwischen verstärkten Truppen der Kikonen und zu weiteren Verlusten auf Seiten des Odysseus. Die Reaktion des Zeus zeigt, wie unvorsichtiges Handeln, göttliche Strafe und vorherbestimmtes Schicksal einen mehrfach motivierten Geschehenszusammenhang bilden:

> Da trat ein böses Geschick (*aisa*) des Zeus an uns heran, die zu Schrecklichem bestimmten (*ainomoroisin*), damit wir viele Schmerzen erleiden sollten.[38]

Der homerische Text verwendet hier kein Wort für ‚Strafe‘, doch wird eine solche Logik durch die Erzählfolge nahegelegt, wobei Vergehen und Bestrafung zugleich einer gewissen schicksalhaften Disposition zu entsprechen scheinen. Noch in einer anderen Hinsicht wird hier ein moralisches Erzählmuster sichtbar: Mit der Gegenüberstellung von mangelnder Disziplin seitens der Gefährten

---

Odyssee“, S. 52 u. 72 f., der offenbar, ohne dies ausdrücklich zu thematisieren, den Titel seiner Studie durch die Betonung der aus Odysseus’ Perspektive eher schwachen Determination des Geschehens durch Poseidon zu untermauern sucht.

35 Das Eingreifen der helfenden Nymphen Kirke und Kalypso ist hier ausgenommen; ebenso Situationen in denen ein Gott lediglich qua Gebet oder Opfer adressiert wird, aber nicht initiativ die Handlung beeinflusst. Die Präsenz der Götter, insbesondere der Athena, ist deutlich größer in der Telemachie und in den Heimkehr-Gesängen.

36 Homer, *Odyssee* 9, 157 („αἶψα δὲ δῶκε θεὸς μενοεικέα θήρην“); 9, 142 f.; 10, 141 (jeweils: „καί τις θεὸς ἡγεμόνευε“).

37 Insofern ist es nicht richtig, dass, wie Grethlein, *Die Odyssee*, S. 234 schreibt, die Rache des Poseidon, „die Irrfahrten der Apologe auslöst“, denn sie setzt ja erst nach dem dritten ‚Abenteuer‘ ein und wird danach innerhalb des Berichts nur noch von Teiresias erwähnt.

38 Homer, *Odyssee* 9, 52 f.

und Beherrschung und Standhaftigkeit des Odysseus prägt die *Odyssee* den Typus eines Abenteuer-Helden vor, dessen Erfolge mit einer Moral der Entbehrung erkauft werden.[39] Das „böse Geschick" manifestiert sich in einem neun Tage anhaltenden Sturm, der Odysseus zu den Lotophagen treiben wird und von dort weiter in eine surreale Welt ohne klare geographische Koordinaten. Der Text der *Odyssee* suggeriert gleichwohl nicht, dass alle nun folgenden Ereignisse diesem Vergehen der Gefährten und der darauf reagierenden Strafe des Zeus sowie einem vorgängigen Schicksalsbeschluss anzulasten sind. Vielmehr erscheint die Folge der Abenteuer kontingent; es handelt sich um eine scheinbar unmotivierte Reihung, und jeder Neubeginn nach einem glücklichen Entkommen wird lakonisch mit einem „und wir fuhren von dort weiter" eingeleitet, ohne dass der Kurs der Reise einem übergeordneten Plan folgt.[40]

Die letzte der fünf Passagen, in denen die Götter den Lauf der Dinge bestimmen, findet sich im 12. Gesang. Hier werden die Weichen für das Schicksal von Odysseus' Gefährten gestellt, deren Einfalt das Epos bereits des Öfteren als fatalen Faktor im Kampf ums Überleben angedeutet hatte. Teiresias hatte dem Odysseus prophezeit, dass er und seine Gefährten nur dann heimkehren werden, wenn sie die Rinder des Sonnengottes Helios auf der Insel Thrinakia unversehrt lassen. Hier begegnet erneut das Motiv der Entbehrung und Enthaltung und, anders als bei allen anderen ‚Abenteuern', wird der Ausgang dieser Episode tentativ einer ‚Prüfung' durch Zeus zugeschrieben, die die Gefährten des Odysseus nicht bestehen.[41] Zeus lässt Winde wehen, die die Mannschaft auf der Insel des Helios so lange festhalten, dass ihnen der Proviant ausgeht und sie vom Hunger gequält werden. Trotz der Mahnungen des zum Verzicht bereiten Odysseus, dem Eurylochos eine „übermäßige Kraft" und eine „eiserne" Konstitution bescheinigt,[42] entschließen sich die Gefährten, die heiligen Rinder des Gottes zu schlachten. Dass Odysseus dies nicht verhindern kann, wird

---

39 Ein Moment der Odysseus-Figur, das zentral für die Lektüre von Horkheimer und Adorno ist: z. B. *Dialektik der Aufklärung*, S. 55: „Odysseus, wie die Helden aller eigentlichen Romane nach ihm, wirft sich weg gleichsam, um sich zu gewinnen". Diese Beobachtung greift zugleich vor auf die Diskussion des vierten Kriteriums der Minimaldefinition, nämlich auf das Muster der Bewährung im Rahmen der Prüfung oder Probe.

40 Auerbach, „Der Auszug des höfischen Ritters", S. 127, betont das „Geheimnisvolle, aus dem Boden Gewachsene [...] keiner rationalen Erklärung Zugängliche" der Abenteuer in der mittelalterlichen Epik und stellt die offene Frage nach ihrem Sinn. Ähnliches konstatiert Renger, *Zwischen Märchen und Mythos*, S. 207 f. für die *Odyssee*: vgl. oben Anm. 9.

41 Diese Terminologie benutzt auch Reinhardt, „Die Abenteuer der Odyssee", S. 88, für diese Szene, also lediglich bezogen auf die Gefährten. Grethlein, *Die Odyssee*, S. 105, wendet das Wort ‚Prüfung' für den gesamten ersten Teil der Apologe an. Ein Wort für ‚Prüfung' wird im griechischen Text der Apologoi jedoch nicht verwendet.

42 Homer, *Odyssee* 12, 279 f.

erneut auf göttliches Eingreifen zurückgeführt: Die Götter haben ihn in einen „süßen Schlaf" versetzt,[43] so dass die Gefährten unkontrolliert ihren Trieben nachgeben können. Während die gesamte Szene deutlich als göttliche Probe (der Gefährten, nicht des Odysseus) – man könnte auch sagen: als Verführung durch die Götter – inszeniert ist, rechtfertigen die Gefährten ihr Tun jedoch mit einem Kontingenz-Argument. Nach ihrer Auffassung kann selbst der Gehorsam gegenüber dem Gesetz des Helios den potentiellen Untergang auf dem Meer – „auch ohne den Willen der Götter" (*theôn aekêti anaktôn*) – nicht verhindern, so der Einwand des Eurylochos gegenüber Odysseus:

> Wie möchte einer dem jähen Untergang entgehen, wenn da mit eins ein Wirbelsturm kommt, entweder vom Südwind oder dem West, dem schlimmwehenden, die am meisten ein Schiff zertrümmern, auch ohne den Willen der Götter, der Gebieter?[44]

Die zuletzt besprochenen Passagen weisen diese beiden Ereignisse – den Kampf gegen die Kikonen (im 9. Gesang) und die Schlachtung der Helios-Rinder (im 12. Gesang) – als von den Göttern gesteuert und gewollt aus, nicht ohne dabei sowohl die Verantwortung und virtuelle Entscheidungsmöglichkeit der Menschen (in diesem Fall der Gefährten) als auch die potentielle Hinfälligkeit der getroffenen Entscheidungen zu unterstreichen. Dass die Gefährten, wenn sie sich anders verhalten hätten, einem unabhängig vom Götterwillen sich ereignenden Schiffbruch entgangen wären, ist zumindest nach Auffassung des Eurylochos nicht garantiert. Dem Dichter der *Odyssee* geht es hier offenbar nicht in erster Linie um die Behauptung eines göttlichen Plans, der den Verlauf determiniert, sondern gerade um das Ausstellen menschlicher Kalkulationen, Strategien und Entscheidungen sowie göttlicher Willkür.

Die Frage nach der Kontingenz in der *Odyssee* verlangt also eine doppelte Antwort. Neben den aus der Perspektive des Odysseus sich kontingent zutragenden und keiner Ordnung folgenden Begegnungen mit Riesen, Menschenfressern, Seeungeheuern und Zauberinnen gibt es in den Apologoi Instanzen, die den Lauf der Dinge antizipieren können, nämlich Kirke und Teiresias, und die Odysseus auch an diesem Wissen partizipieren lassen. Ihre Anweisungen überführen das scheinbar Kontingente in eine Art ‚providentielles' Geschehen (der Begriff hier freilich nicht im christlich-theologischen Sinne verstanden). Doch auch wenn Teiresias und Kirke wissen, welche Gefahren Odysseus noch bevorstehen, so enthalten ihre Vorausdeutungen keinerlei Garantie auf Erfolg.

---

43 Homer, *Odyssee* 12, 338.

44 Homer, *Odyssee* 12, 287–290.

Noch weniger weist dieses prophetische Wissen die einzelnen Abenteuer als Teil einer höheren Ordnung aus. Sie erhalten innerhalb der Irrfahrt keinen tieferen Sinn, auch nicht, wie später noch diskutiert werden soll, den einer Probe oder Prüfung.[45] Zu diesem Befund passt auch, dass die wichtige Helfergottheit Athena Odysseus erst auf der Insel Ithaka (im 13. Gesang) enthüllt, dass sie ihm „immer in allen Mühsalen zur Seite stehe und über [ihn] wache und [ihn] auch lieb gemacht habe allen Phaiaken"[46] – was Odysseus während seiner Irrfahrt allerdings selten realisiert haben dürfte.

Kriterium (4): „eine Erzählinstanz, die den Zusammenhang herstellt, in dem jene Kontingenz sich als Probe oder Prüfung erweist"

Das vierte Kriterium bringt eine intrikate Paradoxie in das Abenteuer-Narrativ hinein. Bei der Kontingenz, so schreibt Armin Schulz, geht es „um einen offenen Raum der Möglichkeiten, der auch das Sinnlose umfassen kann, die Unordnung".[47] Dabei ergibt sich aber, so Schulz weiter, das Problem, dass die als Unordnung gefasste Kontingenz im narrativen Text niemals greifbar werden kann, da dieser die erlebte Unordnung immer schon in Ordnung überführt hat.[48] So wird auch für Odysseus postuliert, dass die Ereignisse, die ihm auf seiner Irrfahrt widerfahren, zwar, wie gezeigt, kontingent sind – das heißt, sie hätten auch anders, in anderer Reihenfolge oder mit anderem Ausgang geschehen können und sie sind ohne jeden Sinn geschehen –, doch verleiht seine nachträgliche Erzählung am Hof der Phaiaken ihnen einen (narrativen) Zusammenhang, den sie zuvor nicht hatten.[49]

Dass dieser Zusammenhang hergestellt wird, kann als unstrittig gelten, und somit wäre der erste Teil des vierten Kriteriums (4.a) erfüllt. Als Odysseus in den

---

45 Anders verhält es sich mit der Erzählung der Abenteuer: zu möglichen Funktionen des Berichts am Phaiakenhof vgl. unten Anm. 51.

46 Homer, *Odyssee* 13, 300–303.

47 Schulz, „Kontingenz im mittelhochdeutschen Liebes- und Abenteuerroman", S. 208.

48 Vgl. Schulz, „Kontingenz im mittelhochdeutschen Liebes- und Abenteuerroman", S. 209 f.: „Zumal in älterer Literatur, die weitgehend dem Prinzip des ‚Wiedererzählens' (Worstbrock) auf ein bekanntes Ende hin verpflichtet ist, dämmt der bloße Umstand, dass das Erzählen immer ein Ende hat, zuletzt alle Kontingenz wieder ein, auch wenn sie im Detail durchaus deutlich exponiert worden sein kann."

49 Die These von der Kontingenzbewältigung in Odysseus' Abenteuer-Erzählung zieht sich auch durch die Lektüre von Grethlein, *Die Odyssee*, etwa S. 116: „An die Stelle der Kontingenz, die der erlebende Odysseus aushalten muß, tritt die Form, in welcher der erzählende Odysseus die Ereignisse im Rückblick zusammenfügt." Für diese Diskussion ist die Frage wichtig, ob die Erzählung der Abenteuer diesen ‚nur' eine Form oder auch eine Funktion oder einen Sinn zuweist. Sie wird u. a. behandelt von Renger, *Zwischen Märchen und Mythos*, S. 211–223.

Gesängen 9–12 am Hof der Phaiaken, der eine wichtige Schwelle auf dem Weg zur Heimkehr darstellt, seine gesamte Irrfahrt aus der Perspektive des Überlebenden rekapituliert, vergleicht der Phaiakenkönig Alkinoos Odysseus mit einem ‚Sänger'; ein Vergleich, der später im Epos noch einmal wiederholt wird.[50] Dass ‚Abenteuer' – gefährliche Situationen und Begegnungen mit übermächtigen Wesen, in denen der Held sein Leben aufs Spiel setzt – einer nachträglichen sprachlichen Formung und Reflexion bedürfen, dass ihre nahezu schematische und durch formelhafte Verse strukturierte Reihung zum Grundprinzip literarischen Erzählens gehört, das war dem Dichter der *Odyssee* offenbar bewusst.[51]

Homer lässt Odysseus seine Erlebnisse zweimal im Rückblick erzählen: Nachdem der ausführliche Bericht am Hof der Phaiaken Odysseus' Wiedereintritt in die Welt der Realität von Ithaka vorbereitet und daher häufig als Rehabilitation und Rückgewinnung seiner Identität nach dem Entkommen aus der ‚Anderwelt' verstanden wurde, gehört der Bericht am Ende des Epos, diesmal in geraffter Form, zu den konstitutiven Bestandteilen der glücklichen Heimkehr und Wiedervereinigung mit Penelope – allerdings erst *nach* dem vollzogenen Beischlaf.[52]

Es ist also festzuhalten, dass zumindest der erste Teil des vierten Kriteriums der oben zitierten Minimaldefinition des Abenteuers zutrifft: Die *Odyssee* kennt eine – und man müsste vielleicht ergänzen: intradiegetische – „Erzählinstanz,

---

50 Homer, *Odyssee* 11, 368; vgl. 17, 514–521 (Eumaios zu Penelope). Zu Odysseus als Erzähler vgl. Werner Suerbaum, „Die Ich-Erzählungen des Odysseus. Überlegungen zur epischen Technik der *Odyssee*", in: *Poetica* 2 (1968), S. 150–177; Simon Goldhill, „The Poet Hero: Language and Representation in the *Odyssey*", in: ders., *The Poet's Voice: Essays on Poetics and Greek Literature*, Cambridge: Cambridge University Press 1991, S. 1–68; Charles Segal, *Singers, Heroes, and Gods in the* Odyssey, Ithaca u. London: Cornell University Press 1994; Schlesier, „Transgressionen des Odysseus"; Grethlein, *Die Odyssee*, insb. Kap. 3: „Vom Zuhörer zum Erzähler: Odysseus bei den Phaiaken". Vgl. auch Gödde, „Heimkehr ohne Ende?", S. 164–168.

51 Dazu Grethlein, *Die Odyssee*, S. 116 f. Die genaue Funktion der Apologoi soll hier nicht noch einmal diskutiert werden: In der Forschung werden im wesentlichen drei Modelle vertreten: ein rituelles, ein psychologisches und ein pragmatisches (zu allen drei Funktionen vgl. den Überblick bei Grethlein, *Die Odyssee*, S. 110–119); zum pragmatischen Modell besonders Glenn Most, „The Structure and Function of Odysseus' Apologoi", in: *Transactions of the American Philological Association* 119 (1989) S. 15–30. Ausführlich zum Verhältnis von (symmetrischer) Struktur und Funktion in den Apologoi Renger, *Zwischen Märchen und Mythos*, S. 211–223, Kapitel 3: „Erzählen als organisierte Angelegenheit: Zur Struktur und Funktion der Irrfahrten".

52 Homer, *Odyssee* 23, 310–340. Zur Verschränkung von Erotik und Abenteuerbericht (Erzählen im Bett) im mittelalterlichen Epos vgl. Beatrice Trînca, *Amor conspirator. Zur Ästhetik des Verborgenen in der höfischen Literatur*, Göttingen: Vandenhoek & Ruprecht 2019, insb. das Kapitel „Sanktionierte Intimität: ‚Lanzelet'", S. 217–224.

die den Zusammenhang [scil. der Abenteuer] herstellt". Dass die zuvor analysierten mit relativer Kontingenz sich ereignenden Geschehnisse sich aber durch den narrativen Zusammenhang als Probe oder Prüfung erweisen (4.b), muss wohl bezweifelt werden. Die vermeintliche Abenteuerwelt der *Odyssee* ist kein von den Göttern gestalteter Parcours, auf dem der Held sich bewähren muss, um des erhofften Glücks teilhaftig zu werden; das Bestehen der Abenteuer ist nicht Teil einer sinnhaften Ordnung, die durch den Erfolg des Reisenden bestätigt würde. Die Heimkehr ist kein Lohn für Tapferkeit, Mut und körperliche Stärke. Sie war dem Odysseus „zugesponnen", und das heißt immer ,von Geburt an', und es gibt keine im Text implementierte Logik, schon gar keine theologische, nach der er sich, um dieses Ziel zu erreichen, allererst bewähren muss.[53]

Es ist vielmehr erstaunlich, wie wenig heldenhaft Odysseus seine Abenteuer besteht. Untersucht man die zwölf Episoden hinsichtlich ihres Ausgangs, so vollbringt er tatsächlich nur ein einziges Mal eine auf seiner Klugheit beruhende Leistung, nämlich mit der Überlistung des Kyklopen. Zweimal entgeht er der Gefahr durch die Unterstützung göttlicher Helfer: im Sirenenabenteuer durch die Anweisungen der Kirke und bei Kirke selbst durch das Gegenmittel des Hermes. Insgesamt weist er eine signifikante Tendenz auf, nicht verführbar zu sein, sondern die Kontrolle zu bewahren: Er isst nicht vom Lotos und er ist nicht beteiligt an der Öffnung des Aiolos-Schlauches; durch göttliches Eingreifen entgeht er sowohl der Verzauberung durch Kirke als auch dem verlockenden Gesang der Sirenen, und schließlich widersteht er aus Gehorsam dem Hunger auf Thrinakia und verzichtet – anders als die Gefährten – auf das Schlachten der Rinder. Den Bedrohungen durch Skylla und Charybdis entkommt er durch geduldiges Abwarten, und als er bei den Laistrygonen sein Schwert zieht, tut er dies nicht, um zu kämpfen, sondern um das Tau des Schiffes zu zertrennen und zu fliehen. Von einer „Verherrlichung" des Abenteuers, wie Nerlich sie für das Konzept ansetzt, ist dieser Befund in der Tat weit entfernt.[54]

Was Odysseus hingegen auszeichnet und was sein Durchkommen bedingt, ist das Dulden, das Aushalten und das fortwährende Ertragen großer Strapazen und Entbehrungen. Wenn man so will, wird er dafür mit der Heimkehr ,belohnt', doch ist es keine Leistungsethik, die den Motor seines Überlebens darstellt – wenngleich viele moderne Lektüren dies insinuieren

53 Dass der Begriff der Bewährung in der Forschung zur *Odyssee* dennoch ubiquitär ist, liegt gewiss daran, dass spätere Erzählmuster (insbesondere die poetische Gerechtigkeit) auf das archaische Epos zurückprojiziert werden. Bezeichnenderweise wählt jedoch Horn, *Held und Heldentum bei Homer*, die Überschrift „Die Bewährung des Helden" für sein Kapitel III.3 zu den Heimkehr-Gesängen und nicht für die Diskussion der Apologoi.

54 Nerlich, *Kritik der Abenteuer-Ideologie*, Bd. 1, S. 21.

und der Dulder natürlich den späteren, stoisch oder christlich geprägten, Tugendhelden, der den Verführungen der Sinnenwelt widersteht, antizipiert. Das homerische Epos verfügt, das wissen wir aus der *Ilias*, über eine solche Leistungsethik; vor Troia stehen Ehre und Ruhm, Ansehen und kriegerische Tugend, Größe und Schönheit ständig zur Disposition. Doch verzichten die Apologoi weitgehend auf diese heroische Ethik, was vermutlich mit ihrer Nähe zu einer Märchen-Tradition zu erklären ist. Erst bei den Phaiaken ist Odysseus in diese Welt zurückgekehrt, und er wird durch die in dieser Gesellschaft üblichen Gastgeschenke ausgezeichnet. Dabei ist es nicht ausgeschlossen, dass die Kunst seiner Erzählung, die Alkinoos ausdrücklich lobt, ihm dieses Ansehen verschafft.[55]

3 Die Liebesromane: Zufall und Happy End

Die antiken Liebesromane sind mit einer Ausnahme (der des Longos) ebenfalls Reiseerzählungen. Ihre Protagonisten werden mit Gefahren und Verschleppungen, Piraterie und Schiffbruch, Gefängnis und Versklavung konfrontiert, wobei auch hier, in den ersten Jahrhunderten nach Christus, das Konzept ‚Abenteuer' sprachlich noch nicht gefasst werden kann.[56] Wie im Falle des Odysseus geraten die Protagonisten – immer ein Liebespaar, dessen finale Verbindung, die Hochzeit, durch die Abenteuer einen Aufschub erfährt[57] – unfreiwillig in Gefahr und suchen sie nicht. Sie sind Vertriebene und

55 Vgl. Homer, *Odyssee* 11, 363–367 und 13,1–5 sowie Renger, *Zwischen Märchen und Mythos*, S. 222.

56 Es ist vor allem Michail Bachtin, der die griechischen Liebesromane prominent als Abenteuerromane untersucht und an ihnen das Modell der ‚Abenteuerzeit' entwickelt hat. Demnach kommt den Abenteuern in den Romanen weder eine psychologische noch eine biographische Relevanz zu, sondern sie erfüllen lediglich die Funktion, die Spanne zwischen Anfangs- und Endpunkt der Handlung zu füllen. Nach Bachtin ist das abenteuerliche Ereignis einzig und allein vom Zufall determiniert: Michail Bachtin, *Chronotopos*, Frankfurt/Main: Suhrkamp 2008, zum griechischen Roman S. 9–36. Die altphilologische Forschung zu den griechischen Romanen ist den Implikationen der (freilich modernen) Gattungsbezeichnung bisher kaum nachgegangen; vgl. jedoch R. Bracht Branham, „A Truer Story of the Novel?", in: *Bakhtin and The Classics*, hg. v. dems., Evanston/IL: Northwestern University Press 2002, S. 161–186; Jennifer R. Ballengee, „Below the Belt: Looking onto the Matter of Adventure-Time", in: *The Bakhtin Circle and Ancient Narrative*, hg. v. R. Bracht Branham, Groningen: Barkhuis 2005, S. 130–163 sowie Tim Whitmarsh, „Dialogues in Love: Bakhtin and his Critics on the Greek Novel", in: Branham (Hg.), *The Bakhtin Circle*, S. 107–129.

57 In zwei Romanen (Chariton und Xenophon von Ephesos) heiratet das Paar bereits zu Beginn und die folgenden Ereignisse gefährden die bereits geschlossene Verbindung.

Leidende, die, den Wechselfällen des Schicksals ausgesetzt, in immer neuen Situationen erfahren müssen, dass ihr Leben auf dem Spiel steht; die sich in bisweilen übersteigerter Zuspitzung permanent am Rande des Todes bewegen (häufig sogar scheintot sind) und die auf diesem schmalen Grat zwischen Gefahr und Rettung bald durch Besonnenheit, bald durch Duldsamkeit, häufig auch einfach, indem sie die Zeit für sich spielen lassen, am Ende zueinander und zu ihren Familien finden, um durch ihre eheliche Verbindung die verlorene Stabilität wiederherzustellen.

Gegenüber der *Odyssee* hat sich die narrative Logik nun, etwa 800 Jahre später, in signifikanter Weise geändert: Die Kontingenz, die sich in der *Odyssee* in der lakonischen Sukzession der Ereignisse und ihrem potentiell offenen Ausgang greifen ließ, wird nun divinisiert und damit auch stärker konzeptionalisiert. Gegenüber den individuellen Göttern Homers, die alle eigene Vorlieben und Interessen und eine eigene Agenda haben, hat sich nun ein abstrakteres göttliches Prinzip durchgesetzt, das bald *daimon*, bald Schicksal (*moira* oder *heimarmenê*) und besonders häufig *tychê* heißt. In der Figur der *Tychê*, die in Griechenland seit dem vierten Jahrhundert vor Christus auch kultisch verehrt wurde,[58] verbinden sich in nahezu unauflösbarer Weise Glück, Unglück, Zufall und Schicksal. Das Frappierende ist, dass ausnahmslos alles, was geschieht, ihrem Walten zugeschrieben werden kann und dass in diesem Konzept eben auch der Zufall als Schicksal gefasst wird. Dass diese Konstellation kein Spezifikum der antiken Begrifflichkeit ist, sondern auch unseren heutigen Sprachgebrauch kennzeichnet, macht die folgende Formulierung zum Lemma ‚Schicksal' aus dem *Historischen Wörterbuch der Philosophie* deutlich:

> Das, was man im heutigen umgangssprachlichen Gebrauch als Schicksal bezeichnet, nämlich die unverfügbaren Kontingenzen des Lebens, wird in der Philosophie kaum unter dem Terminus Schicksal („fatum") thematisiert, sondern, wenn es überhaupt einem Begriff zuzuordnen ist, eher unter „fortuna". Damit wird dann das glückliche und das unglückliche Geschehen gefaßt (deshalb durch das deutsche „Glück" nicht angemessen wiederzugeben).[59]

Diese Amalgamierung mit dem Schicksal macht *Tychê*, die auch nicht als Protagonistin eigener Mythen erscheint, weniger greifbar als die Götter der archaischen und klassischen Literatur, macht sie ubiquitär und verortet sie konzeptionell an der Grenze zwischen unendlicher Macht und

58 Vgl. Sfameni Gasparro, *„Daimôn* and *Tuchê"*, S. 85–87 sowie weitere Literatur oben in Anm. 4.

59 Margarita Kranz, „Schicksal", in: Ritter u. Gründer (Hgg.), *Historisches Wörterbuch der Philosophie*, Bd. 8, Sp. 1275–1289, hier Sp. 1275.

Depotenzierung. Gleichzeitig verliert freilich auch das Schicksal an Tiefenschärfe. Für die Literatur ist das von nicht zu überschätzender Konsequenz: Während in den homerischen Epen die Götter noch als personale Agenten ihres jeweiligen Plans auftraten, tritt die *Tychê* (oder das Schicksal) ganz hinter einer bestimmten Figuralität zurück und wird zum Prinzip von Handlung und Plot schlechthin: sie bezeichnet eben – abgeleitet von *tynchanein* – das, was geschieht, was eintrifft oder sich zufällig ereignet.

Die Figuration der *Tychê*, die Homer nicht kennt und die das Kontingenz erzeugende Gegeneinander des homerischen Götterapparates in einer einzigen Figur bündelt, betritt lange vor den Romanen die Bühne der griechischen Religion und Literatur. Eine Passage aus Pindars 12. Olympischer Ode (aus der 1. Hälfte des 5. Jahrhunderts vor Christus) verbindet die Unergründlichkeit göttlicher Zeichen mit *Tychê*. Und es ist ebenso aufschlussreich, dass ihre göttlich autorisierte Unzuverlässigkeit sich besonders auf dem Meer, im Krieg und in der politischen Versammlung manifestiert, wie dass sie trotz dieser Unsicherheit als Retterin apostrophiert wird:

> Ich flehe zu dir, Tochter Zeus', des Befreiers,
> Retterin Tyche, walte über dem mächtigen Himera.
> Von dir werden doch am Meer die schnellen Schiffe gelenkt,
> auf dem Lande die stürmischen Kriege
> und die ratpflegenden Versammlungen.[60]

Im Roman wird die Regie der *Tychê* begleitet, ergänzt oder konterkariert von den Aktionen der Liebesgötter, die das Drama der Protagonisten, wie es so häufig heißt, ‚auf die Bühne bringen' und ihre Handlungen choreographieren. Insbesondere Eros, der seit Platon auch als Sophist und Geschichtenerzähler figuriert, übernimmt, wie wir eingangs bereits gesehen haben, bisweilen die Funktion des Autors, Regisseurs oder ‚Politikers'.[61]

---

60 Pindar, 12. Olympische Ode, V. 1–5, in: Pindar, *Oden*, Griechisch/Deutsch, übers. u. hg. v. Eugen Dönt, Stuttgart: Reclam 1986, S. 71. In V. 8 f. ist die Rede von der Abwesenheit verlässlicher Zeichen der Götter (*symbolon ... piston*). Es wirkt fast ironisch, dass ausgerechnet *Tychê* hier Abhilfe schaffen soll. In ihrer Adressierung als Glücksbringerin schwingt das drohende Gegenteil stets mit – zur Stelle vgl. Sfameni Gasparro, „*Daimôn* and *Tuchê*", S. 83, die auf die häufig belegte Verbindung von Zeus und einer als rettende Göttin verstandenen *Tychê* in Inschriften seit hellenistischer Zeit verweist. Als lebensrettende *Tychê* erscheint die Göttin bereits in Aischylos' *Agamemnon*.

61 Vgl. oben Anm. 5; Platon, *Symposion* 203d (Eros als Sophist); Chariton, *Kallirhoe* 1, 1, 12 (Eros als Wortführer in der Volksversammlung); 4, 7, 6 f. (Eros liebt das Neue); Longos, *Daphnis und Chloe* 2, 26 (Eros als Dichter); 4, 18 (Eros macht die Menschen zu Sophisten). Grundsätzlich zu den Göttern im Roman vgl. Baier, „Die Funktion der Götter bei Chariton"; Weißenberger, „Der ‚Götterapparat' im Roman des Chariton"; Michael Alperowitz, *Das*

Die enorme Unbeständigkeit des Glücks, die die Romane vorführen und die die Figuren immer wieder beklagen, lässt sich als Signatur einer abenteuerlichen Welt verstehen und zugleich als die Folie, vor der die Protagonisten ihre Beständigkeit bewahren und bewähren können. Zwei längere Textstellen mögen verdeutlichen, wie die Fülle des kontingent sich Ereignenden die Protagonisten an ihre Grenzen treibt. Zunächst eine Passage aus dem Roman des Achilleus Tatios (aus dem 2. Jahrhundert nach Christus):

> Hat uns Tyche dazu aus den Händen der Räuber gerettet, damit du zum Spielzeug des Wahnsinns würdest? Ach, welch ein Unglück uns doch immer dann beschieden ist, wenn wir glücklich sind! Vor unseren Ängsten zu Hause sind wir geflohen, um das Unglück des Schiffbruchs zu erleben, dem Meer sind wir entronnen, aus den Händen der Räuber sind wir gerettet worden, und all die Zeit hat uns der Wahnsinn nicht aus den Augen gelassen! Falls du gesund wirst, Liebste, fürchte ich von neuem das Schicksal, es könnte dir etwas Böses antun. Wer ist also unglücklicher als wir, die wir selbst das Glück fürchten? Aber wenn du mir nur wieder gesund werden und dich erholen könntest! Soll doch hernach Tyche von neuem ihr Spiel treiben, soviel sie mag![62]

Die Klage des Kleitophon weist zwei bemerkenswerte Aspekte auf: Zum einen rückt er *Tychê* in die Nähe des personifizierten Wahnsinns[63] und macht damit deutlich, dass die Protagonisten ihr Schicksal als vollkommene Willkür und Irrationalität empfinden. Zum anderen fällt der Defätismus auf, der Kleitophon selbst das Glück fürchten lässt, weil es in der Welt dieser Romane nichts anderes als die andere Seite des Unglücks ist. Es deutet sich bereits hier an, dass Abenteuerlichkeit in den antiken Liebesromanen nicht als Verhaltensmuster oder heroische Tat konfiguriert wird, sondern als Setting, das die Protagonisten zu Objekten eines höheren, aber undurchsichtigen Plans macht und die Ereignisse in verwirrender Schnelligkeit und Unbeständigkeit aufeinander folgen lässt.

Die zweite Passage, die ein ähnliches Muster vorführt, stammt aus den *Aithiopika* des Heliodor und verweist auf eine Strategie, die die Protagonisten in Erwägung ziehen, um dem Dämon, von dem sie sich verspottet glauben, das Handwerk zu legen. Hier wird ein Muster sichtbar, das zwischen Selbstaufgabe

---

Wirken und Walten der Götter im Roman, Heidelberg: Winter 1992; Kathryn Sue Chew, *Novel techniques. Motivation and Causation in the Ancient Novels with Special Reference to Heliodoros' Aithiopika*, University of California: Los Angeles 1994.

62 Achilleus Tatios, *Kleitophon und Leukippe*, übers. v. Karl Plepelits, Stuttgart: Anton Hiersemann 1980, 4, 9, 5–7, S. 137.

63 Das erklärt sich unter anderem durch den Kontext der Stelle: Leukippe war kurz zuvor durch einen falschen Zaubertrank von einem Verführer und Intriganten statt in Liebe in Wahnsinn versetzt worden.

und Glücksspiel changiert und statt auf Gegenwehr und Eigeninitiative auf den Lauf der Dinge setzt. Im Vordergrund steht dabei nicht das Erleben oder Bestehen von konkreten Abenteuern, sondern die Wahrnehmung einer ‚abenteuerlichen' und kontingenten Welt jenseits aller Berechenbarkeit und Gestaltungsmöglichkeit. In der folgenden Klage des Theagenes allerdings überwiegt nicht die Hoffnung, auf diese Art und Weise – eben mit Glück – durchzukommen und den Wind des Schicksals zu nutzen, sondern die pessimistische Gewissheit, dass der Kontrollverlust in den Tod führen wird, der das Paar aber vor noch Schlimmerem bewahren kann:

> Wie lange noch wollen wir vor dem Verhängnis fliehen, das uns überall verfolgt? Ergeben wir uns in unser Schicksal und lassen wir uns von seinem Strome tragen! Wir ersparen uns so ein ewiges Umherwandern, das doch vergeblich ist, ein Leben in der Irre und den unaufhörlichen Spott des Dämons über uns. Siehst du nicht, wie er an unsere Flucht die Gewalttat der Seeräuber reiht und seinen Ehrgeiz darein setzt, auf die Abenteuer zur See (*ta ek thalattês atopa*) noch schrecklichere zu Lande zu häufen? Eben erst Kämpfe, gleich darauf Räuber. Kurz vorher hielt er uns in Gefangenschaft, dann läßt er uns in der Öde der Einsamkeit. Er macht uns Hoffnung auf Rettung und Flucht in die Freiheit und liefert uns unseren Mördern aus. So treibt er sein gewaltsames Spiel mit uns, bringt unser Schicksal auf die Bühne des Lebens und gestaltet es zum Drama. Warum schneiden wir nicht dieser Tragödie den Faden durch und geben uns in die Hand derer, die uns töten wollen? Dann kann er wenigstens nicht die Katastrophe bis zum letzten auskosten und uns den Tod von eigner Hand aufdrängen.[64]

Sowohl die Metapher des Spiels als auch die der Bühne werden hier – wie sehr häufig bei Heliodor – zu Formeln für die Unsicherheit des Lebens. Zugleich werden zwei sehr unterschiedliche Bilder miteinander vermengt: die Vorstellung, vom Strom des Schicksals getragen zu werden, die hier eine trügerische Sicherheit vermittelt, und der durchgeschnittene Faden, der offenbart, dass der Strom in den Tod führt. Gemäß der Theatermetaphorik wird der von den Parzen gesponnene Lebensfaden hier zum Plot-Faden der Tragödie, in der Theagenes und Charikleia die Hauptrollen spielen.

Das Pindar-Zitat hatte bereits gezeigt, dass das Konzept der *Tychê* sich unter anderem in den Unwägbarkeiten des Meeres manifestiert. Der eben

---

64 Heliodor, *Die äthiopischen Abenteuer von Theagenes und Charikleia*, übers. v. Horst Gasse, Stuttgart: Reclam 1972, 5, 6, 2–4; S. 125 f. Derartige Klagen werden in den Romanen häufiger von den männlichen Protagonisten vorgetragen als von den weiblichen. Wenn die Romanautoren ihre weiblichen Hauptfiguren mit einer erstaunlichen Standhaftigkeit ausstatten und mit der Fähigkeit, in der Krise Überlebensstrategien zu entwickeln, so scheint dies ein Reflex zeitgenössischer moralphilosophischer Diskurse zu sein, die die Gleichberechtigung der weiblichen Ehe- und Gesprächspartnerin propagierten.

angedeutete Ausweg, mit dem Strom zu schwimmen und sich den Wellen zu überlassen, also keinen Widerstand zu leisten, findet sich in den Romanen auch als positive Strategie des Überlebens, insbesondere als Lebensform der Piraten, wie die folgende Passage aus Charitons *Kallirhoe* zeigen kann:

> Als das Schiff auf die offene See kam, hatte es eine herrliche Fahrt. Denn sie hatten keine Schwierigkeiten mit Wellen und Wind, weil sie sich keinen festen Kurs vorgenommen hatten. Vielmehr erschien ihnen jeder Wind günstig und wurde von ihnen als Rückenwind ausgenutzt.[65]

Gegenüber dem Vorläufer der *Odyssee* radikalisieren die Romane das Konzept der Kontingenz in hohem Maße und schaffen damit einen fruchtbaren Nährboden zur Ausgestaltung und Weiterführung des Abenteuer-Romans, der sich als Handlungsmuster im Umgang mit dieser Kontingenz konstituiert.

Der kursorische Blick auf einzelne Romanszenen war auf dieses dritte Kriterium der Definition fokussiert. Auch im Fall der Romane bedürfen die Kriterien (1) und (2) keiner umfänglichen Diskussion. Und auch das vierte Kriterium der heuristischen Minimaldefinition, der nachträgliche Erweis der Kontingenz als Probe oder Prüfung (4.b) wird von den griechischen Liebesromanen bedient.[66] Denn es ist unübersehbar, dass die Götter alle Unwägbarkeiten und Umwege der Reise inszenieren, damit die Protagonisten ihre einander geschworene Treue und Keuschheit, die immer wieder als Besonnenheit und Beständigkeit philosophisch aufgewertet wird, unter Beweis stellen können. Dass die Prüfung ein den Romanautoren vertrautes Konzept ist, zeigen auch die Jungfrauenproben, die sowohl am Ende von Achilleus Tatios'

---

65 Chariton, *Kallirhoe* 1, 11, 1, S. 516.

66 Eine genauere Analyse der unterschiedlichen Erzählinstanzen (Kriterium 4.a) muss hier leider außer Acht bleiben: Binnenerzählungen spielen eine große Rolle in den Romanen, zumal in Heliodors *Aithiopika*. Aber auch die extradiegetische Erzählinstanz macht immer wieder deutlich, dass die Bewahrung der Keuschheit und damit die Bewährung gegenüber den Gefahren der Fremde und des Meeres die *conditio* der finalen Wiedervereinigung und Ehe darstellt. Vgl. dazu etwa Chariton, *Kallirhoe* 8, 1, 2–3 (Aphrodite prüft Chaireas); Xenophon v. Ephesos, *Ephesiaka* 2, 1, 3–4; 2, 4, 4; 2, 5, 4 (Habrokomas bewahrt seine Keuschheit); 2, 13, 8; 3, 11, 4–5; 4, 3, 3 (Anthia bewahrt ihre Keuschheit); 3, 12, 2–6; 4, 2, 1–10 (göttliche Rettung des Habrokomas als Erweis seiner sexuellen Unschuld); 4, 5, 1–5 (Anthia tötet Anchialos, damit er sie nicht vergewaltigt); Heliodor, *Aithiopika* 8, 6, 4 (Theagenes ist bereit, Folter zu ertragen, um seine Liebe zu Charikleia unter Beweis zu stellen). Zur Bewahrung der Keuschheit und zu *sôphrosynê* als „Kristallisationspunkt eines Systems moralischer Werte und Normen" vgl. etwa Martina Hirschberger, „Die Macht der Ohnmächtigen: Strategien sexueller Bewahrung im griechischen Liebesroman (Chariton, Xenophon von Ephesos, Heliodor)", in: *Gender Studies in den Altertumswissenschaften: Aspekte von Macht und Erotik in der Antike*, hg. v. Barbara Feichtinger u. Gottfried Kreuz, Trier: Wissenschaftlicher Verlag Trier 2010, S. 135–150, hier S. 147.

Leukippe und Kleitophon als auch von Heliodors *Aithiopika* die Jungfräulichkeit der weiblichen Protagonistinnen erweisen.[67]

Beide hier untersuchten Gattungen, das homerische Epos und der kaiserzeitliche Roman, erfüllen also (fast) alle Aspekte der Minimaldefinition, wobei der zweite Teil des vierten Kriteriums für die *Odyssee* in Frage gestellt wurde. Beide Textkorpora kennen allerdings weder die (für das Mittelalter typische) gezielte Suche nach dem Abenteuer mit dem Ziel der Bewährung noch die (für die Moderne charakteristische) positive Emphase, die Verherrlichung des Abenteuers oder gar die ekstatische Selbsterhebung durch das außerordentliche Ereignis. Abenteuer werden im Epos wie im Roman zu Stationen einer Reise sowie zu Bausteinen einer Erzählung und haben insofern sehr viel mit der Ausdehnung von Raum und Zeit, aber auch mit einer Spannung vom Ende her zu tun. Dass das Überstehen der Abenteuer den oder die Protagonisten auszeichnet, dass es als Ausweis ihrer Tugend und als Konsolidierung ihrer Zukunft dient, trifft weit eher auf die Romane und ihre stoisch geprägte moralphilosophische Grundierung zu als auf die *Odyssee*.[68] Auch sind es unterschiedliche Muster der Abenteuerlichkeit, die das homerische Epos und der Roman erproben: Im Roman gibt die reale Welt – des Handels, der Piraterie, der Kriege, der Politik und der menschlichen Leidenschaften – den Raum der Abenteuer ab, während diese in der *Odyssee* noch in der Märchenwelt mythischer Hybridwesen lokalisiert werden. Die Gattungsdifferenzen, die sich daraus ergeben, wären weiterhin zu bestimmen. Beide Gattungen haben jedoch, und das zu zeigen war das Hauptziel dieses Beitrags, ein großes Interesse an der Dramatisierung von Kontingenz, an der Aufweichung eines providentiellen Götterwillens sowie am Ineinandergreifen von Kontingenz und Providenz. Die Inszenierung von plötzlich hereinbrechender Gefahr und schnellen Handlungs-Umschwüngen dient der Steigerung von Pathos – bis hin zur Melodramatik der Romane. Insbesondere in der späteren Gattung werden die sich überschlagenden Ereignisse und die sich verwirrenden Handlungsstränge zur Chiffre für eine unkontrollierbare und ständigem

67 Achilleus Tatios, *Leukippe und Kleitophon* 8, 6, 11–15 und 8, 11–14; Heliodor, *Aithiopika* 10, 8, 1–2.

68 Es wäre weiter zu untersuchen, wie sich moralische Bewährung und rettende Götter genau zueinander verhalten. Denn der bisher vor allem betonten Kontingenz, für die die Götter einstehen können, lässt sich die Auffassung von idealisierten Göttern als Garanten einer gerechten Ordnung gegenüberstellen. Vgl. dazu Katharina Waldner, „Die poetische Gerechtigkeit der Götter: Recht und Religion im griechischen Roman", in: *Texte als Medium und Reflexion von Religion im römischen Reich*, hg. v. Dorothee Elm von der Osten, Jörg Rüpke u. Katharina Waldner, Stuttgart: Franz Steiner Verlag 2006, S. 101–123, insb. S. 121.

Wechsel ausgesetzte Welt, die allein durch Beständigkeit und Tugend beherrschbar wird. Und beide Gattungen setzen voraus, dass die Gefahren von den Protagonisten bewältigt werden und in ein Happy End münden.[69] Diese Kernelemente von Abenteuerliteratur berechtigen dazu, auch in der Antike und auch ohne das Vorhandensein eines entsprechenden Vokabulars, die Kategorie des Abenteuers vorauszusetzen.

69 Das Happy End der Abenteuererzählung in der *Odyssee* ist allerdings eher bei den Phaiaken als am Ende des Epos anzusetzen: Zwar lässt sich die Wiedervereinigung mit Penelope durchaus als ein solches glückliches Ende fassen, doch trüben weitere Ereignisse und Perspektiven am Ende der *Odyssee* diesen Eindruck ein, weshalb die Forschung auch gelegentlich von einer „Öffnung des Endes" spricht: vgl. Grethlein, *Die Odyssee*, S. 253–259 und Gödde, „Heimkehr ohne Ende?". Für den Nachweis einer weniger auf „closure" zielenden Komposition und Lektüre der Romane als Ausweis einer experimentellen, Prosa-spezifischen Poetik („prosaics") im Sinne Bachtins vgl. Steve Nimis, „The Sense of Open-Endedness in the Ancient Novel", in: *Arethusa* 32 (1999), S. 215–238.

MIREILLE SCHNYDER

Âventiure
Auf dem Weg zur Literatur

Dass der Ritter im arthurischen Roman „ûf âventiure wân“[1] (in der Hoffnung auf, in der Illusion von *âventiure*) auszieht, um irgendwo im dichten Wald, hinter den sieben Bergen, *âventiure* zu suchen, ist bekannt. Sein Weg ist dabei bestückt mit Gefahren, Prüfungen, Herausforderungen, bei deren Bewältigung er nicht nur seine Kampfkraft unter Beweis stellen kann, sondern auch seine ritterlichen Tugenden bestätigt. Indem von all diesen Taten dann jeweils am Artushof von einem Augenzeugen Bericht erstattet wird, kristallisiert sich am Hof über die kursierenden Geschichten die Figur des abwesenden Ritters heraus: Der Artusritter besteht aus den ihm zugeschriebenen Geschichten.[2]

Die vom Artusritter in der Fremde zu bestehenden Gefahren sind in eine kontingente Serialität gereiht und je einzeln berichtenswert. So strukturieren sie den Weg des *âventiure*-suchenden Ritters in der Fremde und konturieren, wie gesagt, sein Profil in der Artusgesellschaft. Aber sie sind nicht das, was der Ritter sucht: *âventiure*. Zumindest in den ersten Artusromanen im deutschsprachigen Raum sind diese zufälligen Herausforderungen auf dem Weg des Ritters nicht als *âventiure* gekennzeichnet.[3] Darin zeigt sich eine Differenz zu den französischen Romanen von Chrétien de Troyes, in denen berichtenswerte *aventures* als Einzelereignisse in der sinnstiftenden Zusammenstellung, der *conjointure*, gefasst werden. In der Rezeption durch Hartmann von Aue ist diese übergreifende Sinnstruktur in den Begriff der *âventiure* mit eingeschlossen. *Âventiure* wird so zu dem Ereignis, von dem her alles Geschehen erzählbar und sinnvoll wird.[4] Der in der Forschung kursierende Begriff der *âventiure*-Reihe

---

1 Die Formulierung findet sich, neben „âventiure suochen“, „nâch âventiure rîten“ häufig. Z. B. Hartmann von Aue, *Erec*, hg. v. Manfred Günter Scholz, übers. v. Susanne Held, Frankfurt/Main: Deutscher Klassiker Verlag 2007, V. 492, V. 3111. Vgl. auch Stefan Bauer, „Nâch âventiure wâne. Zur Integration von Minne- und Ritterwân in Hartmanns Erec“, in: *Poetica* 29 (1997), S. 75–93.

2 In diesem Zusammenhang ist auffällig, dass die Artusritter in der Regel nicht in genealogische Geschichten eingebunden sind.

3 Vgl. Hartmann von Aue, *Erec*. Vgl. auch Hartmann von Aue, *Iwein*, übers. u. hg. v. Rüdiger Krohn, kommentiert v. Mireille Schnyder, Stuttgart: Reclam 2011.

4 Vgl. dazu u. a. die Beobachtungen bei Christine Stridde, „Das Spiel um die *âventiure*. Ein Versuch zu Pennincs und Pieter Vostaerts *Roman van Walewein*“, in: *Höfische Textualität. Festschrift für Peter Strohschneider*, hg. v. Beate Kellner, Ludger Lieb u. Stephan Müller, Heidelberg: Winter 2015, S. 65–93, hier S. 66–68.

 | DOI:10.30965/9783846764725_005

ist daher irreführend; denn der Begriff ist der letzten Herausforderung vorbehalten, die ihrerseits aus der kontingenten Gefahr herausfällt, indem sie an eine *sælde*-Semantik (Heils-Semantik) gebunden und providentiell dem suchenden Ritter zugeordnet ist. Doch auch diese letzte Herausforderung des Protagonisten, die *âventiure*, muss am Artushof erzählt werden; denn nur so schließen sich die Geschichten von ihm zu seiner Geschichte zusammen. Entsprechend geht das Erzählen dieser letzten Bewährungsprobe in der Regel mit der Rückkehr des Protagonisten an den Artushof einher. Da verbinden sich dann die am Hof kursierenden Erzählungen zu einer Geschichte, in der sich das Geschehene sinnvoll ordnet.[5] Und so ist die *âventiure*-Erzählung der Moment, in dem das Geschehen in Geschichte umschlägt, die Perspektive sich umkehrt und die irrende Suche zum zielführenden Weg wird. Ein Weg, der nur vom Ende her erzählt werden und nur auf *einen* Protagonisten bezogen sein kann.

Mit der *âventiure* des Ritters, wie sie als Erzählung mit diesem zusammen am Artushof Einzug hält, wird aber auch die ganze außerhöfische Welt, die ungeordnet, unbeherrscht, unbekannt und verkehrt ein Raum des Irrens, des Zweifelns und der Gefährdung ist, sozusagen urbar gemacht: Ihre Wege und Gefahren werden in Sinnstrukturen eingefügt und auf den Artushof hin perspektiviert. Gleichzeitig aber wird über eben dieses Erzählen, über eben diese An-Ordnung, der Rahmen des Hofes auf Vorstellungsräume hin geöffnet, wird höfische *zuht* mit der Möglichkeit der Zuchtlosigkeit durchsetzt, wird höfisches Ethos mit mythischer Macht konfrontiert und der in der höfischen Kommunikation geschlossene Sprachraum in mögliche Räume des Unverständnisses, der Kommunikationslosigkeit und des Schweigens aufgebrochen. Die sich in der Handlung reihenden und an die Figur des Ritters anschließenden Ereignisse werden in der sinnstiftenden Erzählung zur *âventiure*. Über diese erschließen sich dem Artushof alternative Welten, die als Möglichkeitsräume den Hof herausfordern. Das Erzählen wird so zu einem Geschehen, in dem sich die in die Handlung eingelassene Figur des Ritters erschafft, in dem aber auch fremde Welten und alternative Handlungsmuster vorgestellt werden.

Der grundlegende Topos des arthurischen Romans, dass der Artushof keine Speise zu sich nimmt, bevor nicht eine *âventiure* an den Hof gekommen ist,

---

5 Zu der grundlegenden Bedeutung des ordnenden, verknüpfenden, verbindenden Erzählens für den Artusroman vgl. die programmatische und vielbesprochene Stelle bei Chrétien de Troyes, in der er die „mout bele conjointure" (sehr schöne Verbindung) seines Erzählens hervorhebt: Chrétien de Troyes, *Erec und Enide*, übers. u. eingel. v. Ingrid Kasten, München: Wilhelm Fink 1979, V. 14. Dazu u. a. Thorsten Greiner, „Das Erzählen, das Abenteuer und ihre ‚sehr schöne Verbindung'. Zur Begründung fiktionalen Schreibens in Chrétiens de Troyes *Erec*-Prolog", in: *Poetica* 24 (1992), S. 300–316.

da er auf diese als Mittel der Alimentation seiner Gesellschaft und Aufrechterhaltung seiner Ordnung, ja, als Grundlage seines Fortbestehens angewiesen ist, wird so doppelt lesbar.[6] Einerseits setzt sich der Hof aus den sich in diesen Geschichten konstituierenden Rittern zusammen – ihr Ruhm ist der Ruhm des Hofes und ihre Geschichten lassen ihn im kollektiven Gedächtnis nicht untergehen.[7] Anderseits ist es aber auch das sich über diese Geschichten als Möglichkeit eröffnende Andere (das außerhöfisch Wilde an der Grenze zum Animalischen sowie mythische Anders-Welten mit Feen und Zwergen, aber auch fremde Kulturen „ultra mare"), in dem sich nicht nur kollektive Imaginationen konkretisieren, sondern das der Gesellschaft auch erlaubt, sich in Gegenüberstellung dazu immer neu ihrer selbst zu vergewissern.

Im Folgenden soll nun – eng an den Begriff der *âventiure* und des *abenthewrs* angeschlossen – eine Geschichte der Suche nach Literatur als eben dieser Kunst eines in die Gesellschaft hineinwirkenden Erzählens skizziert werden.[8] Ein Erzählen auch, über das sich ein Möglichkeitsdenken installiert; in dem sich Reflexions- und Handlungsräume schaffen, deren versprachlichte Gegenwärtigkeit auch immer den distanzierten Blick auf die darin erschlossenen anderen Welten und die sich darüber erschließende eigene Welt provoziert. Literatur ist so zu verstehen als ein sich vom indizierenden Bericht lösendes Erzählen, das, im Zusammenspiel von Rezipienten und Erzähler, mögliche Handlungen und Geschehnisse evoziert und vor-stellt. Dies geschieht in einem Raum kollektiver Imaginationen, der durch tradierte Erzählmuster und Handlungslogiken, aber auch Spielregeln der sprachlichen Affizierung und Assoziierung verschiedener Ordnungssysteme geprägt ist. Dabei stellt sich dieses Erzählen bewusst in eine Lust des reflektierenden Spiels; in eine

6 Zur Verbindung von Essen und Erzählen, *âventiure* und Fortbestand des Hofes vgl. Peter Strohschneider, „*âventiure*-Erzählen und *âventiure*-Handeln. Eine Modellskizze", in: *Im Wortfeld des Textes. Worthistorische Beiträge zu den Bezeichnungen von Rede und Schrift im Mittelalter*, hg. v. Gerd Dicke, Manfred Eikelmann u. Burkhard Hasebrink, Berlin u. New York: de Gruyter 2006, S. 377–383. Vgl. auch Stridde, „Das Spiel um die *âventiure*", hier S. 68–69 u. 71–72.

7 Am Anfang des *Iwein* von Hartmann von Aue wird nicht nur der Mythos vom nicht gestorbenen, sondern nur entrückten Artus zitiert, um dies mit dem Hinweis auf die immer noch kursierenden Geschichten von ihm zu bestätigen (V. 12–17), sondern auch die topische „laudatio temporis acti" wird korrigiert mit dem Hinweis auf die Erzählungen jener vergangenen Zeiten, mit denen es uns doch eigentlich noch besser geht als denen, die damals dabei waren (V. 48–58).

8 Der Begriff der *âventiure*, wie er im Titel gesetzt ist, begegnet in den hier betrachteten Texten in vielfältiger Schreibweise, die oft historisch bedingt ist, zum Teil aber auch auf editorische Entscheidungen zurückgeht. Ich verwende bei direkten Verweisen die jeweilige Schreibweise der herangezogenen Textausgaben.

intellektuelle und affektive Aufmerksamkeit, durch die der Bezug von Subjekt und Gesellschaft immer wieder neu auf dem Spiel steht und ausgedacht wird. In dieser systematischen Form gesellschaftlicher Reflexion ist das Erzählen eng an Schriftlichkeit gebunden, worüber sich die Erzählgemeinschaft von Ort und Zeit lösen und in einem Textkosmos verorten kann.[9]

Kurz: ‚Auf dem Weg zur Literatur' heißt, auf dem Weg zu einer in der Schriftkultur sich herausbildenden Erzähltradition der reflektierten Potentialitäten, über die ein Spiel mit dem Fremden, Anderen, Fernen als Inszenierung des Eigenen möglich wird.

Skizzenhaft soll hier gezeigt werden, wie die *âventiure*-Suche des höfischen Artus-Romans, über die sich dieser ganz eigentlich konstituiert, in der Frühen Neuzeit – als *abenthür* – nicht mehr als Suche stattfinden muss, sondern als eine Art Gattungssignal auf Fiktionales verweist; das Mögliche, aber eben nicht Wirkliche anzeigt und damit zum Indiz eines spezifischen Erzählens wird, das sich in der Regel auf überlieferte „wunderliche" Geschichten bezieht – mit dem Gegenbegriff der *hystori*.[10] Dabei zeigt sich deutlich, dass *âventiure* den Raum der Schrift braucht – denn über die Schrifttradition erschließen sich beglaubigte Welten des Möglichen, in denen sich, als in einem Raum potentieller Wahrheit, Fiktion und Imagination zusammenschließen. Das Abenteuer braucht die Autorität der Schrift und die Wahrheit ihrer Tradition.

1 „sælic spil" oder „âventiure vinden"

In den Artusromanen von Hartmann von Aue ist es das „sælic spil" (Heils-Spiel), das vom Protagonisten zum Schluss erkannt wird und in dem sich die *âventiure* als providentielle Fügung der Geschichte zeigt.[11] Die sich im seriellen und kontingenten Handeln des Ritters entwickelnde Erzählung wird damit in einen Sinnhorizont gestellt und in einen kollektiven Verstehensraum

---

9 Zu dieser engen Anbindung der *âventiure* an die Schrift schon bei Chrétien de Troyes vgl. u. a. Greiner, „Das Erzählen" u. Stridde, „Das Spiel um die *âventiure*", S. 67.

10 Zum Begriff der „historia" in der Frühen Neuzeit vgl. Joachim Knape, *‚Historie' in Mittelalter und früher Neuzeit. Begriffs- und gattungsgeschichtliche Untersuchungen im interdisziplinären Kontext*, Baden Baden: Koerner 1984. Dass diese Ausdifferenzierung von fiktionalem und faktischem Erzählen gerade in der Artusliteratur zu beobachten ist, zeigt Brigitte Burrichter, „Fiktionalität in französischen Artustexten", in: *Historische Narratologie – mediävistische Perspektiven*, hg. v. Harald Haferland u. Matthias Meyer, Berlin u. New York: de Gruyter 2010, S. 263–279.

11 Hartmann von Aue, *Erec*, V. 8538. Vgl. dazu auch Mireille Schnyder, „*Âventiure? waz ist daz?* Zum Begriff des Abenteuers in der deutschen Literatur des Mittelalters", in: *Euphorion* 96 (2002), S. 257–272, hier S. 262.

als Weltwirklichkeit eingeschlossen. Der Artushof als Ort, an dem *âventiuren* Einzug halten und von wo aus sie gesucht werden, wird zum Mittelpunkt einer sich im Spiegel des Möglichen reflektierenden und über das Erzählen konstituierenden Welt. Die Kontingenz des Geschehens findet hier in die Kohärenz einer Fiktion, die sich in den Geschichten der einzelnen Ritter an eine Providenz anschließt. Im Gralsroman, in Wolframs *Parzival*, wo *âventiure* – auch personifiziert als Frau Aventiure – auf allen Ebenen des Erzählens ihre Hände im Spiel hat, bringt schließlich der von der *âventiure* angeleitete Erzähler den Protagonisten dahin, „wohin" ihn *sælde* (providentielles Glück) „gedacht" hatte:

sîniu kint, sîn hôch geslehte
hân ich iu benennet rehte,
Parzivâls, den ich hân brâht
dar sîn doch sælde het erdâht.

Seine Kinder, seine hohe Herkunft, habe ich Euch richtig vorgestellt, des Parzival, den ich dahin brachte, wohin ihn das Heil gedacht hatte.[12]

Es ist aber nicht nur das im Ende sich fügende Geschick, in dem der Ritter in seine Geschichte kommt, sondern es sind, wie gesagt, auch die am Hof kursierenden Erzählungen, aus denen sich die Figur des Ritters erschafft. So kann dann Gottfried von Straßburg seinen Protagonisten Tristan von Anfang an gezielt in die Erzählung(en) seiner selbst und damit in die öffentliche Wahrnehmung von ihm eingreifen lassen: Tristan erfindet sich immer wieder neu, je nach Umständen und Erfordernissen.[13] Der *Tristan* Gottfrieds von Straßburg ist so ein Roman der Erzählungen und der sich im Erzählen ermöglichenden Vervielfältigung von Perspektiven auf die Wirklichkeit und Wahrheit.[14]

Sehr schön zeigt sich das ganz am Anfang, als der kleine Tristan, von seinen Entführern am Ufer Englands ausgesetzt, in der Wildnis herumirrt und

12 Wolfram von Eschenbach, *Parzival*, übers. v. Dieter Kühn, rev. u. komm. v. Eberhard Nellmann, Frankfurt/Main: Deutscher Klassiker Verlag 1994, Abschn. 827, V. 15–18. Die hier bewusst eng am mittelhochdeutschen Wortlaut bleibende Übersetzung verantworte ich.

13 Gottfried von Straßburg, *Tristan und Isold*, hg. v. Walter Haug u. Manfred Günter Scholz, mit dem Text des Thomas, übers., hg. u. komm. v. Walter Haug, Frankfurt/Main: Deutscher Klassiker Verlag 2011. Die Übersetzungen folgt dieser Ausgabe.

14 Vgl. u. a. Monika Schausten, *„ich bin, alse ich hân vernomen, ze wunderlîchen mæren komen.* Zur Funktion biographischer und autobiographischer Figurenrede für die narrative Konstitution von Identität in Gottfrieds von Straßburg ‚Tristan'", in: *PBB* 123 (2001), S. 24–48. Vgl. auch Mark Chinca, „Mögliche Welten. Alternatives Erzählen und Fiktionalität im Tristanroman Gottfrieds von Straßburg", in: *Poetica* 35 (2003), S. 307–333.

schließlich auf Pilger stößt. Als diese von dem Knaben wissen wollen, wer er ist, woher er kommt und wohin er will, heißt es:

> si hæten gerne vernomen
> sîn dinc und sîn ahte.
> diz nam in sîne trahte
> der sinnesame Tristan.
> vil sinneclîche er aber began
> sîn âventiure vinden.
> sîn rede diu'n was kinden
> niht gelîch noch sus noch sô.[15]

> Sie hätten gern etwas erfahren über die Umstände und seine Herkunft. Tristan in seiner Klugheit durchschaute das sehr wohl und begann, klug berechnend nochmals eine Geschichte (*âventiure*) zu erfinden. Was er sagte, hatte nichts von kindlicher Unreife, in keinerlei Hinsicht.

Tristan erzählt hier nicht etwa seine Lebensgeschichte, sondern erfindet sich aus dem Stegreif eine neue Geschichte (*âventiure*), wie er das im Laufe des Romans dann noch öfter macht. *Âventiure* ist hier zwar klar als Erzählung des Lebens zu verstehen, jedoch kommt, mit der offensichtlichen Differenz zu dem schon erzählten Geschehen, die Erfindung im Sinne der dichterischen *inventio* ins Spiel, das „sinneclîche vinden"[16], und damit die Öffnung auf einen Möglichkeitsraum hin. Denn alles, was hier erzählt wird, ist durchaus plausibel für die zuhörenden Pilger. Doch ist es alles nicht *die* Geschichte Tristans, sondern eine mögliche *âventiure*. Man kann so von einem emanzipatorischen Spiel Gottfrieds sprechen, der seinen Protagonisten aus dem „sælic spil" (Heils-Spiel) des Hartmannschen Artusromans löst und selber zum Spielmeister macht. Damit verunklärt sich aber die vergewissernde Horizontlinie einer providentiellen Ordnung, und eine grundlegende Verunsicherung bezüglich der Wahrheit und der Wirklichkeit irritiert die Leser des Romans bis heute.

2 „ûf âventiure wân" und „ûf getihtes wân"

Mit der Poetik des Wiedererzählens schließt sich spätestens da, wo ein Erzähler *ein mære niuwen*, eine bekannte Geschichte neu erzählen will, die Suche nach *âventiure* des Protagonisten mit der Suche nach *âventiure* des Erzählers

15 Gottfried von Straßburg, *Tristan und Isold*, V. 3088–3095.

16 Die Übersetzung von „sinneclîche" ist herausfordernd. Es reicht von „verständig", „bedacht", bis „geistreich" und „sinnvoll".

zusammen.[17] Die Hoffnung des Protagonisten auf *âventiure* wird zur Hoffnung des Autor-Erzählers auf ein Dichtwerk.[18] So liegt im *Wilhelm von Österreich* von Johann von Würzburg (Anfang 14. Jahrhundert) das Herz des Erzählers „in der Hoffnung auf Dichtung" („uf getihtes wan") auf der Lauer. Sein Ziel ist nicht *âventiure*, sondern Dichtung. Entsprechend jagt es Minne und *âventiure*, um davon dann „tugentlich" erzählen zu können.[19] Denn er, der Autor-Erzähler, muss „aus Geschichten eine *âventiure* dichten" („von geschihten / ein aventuͤr getihten").[20]

Auf intrikate Art verbinden sich in diesem Text der Autor-Erzähler und sein Protagonist: Der Protagonist trifft mitten im Wald auf eine seltsame Gestalt, die auch an das poetologische Monstrum am Anfang der horazischen Poetik erinnert, sich dann aber als Hauptmann Aventuͤr zu erkennen gibt, der seinerseits genau ihn, den Protagonisten, sucht. Dieser nämlich sei „die Frucht der *aventuͤre*" („der aventuͤre fruht") und „zur *aventuͤre* geboren" („zu aventuͤr geborn").[21] Es wird so ein Spiegelverhältnis zwischen dem vom Protagonisten „lieber Gott" („zarter got")[22] genannten Aventuͤr und dem von diesem als sein Herr bezeichneten Protagonisten hergestellt, bis dahin, dass der Aventuͤr seine hybride Erscheinung als Abbild der Qualitäten des Protagonisten ausdeutet.[23] Und schließlich schenkt der Aventuͤr dem Protagonisten einen

---

17 Zur Poetik des Wiedererzählens vgl. Franz-Josef Worstbrock, „Wiedererzählen und Übersetzen", in: *Mittelalter und frühe Neuzeit. Übergänge, Umbrüche, Neuansätze*, hg. v. Walter Haug, Tübingen: Niemeyer 1999, S. 128–142. Zur Übertragung des *aventure*-Begriffs auf den Erzähler im französischen Roman vgl. auch Greiner, „Das Erzählen", S. 313.

18 Stridde zeigt auf, wie sich im Blick auf den Umgang des Artushofs mit der *âventiure*-Erwartung im nach-Hartmannschen Erzählen eine sich immer mehr festigende Nähe des *âventiure*-Begriffs zu einem institutionalisierten Erzählhandeln in einem Unterhaltungs- und Kunstrahmen am Artushof beschreiben lässt. Vgl. „Das Spiel um die *âventiure*", S. 73–74.

19 Johann von Würzburg, *Wilhelm von Österreich*, aus der Gothaer Handschrift hg. v. Ernst Regel, Berlin 1906, V. 156–161. Zu diesem Suchen nach Erzählen vgl. auch den Anfang im *Tristan* Gottfrieds von Straßburg. Da inszeniert sich der Erzähler als einer, der die von Vorgängern gefundene und erzählte *âventiure* aufgreift; in seiner Lesart wird sie aber zu einem „senemære", einer Liebesgeschichte. Gleichzeitig richtet sich sein Erzählen an einen exklusiven Kreis der „edelen herzen", eine Rezipientengemeinschaft, die sich über die Erzählung definiert und diese ihrerseits konstituiert. Denn nur sie kann sie richtig verstehen. Damit wird auch hier – wie am Artushof und in der getauften Gralsgemeinschaft – ein Raum kollektiver Imagination und Selbstvergewisserung heraufbeschworen, der sich über die Literatur/Erzähl-Rezeption erschafft.

20 Johann von Würzburg, *Wilhelm von Österreich*, V. 171–172. Dabei transportiert der Ausdruck „von geschihten" durchaus die Ambivalenz von Geschehen und Erzählen mit.

21 Johann von Würzburg, *Wilhelm von Österreich*, V. 3188–3189.

22 Johann von Würzburg, *Wilhelm von Österreich*, V. 3373.

23 Johann von Würzburg, *Wilhelm von Österreich*, V. 3185–3330.

Hund, der seinerseits nichts anderes macht, als *aventuͤre* zu jagen. Der Nacken dieses Hundes hat nun aber die Qualität eines Spiegels, in dem sich alle möglichen *aventuͤren* zeigen. Damit evoziert dieser spiegelnde Hundehals das mit einer *âventiure* beschriebene Hundehalsband aus einem anderen Text, dem *Titurel* von Wolfram von Eschenbach.[24] Dort entzog sich das kostbare Band am Hals des wegrennenden Hundes den Händen und damit den lesenden Augen der Protagonistin Sigune und wurde so zum Objekt eines schließlich tödlichen Lese-Begehrens. Denn Sigune, begierig, die *âventiure* zu Ende zu lesen, schickte ihren Geliebten Schionatulander auf die Suche nach dem verlorenen Halsband, was diesem den Tod brachte.[25]

Im *Wilhelm von Österreich* ist es aber nicht nur der Protagonist, der mit dem spiegelnackigen Hund *aventuͤre* jagt, sondern auch der Erzähler ist zu diesem Zweck mit Hunden ausgestattet:

> Nu hoͤrt aber niwe sage!
> sit ich aventuͤr jage,
> so laz ich an die hunde,
> (ich main von dem munde
> diu wort diu ich da tihte,
> uf daz jagen rihte,)
> daz diu iht abe keren
> und guͦte sage uneren
> von aventuͤr kuͤnne.[26]
>
> Nun hört aber eine Neuigkeit! Da ich *âventiure* jage, lasse ich die Hunde los – ich meine die Worte aus dem Mund, die ich da dichte, auf das Jagen (ab)richte – damit sie nicht ablassen und [dadurch] gute Reden aus dem Geschlecht der *âventiuren* schlecht machen.

Der intradiegetisch jagende *aventuͤre*-Hund (als Führer des Protagonisten) verbindet sich so mit der Meute der Worthunde des Erzählers. Das Mittel, *aventuͤren* zu erschließen, aber auch die *aventuͤre* selbst, finden sich so im Mund des Erzählers: „innerhalp des mundes tuͤr“ liegt „aventuͤr beslozzen“.[27] Daraus soll sie kontrolliert, nicht zu früh, auch nicht zu schnell hervorbrechen. Auch damit wird das Vorbild Wolframs aufgenommen, der in seinem Mund das Schloss der *âventiure* trägt und dieses auch erst im richtigen Moment – verzögert – öffnet:

---

24 Wolfram von Eschenbach, *Titurel*, übers. u. hg. v. Helmut Brackert u. Stephan Fuchs-Jolie, Berlin u. New York: de Gruyter 2002.

25 Wolfram von Eschenbach, *Titurel*, Str. 170.

26 Johann von Würzburg, *Wilhelm von Österreich*, V. 975–983.

27 Johann von Würzburg, *Wilhelm von Österreich*, V. 620–623: „hie bi lit noch beslozzen / innerhalp des mundes tuͤr / aventuͤr, die so her fuͤr / nemen ainen senften fluz.“

Vil liute des hât verdrozzen,
den diz mære was vor beslozzen:
genuoge kundenz nie ervarn.
nu wil ich daz niht langer sparn,
ich tuonz iu kunt mit rehter sage,
wande ich in dem munde trage
daz slôz dirre âventiure,
wie der süeze unt der gehiure
Anfortas wart wol gesunt.

Viele Leute sind verstimmt, weil sie nicht wussten, wie es ausgeht, viele kamen nicht dahinter. Nun schieb ich das nicht länger auf, ich erzähl es euch korrekt, denn ich trag in meinem Munde Schluss und Schloss dieser *âventiure*: Wie der liebenswerte, schöne Anfortas seine Heilung fand.[28]

3 „wunder nemen" und „wunder sagen"

Als Mittel einer Erzählkunst, die sich einerseits als Spiel mit Möglichkeiten inszeniert und anderseits im Wiedererzählen von Gewusstem immer auch Neues sucht, wird *âventiure* auch zum Signalwort einer ins Überraschende und Wunderbare zielenden Geschichte. Es ist der *vunt* (Fund/Erfindung, *inventio*), oder dann auch der *wilde vunt*,[29] über den sich die *âventiure* neu lesen lässt, mit dem sich aber auch die Möglichkeit des Unerwarteten realisiert.

Im Parzival ist die Welt des Zauberers Clinschor „gar âventiure"[30] (durch und durch *âventiure*), besteht nur aus wunderbarer Ungewissheit und Möglichkeiten, die sich in Erzählungen ausformen können und damit zur Herausforderung und Gefährdung von Protagonist und Leser, vor allem aber auch des Erzählers werden. Da es die Welt des Zauberers ist, die ganz aus *âventiure* besteht, rückt die *âventiure* und mit ihr diese spezifische Art der erzählerischen Konstituierung möglicher Welten in die Nähe der Magie. So erstaunt es auch nicht weiter, dass sich *âventiure* gern und häufig mit dem Wunderbaren verknüpft, ja, das Wortfeld des *wunders* und *wunderns* zum Biotop des *âventiure*-Begriffs wird.[31] Frau Aventiure, die bei Wolfram von Eschenbach im

28 Wolfram von Eschenbach, *Parzival*, Abschn. 734, V. 1–9. Ich folge der Übersetzung von Kühn, lasse aber den Begriff der *âventiure* stehen.

29 Vieldiskutiert und prominent findet sich der Begriff bei Wolfram von Eschenbach, *Parzival*, Abschn. 4, V. 5.

30 „gar âventiure ist al diz lant: / sus wert es naht und ouch den tac" (Dieses Land ist durch und durch *âventiure*: so geht es Tag und Nacht). Wolfram von Eschenbach, *Parzival*, Abschn. 548, V. 10–11.

31 Deutlich wird das z. B. im *Tristan* Gottfrieds von Straßburg, wo die Kundschafter, nachdem sie den siechen, musizierenden Tristan gefunden haben, der sich in Irland in einem

Parzival ans Herz des Erzählers poltert, um Einlass zu erhalten, legitimiert ihr Drängen damit, dass sie ihm „von wunder sagn" möchte. Und genau daran erkennt sie der Erzähler auch sofort:

> „Tuot ûf!" wem? wer sît ir?
> „ich wil insz herze hîn zuo dir."
> sô gert ir zengem rûme.
> „waz denne, belîbe ich kûme?
> mîn dringen soltu selten klagn:
> ich wil dir nu von wunder sagn."
> jâ sît irz, frou Aventiure?
> wie vert der gehiure?
> ich meine den werden Parzivâl.

> „Macht auf!" Wem? Wer seid Ihr denn? „Ich will zu dir ins Herz hinein." Dort wird es viel zu eng für Euch … „Na und? Schaff ich es nur mit Mühe – du musst nicht klagen, weil ich drängle – ich erzähl dir Wundersames!" Ja seid Ihr es denn, Frau Aventiure? Wie geht es denn dem Lieben, ich meine dem edlen Parzival?[32]

Das Wunderbare, von dem Frau Aventiure berichten will, betrifft den für eine längere Zeit aus der Erzählung verschwundenen Protagonisten Parzival, denn für seine Geschichte ist sie zuständig. Und so drängt sie sich nach dem langen Exkurs zu den Geschehnissen um den Ritter Gawein wieder in den Vordergrund und verspricht Staunenswertes. Doch kann sich die Geschichte Parzivals nur realisieren, wenn der Erzähler mitspielt: Es braucht den Raum seines Herzens, als das Zentrum einer affektiven Aufmerksamkeit, und es braucht seine Frage: „wie vert der gehiure?" (Wie geht es dem Lieben?). *Âventiure* wird so erkennbar als Verbindungsfigur zwischen überraschenden, erstaunlichen, unerhörten Begebenheiten und dem Begehren nach Wissen und Wundern auf Seiten des Erzählers sowie des zuhörenden Publikums. Dabei sind es Momente des Erstaunens und der Verwunderung, des neugierigen Fragens und der affektiven Aufmerksamkeit, in denen sich die *âventiure* in ein Erzählen hinein konkretisiert, so dass die Geschichte zu einer unerhörten Erzählung wird. Das aber ist ein Akt von Kunst und Intellekt. So ruft Johann von Würzburg am Anfang seines *Wilhelm von Österreich*, nachdem er die Absicht geäußert hat, dass

Schifflein an Land hatte treiben lassen, über die Seltsamkeit dieser Begegnung reden: „Hie mite kêrten die boten hin / unde begunden under in / mit rede von sinen sachen / vil michel wunder machen. / si seiten wider ze mære, / daz in widervaren wære / âventiure an einem man, / dâ man sich es lützel an / und niemer solte versehen" (V. 7631–7639).

32 Wolfram von Eschenbach, *Parzival*, Abschn. 433, V. 1–9. Die Übersetzung lehnt sich an Kühn an, ist aber nicht vollständig übernommen.

seine Zunge unermüdlich „wilde sage“ (fremdes und ungeordnetes Erzählen) lenken soll:

Ahy! kunst und witze,
nu grifet zů! ich sitze
in getihtes sinne.[33]

Hey! Kunst und Verstand, nun greift zu!
Ich bin in der Stimmung zu dichten.

4 „Affentôren“

Dieser Akt des konfigurierenden Erzählens im Zwischen – zwischen Erwartung und Überraschung, Eigenem und Fremdem, Ordnung und Unordnung – hat aber auch das Potential, alternative Welten und Möglichkeitsräumen zu erschließen, deren fremde Strukturen, Zeit- und Ortlosigkeit als Herausforderung bestehender Ordnungen gesehen werden können. In einer Spruchstrophe von Reinmar von Zweter (um 1240) findet sich die Problematik einer Sinnentleerung in nur noch wunderbaren *âventiuren* ins Phantastische gesteigert:

Ich quam geriten in ein lant
ûf einer gense, dâ ich affentôren vant:
ein crâ mit einem habche, di vingen vil der swîne in einr bach.
ein hâse zwêne winde zôch,
ein ber jagte einen valken, den vinc er in den lüften hôch,
schâchzabel spilten muggen, zwô meisen ich einen turn mûren sach.
dâ saz ein hirz unt span vil cleine sîden
dâ huote ein wolf der lember in den wîden,
ein crebze vlouc mit einr tûben
zu wette, ein pfunt er ir angewan.
drîe grôze risen erbeiz ein han:
ist daz wâr, sô nêt ein esel hûben!

Ich kam in ein Land geritten auf einer Gans – dort fand ich *affentôren* [*âventiure*/ äffische Narren]: Eine Krähe und ein Habicht fingen viele Schweine in einem

33 Johann von Würzburg, *Wilhelm von Österreich*, V. 128–130 u. V. 131–133. Zur Poetik des „wilden“ Erzählens bei Johann von Würzburg vgl. Sandra Linden, „*wildiu rede* und ethische Funktion. Zum Konzept der *wildekeit* im ‚Wilhelm von Österreich‘ Johanns von Würzburg“, in: *wildekeit. Spielräume literarischer obscuritas im Mittelalter*, hg. v. Susanne Köbele u. Julia Frick, Berlin: Erich Schmidt 2018, S. 135–156. Allgemeiner zum wilden Erzählen im Rahmen des *âventiure*-Erzählens vgl. Udo Friedrich, „Wilde Aventiure. Beobachtungen zur Organisation und Desorganisation des Erzählens in Konrads von Würzburg ‚Trojanerkrieg‘“, in: Köbele u. Frick (Hgg.), *wildekeit*, S. 281–295.

> Bach, ein Hase zog zwei Windhunde auf, ein Bar jagte einen Falken, den fing er hoch droben in den Lüften, Schach spielten zwei Mücken, zwei Meisen sah ich einen Turm mauern. Da saß ein Hirsch, der spann sehr feine Seide, da hütete ein Wolf die Lämmer in den Weidenbäumen, ein Krebs flog mit einer Taube um die Wette, er gewann ihr ein Pfund ab. Drei große Riesen biss ein Hahn zu Tode: Wenn das wahr ist, dann näht ein Esel Hauben![34]

Das Ich, das sich hier als Gänseritter inszeniert, der in ein Land kommt, in dem er *âventiuren* findet, die aber genauso närrische Affen sind, wird zur Parodie des *âventiure*-Ritters. Denn dieser stößt jenseits der Grenzen des arthurischen Hofes in wundersame Erzähl-Welten vor, in denen er sich nicht nur bewähren muss, sondern über die er auch in seine am Artushof erzählte Ritter-Figur findet. Der Gänseritter dagegen findet eine Welt der verkehrten Ordnungen, der Wunderlichkeiten und Absurditäten, die auch eine Welt der Sprachspielereien ist; und es ist eine Welt, die nur unter den ihr eigenen Bedingungen wahr ist. Oder anders: deren Wahrheit ihre eigene Ordnung bestätigt. Die Figur des Gänseritters kann dann zum Inbegriff des sich in fremde Welten imaginierenden Phantasten werden. So reitet „Der Finkenritter" auf dem Titelblatt der gleichnamigen Erzählung (um 1560) auf einer Gans in eine absurde Welt angelesener Vorstellungen.[35]

5 „werltlîche âventiure"

Wenn Gottfried von Straßburg im *Tristan*-Roman seinem Protagonisten die Kunst *âventiure* zu (er)finden zuschreibt, ihn so zum Autor seiner eigenen Erzählung macht, entzieht er der *âventiure* ihre letzte Gewissheit und transzendente Steuerung (die sie bei Hartmann und Wolfram hat). So findet sich bei ihm dann auch der Begriff der weltlichen *âventiure* („werltlîche âventiure")[36] als Begriff für das Minne-Erlebnis in der Minnegrotte.

---

34 Reinmar von Zweter, „Der Ritt auf der Gans", in: *Von achtzehn Wachteln und dem Finkenritter. Deutsche Unsinnsdichtung des Mittelalters*, übers. u. hg. v. Horst Brunner, Stuttgart: Reclam 2014, S. 10 f. Ich denke, dass diese Strophe als Kritik des Didaktikers an den *âventiure*-Erzählungen zu lesen ist. Der Begriff „affentôren" als Wortspiel mit *âventiure* ist hier zum ersten Mal belegt.

35 „Der Finkenritter", in: Brunner (Hg.), *Von achtzehn Wachteln*, S. 96–126. Vgl. dazu Joachim Knape, „Der Finckenritter. Text und Untersuchung", in: *Philobiblon* 35 (1991), S. 97–148. Er betont auch die Sprachgebundenheit dieser Welt: „Die groteske Welt, die im Finckenritter entworfen wird, existiert vordergründig nur in der Sprache" (S. 106).

36 Gottfried von Straßburg, *Tristan und Isold*, V. 17066–17070. Dort wird beschrieben, wie die Sonne (Ehre) „die Höhle weltlicher *âventiure*" erleuchtete („die fossiure wertlîcher âventiure").

Diese Zuspitzung der *âventiure* auf das Liebesgeschehen entzieht ihr (potenziell) die transzendente Absicherung und schließt sie in einen engeren, jedoch tabuisierten Rahmen des Erlebens ein. In der Märendichtung, der Kurzerzählung des Mittelalters (v. a. 14. u. 15. Jahrhundert), mit ihrer zuspitzenden, auf Ironie, Paradoxie, auch Perversion zielenden Erzählkunst, wird dann genau dies aufgenommen und die *âventiure* des höfischen Romans zur Geschichte des sexuellen Erlebnisses.[37] Wobei die *âventiure* auch hier noch ständisch gebunden bleibt: Es ist in der Regel die Figur des Ritters, der diese Art der *âventiure*-Fahrt vorbehalten ist. Doch geht es nicht darum, Drachen zu besiegen oder magisch gebannte Burgen zu erlösen, sondern der Protagonist gerät in seinem sexuellen Begehren in eine missliche Lage, aus der er mit viel Gelächter von Seiten des Publikums gerettet werden muss. Entsprechend werden *âventiuren* auch nicht mehr bestanden, sondern sie geschehen dem Ritter. So heißt es im *Ritter unter dem Zuber*:

> Hiebi nemet einer mære war,
> wie ein aventiur beschach
> einem ritter den ich sach,
> der mirz mit sînem munde
> seite zuo einer stunde.
>
> Nun hört eine Geschichte, wie eine *âventiure* einem Ritter geschah, den ich traf und der es mir selbst berichtete.[38]

Âventiure ist hier auch nicht mehr die das Erzählen bestimmende und legitimierende Geschichte, sondern ein Ereignis, das so unwahrscheinlich ist, dass es durch präzise Beglaubigungen authentisiert werden muss. Es ist die Schwankdichtung des 16. Jahrhunderts, die diese Form der Abenteuererzählung, als sexuelles oder zumindest sexualisiertes Abenteuer, aufnimmt. So berichtet Valentin Schumann in dem 1559 erschienenen *Nachtbüchlein*, dessen Titel „schimpfliche Possen" Unterhaltung ankündigt, von einem „seltzamen abentheürer", einem Bauernsohn, der die Tochter eines Adligen

37 Vgl. dazu auch Mireille Schnyder, „Die Entdeckung des Begehrens. Das Märe von der Halben Birne", in: *PBB* 122 (2000), S. 263–278. In den spätmittelalterlichen Minnereden ist, mit einer manchmal etwas angestrengten Literarizität, die Minne auch „ein zertlich abentů̊re", die Dichtung selber aber auch als „abenture der mynne" bezeichnet, die für eine „frawe zart gehure" geschrieben wurde. So wird auch hier das Ziel der *âventiure*, die Minne, zum Dichtwerk selber. Alle Zitate nach: *Die Minneburg*, hg. v. Hans Pyritz, Berlin: Weidmann 1950, V. 3208, V. 1513 u. V. 1512.

38 Jacob Appet, „Dis ist der Ritter underm Zuber", in: *Novellistik des Mittelalters. Märendichtung*, übers., hg. u. komm. v. Klaus Grubmüller, Frankfurt/Main: Deutscher Klassiker Verlag 1996, S. 544–565, hier V. 8–12.

heiraten will, was ihm dann auch mit Hilfe einer zum Geschlechtsakt führenden List gelingt.[39] Oder er erzählt von einem „gůt abenthewrer", der einer edlen Frau samt Magd die „fulva rucket".[40] Trotz allem ist das Abenteuer in diesen Texten aber letztlich die Instrumentalisierung der Sprache, der Wortwitz, mit dem Tatsachen verdreht, Täuschungen vorgenommen und falsche Welten erschaffen werden. Damit ist zu beobachten, dass sich der Begriff der *âventiure* aus der größeren Form des höfischen Artusromans löst und zur kleineren, lügenhaften, mit Fiktionalität spielenden Episode wird, deren eigentlicher Akteur die Sprache ist.

6 „Ein abenteürlich bůch"

Was die größeren Texte betrifft, sind darin seit dem 16. Jahrhundert weniger Abenteuer zu finden, als dass sie selbst abenteuerlich sind: „ein abenteürlich bůch" wird der *Melusine*-Roman von Thüring von Ringoltingen genannt.[41] Damit wird nicht nur der wunderbare Aspekt dieser Geschichte betont, sondern auch auf die darin eingelassenen kleineren Wunder-Geschichten hingewiesen. Gleichzeitig setzt sich dieses Epitheton aber auch in Differenz zu der „hÿstorÿ" (als einem beglaubigten Tatsachenbericht) und ist deutlich an den Kunstcharakter des Erzählens gebunden. Während sich „an diser fremden figur vnd hÿstorien" der Melusine „beweÿset", dass „Got ist wunderlich in seinen wercken"[42], zielt das Epitheton „abentheürlich" für das Buch auf die Spezifik dieser schriftlichen Erzählkunst. Es ist die „expergentz" (augenscheinliche Erfahrung) dieser sich in der Nachkommenschaft der Melusine bis in die Gegenwart bewahrheitenden „materÿ", die die „hÿstorÿ" als beglaubigte ausweist.[43] Es ist aber die unterhaltsam zu lesende Erzählung dieser „fremd hÿstorÿ", in der sie zu „kunst vnd abentewr" wird:

> Wann auch solich schon̊ und fremd hÿstorÿ vast lieplich vnd lustlich zů lesen vnd zů hor̊en seind vnd den leütten zů sagen zů preÿsen seind / wann als die ros

---

39 Valentin Schumann, „Ein fabel von einem edelmann, der seiner tochter wolt kein mann geben, er mähet dann weyter, weder sie kund bruntzen, auff einen tag", in: ders., *Nachtbüchlein* (1559), hg. v. Johannes Bolte, Hildesheim u. New York: Georg Olms 1976, S. 28–31.

40 Schumann, „Von einem gůten abenthewrer, wie er einer edlen frauwen, auch der magdt die fulva rucket", in: ders., *Nachtbüchlein*, S. 285.

41 Thüring von Ringoltingen, „Melusine", in: *Romane des 15. und 16. Jahrhunderts*, hg. v. Jan-Dirk Müller, Frankfurt/Main: Deutscher Klassiker Verlag 1990, S. 9–176, hier S. 11, Z. 1.

42 Thüring von Ringoltingen, „Melusine", S. 12, Z. 17–19.

43 Thüring von Ringoltingen, „Melusine", S. 11, Z. 10–12.

> vnder allen blůmen gepreẏset würt / also ist auch kunst vnd abenteẅr über alle andere zeẏtliche ding lieb zů haben.[44]
>
> Denn so schöne und fremde Historien sind sehr angenehm und vergnüglich zu lesen und zu hören, den Leuten zu erzählen und zu loben. Denn so wie die Rose unter den Blumen gepriesen wird, so soll man auch Kunst und abentewr allen anderen zeitlichen Dingen vorziehen.

Auffallend ist dabei, dass die in den Text eingeschlossenen, als Abenteuer („abenteẅr") bezeichneten Erzählungen oft mit einer schriftlichen Erzähltradition zusammengebracht und so als ‚Buchwissen' ausgestellt werden.[45]

Gemäß Titelblatt des Faust-Buchs sind es „seltzame Abenthewer", die D. Faustus während seines Teufelspaktes erlebt. Seine Lebensgeschichte dagegen ist die *Historia von D. Johann Fausten*.[46] Die Gegenüberstellung von „Historia" und „Abenthewer" hier verdeutlicht augenfällig, wie sich der Begriff des Abenteuers auf die Geschichten im Bereich des Zweifelhaften, des Imaginativen verlagert, während der Lebensbericht als „Historia" bezeichnet und damit in den Bereich einer gesicherten Geschichtlichkeit gestellt wird. So sind die Erlebnisse im Raum des theologischen und geografischen Wissens, die Weltreise sowie die Himmels- und Höllenfahrt von Faust „Historia und Geschicht", verbrieft und nachprüfbar in der Wissensliteratur.[47] „Abenthewr" aber, wie sie Faust das erste Mal dem Türkischen Kaiser während eines Abendessen „macht", sind Zauberei. Dabei zielt dieses „Affenspiel vnd Abenthewr", wie es heißt, auf Täuschen, Betrügen, Bloßstellen im zwischenmenschlichen Bereich – und dient dem physischen Genuss von Faust sowie der Kurzweil der Leser.[48] Der dritte und letzte Teil des Buches handelt von nichts anderem als von diesen „Abenthewer / was er mit seiner Nigromantia

44 Thüring von Ringoltingen, „Melusine", S. 12, Z. 23–27, hier Z. 26 f. (eigene Übersetzung).

45 Oft sind die *abenteẅr* in verschriftlichter Form im Text zu lesen. So z. B. in dem Kapitel „Wie ein Ritter aus Engellannd geboren sich diser abenteẅr vnderstůnd / und der mit dem beren und mit grossen würmen facht so ritterlichen das es ein wunder was / vnd erschlůg ir auch gar vil ze tod" (S. 168, Z. 12–13). Nachdem dieser Ritter im Abenteuer ganz wunderbar mit Bären und Drachen um Palantine, die Schwester von Melusine, gekämpft hat und zum Schluss gefressen wird, heißt es: „Diese red vnd mer erschullen in engellant von disem ritter vnd es wart dauon ein půch gemacht von dieser abenteẅr allein" (S. 171, Z. 4–6).

46 „Historia von D. Johann Fausten", in: Müller (Hg.), *Romane des 15. und 16. Jahrhunderts*, S. 829–986, hier S. 831.

47 „Historia von D. Johann Fausten", S. 896, Z. 11. Nach dem Bericht über seine Himmelsfahrt verweist Faust selbst auf die Bücher, in denen die Wahrheit seines Berichts überprüft werden könne: „besehet also euwer Bůchere / ob meinem Gesicht nach diesem nicht also seye." (S. 901, Z. 20–21).

48 „Historia von D. Johann Fausten", S. 912, Z. 31 bis S. 913, Z. 26, hier insb. S. 912, Z. 33–34.

an Potentaten Höfen gethan und gewircket", bevor es dann zu dem „jåmmerlichen erschrecklichen End" kommt.[49] Die von Faust als „gewirckte" *Abenthewer* erzählten Geschichten sind aber allesamt auch in anderen Büchern zu lesen, in beliebten Schwank- und Exempelsammlungen, aber auch in Luthers Tischreden.[50] Die Zauberei-*Abenthewer* Fausts speisen sich so aus den Lug- und Trug- sowie Verblendungsgeschichten, wie sie, zwischen Unterhaltung und Belehrung, in verschiedenen Sammlungen tradiert sind. Das Faustische Abenteuer verschwistert sich so nicht nur mit Magie, sondern auch mit dem kurzen, auf Unterhaltung zielenden, in der Regel exemplarisch lesbaren und schriftlich tradierten Geschichtchen. Dies erklärt dann auch die Verwendung des Begriffs in der Reisebeschreibung von Bernhard von Breydenbach (1486), wo es von Mohammed heißt, dass er viel Zauberei und Abenteuer beherrscht hätte: „machomet der gar kün vñ klůg was · auch vil abenthuer vñ zaubery künen vnd wissen".[51] Abenteuer ist da die Kunst des Verfälschens und Täuschens. Entsprechend wird da, wo es darum geht, eine historische Wahrheit zu festigen oder eine Wahrhaftigkeit des Erzählens auszustellen, der Begriff des Abenteuers nicht gebraucht.[52] So auch im *Fortunatus*, diesem im Kontext der Abenteuererzählungen immer wieder genannten frühneuzeitlichen Roman.[53] Explizit wird da sogar der Aspekt des Abenteuerlichen übergangen. Als Fortunatus nach Indien kommt „vnd vil fremder land durchwandert", heißt es:

> Was wunder / abenteür vnd sitten in den landen ist / wår ain sonder vnd groß bůch von zuschreiben. wellicher aber das geren wissen welle / der leß das bůch Johannem de monteuilla.[54]

> Was für Wunder, Abenteuer und Sitten sich in den Ländern fanden, darüber müsste man ein eigenes großes Buch schreiben. Wer das aber gern wissen möchte, der lese doch das Buch von Jean de Mandeville.

49 „Historia von D. Johann Fausten", vgl. die Überschrift zum dritten Teil, S. 923, Z. 1–7.

50 Vgl. zu den jeweiligen Quellen und anderen Überlieferungsorten dieser Erzählungen den Kommentar der hier zitierten Ausgabe.

51 Bernhard von Breydenbach: *Peregrinatio in terram sanctam. Eine Pilgerreise ins Heilige Land.* Frühneuhochdeutscher Text und Übersetzung, hg. v. Isolde Mozer, Berlin u. New York: de Gruyter 2010, S. 338.

52 Dass der Begriff eng an Lüge, Betrug und Täuschung herangeführt wurde, zeigt sich deutlich darin, dass seit dem 15./16. Jahrhundert der Abenteurer mit dem „spilman" gleichgesetzt ist. Vgl. dazu u. a. Werner Welzig, „Der Wandel des Abenteuertums", in: *Pikarische Welt. Schriften zum europäischen Schelmenroman*, hg. v. Helmut Heidenreich, Darmstadt: Wissenschaftliche Buchgesellschaft 1969, S. 438–454.

53 „Fortunatus", in: Müller (Hg.), *Romane des 15. und 16. Jahrhunderts*, S. 383–588.

54 „Fortunatus", S. 490 (eigene Übersetzung).

Damit verschränkt sich nicht nur Abenteuer mit fremdem Verhalten, unbekannten Sitten und Gewohnheiten, sondern wird auch zu in entsprechenden Büchern geordnetem Wissen, wobei diesem Wissen der Ruch des Ungesicherten und Fabulösen anhaftet. Es ist auffallend, dass Mandeville selbst, der seinen Berichten den Anschein des Authentischen und Wahrhaften geben will, nicht vom Abenteuer spricht.[55]

Abenteuer ist nicht Sache des Fortunatus-Romans. Fortunatus stößt im Wald nicht auf einen Hauptmann Aventůr, sondern auf Fortuna, „die iunckfraw des glücks"[56], die ihm keinen *âventiure*-Spürhund schenkt, sondern ein Glücks-„seckel".[57] Es ist nicht mehr die *âventiure* als sich in Providenz fügende Zufälligkeit, die die Welt ordnet und dem Protagonisten den Weg weist, sondern Fortunaglück und Geld. Und trotzdem wird auch Fortunatus ein paar Mal als Abenteurer („abenteürer") bezeichnet. Damit wird aber nicht der *âventiure*-suchende Ritter aufgerufen, sondern der Handels-Diskurs des 15. Jahrhunderts, wo Abenteurer den Kaufmann bezeichnet, vor allem im Bereich des See- und Fernhandels.[58]

Erhält sich der Begriff der *âventiure* im Kontext der Hoffnung auf Gewinn und dem damit einhergehenden Risiko, wird er da, wo es um die reale Ausfahrt geht, den physischen Weg in die Fremde, im 16. Jahrhundert durch den Begriff der „Erfahrung" abgelöst.[59] Es ist ein Begriff, in dem sich Erkenntnis und Wissenserwerb eng an subjektive sinnliche Wahrnehmung anschliessen.

---

55 Vgl. Jean de Mandeville, *Reisen*, Reprint der Erstdrucke der deutschen Übersetzungen des Michel Velser (Augsburg, bei Anton Sorg, 1480) und des Otto von Diemeringen (Basel, bei Bernhard Richel, 1480/81), hg. u. eingel. v. Ernst Bremer u. Klaus Ridder, Hildesheim, Zürich u. New York: Olms 1991. Zu der schwierigen Textgeschichte auch der deutschen Übersetzungen vgl. Christina Henss, *Fremde Räume, Religionen und Rituale in Mandevilles Reisen. Wahrnehmung und Darstellung religiöser und kultureller Alterität in den deutschsprachigen Übersetzungen*, Berlin u. Boston: de Gruyter 2018, S. 8–70.

56 „Fortunatus", S. 430, 8.

57 „Fortunatus", S. 429, 10 – 434, 3.

58 „*Âventiure*-Handel" wurden die riskanten, auf Profit setzenden Geldgeschäfte (Wechsel, Darlehen) oder die Überschussproduktion in der Hoffnung auf sich steigernden Absatz genannt. Der Kaufmann wird mit seinem auf den ungewissen Ausgang setzenden Handeln seit dem 15. Jahrhundert zum Abenteurer. Grundlegend dazu: Michael Nerlich, *Kritik der Abenteuer-Ideologie. Beitrag zur Erforschung der bürgerlichen Bewusstseinsbildung 1100–1750*, Teil 1 u. 2, Berlin: Akademie-Verlag 1977. Vgl. auch, mit weiterer Literatur, Mireille Schnyder, „Aventiure", in: *Handbuch Literatur und Ökonomie*, hg. v. Joseph Vogl u. Burkhardt Wolf, Berlin u. New York: de Gruyter 2019, S. 101–103.

59 Zum Begriff der Erfahrung vgl. Jan-Dirk Müller, „*Erfarung* zwischen Heilssorge, Selbsterkenntnis und Entdeckung des Kosmos", in: *Daphnis* 15 (1986), S. 59–94 u. Jan-Dirk Müller, „*Curiositas* und *erfarung* der Welt im frühen deutschen Prosaroman", in: *Literatur und Laienbildung im Spätmittelalter und in der Reformationszeit*, hg. v. Ludger Grenzmann u. Karl Stackmann, Stuttgart: Metzler 1984, S. 252–271.

Das Weltwissen individualisiert sich so im Begriff der Erfahrung, der durch Subjektivität und Perspektivität gezeichnet ist. Anders als die arthurische *âventiure*, die vom einzelnen Ritter als die ihm providentiell zukommende und ihn gesellschaftlich profilierende Aufgabe *gesucht* wird, wird Erfahrung *gemacht*. Und während *âventiure* als Geschehen in der Erzählung den sinnstiftenden Rahmen findet, bindet sich die berichtete Erfahrung an die Kontingenz subjektiver Welterschliessung. Damit fällt sie aus dem providentiellen Narrativ heraus, das der Begriff der *âventiure* mittransportiert.

Als gemachte schließt sich Erfahrung aber eng an die gemachten *Abenthewer* des Faust an, diese im Labor der Exemplarizität magisch erschaffenen und beliebig vervielfältigbaren Situationen der Täuschung, Blendung, Verführung menschlicher Wahrnehmung und damit Erkenntnis. Die abenteuerliche Zauberei, eine Manipulation der sinnlichen Wahrnehmung, ist es, was im Text den Erfahrungsraum auf den Möglichkeitsraum hin öffnet, den Lebensraum auf den Raum der Schwanktexte und das Erfahrene aufs Imaginäre.

Damit geht einerseits die der *âventiure* eigene Verknüpfung von Erzählen und Geschehen, von *wort* und *werk*, aber auch von sinnstiftender Perspektivierung von hinten her und kontingenter Zuversicht im Verlauf der Handlung verloren. Oder anders: Die narrative Ordnungsinstanz der *âventiure* wird durch den Begriff der Erfahrung verwischt. Anderseits wird die manipulativ-täuschende Zurichtung der Welt, wie sie sich im *Abenthewr* episodenhaft in eine wahrhaftige Geschichte (*Historia*) einfügt, zum Mittel der Inszenierung für ein die Welt erfahrendes Subjekt.

Âventiure, als Signalwort für eine erzählerisch raffinierte und reflektierte Einordnung wunderbaren Geschehens in eine soziale und kulturelle Ordnung, die sich über diese imaginierten Möglichkeiten eines Anderen gerade festigt, wird zusehends suspekt. Und mit einem ausdifferenzierten und dann auch allmählich institutionalisierten Literaturdiskurs wird *âventiure*, als Etikett für ein Erzählen, über das sich ein Netz versprachlichter kollektiver Imaginationen bildet und tradiert, obsolet. *Abenthewer* aber, als exemplarisch-unterhaltsame Episode und nicht selten ins Groteske verzerrender Spiegel perspektivierter Wahrnehmung, fügt sich in den Kontext subjektiver Welterfahrung ein.

MARTIN VON KOPPENFELS

Gereimtheiten
Abenteuer Versus Prosa

1 Material-Phantasien

Sigmund Freuds kleiner Essay „Der Dichter und das Phantasieren" beginnt mit einer unausgesprochenen Frage: „Uns Laien hat es immer mächtig gereizt zu wissen, woher diese merkwürdige Persönlichkeit, der Dichter, seine Stoffe nimmt, – etwa im Sinn der Frage, die jener Kardinal an den Ariost richtete".[1] Wenn man sich fragt, worauf diese merkwürdige Persönlichkeit, der Psychoanalytiker, hier anspielt, dann stößt man im Gestrüpp der Quellen auf eine berühmte, höchstwahrscheinlich apokryphe Künstleranekdote, die in diversen Varianten kursiert. Die am besten bezeugte Version besagt, Ariosts Mäzen, Kardinal Ippolito d'Este, habe die Überreichung des ersten gedruckten Exemplars des *Orlando furioso* mit folgenden Worten quittiert: „Dove diavolo, messer Ludovico, avete pigliato tante coglionerie?"[2] („Meister Ludovico, wo zum Teufel habt ihr diesen ganzen Bockmist hergenommen?"). In Deutschland wurde dieser Spruch durch Goethe popularisiert, der ihn auf zwei seiner Werke, *Wilhelm Meisters Lehrjahre* und *Faust II*, bezog und sich dabei in ironischer Selbstspaltung sowohl mit dem Renaissance-Dichter als auch mit seinem banausischen Mäzen identifizierte.[3] Über Goethe muss die Anekdote den Weg zu dem Goethe-Bewunderer Freud gefunden haben. Banausisch ist der Kommentar des Kardinals, weil er nicht auf die poetische Gestaltung des *Orlando furioso* abhebt, für die der Dichter Anerkennung will, sondern auf dessen Phantasiegehalt – eben die *coglionerie*. Damit reduziert er das Werk auf eine ungestaltete Rohmasse. Die Einstellung auf die Phantasie als solche ist hier die Beleidigung. Ganz abgesehen davon, dass der Kardinal mit dem Hinweis

1 Sigmund Freud, „Der Dichter und das Phantasieren", in: ders., *Gesammelte Werke*, Frankfurt/Main: S. Fischer 1999, Bd. 7, S. 213–223, hier S. 213 (im Folgenden zitiert unter dem Kürzel GW).

2 Vgl. Michele Catalano, *Vita di Ludovico Ariosto*, Genf: Olschki 1930, S. 435–437. Die älteste von Catalano angeführte Quelle (mit dem hier zitierten Wortlaut) ist: Adrien Baillet, *Jugements des sçavans sur les principaux ouvrages des auteurs*, Paris 1686.

3 Johann Wolfgang von Goethe, *Wilhelm Meisters Lehrjahre*, in: ders., *Sämtliche Werke nach Epochen seines Schaffens. Münchner Ausgabe*, hg. v. Karl Richter u. a., München: Hanser 1985–1998, Bd. 5, S. 650 u. Goethe, *Briefwechsel mit Zelter*, in: ders., *Münchner Ausgabe*, Bd. 20.2, S. 1425.

 | DOI:10.30965/9783846764725_006

auf die *coglioni* auch schon eine implizite Antwort auf die rhetorische Frage nach der Herkunft dieser Materie gibt – sie ist offenbar genitalen Ursprungs.

Freud wiederum liest den Satz des Kardinals (den er verschweigt) bewusst gegen den Strich, d. h. er ignoriert die rhetorische Natur der Frage und nimmt sie tatsächlich als solche – nämlich als Erkundigung nach dem Entstehungsort fiktionaler Geschichten. Auf diese Frage versucht er sodann eine psychoanalytische Antwort zu entwickeln. Es geht, so scheint es, auch Freud nur um die Herkunft der Fiktionen, nicht um die Art, wie sie gemacht sind. Oder, was auf das Gleiche hinausläuft, es geht um die Phantasie als ein von aller poetischen Gestaltung ablösbares Substrat. In der Regel, so Freud, handelt es sich dabei um die peinlichste aller psychischen Bildungen, den egoistischen Tagtraum: ein wunscherfüllendes Gespinst, in dessen Mitte „[s]eine Majestät das Ich, der Held aller Tagträume wie aller Romane" thront (GW 7, 220). Auch sonst hebt Freud, wenn er den Terminus ‚Roman' verwendet, etwa wenn er vom „Familienroman der Neurotiker" spricht, konsequent auf den tagträumerischen Zug der Gattung ab.

Man könnte meinen, die Ariost-Anekdote passt zur Beschränktheit des Freud'schen Literaturbegriffs: Während er in der Analyse von Träumen oder Symptomen jederzeit spektakuläre Übergänge zwischen Zeichen und Bezeichnetem vollziehen kann, bleibt er in Bezug auf literarische Texte einer klassizistischen Form-Inhalt-Trennung verhaftet. Dabei erscheint die Phantasie als das Formlose par excellence, zu dem die Form, man weiß nicht wie, hinzutritt. Dass Phantasien jenseits von Form gar nicht denkbar sind, dass das Phantasieren das Formen je schon einschließt, dass die Form-Inhalt-Trennung womöglich selbst eine Gestalt der Verdrängung ist – solche Gedanken scheinen Freud fern zu liegen. Umso überraschender kommt am Ende seines kleinen Essays die Hinwendung zur poetischen Technik: Das eigentliche Rätsel liegt nach Freud bekanntlich in den Verfahren, die es dem Dichter ermöglichen, anderen Menschen seine peinlichen Tagträume genießbar, ja lustvoll genießbar zu machen. Er postuliert eine soziale Abstoßungsreaktion, eine Art kulturelles Immunsystem, das gegen die Mitteilung fremder Phantasien reagiert: „[I]n der Technik der Überwindung jener Abstoßung, die gewiss mit den Schranken zu tun hat, welche sich zwischen jedem einzelnen Ich und den anderen erheben, liegt die eigentliche *Ars poetica*" (GW 7, 223).

Als eine Spielart eben dieser Abstoßung kann man die Kritik am abenteuerlichen Erzählen verstehen, die Ende des 18. Jahrhunderts in der Ästhetik laut wurde. Sulzer z. B. bezeichnet das „Abentheuerliche" schlicht als „Gattung des Ungereimten".[4] Unter dem Druck der aufklärerischen Kritik wurde der

4 J. G. Sulzer, *Allgemeine Theorie der Schönen Künste*, Teil I, Leipzig: Weidemann 1778, S. 3.

tagtraumhafte Zug des Erzählens, der bei Freud im Mittelpunkt steht, immer mehr zum Gegenbild, von dem sich der bürgerliche Roman in ständigen Absetzbewegungen distanzierte. Sulzers Begriff des „Abentheuerlichen" deutet durch die beiden Bestimmungen des mangelnden Realitätsbezugs und der nichtkausalen Verknüpfung auf das psychologische Modell des Tagtraums hin: „Diese Gattung des Ungereimten herrscht insgemein in den Träumen, wo die unmöglichsten Dinge würklich scheinen. Aber jede erhitzte und vom Verstande ganz verlassene Einbildungskraft, bringt abentheuerliche Vorstellungen hervor."[5] Populäre Erzählliteratur, auf die diese Kritik am Abenteuerlichen zielt, wurde mehr und mehr im Zeichen eines Stoff-Überschusses gesehen, eines Durchbruchs unmittelbar wunscherfüllender Phantasien in den ‚formlosen' Text hinein. Die passenden Exempel zur Freud'schen These von der poetischen Veredelung eigentlich peinlicher Phantasien findet man deshalb auch nicht im Roman des 18. oder 19. Jahrhunderts, sondern eher in vormodernen Formen, und ganz besonders in Verserzählungen, in denen die handwerkliche Meisterschaft des Dichtens und Reimens die ausufernden Phantasien auf hör- und sichtbare Weise *bindet*. Freuds These ist eine Renaissance-These, und sie leitet sich nicht zuletzt von Ariost her, mit dem sein Aufsatz begann.

Das ist die eine Seite seiner kleinen *Ars poetica*. Zum anderen aber steht hinter Freuds These selbst wiederum eine Phantasie, die ich als Materialphantasie bezeichnen möchte. Solche Materialphantasien finden sich bereits am Anfang des abenteuerlichen Erzählens – etwa bei Chrétien de Troyes, im Prolog seines *Chevalier de la Charette* (V. 24–29):

> Del Chevalier de la Charrette
> Comance Crestïens son livre;
> Matiere et san li done et livre
> la contesse, et il s'antremet
> De panser, que gueres n'i met
> Fors sa painne et s'antancïon.[6]

> Vom Karrenritter
> beginnt Chrétien sein Buch;
> Stoff und Richtung gab und überreichte
> ihm die Gräfin, er übernimmt
> die Denkarbeit, und steckt nichts hinein
> als Mühe und guten Willen.

5 Sulzer, *Allgemeine Theorie der Schönen Künste*, S. 3.

6 Die Zitate aus Chrétiens Werken stammen im Folgenden aus dieser Ausgabe: Chrétien de Troyes, *Œuvres complètes*, hg. v. Daniel Poirion, Paris: Gallimard, 1994. Das Zitat aus Poirions Kommentar erfolgt mit bloßer Seitenangabe. Falls keine Quelle angegeben ist, stammen die Übersetzungen ins Deutsche stets von M. v. K.

Die implizite Frage „Wo habt Ihr nur das ganze Zeug her, Meister Chrétien?" wird hier mit dem Verweis auf die vielzitierte *matière* erledigt, mit der ihn seine Auftraggeberin Marie de Champagne versorgt habe. Hier also ist die adelige Patronin selbst die Quelle der *coglionerie*. Material (*matiere et san*) und Umsetzung (*panser*) werden scharf unterschieden. Nur letztere obliegt dem Dichter. Daniel Poirion übersetzt „panser" mit „mise en forme" (508). Denken ist hier synonym mit Gestalten, mit der Herstellung jener „Fügung", von der Chrétien anderswo schreibt, dass sie „aus einer Abenteuererzählung herausgezogen" werden müsse (*Érec*, V. 13 f.):

> Et tret d'un conte d'avanture
> Une moult bele conjointure

Dabei heißt das Rohmaterial, aus dem die „conjointure" gezogen wird, „avanture". Bereits hier – an seinem Anfang – steht der Begriff „avanture" also in einer Position des Mangels.

Die Frage nach der Herkunft der ominösen *matière* hat sich durch Chrétiens Quellenangaben bekanntlich nicht erledigt. Eine Figur namens Lancelot etwa ist vor Chrétiens Texten für uns überhaupt nicht fassbar. Insgesamt stellt die Herkunft der *Matière de Bretagne*, der schemenhaften keltischen Prätexte des höfischen Romans, eines der Lieblingsrätsel der europäischen Literaturgeschichte dar. *Matière de Bretagne*[7] ist in gewissem Sinne die ursprüngliche Materialphantasie des europäischen Romans, eine Phantasie vom schlechthin Vorhandenen, aber paradoxerweise dennoch Verlorenen, das der Erzählung je schon zugrunde liegt. Man könnte auch sagen: Es handelt sich um eine Versorgungsphantasie. Es geht also um die Frage: Wer oder was versorgt die Dichtung? Und die Antwort ist aporetisch: Stoff, das Noch-nicht-Geformte, rein Imaginäre, noch nicht Symbolisierte. Zugleich aber wirft diese Phantasie von sich aus die Frage nach der Form auf. Sie impliziert ein Bedürfnis nach Formung.

2 Vers und Abenteuerweg

Es ist sicher kein Zufall, dass dieser *matière*-Begriff bei Chrétien und seinen Zeitgenossen auftaucht, d. h. im Medium der Verserzählung. In einem solchen

7 Die Formel taucht erstmals in der *Chanson des Saisnes* von Chrétiens Zeitgenossen Jean Bodel auf: „Ne sont que .iii. matières à nul home antandant: / de France et de Bretaigne et de Rome la grant" (*La Chanson des Saxons par Jean Bodel*, hg. v. Francisque Michel, Paris: J. Techener 1839, S. 1).

Medium kann die Vorstellung entstehen, alles, was der sekundären Bearbeitung durch Metrum und Reim vorausgehe, sei eigentlich noch gar nicht artikulierte Rede, sondern Rohmasse, eine Art *fiction pulp*. Die Versform des alten höfischen Romans erzeugt im Grunde von selbst jene Phantasie des Materials, des mythischen Zustroms von Erzählbarem in den Text hinein. Damit einher geht die Vorstellung des Textes als Synekdoche, die nur einen kleinen Ausschnitt des potentiell Erzählbaren zur Darstellung bringt, gleichsam nur das, was gerade in den Hohlweg des Verses hineinragt. Ihr Korrelat ist die Vorstellung der unerschöpflichen Offenheit dessen, was rechts und links dieses Weges liegt und deshalb nicht erzählt wird – der unauslotbare Abenteuerwald, durch den der „droit chemin" des Ritters führt. Hingegen scheint der Prosaform von Anfang an der Anspruch eigen gewesen zu sein, *alles* zu erzählen. Das gewaltige Massiv des französischen *Prosa-Lancelot* etwa zeigt, wie schwer der uneinlösbare Anspruch der Vollständigkeit von Anfang an über dem Prosaroman hängt. Brunetto Latini, der erste Autor, der das Wort „prose" in der Volkssprache verwendete, verglich nicht zufällig den Vers mit einem schmalen Pfad und die Prosa mit einer breiten Straße: „la voie de prose est large et pleniere [...]; mais li sentiers de rime est plus estroiz et plus fors, si comme cil qui est clos et fermez de murs et de paliz".[8]

Modernen Lesern, die sich Erzählen anders als in Prosa nicht mehr vorstellen können, muss es zu denken geben, dass der Vers einmal die Stütze des abenteuerlichen Erzählens bildete. Peter Brooks, der Theoretiker des Plot, sah die Abenteuererzählung wegen ihrer Fixierung auf den Ausgang der Geschichte geradezu als konzeptuelles Äquivalent einer poetischen Struktur an: „The sense of adventure thus plotted from its end [...] has something of the rigor and necessity provided in poetry by meter and rhyme, the pattern of anticipation that overcodes mere succession."[9] Dass die Abenteuererzählung zur Zeit ihrer Entstehung tatsächlich reimgebunden war, scheint Brooks an dieser Stelle vergessen zu haben. Die Versform aber ist selbst Plot im doppelten Wortsinn einer Verabredung und einer Verräumlichung. Für die Autoren, die den Begriff *aventure* in Umlauf brachten, genügte es nicht, dass die Geschichte ‚aufging' wie ein Reim. Sie musste tatsächlich gereimt sein.

Der Chrétien'sche Erzählvers ist ein paargereimter Achtsilber, den Erich Auerbach „eilig und doch behaglich" genannt hat.[10] Erzählen ist hier noch

---

8 Brunetto Latini, *Li livres dou tresor*, hg. v. P. Chabaille, Paris: Imprimerie Impériale 1863, S. 281.

9 Peter Brooks, *Reading for the Plot*, New York: A. A. Knopf 1984 S. 94.

10 Erich Auerbach, *Literatursprache und Publikum in der lateinischen Spätantike und im Mittelalter*, Bern: Francke 1958, S. 164.

unmittelbar Zählen, was in der silbenzählenden romanischen Metrik besonders deutlich zum Ausdruck kommt. Wie oft bemerkt, war der altfranzösische *roman* bereits ein Lesetext,[11] dessen Versform somit keine primär mnemotechnische Funktion mehr erfüllen musste. Dies zeigt auch der Vergleich mit dem Sprechvers der *chanson de geste*. Der Romanvers ist mit fester Silbenzahl, Vollreim und Paarreimstruktur viel stärker reguliert als dieser – stärker nämlich, als für das Memorieren und Rezitieren notwendig. Man könnte vermuten, dass dieses festere Raster des Romanverses vielmehr dazu diente, die Chaotisierungstendenzen eines Erzählmusters zu kompensieren, in dem es weniger konzentriert und teleologisch zugeht als im epischen Erzählen. Dies wäre die erste Funktionsbestimmung, die ich vorschlagen möchte: Dieser Vers bildet eine Art Exoskelett, das von außen, das heißt vom Signifikantenmaterial her, die abenteuerliche Erzählung einhegt. Die *aventure*, die sich auf eine offene Zukunft einlässt (*ad-ventura*), prozediert zugleich in einem sehr überschaubaren Schrittmaß: Das Maß des Abenteuers beträgt acht Silben und zwei Reime, wobei der einzelne Vers die syntaktische Basiseinheit bildet.[12] Waagrechte Verknüpfung (Satz) und senkrechte Verknüpfung (Reim) bilden ein Zeitraster, einen vorab gekerbten Raum[13], eben jene *conjointure*, in die die Erzählung nur noch einfließen muss.

Andererseits aber kommt durch den Reim auch ein neues – sprachliches – Zufallsmoment ins Spiel: die „hazards de la rime", die noch Baudelaire als abenteuerliches Risiko inszenierte.[14] Wie verhält sich das Erzählen des Abenteuers (als eines kontrollierten Risikoverhaltens) zum sprachlichen Glücksspiel des Reims? Hier wird nun eine zweite Funktion des Verses sichtbar: die Funktion der Stilisierung. Der Vers des *roman* diente auch dazu, die märchenhaft wunscherfüllende Artus-Welt durch ästhetische Verfremdung akzeptabel zu machen. Diese Bestimmung entspräche annähernd der Freud'schen Theorie der poetischen Form. Dabei treten zwei Begriffe von Erfüllung in Konjunktion: einerseits die Befriedigung eines Wunsches, das heißt, die momentane Realisierung einer Phantasie – auch wenn es sich dabei nur

11 „Roman" ist, wie Karlheinz Stierle zeigt, von Anfang an das „zu Lesende" (Stierle, „Die Verwilderung des Romans als Ursprung seiner Möglichkeit", in: *Literatur in der Gesellschaft des Spätmittelalters*, hg. v. Hans Ulrich Gumbrecht, Heidelberg: Winter 1980, S. 253–313, hier S. 256).

12 Emmanuèle Baumgartner, „Remarques sur la prose du Lancelot", in: *Romania* 417 (1984), S. 1–15, hier S. 3.

13 *Espace strié*, nach Gilles Deleuze u. Félix Guattari, *Mille plateaux*, Paris: Éditions de Minuit 1980.

14 Charles Baudelaire, „Le soleil", V. 6, in: ders., *Les Fleurs du mal*, hg. v. Claude Pichois, Paris: Gallimard 1975, S. 83.

um die Wirklichkeit-der-Fiktion handelt. Die so realisierte Phantasie ist nach Freud allemal eine sexuelle oder eine Machtphantasie. Andererseits handelt es sich aber um die Erfüllung eines ästhetischen Schemas (Metrum, Reim), also um eine perzeptuelle Befriedigung, an der sexuelle Energien nicht direkt beteiligt sind. Freud denkt sich diese Befriedigung bekanntlich nach dem Modell des Auslösers, der Zündung: Ähnlich wie beim Witz reicht das bisschen perzeptuelle Befriedigung, um die Phantasie über die Schwelle der Peinlichkeit zu bugsieren und ihre erheblichen Lustvorräte zur Detonation zu bringen (auch dies übrigens eine Materialphantasie). Man könnte aber auch spekulieren, dass die Erfüllung des Versschemas hier an die Stelle dessen tritt, was Freud „Realitätsprüfung" nennt (GW 2/3, 572). Die perzeptuelle Erfüllung legitimiert die phantasierte Wunscherfüllung. Die Phantasie darf ausgesprochen werden, weil sie sich *fügt* – in die materielle Realität von Metrum und Reim.

Diese Konjunktion zweier Erfüllungen – *moult bele conjointure* – wirft nun eine Reihe von Fragen auf: Wie wirkt sich die durch den Vers bedingte permanente „Selbstaffektion" des Sprechens[15] auf den Erzählakt aus? Wie determiniert der Vers das Erzählen? Wie erzählt er sich jeweils mit? Und warum konnte das Abenteuer schon sehr bald – ein bis zwei Generationen nach Chrétien – auf die metrische Stilisierung verzichten und sie durch die schwache perzeptuelle Erfüllung, man könnte auch sagen: den glatten Raum der Prosa, ersetzen? Nach Freud müsste man annehmen, dass das abenteuerliche Erzählen die Bindung des Verses nicht abwerfen konnte, ohne sich intrinsisch zu verändern; dass es sich verändern musste, um dem erhöhten Widerstand des Publikums gegenüber einer Wunscherfüllung Rechnung zu tragen, die nicht mehr poetisch stilisiert daherkam.[16] In einer weiteren historischen Perspektive wäre zu fragen, ob der Weg vom Vers zur Prosa im Feld des Erzählens unumkehrbar war (gleichsam ein narrativer Entropiegewinn); oder ob der Vers als Erinnerung in der prosaischen Abenteuererzählung aufgehoben blieb. Mit anderen Worten: Ist der Roman den Vers jemals ganz losgeworden? Verstehen

15 Zum Begriff der Selbstaffektion bei Kant und F. Schlegel vgl. Werner Hamacher, „Für – die Philologie", in: *Was ist eine philologische Frage?*, hg. v. J. P. Schwindt, Frankfurt/Main: Suhrkamp 2009, S. 21–60, hier S. 33.

16 Mediengeschichtlich scheint der Übergang des Abenteuers vom Vers zur Prosa gut erklärbar: Die Prosa ist das mediale Korrelat der neuen Rezeptionssituation des einsamen Lesens (vgl. Stierle, „Die Verwilderung", S. 256). Aber wie steht es mit einer literaturpsychologischen Erklärung? Hatte der Vers nicht auch eine psychologische Funktion? Und warum sollte diese mit der Veränderung der Rezeptionsbedingungen weggefallen sein?

wir die Prosa besser, wenn wir sie vom Vers her denken? Also nicht als bloße, sondern als bestimmte Negation des Verses?

Das sind zu große Fragen für den beschränkten Radius eines einzelnen Aufsatzes. Aber sie stecken das Feld ab für die folgenden Probebohrungen im Grenzgebiet von Vers und Prosa. Ich werde eine Reihe von Passagen zueinander in Beziehung setzen, die nicht zuletzt deshalb erzähltheoretisch interessant sind, weil sie von gefährlichen Passagen handeln. Der Titel jeder dieser Stellen könnte lauten: „Ein Ritter passiert", denn das Abenteuer, also das, was dem Ritter passiert, besteht hier jeweils in der Überwindung einer Passage. Die Frage ist dabei nicht, was dem Ritter passiert, sondern wie der Ritter passiert. Genau besehen jedoch geht es jeweils darum, wie der Text passiert.

3 Gefährliche Passagen in Vers und Prosa

Chrétien de Troyes

Auf der Suche nach der entführten Königin Gueniѐvre muss Lancelot eine besondere Prüfung bestehen: die Schwertbrücke. Lancelot ist nicht irgendein Ritter und dies ist nicht irgendeine Prüfung. Der Begriff „höfische Liebe" (*amour courtois*) ist überhaupt erst geprägt worden, um Lancelots ehebrecherische Liebe zu seiner Königin zu beschreiben.[17] Und die Prüfungen, die den Weg zu diesem verbotenen Objekt verstellen, sind derart deutlich als Tabugrenzen markiert, dass es schwerfallen dürfte, der analytischen Lektüre zu widersprechen, die die Liebe zur Königin als Inzestphantasie deutet. Um zu diesem verbotenen Liebesobjekt zu gelangen, muss man in ein Land übertreten, „aus dem niemand wiederkehrt" (V. 1912). Lancelots Begleiter bemühen, um ihn von der Überschreitung der Grenze abzuhalten, eine lange Reihe von *adynata*, darunter auch die Unmöglichkeit der Rückkehr in den Mutterleib (V. 3062 f):

> Ne que li hom porroit antrer
> El vantre sa mere et renestre;
>
> Noch, dass der Mensch zurückkehren könnte
> in den Mutterleib und neu geboren werden;

Das Wasser, das von der Schwertbrücke überspannt wird, ist ein Bild der Hölle (V. 3016–3018):

17 Gaston Paris, „Lancelot du Lac, II: Conte de la charrette", *Romania* 12 (1883), S. 459–534.

Noire et bruiant, roide et espesse,
Tant leide et tant espoantable
Con se fust li fluns au deable

Schwarz und tosend, reißend und schlammig,
so häßlich und gräßlich
als sei es der Fluss des Teufels

Um hier hinüber zu kommen, muss man buchstäblich über die Klinge springen. Dabei muss man nicht nur auf seine ritterliche Panzerung verzichten (abrüsten), sondern auch auf den aufrechten Gang, und wie ein Kleinkind über die tödliche Schneide krabbeln; vor allem aber muss man sich selbst verletzen. Hier wie anderswo ist Chrétiens Lancelot als der Ritter ausgezeichnet, der der Dame dient, indem er sich selbst schwächt. Diese Kastrationssymbolik ist christologisch überformt: Lancelot erreicht die Brücke „aprés none" (das ist die Sterbestunde Christi), das Schwert hat Kreuzform, er muss sich an Händen und Füßen verletzen.[18] Wenn je eine *aventure* als *rite de passage* deutbar war, dann diese: „einz me voel metre en aventure / de passer outre" sagt der Ritter (V. 3094 f). Doch geht es mir hier nicht um die Herkunft der Phantasien[19], sondern um ihre narrative Form – die sich in dem eben zitierten Satz Lancelots z. B. dadurch auszeichnet, dass ausgerechnet die *passage* das Versende überschreitet.

Zwei strukturelle Merkmale der Schwertbrücken-Episode (V. 3009–3135) fallen ins Auge. Da ist zum einen der lange Vorlauf: Die Beschreibung der Prüfung und die Diskussion zwischen Lancelot und seinen beiden Begleitern nehmen fast drei Viertel des Textes ein. Auf die Überquerung selbst entfallen gerade einmal 8 von 126 Versen. Und da ist zum anderen die strenge architektonische Gliederung der Episode. In ihr dominiert ein ternäres Schema, das die „behagliche" Binarität des Paarreims überlagert: Die Erzählung hat drei Etappen (Beschreibung der Gefahren, Gespräch mit den Begleitern, Tat), von denen die erste wiederum dreigliedrig ist, etc. Diese Dreigliedrigkeit reicht bis in die Satzstruktur hinein, die durch Trikola dynamisiert wird: Dreifach ist die Gefahr („L'eve et li ponz et li lÿon", V. 3044), drei Rüstungsteile werden vom Fuß abgenommen („souler, ne chauce, n'avanpié", V. 3110), dreifach ist die Verletzung („A mains, a piez et a genolz", V. 3122). Im zweiten Beispiel steht die

18 Vgl. die interpretatorischen Hinweise bei Daniel Poirion, in Chrétien de Troyes, *Œuvres complètes*, S. 1278.

19 Die Quellen dieser Episode werden meist in der keltischen Folklore gesucht. Zu möglichen Parallelen in der irischen Epik („perilous passage" in die Feenwelt) vgl. Laura Hibbard, „The Sword Bridge of Chrétien de Troyes and its Celtic Original", in: *Romanic Review* 4 (1913), S. 166–190.

Drittelung des Verses gestisch für die Zerlegung der Rüstung, im dritten für die drohende Zerstückelung des verletzlichen, entblößten Körpers (V. 3100–3123):

Et cil de trespasser le gort
Au mialz que il set s'aparoille,
Et fet molt estrange mervoille,
Que ses piez desarme et ses mains.
[...]
A la grant dolor con li sist
S'an passe outre et a grant destrece;
Mains et genolz e piez se blece,
Mes tot le rasoage et sainne
Amors qui le conduist et mainne;
Si lie estoit a sofrir dolz.
A mains, a piez et a genolz
Fet tant que de l'autre part vient.[20]

Er aber bereitet sich so gut er kann vor,
die Schucht zu überqueren,
und tut dafür ein seltsames, wunderliches Werk,
denn er entwaffnet seine Füße und Hände.
[...]
Unter großem Schmerz, der ihn erwartet,
kriecht er hinüber und unter großer Qual;
verletzt sich Hände, Knie und Füße,
doch alles lindert und heilt ihm
die Liebe, die ihn führt und leitet;
so dass es ihm süß war, zu leiden.
Auf Händen, Füßen und Knien
schafft er es, die andere Seite zu erreichen.

Systematisch übergreift hier der Reim die semantischen Einschnitte und treibt damit die Erzählung zusätzlich voran. So kommt es, dass z. B. in dem Satz, der die Überquerung schildert, die Passage selbst („s'an passe outre") zwischen „großem Schmerz" und „großer Not" gleichsam im Leeren hängt. Die beiden Verse bilden durch die Verdopplung und Sperrung des Leidens die quälende Langsamkeit des Kriechens ab. Weiter unten scheint die variierende Wiederholung von „mains et genolz e piez" und „a mains, a piez et a genolz" das abwechselnde Setzen von Hand und Fuß und damit den Rhythmus des Krabbelns selbst abzubilden. In der Wiederholung wird dieses entscheidende Trikolon außerdem von einer Formel des Leidens zu einer des Handelns umcodiert. Vers 3122 steht nämlich in syntaktisch ambivalenter Position: Im Fortgang der Lektüre wird er zunächst dem vorausgehenden Vers angefügt („Si lie

20 Herv. M. v. K.

estoit a sofrir dolz / A mains, a piez et a genolz"), um dann doch dem folgenden zugeschlagen zu werden: „A mains, a piez et a genolz / Fet tant que de l'autre part vient." Im ersten Fall kommen die drei Körperteile als Orte des Leidens, im anderen als Sitz heroischer Kraft und Aktivität in Betracht. Damit ist die andere Seite („l'autre part") auch schon erreicht. Denn letztlich kann nicht schiefgehen, was sich reimt. Die Reime, die die semantischen Einheiten verketten, bilden hier eine Art Hängebrücke, die nicht nur den Protagonisten, sondern auch den Leser über die gefährliche Passage bringt.

Prosa-Lancelot

Im Textdickicht des Anfang des 13. Jahrhunderts entstandenen *Prosa-Lancelot* hat die Schwertbrücken-Episode ihren festen Platz. In der Version, die ich im Folgenden zitieren werde (aus dem Bonner Manuskript), ist die Szenerie stark entmythisiert, die christologische Symbolik stark reduziert, vor allem aber findet sich kein Akt ritueller Selbstentmachtung. Dafür wird die Kastrationssymbolik durch praktische Abwehrmaßnahmen unfreiwillig betont: Lancelots Brünne wird im Schritt vernäht, damit er die Klinge buchstäblich reiten kann, und seine Rüstung mit Pech bestrichen, damit sie besser auf dem glatten Schwert haftet. Der Fluss hat seine außerweltliche, höllische Aura verloren; die Begleiter überqueren ihn einfach woanders und können sogar Lancelots Pferd mitnehmen. Alles geschieht unmittelbar unter den Augen von Gueniѐvre, die von einem Turm am anderen Ufer aus zusieht:

> Et il en vint droit a la planche, puis regarda devers la tour ou la roïne estoit em prison, se li encline; aprés se signe et met son escu deriere son dos, qu'il ne le nuise. Lors se met desor la planche a chevauchons, si armés com il estoit, car il ne li faut ne haubers ne espee ne chauces ni hiaume. Et cil de la tour qui le voient en sont tout esbahi ne il n'en i a nul ne nule qui sace vraiement qui il est, qu'il voient qu'il se traïne par desor l'espee trenchant a la force des bras et a l'empoignement des jenous. *Si ne remaint pas* pour les fils de fer que des piés et des mains et des jenous ne saille li sans, mais pour le perill de l'espee sor coi il se traïne ne sor le perill de l'aigue bruiant et noire *ne remaint pas* que plus ne regart vers la tour que vers l'aigue, ne plaie ne angoisse qu'il ait ne proise il noient, car s'il a cele tour puet venir il garira de tous maus. Tant s'est herciés et entraïnés qu'il est venus a terre.[21]

Er ging geradewegs auf die Klinge zu, blickte in Richtung des Turmes, in dem die Königin gefangen saß, und verneigte sich; dann bekreuzigte er sich und nahm seinen Schild auf den Rücken, damit er ihn nicht behindere. Dann setzte er sich rittlings auf die Klinge, in voller Rüstung, denn es fehlten ihm weder Brünne,

21 *Le livre du Graal*, Bd. 2: *Lancelot*, hg. v. Philippe Walter u. a., Paris: Gallimard 2003, § 440, S. 1375 f. (Herv. M. v. K.).

> noch Schwert, noch Schuhe noch Helm. Und die, die ihn vom Turm aus beobachteten, waren bass erstaunt und es gab dort keinen und keine, die wußte, wer dieser Mann war, den sie sich mit der Kraft seiner Arme und dem Druck seiner Knie über das scharfe Schwert ziehen sahen. Zwar verhinderten die Eisendrähte nicht, dass ihm das Blut aus Füßen, Händen und Knien schoß, doch trotz der Gefahr durch das Schwert, über das er sich zog und trotz der Gefahr durch das tosende und schwarze Wasser ließ er sich nicht davon abhalten, mehr auf den Turm als auf das Wasser zu blicken, und jede Wunde und all die Angst, die er hatte, achtete er für nichts, denn wenn er nur diesen Turm erreichen kann, so wird er von allen Schmerzen genesen. Und er zog und zerrte sich so lange voran, bis er das feste Land erreichte.

Nach dem einfachen narrativen Halbsatz, der die Überquerung einleitet („Lors se met desor la planche a chevauchons"), verschwindet hier der Erzählfaden in einem Dickicht perspektivierender Beobachtungen, was sich darin ausdrückt, dass es nach dem erwähnten Halbsatz so gut wie keine erzählenden Hauptsätze mehr gibt, die sich auf den Protagonisten beziehen. Noch die Nachricht, dass er die andere Seite erreicht hat, erfolgt in einem korrelativen Nebensatz („Tant […] qu'il est venus a terre."). Stattdessen wird alles schon mit Begründungen und Abwägungen verbunden, bevor es überhaupt erzählt ist. Die Erzählung muss sich durch Kaskaden von Relativpronomen und Negationspartikel hindurchfädeln. Die Syntax wird komplex, fast zu komplex für die zu Gebote stehenden syntaktischen Mittel, etwa die überforderten Präpositionen „pour" und „sor". Charakteristisch ist der lange Satz mit der zweimaligen Konstruktion „ne remaint pas […] que" („es bleibt nicht aus, dass …"). Diese doppelte Verneinung bringt gegenüber dem direkten Ausdruck lediglich eine modale Abtönung, also die Vorstellung, dass das, was geschieht, gegen einen gewissen Widerstand geschieht.

An die Stelle der Vers- und Reimbedingung ist hier als beschränkende Kraft die syntaktische Verschlingung getreten. Dieses komplexe syntaktische Medium ermöglicht einen mehrfachen Perspektivwechsel: Die nicht fokalisierte Sicht auf den handelnden Helden macht fast sofort der Perspektive der Zuschauer Platz, die über dessen Identität Mutmaßungen anstellen. Wir erfahren nicht, dass der Ritter über die Klinge kriecht, sondern, dass jemand sieht, dass er über die Klinge kriecht – und was diese Personen dabei denken. Dann aber setzt sich die Perspektive Lancelots durch, am Schluss geradezu in einer Vorform dessen, was später *discours indirect libre* heißen wird („denn wenn er nur diesen Turm erreichen kann, so wird er von allen Übeln genesen"). Was hier ins Extrem getrieben wird, bis hin zur völligen Überlagerung des Erzählfadens durch einen angestrengten Periodenbau, macht dennoch den diskursiven Gewinn aus, den die Prosaform in diesem frühen Stadium gegenüber der linearen Führung der Verserzählung versprechen kann: Es geht um perspektivischen Freiraum. Und auch wenn dieser hier exzessiv genutzt wird, in einem unsteten Hin-und-her-Springen, so scheint er mir doch für den Übertritt des Abenteuers in die Prosa ungleich wichtiger als die „Rationalisierungstendenz“[22], die dieser etwas schwerfälligen mittelalterlichen Prosa so häufig zugeschrieben wird – womit diese sich im Übrigen bereits auf dem Weg zu jener ontologischen Ernüchterung befände, die Hegel als „Prosa der Verhältnisse“ bezeichnen wird.[23]

Ariost

Dass es für das Abenteuer zumindest zeitweise auch einen Weg zurück in die Versform gab, zeigt der italienische *romanzo*, der am Anfang dieser Überlegungen stand, mit seiner nach deutschen Maßstäben hochkomplexen strophischen Form, der *ottava rima*. Der *Orlando furioso* hat sich bekanntlich vorgenommen, „cosa non detta in prosa mai, né in rima“ (I.2)[24] zu erzählen – wobei ausgerechnet das Wort „prosa“ in einen Binnenreim eingespannt wird. Ariosts Gedicht bezieht einen Teil seiner parodistischen Energie aus dieser Rückführung der „verwilderten“ Abenteuerprosa in die gebundene Form, und zwar ohne Abstriche an der von Karlheinz Stierle konstatierten Verwilderung.[25] Vielmehr erhält die verschlungene Handlung im Durchgang durch die Verdichtungskammer der Strophe jenen zusätzlichen Druck, der sie Richtung Parodie beschleunigt.

Gefährliche Passagen gibt es viele bei Ariost, aber nur eine von ihnen gibt sich als Wiederholung der sagenhaften Schwertbrücke zu erkennen: Das ist die von Rodomonte konstruierte Brücke der Herausforderung – „passo pien d'orrore“ (XXXV.40), „periglioso ponte“ (XXXV.55) – von der er jeden Ritter zu werfen pflegt, der des Weges kommt. Dies tut er mit der leicht ermüdenden Zuverlässigkeit des Champions, bis Bradamante daherkommt, die geharnischte Jungfrau, die den Kampf dank magischer Fetischobjekte für sich entscheidet (XXXV.48–49):

> Rodomonte alla giostra s'apparecchia:
> viene a gran corso; et è sí grande il suono
> che rende il ponte, ch'intronar l'orecchia
> può forse a molti que lontan ne sono.

22 Vgl. die Annotation zu *Lancelot und Ginover*, hg. v. Hans-Hugo Steinhoff, Frankfurt/Main u. Leipzig: Insel 2005, Bd. 2, S. 1018.

23 G. W. F. Hegel, *Werke*, hg. v. Eva Moldenhauer u. Karl Markus Michel, Frankfurt/Main: Suhrkamp 1970, Bd. 15, S. 393.

24 Alle Zitate mit Angaben im Fließtext nach der folgenden Ausgabe: Ludovico Ariosto, *Orlando furioso*, hg. v. Lanfranco Caretti, Turin: Einaudi 1992.

25 Vgl. Stierle, „Die Verwilderung des Romans“.

La lancia d'oro fe'l'usanza vecchia;
che quel pagan, sí dianzi in giostra buono,
levò di sella, e in aria lo sospese,
indi sul ponte a capo in giú lo stese.
Nel trapassar ritrovò a pena loco
ove entrar col destrier quella guerriera;
e fu a gran risco, e ben vi mancò poco,
ch'ella non traboccò ne la riviera;
ma Rabicano, il quale il vento e'l fuoco
concetto avean, sí destro et agil era,
che nel margine estremo trovò strada;
e sarebbe ito anco su'n fil di spada.

Rodomonte rüstet sich zum Waffengang:
er kommt in vollem Galopp; und so laut
dröhnt die Brücke, dass vielen in weiter Ferne
die Ohren klingen dürften.
Die goldene Lanze tat, was sie immer tat;
so dass sie den Heiden, bisher Champion der Turniere,
aus dem Sattel hob, in der Luft schweben ließ
und dann kopfunter auf die Brücke warf.
Da blieb fast kein Platz für die Kriegerin,
um ihr Pferd vorbeizulenken;
die Gefahr war groß, es fehlte nicht viel,
und sie wäre in den Fluss gestürtzt,
doch Rabicano, gezeugt von Wind und Feuer,
war so wendig und geschickt,
dass er am äußersten Rand noch einen Durchgang fand;
er wäre auch über eine Schwertklinge gelaufen.

Aus der mythischen Prüfung ist ein reines Prestigeduell geworden. Die symbolische Landschaft des höfischen *roman* hat sich in einen Abenteuerspielplatz verwandelt. Wo Lancelot mühsam kriechen musste, sprengen die beiden auf ihren Schlachtrossen über den schmalen Steg gegeneinander an. Der Kampf selbst wird in gelangweilter Beiläufigkeit in einem Vers abgetan. Die einzige Akteurin ist dabei Bradamantes magische Lanze; sie tut, was sie immer tut: „la lancia d'oro fe'l'usanza vecchia". Es gibt hier eigentlich kein Ereignis; jedenfalls kein Aufeinandertreffen, es wird übrigens auch niemand verletzt – trotz des enormen lautmalerischen Trommelwirbels, der diesem Nicht-Treffen vorausgeht. Als Ersatz dafür dient eine Art Zeitlupe, die den Sturz des Herausforderers in einer comic-artig zerlegten Bewegung über drei Verse ausdehnt, bevor er mit dem letzten Wort der Strophe in grotesker Pose zur Ruhe kommt. Das Verspaar am Strophenende – sonst häufig Agent einer reflektierenden Unterbrechung der Handlung, einer ironischen

Parekbase[26] – wird in der ersten zitierten Strophe zum Schneidewerkzeug,[27] das die Bewegung des herumwirbelnden Körpers in dieser grotesken Weise skandiert: „sospese – stese“.

Statt eines Zusammenpralls erzählt die Passage eine Passage. Das eigentliche Abenteuer („gran risco“) besteht darin, am Gegner vorbei zu kommen. Auch dies ist nicht die Leistung der menschlichen Akteurin, sondern ihres quasi-magischen Pferdes, das den Weg findet, wo eigentlich keiner mehr ist („nel margine estremo“). In der zweiten zitierten Strophe erscheint das Verspaar dann in seiner für Ariost typischen Unterbrecherfunktion: Das Ereignis als solches ist im vorletzten Vers zu Ende erzählt, so dass der letzte als Raum einer reflexiven Schleife zur Verfügung steht. Der überschüssige Vers dient dazu, die Leistung des Pferdes hyperbolisch zu überzeichnen: Es wäre auch über die Schneide eines Schwertes galoppiert. Erst hier und nur in der Uneigentlichkeit der Hyperbel findet sich der Verweis auf das Motiv der Schwertbrücke, der die ganze Passage im Nachhinein als Parodie des alten höfischen Romans lesbar macht.

Betrachtet man den Duktus der beiden Strophen, so fällt zunächst auf, dass das Versraster durch Enjambements und Zäsuren verschliffen wird – ein prosaisierender Glättungseffekt, der allerdings spätestens im abschließenden Verspaar wieder in die feste Furche des Metrums zurückkehrt. Ferner fällt auf, dass die Handlung, wie im *Prosa-Lancelot*, von kommentierender und perspektivierender Erzählerrede durchsetzt ist, die die gegenwärtige Szene ständig zu Abwesendem in Beziehung setzt: zu den anonymen Menschen in der Ferne, denen die Ohren vom Dröhnen der Brücke klingen, zur unmittelbaren Vergangenheit (Rodomonte war sonst immer der Champion im Turnier), zur mythischen Vorzeit (Rabicano wurde von Wind und Feuer gezeugt), zu dem, was hätte passieren können (Bradamante wäre um ein Haar in den Fluss gestürzt), zu dem, was auch noch möglich gewesen wäre (Rabicano wäre auch über eine Schwertklinge gegangen). All dieses Erzählermaterial wird hier durch den achtfach gewundenen Engpass der Strophe geführt, in dem es das erzählte Ereignis überlagert.

Ariost scheint es darauf anzulegen, die Errungenschaften der mittelalterlichen Prosa (perspektivischer Freiraum, syntaktische Wendigkeit, Verflechtung unzähliger Handlungsstränge) möglichst bruchlos in die Versform

26 Catherine Addison, „*Ottava Rima* and Novelistic Discourse“, in: *Journal of Narrative Theory* 34.2 (2004), S. 133–145, beschreibt das Reimpaar der ariostischen Stanze als Organon der Vielstimmigkeit und Ironie.

27 Zur Schnittfunktion des Paarreims vgl. Stierle, „Die Verwilderung“, S. 307.

aufzuheben. Der schmale Pfad soll alles transportieren, was die breite Straße gefasst hatte. Damit ist die eine der oben genannten Funktionen des Erzählverses offenbar obsolet geworden: Der Vers hegt das abenteuerliche Erzählen nicht mehr ein. Im Gegenteil, er treibt es über sich hinaus. Umso einschlägiger erscheint die zweite, die freudianische Funktion der poetischen Stilisierung; jene Funktion, die der apokryphe Kardinal nicht im Blick hatte, als er sich über Ariosts wirre Geschichten mokierte: Die perzeptuelle Erfüllung legitimiert die phantasierte Wunscherfüllung. Die strenge Form enthemmt die Phantasie.

Cervantes

Cervantes' *Don Quijote* wird in der Regel als ein Roman verstanden, der eine „bereits zur Prosa geordnete Wirklichkeit", eine „reale Prosa" im Sinne Hegels voraussetzt.[28] In diesem Text schwebt die entfesselte Wunschphantasie nur noch als Illusion und Wahn über dem harten Boden der Tatsachen. Und diese Tatsachen treten selbstverständlich im Medium der Prosa in Erscheinung, die im Feld des Romans nunmehr den Sieg davongetragen hat. Dem ‚prosaischen Weltzustand' entspricht jener prosaische Textzustand, der die ästhetischen Konsequenzen aus dem Vorliegen einer ‚prosaförmigen' Wirklichkeit zieht. Sogar Don Quijote spricht Prosa – allerdings nicht irgendeine. Es ist die hochstilisierte Diktion der spanischen Ritterromane des 15. und 16. Jahrhunderts, die in seinen Anfällen von ihm Besitz ergreift. Sie lässt ihn jene unzähligen Pastiches des Stils eines Garci Rodríguez de Montalvo oder Feliciano de Silva produzieren – Pastiches, die im Übrigen ihre Vorbilder weit übertreffen. Schließlich ist Don Quijotes Prosa-Pathologie für Autor und Leser deutlich interessanter als die Pathologie seines Denkens.

Und doch spielen Verse eine nicht zu unterschätzende Rolle im *Don Quijote*. Damit meine ich nicht die hunderte Verse hoher Liebesdichtung, die in dem Roman gesungen oder rezitiert werden, sondern die einfachen Verse des *Romancero*, die die Prosa des Textes (und der Verhältnisse) buchstäblich infiltrieren. Auffällig werden sie zunächst als zitierte, doch sie verfügen über die Fähigkeit, die Anführungszeichen abzustreifen und mit der cervantinischen Prosa zu verschmelzen. Immerhin ist das gesamte Textmassiv des *Quijote* von Romanzenversen gerahmt. Sein allererster Satz beginnt bekanntlich als *octosílabo*, um dann in Prosa überzugehen: „*En un lugar de la Mancha*, de cuyo nombre no quiero acordarme".[29] Und ans Ende des Romans setzt Cervantes ein

28 Hegel, *Werke*, Bd. 15, S. 392 u. S. 411.

29 Miguel de Cervantes, *Don Quijote de la Mancha*, hg. v. Francisco Rico, Barcelona: Instituto Cervantes 1998, S. 35 (Herv. M. v. K.). Im Folgenden zitiert mit bloßer Seitenangabe in Klammern.

Romanzenzitat, das seinen Anspruch auf Autorschaft unterstreicht: „porque esta empresa, buen rey, / para mí estaba guardada." (1222)

Der achtsilbige spanische Romanzenvers ist ein enger Verwandter des mittelalterlichen französischen Erzählverses, wobei er anstelle des Paarreims intermittierende Assonanzen aufweist und dadurch bereits prosanäher erscheint. Die Romanzenverse schleusen Bruchstücke einer kollektiven, mündlichen Erzähltradition in den *Quijote*. Sie durchziehen die Prosadialoge und wachsen sich zu einer narrativen, rhythmischen und musikalischen Matrix aus; da die *Romances* häufig gesungen wurden, müssen sie die Lektüre des Textes für die Zeitgenossen mit musikalischen Reminiszenzen angereichert haben. Romanzenverse begegnen in Cervantes' Roman an allen Ecken und Enden, weil sie, genau wie Sanchos Sprichwörter, in aller Munde sind und sich in allen Lebenslagen als brauchbar erweisen. Don Quijotes Wahn speist sich im Wesentlichen aus drei Textkorpora: den frühneuzeitlichen spanischen Ritterromanen, dem *Orlando furioso* und eben dem *Romancero*. Von diesen bildet der Ritterroman die Signatur seines Scheiterns im Wahn, der *Furioso* die Signatur seiner im Scheitern entwerteten klassischen Bildung, der *Romancero* aber die Signatur seiner Rechtfertigung im gelingenden Dialog.

Das Textreservoir des *Romancero* stellt weniger einen weiteren Gegenstand der Parodie im Gefüge eines parodistischen Romans dar[30] als vielmehr einen gemeinsamen Zeichenvorrat im Dickicht der konkurrierenden Wahrheitsansprüche. Als rhythmisches Medium ritterlicher Fiktionen haben diese Verse einerseits Teil am Phantasma; nicht zufällig bilden ein paar Romanzenverse über Lancelot Don Quijotes ‚Erkennungsmelodie', die an Schlüsselstellen ertönt, nämlich in der Ritterschlagszene (I, 2), im Gespräch mit den Ziegenhirten (I, 13), in der Erzählung von der Höhle de Montesinos (II, 23) und im Moment der Ankunft bei den Herzögen (II, 32). Als abgegriffene Münze der Alltagskommunikation erlauben diese Verse andererseits aber auch Sprechakte, die den Dialog in Gang halten. So können sie zwischen Don Quijotes Delirien und der vermeintlich prosaischen Welt der anderen vermitteln. Niemand antwortet dem Hidalgo, wenn er die Prosa der Ritterromane spricht, es sei denn mit Lachen oder Schlägen. Aber jeder antwortet ihm, wenn er Romanzenverse spricht. Sobald dies geschieht, verwandelt sich sein disruptiver Wahn in ein Spiel, das Mitspieler zulässt. Die anderen hören dann auf, bloße Staffage für seine Phantasien zu sein und werden zu Mitgestaltern einer gemeinsamen Stilisierung.

30 Vgl. Alberto Sánchez, „Don Quijote, rapsoda del romancero viejo", in: *On Cervantes: Essays for L. A. Murillo*, hg. v. James A. Parr, Newark: Juan de la Cuesta 1991, S. 241–262.

Ein Beispiel ist Don Quijotes Gespräch mit dem Wirt, als er am ersten Tag seiner ritterlichen Mission in einer abgelegenen Schenke absteigen will:

> Viendo don Quijote la humildad del alcaide de la fortaleza, que tal le pareció a él el ventero y la venta, respondió:
> – Para mí, señor castellano, cualquiera cosa basta, porque *„mis arreos son las armas, mi descanso el pelear“*, etc.
> Pensó el huesped que el haberle llamado castellano había sido por haberle parecido de los sanos de Castilla, aunque él era andaluz, y de los de la playa de Sanlúcar, no menos ladrón que Caco, ni menos maleante que estudiantado paje, y así le respondió:
> – Según eso, las *camas* de vuestra mercd serán *duras peñas*, y su *dormir, siempre velar*; y siendo así, bien se puede apear, con seguridad de hallar en esta choza ocasión y ocasiones para no dormir en todo un año, cuanto más en una noche. (51)

> Als Don Quijote sah, wie ehrerbietig der Vogt dieser Burg war, denn als solche erschinen ihm Wirt und Schenke, erwiderte er:
> Ich, Herr Kastellan, bin mit allem zufrieden, heißt es doch: ‚meine Zierde sind die Waffen, meine Rast ist das Gefecht‘.
> Der Wirt dachte, mit Kastellan betitelt worden zu sein, weil er ihn für einen der sauberen Kastilier hielt, dabei stammte er aus Andalusien, dazu noch aus dem verrufenen Strandviertel von Sanlúcar, stand als Dieb selbst dem Riesen Cacus nicht nach und war im Spott nicht weniger studiert als jeder ausgefuchste Page, und so antwortete er ihm:
> Demnach wird Eure Bettstatt harter Fels und Euer Schlaf ein ewig Wachen sein. Und da dem so ist, könnt ihr getrost absitzen, denn in dieser Hütte findet Ihr gewiss Gelegenheit genug, fürs ganze Jahr kein Auge zuzutun, geschweige denn für eine Nacht.[31]

Eine potentiell konfliktträchtige Situation (ein bewaffneter Irrer, ein krimineller Wirt, ein systematisches Aneinandervorbeireden) wird hier entschärft, indem der eine sich auf die rhythmische Matrix des anderen einstimmt, die richtige Fortsetzung findet und das Kunststück vollbringt, die Verse unmerklich in die Prosa des Alltags überzuleiten. Die Antwort des Wirtes adaptiert zunächst die folgenden Verse des *Romance* („mis camas son duras peñas, / mi dormir siempre velar“) in einen Prosasatz, um anschließend deren Metrum und Reim (!) noch über eine kurze Strecke fortzusetzen, bevor sie behutsam zu einer prosaischeren Diktion überleitet: „bien se puede ape*ar* / con seguridad de hall*ar*“.

Als Medium der Vermittlung zwischen verschiedenen Text- und Weltzuständen sind die Romanzenverse aber auch für den oder die Erzähler des

31 Herv. M. v. K. Deutsche Übersetzung: Cervantes, *Don Quijote von der Mancha*, übers. v. Susanne Lange, München: Hanser 2008, Bd. 1, S. 39.

Romans unverzichtbar. Die Verse schlagen Brücken zwischen der Erzählerrede und der irren Rede des Hidalgo und verhindern dadurch die restlose Objektivierung des letzteren und damit das Absinken des Textes in platte Parodie. So nutzt etwa das Kapitel, in dem Don Quijote und Sancho nachts durch Toboso schleichen (II, 9), einen solchen Vers als narratives Sprungbrett: „*Media noche era por filo*, poco más a menos, cuando don Quijote y Sancho dejaron el monte y entraron en el Toboso" (695).[32] Aufgerufen wird hier der Anfang des *Romance de Gaiferos*:

> Media noche era por filo,
> los gallos querían cantar[33]
>
> Die Nacht stand auf Messers Schneide,
> die Hähne wollten schon krähen

– und damit eine andere nächtliche Szene: die gefährliche Flucht des Don Gaiferos aus maurischer Gefangenschaft. Die einprägsame Formulierung „era por filo" suggeriert, dass hier etwas auf der Kippe oder auf Messers Schneide steht. Sowohl diese bedrohliche Andeutung als auch die assoziierte Fluchtgeschichte wirken an dieser Stelle zunächst deplatziert: Das Kapitel erzählt lediglich, wie sich Don Quijote und Sancho auf der Suche nach Dulcinea im Dunklen durch den Weiler El Toboso tasten und ihn nach einiger Zeit unverrichteter Dinge wieder verlassen. Doch bei näherem Hinsehen handelt es sich tatsächlich um einen Moment höchster Gefahr – für den Hidalgo, seinen Knappen und für die narrative Konstruktion des gesamten Romans. Das Kernstück von Don Quijotes irrem Selbstentwurf ist bekanntlich die Liebe zu einem Phantasma namens Dulcinea, eine Liebe, die als unmögliche den Antrieb seines Abenteuerweges bildet. Der Selbstentwurf kann nur so lange aufrechterhalten werden, wie das Liebesobjekt unerreichbar bleibt.[34] El Toboso ist aber der Ort, an dem das reale Gegenstück zu diesem essentiellen Objekt vermutet wird. Der Gang nach Toboso ist also ein geradezu selbstmörderisches Unterfangen für den Hidalgo – aber auch für die Erzählung, die von ihm handelt. Käme es zur Konfrontation, käme der Kontakt zwischen Phantasma und Wirklichkeit tatsächlich zustande, müsste es einen narrativen Kurzschluss mit fatalen

32 Herv. M. v. K. Susanne Lange übersetzt: „Schlag Mitternacht war es, in etwa, als Don Quijote und Sancho das Wäldchen verließen und in Toboso Einzug hielten" (*Don Quijote*, Bd. 2, S. 79).

33 *Romancero viejo*, hg. v. Juan Alcina, Barcelona: Planeta 1987, S. 29.

34 Carroll B. Johnson bezeichnet Dulcinea als „life-sustaining fantasy" (*Madness and Lust. A Psychoanalytical Approach to Don Quixote*, Berkeley u. a.: University of California Press, 1983, S. 138).

Konsequenzen geben. Das Phantasma würde zerstört und die Erzählung wäre mit einem Schlag zu Ende.

Der nächtliche Gang durch Toboso bildet für Don Quijote also tatsächlich die nächste Entsprechung zu den „gefährlichen Passagen“ seiner ritterlichen Vorgänger. Wie diese bewegt er sich hier auf einem sehr schmalen Grat. Dies wird im folgenden Kapitel manifest, als es tatsächlich zu einem Kontakt kommt, der allerdings von Sancho fingiert und inszeniert wird – und den Hidalgo in einem Zustand der Erschütterung zurücklässt, von dem er sich letztlich bis zu seinem Tod nicht mehr erholen wird. Die Gefahr, um die es hier geht, ist freilich keine für Leib und Leben, sondern für Don Quijotes Selbstentwurf. Sie bliebe folglich in diesem kurzen, ereignislosen Kapitel ganz und gar implizit, wäre da nicht die scheinbar unmotivierte Angst der beiden Protagonisten, und wäre da nicht eine dichte Folge von Romanzenzitaten, mit Anspielungen u. a. auf die Katastrophe von Ronceval und auf das Schicksal des Don Gaiferos, der von seiner Geliebten in den Tod geschickt wird (698). Indem der Erzähler dieses Kapitel mit einem alarmierenden Vers beginnen lässt, macht er sich die uneingestandene Angst seines Protagonisten vor einer inneren Katastrophe zu eigen, die im äußeren Erzählverlauf scheinbar keine Entsprechung findet.

Diese wenigen Beispiele deuten an, wie Romanzenverse im Textmassiv des *Quijote* eine Matrix bilden, die entscheidend dazu beiträgt, die beiden Prosaschichten, aus denen der Roman montiert ist – die entfremdete Prosa der Ritterromane und die Prosa des Alltags – zusammenzuhalten. Diese Verse, die metrisch so schwach markiert sind, dass sie sich fast unmerklich in die Prosa einfügen, bilden eine Art Endoskelett, das den Text stabilisiert. Eng verknüpft mit den mittelalterlichen Erzähltraditionen der iberischen Halbinsel, bringen sie zugleich, wo immer sie auftauchen, eine Art Puls des Abenteuers in den Text – auch da, wo sie, wie im letzten Beispiel, keinerlei narrativen Gehalt mit sich führen. Man kann aus diesem cervantinischen Amalgam von Vers und Prosa einen Einspruch gegen die Hegelsche Ontologisierung des Prosabegriffs ablesen, derzufolge „Poesie“ und „Prosa“ keine Eigenschaften von Texten, sondern von Wirklichkeiten sind. Welchem Weltzustand entspricht nun aber die romanzenhaltige Prosa des *Quijote*? Eher als auf Hegels dialektische Ästhetik verweist sie auf Friedrich Schlegels Traum von der „progressiven Universalpoesie“, die „Poesie und Prosa, Genialität und Kritik, Kunstpoesie und Naturpoesie bald mischen, bald verschmelzen“ will.[35]

35 Friedrich Schlegel, *Kritische Schriften und Fragmente. Studienausgabe*, hg. v. Ernst Behler u. Hans Eichner, Paderborn u. a.: Schöningh 1988, Bd. 2, S. 114.

WOLFRAM ETTE

Märchen und Abenteuer

Einleitung

Der Versuch, Märchen und Abenteuer miteinander zu vergleichen, ist verschiedenen Schwierigkeiten ausgesetzt. Es ergibt sich zunächst das Problem, dass nicht recht klar ist, *was* eigentlich miteinander verglichen werden kann und soll. So finden sich unter dem Rubrum des Märchens die unterschiedlichsten Kleinformen des Erzählens vereinigt. In den *Kinder- und Hausmärchen* der Brüder Grimm etwa (auf die unter anderem sich die Typenlehre von Aarne/Thompson[1] stützt) gibt es Tierfabeln, Zaubermärchen, skurril-unheimliche Phantastereien wie „Die wunderliche Gasterei", psychoanalytisch abgründige Erzählungen wie die von der „Klugen Else" oder vom „Mädchen ohne Hände", nachtschwarze Pädagogik wie „Von einem eigensinnigen Kinde" oder „Wie Kinder Schlachtens spielten", Soldaten- und einige wenige Heldenmärchen. Einen Kern und Schwerpunkt dieser weitgestreuten Typologie bildet freilich das Zauber- oder Wundermärchen, das in den meisten Definitionen eine entscheidende Rolle spielt. „Das Wunder ist des Märchens liebstes Kind", heißt es bei Max Lüthi.[2]

Besieht man sich umgekehrt, was unter die Kategorie des Abenteuers und der Abenteuerliteratur fällt, so sieht es nicht anders aus. Zwar macht der Begriff des Abenteuers bestimmte Vorgaben über den Inhalt des Erzählten, dennoch ist die historische und systematische Spannweite dessen, wovon

1 Antti Aarne u. Stith Thompson, *The Types of the Folktale. A Classification and Bibliography*, Helsinki: Suomalainen tiedeakatemia 1961.

2 Max Lüthi, „Das Volksmärchen als Dichtung und als Aussage", in: *Wege der Märchenforschung*, hg. v. Felix Karlinger, Darmstadt: wbg 1973, S. 295–310, hier S. 299. „Zauber, Wunder, Übernatürliches […] sind für das allgemeine Empfinden mit dem Begriff ‚Märchen' verbunden" (Max Lüthi, *Märchen*, Stuttgart u. Weimar: Metzler 2004, S. 2 f.). „Unter einem Märchen verstehen wir seit Herder und den Brüdern Grimm eine mit dichterischer Phantasie entworfene Erzählung besonders aus der Zauberwelt, eine nicht an die Bedingungen des wirklichen Lebens geknüpfte wunderbare Geschichte, die hoch und niedrig mit Vergnügen anhören, auch wenn sie sie unglaublich finden" (Johannes Bolte u. Georg Polívka, *Anmerkungen zu den Kinder- und Hausmärchen der Brüder Grimm*, Leipzig: Dieterich'sche Verlagsbuchhandlung Theodor Weicher 1930, Bd. 4, S. 4). Panzer definiert: „eine kurze, ausschließlich der Unterhaltung dienende Erzählung von phantastisch-wunderbaren Begebenheiten" (Friedrich Panzer, „Märchen", in: Karlinger (Hg.), *Wege der Märchenforschung*, S. 84–128, hier S. 84).

 | DOI:10.30965/9783846764725_007

innerhalb der vier definitorischen Wegmarken des Abenteuers, die sich für unser Forschungsprojekt als brauchbar herausgestellt haben[3], erzählt werden kann, sehr groß. Von den Liebes- und Abenteuerromanen der Antike über den höfischen Roman und die Reiseliteratur des 18. Jahrhunderts bis zur Kriminalliteratur der russischen Avantgarde findet sich ein weites Spektrum des Erzählbaren und Erzählenswerten – wozu dann noch ab dem 19. Jahrhundert die Kinder- und Jugendbuchliteratur kommt. Es ist alles andere als leicht, den gemeinsamen Kern zu ermitteln, von dem aus der Vergleich zu führen wäre. Eine Entscheidung darüber, was in einem Vergleich zwischen Märchen und Abenteuer berücksichtigt werden sollte, ist also auch von dieser Seite aus heikel.

Als pragmatische Lösung dieses Problems habe ich mich dafür entschieden, den Vergleich zunächst in der *Entstehungssituation* der europäischen Abenteuerliteratur im engeren Sinne anzusiedeln, also vom *höfischen Versroman* auszugehen. Erich Auerbach ist bekanntlich der Ansicht, dass es sich bei der Erzählform des Abenteuers um eine „Neuschöpfung des höfischen Romans" handele; ihm hat sich Michael Nerlich mit weiteren Argumenten angeschlossen.[4]

An dieser Wahl hängt freilich ein Überlieferungsproblem. Denn schriftlich fixierte Märchen aus dieser Zeit gibt es kaum, sondern allenfalls Motivspuren in der Schwank- und Predigtliteratur des Mittelalters; ab dem 14. Jahrhundert verbessert sich die Quellenlage etwas; im 16. Jahrhundert beginnen mit Giovan Francesco Straparolas *Ergötzlichen Nächten* (Venedig 1550/1553) die ersten Sammlungen. Das heißt, das historische Verhältnis von Märchen und Abenteuerroman ist auf ständige Extrapolationen angewiesen. Wolfram Völker schreibt:

> Die Anzahl der uns überlieferten Märchen im 11. und 12. Jahrhundert ist spärlich, so daß fundierte Angaben über die Verwendung bestimmter Märchen in

3 „(1) ein identifizierbarer Held, (2) eine grenzüberscheitende Bewegung im Raum, (3) ein Moment gefährlicher Kontingenz und (4) eine Erzählinstanz, die den Zusammenhang herstellt, in dem jene Kontingenz sich als Probe oder Prüfung erweist" („Wissenschaftliches Programm", DFG-Forschungsgruppe „Philologie des Abenteuers", LMU München, September 2018. https://www.abenteuer.fak13.uni-muenchen.de/forschungsgruppe/wissenschaftliches-programm/index.html [abgerufen am 11. April 2019], S. 4).

4 Erich Auerbach, *Mimesis. Dargestellte Wirklichkeit in der abendländischen Literatur*, Tübingen u. Basel: Francke 2001, S. 126 u. S. 131. Michael Nerlich, *Kritik der Abenteuer-Ideologie. Beitrag zur Erforschung der bürgerlichen Bewußtseinsbildung 1100–1750*, Berlin: Akademie Verlag 1977, Bd. 1, S. 21–23.

> der Literatur jener Zeit nicht möglich sind [...]. Vom höfischen Roman aus kann man jedenfalls auf keine ausgeprägten Märchenerzählungen zurückschließen.[5]

Wenn es mündliche Quellen gegeben hat, so wissen wir nicht, wie sie ausgesehen haben könnten; das schriftliche Überlieferte jedenfalls gibt keinen Ableitungszusammenhang her.

Das historische wird von einem systematischen Problem kontrapunktiert. Denn auch, wenn viel dafür spricht, dass die Erzählform des Märchens historisch sehr weit zurückreicht, also eine Schicht darstellt, auf die die höfischen Romane zurückgriffen, lässt sich schwer einschätzen, was im Wechsel von Mündlichkeit zu Schriftlichkeit genau passiert ist. Die seltenen Fälle, in denen es sich überhaupt rekonstruieren lässt – wenn man etwa die Ölenburger Handschrift der *Kinder- und Hausmärchen* mit den verschiedenen Druckausgaben vergleicht –, lassen sich nicht verallgemeinern, weil wir ja im Fall der Grimms von *ihren* Interessen (bzw. denen ihrer Epoche) auszugehen haben. Bei früheren Märchensammlungen können wir ein anders gelagertes Interesse interpolieren; worauf es sich aber bezieht und wo genau die Literarisierung ansetzt, lässt sich nicht sagen. Im Fall der höfischen Versromane, die kein sammlerisches Interesse bekunden,[6] dürften der Abstand noch größer, die Schwierigkeiten der nachträglichen Konstruktion eines Ursprungs noch sehr viel größer sein.

Dennoch ist die Verlockung groß, das eine aus dem anderen abzuleiten. So gehen Gustav Ehrismann, Volker Roloff und andere davon aus, dass die höfischen Romane bereits vorliegende Märchen- und Sagenstoffe (nicht nur, aber vor allem die sich um König Artus drehenden Erzählungen der *matière de Bretagne*) absorbierten und ihren weiter reichenden narrativen Ansprüchen unterwarfen. Auch Auerbach scheint ganz selbstverständlich von einer solchen Entstehungsgeschichte auszugehen, wenn er anhand der Erzählung des Calogrenant in Chrétiens *Yvain* konstatiert: „Ganz offensichtlich befinden wir

---

5 Wolfram Völker, *Märchenhafte Elemente bei Chrétien de Troyes*, Bonn: Romanisches Seminar der Universität 1972, S. 13.

6 Ein wenig anders ist das bei Marie de France, die sich häufig auf ihre Quellen bezieht und durchblicken lässt, dass sie dabei vor allem *mündliche* Überlieferungen im Sinn hat. Prolog 33–40: „Ich dachte an die *lais*, die ich gehört hatte. / Ich zweifelte nicht daran, je wusste es wohl, / dass diejenigen, die sie zuerst begannen / und sie weiterverbreiteten, / sie zur Erinnerung an außergewöhnliche Begebenheiten (*aventures*) machten, / von denen sie gehört hatten. / Einige davon habe ich erzählen hören und will sie nicht beiseite lassen und vergessen." (Marie de France, *Lais. Altfranzösisch/Deutsch*, hg. v. Philipp Jeserich, Stuttgart: Reclam 2015, S. 11) Die *lais*, die sie gehört hat, dürften märchenähnlich gewesen sein, hier liegt sicherlich ein historisches Verbindungsglied.

uns mitten im Zaubermärchen" (dessen Existenz er wohl voraussetzt).[7] Aber auch die, angesichts der Quellenlage durchaus naheliegende, Gegenposition wird vertreten: Dass nämlich „erst die höfischen Erzähler aus disparatem Material von Mythos, Sage und Legende einen Märchenstil geschaffen haben und das moderne Märchen eine Art Nebenprodukt der höfischen Dichtung darstellt"[8], also volkstümliche Auskopplungen kleiner Erzählformate aus den Abenteuerromanen des Mittelalters. Beide Thesen lassen sich in einer dritten Annahme vereinigen, nach der die Kunstform zwar aus einfachen Formen hervorgegangen ist, jedoch auf sie zurückgewirkt hat, dass also „der mittelalterliche Ritterroman [...], sich nicht aus der zeitlosen ‚Endform' des Märchens entwickelt hat, wie wir sie aus den Sammlungen späterer Jahrhunderte kennen, sondern aus einem früheren, der Sage näherstehenden Heldentypus, dessen Helden Krieger waren."[9] Die Form, in der die Märchen auf uns gekommen wären, wäre dann das Ergebnis eines historischen Wechselprozesses.

Ilse Nolting-Hauff, von der das vorstehende Zitat stammt, rekonstruiert diesen Zusammenhang mit den Mitteln des russischen Formalismus, also unter Zugrundelegung von Vladimir Propps *Morphologie des Märchens* von 1928. Der Idee nach optiert sie für einen strukturellen Vergleich, der sich aller genetischen Fragen zu enthalten versucht.[10] Dabei aber gerät ein Propps Ansatz begleitendes Problem aus dem Blick. Die *Morphologie* beruht bekanntlich auf einer Zerlegung der Märchenhandlung in kleine, durch Buchstaben abgekürzte Motiv- und Handlungseinheiten – ‚Funktionen' in seiner Terminologie. Macht man diese zur Grundlage des Vergleichs, droht das narrative Gesamtgefüge aus dem Blick zu geraten. Es ist wie ein Baukastensystem: Wählt man die Elementarbausteine nur klein und unspezifisch genug, so kann man aus ihnen alles Mögliche zusammenfügen. Es setzt sich, mit anderen Worten, bei Propp und seinen Nachfolgern bzw. Nachfolgerinnen eine schwer kontrollierbare Tendenz durch, Ungleichartiges aufeinander zu beziehen, weil der vorab produzierte Rohstoff derselbe ist und derselbe

---

7 Auerbach, *Mimesis*, S. 126.

8 Hans Dieter Mauritz, *Der Ritter im magischen Reich. Märchenelemente im französischen Abenteuerroman des 12. und 13. Jahrhunderts*, Bern: Lang 1974, S. 11. Ähnlich Roger Sherman Loomis, *Arthurian Tradition and Chrétien de Troyes*, New York: Columbia University Press 1961, S. 32 ff.

9 Ilse Nolting-Hauff, „Märchen und Märchenroman. Zur Beziehung zwischen einfacher Form und narrativer Großform in der Literatur", in: *Poetica* 6 (1974), S. 129–178, hier S. 149.

10 Vgl. Wolfgang Mohr, „Parzival und die Ritter. Von einfacher Form zum Ritterepos", in: *Fabula* 1 (1958), S. 201 ff. (Die im Titel sich andeutende Ursprungsfrage spielt im Text keine Rolle). Vgl. auch Dennis Green, „Parzival's Departure – Folktale and Romance", in: *Frühmittelalterliche Studien* 14 (1980), S. 352–409.

sein muss, weil er sich einer Reduktion auf eine Art *prima materia* erzählten Handelns überhaupt verdankt.

Letztlich schlägt das auch auf die Frage der Entstehungsverhältnisse durch, denen gegenüber Urteilsenthaltung zu üben Nolting-Hauff denn doch nicht ganz gelingt.[11] Dem verdankt sich zuletzt auch der titelgebende Begriff ihres Aufsatzes: „Märchenroman". Obgleich ihr daran gelegen ist, „neue, romanspezifische Formen der Verknüpfung" herauszuarbeiten, betrachtet sie *in summa* doch den höfischen Roman (übrigens auch spätere populäre Romanformen wie den Schauer- und Abenteuerroman des 19. Jahrhunderts) als „stilisierte Märchen", ja sogar als „Märchenreihe"[12], im Grunde als Addition einzelner Märchenmotive.

Entwicklung in Abenteuerroman und Märchen

Was durch die Zerlegung in Funktionen aus dem Blick gerät, ist die *integrale Erzählform* von Märchen und Abenteuer. Diese sind nämlich durchaus verschieden, und ich möchte im Folgenden versuchen, einige wenige Aspekte zu beleuchten, hinsichtlich derer sie sich unterscheiden.

Dabei musste die Textbasis, auf die sich das Folgende stützt, aus pragmatischen Gründen begrenzt sein. Was die Märchen anlangt, so habe ich mich auf die Sammlung der Brüder Grimm sowie auf Afanasjews 1855 erschienene Zusammenstellung der *Russischen Volksmärchen* beschränkt, auf die Propp seine *Morphologie* stützte. Beide Sammlungen sind relativ wenig bearbeitet, ‚im Volkston gehalten', vor allem, wenn man bei den *Kinder- und Hausmärchen* die Erstfassung von 1812/15 zugrunde legt. Afanasjews Sammlung folgt methodisch, wie der Herausgeber bemerkt, dem Vorbild des Grimmschen Unternehmens.

Was die höfischen Romane angeht, so habe ich sie auf den *Erec, Iwein* und den *Parzival* eingegrenzt; der Schwerpunkt liegt dabei auf den deutschen

---

11 Hier setzt die Kritik von Christoph Cormeau an: „Artusroman und Märchen. Beschreibung und Genese der Struktur des höfischen Roman", in: *Wolfram-Studien* 5 (1979), S. 63 ff.: „Die Reduktion auf den [sic!] Raster der Märchenfunktionen schärft allenfalls den Blick für Analogien über die reinen Motivübernahmen hinaus und erleichtert den Vergleich" (S. 74).

12 Nolting-Hauff, „Märchen und Märchenroman", S. 173, 176, 156. Die Extrapolation auf die Romanformen des 19. Jahrhunderts findet sich im zweiten Teil ihres Aufsatzes: Nolting-Hauff, „Märchenromane mit leidendem Helden. Zur Beziehung zwischen einfacher Form und narrativer Großform in der Literatur (zweite Untersuchung)", in: *Poetica* 6 (1974), S. 417–455, hier S. 452 ff.

Fassungen. Speziell zum *Parzival* muss ich noch eine kurze Vorüberlegung einschalten. Denn er bezeichnet in gewisser Hinsicht schon eine Grenzbestimmung des höfischen Abenteuernarrativs. Es gibt einen Abenteurertypus, der sich im Verlauf seiner Reise nicht oder nur sehr wenig verändert; er zieht immer weiter und weiter, und wenn er das Ende seines Wegs erreicht, ist er im Grunde derselbe wie am Anfang: so wie James Bond und andere Superhelden von Folge zu Folge immer dieselben bleiben. Im höfischen Roman entsprechen spätere Werke wie der *Wigalois* und der Roman von der *Crone* eher diesem Typus.[13] Parzival dagegen *entwickelt* sich; sein Weg führt – in der vollendeten Fassung Wolfram von Eschenbachs lässt es sich deutlich erkennen, ist aber auch bei Chrétien angelegt – aus kindlicher Bewusstlosigkeit und Naivität zur weltlichen und geistlichen Erfahrung. Es fehlt ihm nicht bloß an ritterlichen Tugenden und höfischem Benehmen; das erlernt er schnell. Sein Fehler, der große Irrtum, dessen Aufhebung die erzählerische Bahn dieses Romans beschreibt, ist fehlendes Weltwissen. Seine ‚Dummheit' beruht auf einer naiv theoretischen Einstellung zur Welt, die das Gelernte blindlings anwendet und jede natürliche Regung – wie Mitleid und Neugier in der ersten Begegnung mit dem Fischerkönig – unterdrückt.[14] Der Weg, der ihn bis zur Übernahme des Gralkönigtums führt (der ja vom Artushof und dem auf ihn zentrierten Abenteuerschema wegführt), ist ein Bildungsweg; deswegen wurde die Verserzählung in der älteren Forschung als „erster ‚Bildungsroman'" geführt.[15]

Von der Grenzbestimmung her bekommt man die Eigentümlichkeiten der Gattung besser in den Blick. Vom *Parzival* aus tritt das Entwicklungsmoment

13 Vgl. hierzu Walter Haug, „Eros und Fortuna. Der höfische Roman als Spiel von Liebe und Zufall", in: *Fortuna*, hg. v. Walter Haug u. Burghardt Wachinger, Tübingen: Niemeyer 1995, S. 52–75, insb. S. 66 f.

14 Vgl. Wolfram von Eschenbach, *Parzival*, nach der Ausgabe Karl Lachmanns rev. u. komm. v. Eberhard Nellmann, übers. v. Dieter Kühn, 2 Bde., Frankfurt/Main: Deutscher Klassiker Verlag 1994 (= Bibliothek des Mittelalters 8). Zitiert wird nach Abschnitt und Vers. – Parzival hat sich, wie ihm Trevrizent darlegt, nicht auf seine „vünf sinne" (Abschn. 488, 26) verlassen. Darin besteht, wenigstens in der Begegnung mit dem Gralskönig, seine Sünde.

15 Maria Bindschedler, „Der Bildungsgedanke im Mittelalter", in: *DVjs* 29 (1955), S. 20–36, hier S. 29. Hans Heinrich Borcherdt führt den *Parzival* als Vertreter des Bildungsromans auf, weil er das „Zusichselberkommen" des Protagonisten zur Darstellung bringe (Heinrich Borchert, „Bildungsroman", in: *Reallexikon der deutschen Literaturgeschichte*, hg. v. Werner Kohlschmidt u. Wolfgang Mohr, Berlin u. New York: de Gruyter 2001, Bd. 1, S. 175–178, hier S. 176). Ruth Sassenhausen optiert für den weiteren Begriff des Entwicklungsromans, „weil in der Vormoderne weniger ein konträres Verhältnis zwischen Individuum und Gesellschaft vorauszusetzen ist, das der Forderung unterliegt, überwunden zu werden" (Ruth Sassenhausen, *Wolfram von Eschenbachs „Parzifal" als Entwicklungsroman. Gattungstheoretischer Ansatz und literaturpsychologische Deutung*, Köln: Böhlau 2007, S. 32 f.).

auch der älteren Abenteuerromane hervor. Auch Yvain und Erec entwickeln sich, ihre erotische und soziale Unbedarftheit wird durch die Abenteuer, die sie erleben, abgetragen. Das für alle höfischen Romane strukturbildende Prinzip des „doppelten Kursus“[16] – eine Verfehlung des Abenteuerhelden, aufgrund deren die Abenteuer-Reihe noch einmal begonnen werden muss – ist ein Entwicklungsmodell, wenn auch ein primitives. In der Wiederholung bezieht ein Prozess sich auf sich selbst; das eben bezeichnet den Unterschied zwischen Sukzession und Entwicklung.

Was mich aber vor allem dazu bewogen hat, mich namentlich auf den Parzival-Komplex zu beziehen, ist, dass diese Romane zum Abenteuer ein *reflektiertes* Verhältnis unterhalten. Nicht bloß, dass das Wort *aventure* bzw. *âventiure* sich in ihnen häufig findet; das ist, soweit ich sehe, in allen Ritterromanen dieser Zeit der Fall – anders übrigens als in der Grimmschen Märchensammlung, in der der Begriff rar ist.[17] Darüber hinaus wird bei Wolfram systematisch mit der begriffstragenden Spannung zwischen Ereignis und Erzählung, erlebtem und erzähltem Abenteuer gearbeitet – bis hin zu der abgründigen Form, die er ihr in dem Gespräch zwischen dem Erzähler und der *vrou Âventiure* im neunten Buch des *Parzival* gibt.[18] Dieses Modell haben Chrétien und Wolfram mit der Geschichte seines Cousins Gawan parallel geführt – was unter anderem eben auch die Funktion hat, den Abenteuertypus, der sich nicht oder nur wenig entwickelt, abzusetzen von dem durch Parzival

16 Vgl. Hugo Kuhn, „‚Erec‘“, in: *Hartmann von Aue*, hg. v. Hugo Kuhn u. Christoph Cormeau, Darmstadt: wbg 1973, S. 17–48.

17 *Kinder und Hausmärchen, gesammelt durch die Brüder Grimm*, München: Artemis & Winkler 1993. Zitiert wird, wie in der Forschungsliteratur üblich, nach der Sigle „KHM“. – Vgl. „Die Bienenkönigin“ (KHM 62), „Der Räuber und seine Söhne“ (KHM 191a [5.–6. Auflage]) und „Die sieben Schwaben“ (KHM 119). Nur hier findet sich die im höfischen Roman weitverbreitete Wendung, dass die Abenteuer gesucht werden (z. B. Chrétien de Troyes, *Yvain* (*Der Löwenritter*), Sammlung romanischer Übungstexte, hg. v. Rudolf Baehr, Tübingen: Niemeyer 1976, V. 177. Chrétien de Troyes, *Le Roman de Perceval ou Le Conte du Graal*, Tübingen: Niemeyer 1993, V. 1075 u. V. 1479).

18 Chrétien kennt *aventure* nur im Sinne des „Ereignisses“; Marie de France freilich verwendet den Begriff schon ganz unbefangen im Sinn der „Geschichten, die vorgefunden (*trover*) wurden“ (de France, *Lais*, S. 92 f.). Hartmann von Aue bezieht ihn im *Erec* (V. 185, 281, 743, 2239, 2897, 4629, 7835) auf die Quellen seiner Erzählung (Hartmann von Aue, *Erec*. Mittelhochdeutscher Text und Übertragung, übers. u. hg. v. Thomas Cramer, Frankfurt/Main: S. Fischer 1972). Vgl. Volker Mertens, „Frau *Âventiure* klopft an die Tür …“, in: *Im Wortfeld des Textes. Worthistorische Beiträge zu den Beziehungen von Rede und Schrift im Mittelalter*, hg. v. Gerd Dicke u. a., Berlin: de Gruyter 2006, S. 339–346). Als Bezeichnung der *eigenen* Erzählung erscheint *âventiure* erst bei Wolfram; neben dem Prolog des 9. Buches zum Beispiel Abschn. 115, 24 u. 29; Abschn. 123, 14.

verkorperten Entwicklungsmodell.[19] Beide erleben *aventure/âventiure*; der Begriff ist offenbar in der Lage, beides zu fassen.

Die Prozesse, von denen in den Volksmärchen erzählt wird, unterscheiden sich vom Abenteuerschema in *beiderlei* Sinne. Sie entsprechen weder der offenen und fast beliebig erweiterbaren Reihe aneinandergehängter Bewährungsproben noch einem Entwicklungsmodell, wie es der *Parzival* visiert. Wenn ich recht sehe, propagiert das Märchen zwei, jedoch miteinander zusammenhängende Lebensordnungen – das heißt: *erzählte* Lebensordnungen: Lebensordnungen als Erzählordnungen.

Die erste dieser Ordnungen ist der *Zyklus*, der Kreisschluss. Wer in die Fremde aufbrach, kehrt am Ende wieder nach Hause zurück. Viele Märchen zielen auf eine Wiederherstellung des Ausgangszustandes. Das Glück liegt im ungebrochenen, unzerbrochenen Ursprung, die Bewährungsproben, denen die Heldinnen und Helden sich zu unterziehen haben, dienen letztlich seiner Restitution. ‚Entwicklung' ist nicht nötig, sie erscheint äußerstenfalls als Zwischenphase, die am Ende eigentümlich verschwimmt und verschwindet. Die Formel: es soll sein, als wär es nie (anders) gewesen, ist das Gesetz dieses Märchentyps. Wenn man hier überhaupt von ‚Abenteuer' reden will, dann ist es Mittel zum nichtabenteuerlichen Zweck, Episode und nicht Struktur.[20]

Die zweite Ordnung biografischen Werdens erfüllt sich in einer Figur, die man die *initiatorische Löschung* des Ursprungs nennen könnte. Besonders die Zaubermärchen – das ist die These, die Propp im seinem zweiten Buch über *Die historischen Wurzeln des Zaubermärchens* vertritt – sind historisch komplex geschichtete Auserzählungen von Initiationsriten, deren historischer Kern in die Jäger- und Sammlerphase der menschlichen Entwicklung zurückreicht:

> Das Märchen hat nicht nur Spuren von Vorstellungen über den Tod erhalten, sondern auch Spuren eines einstmals weit verbreiteten Ritus, der mit diesen Vorstellungen eng verknüpft ist, nämlich des Ritus der Initiation von Jugendlichen

19 In einem Aufsatz über Parzival und Gawan formuliert Wolfgang Mohr sehr brüsk: „Gawans Entwicklungen sind nicht erzählenswert, er ‚wird' und entfaltet sich nicht, er *ist*." (Wolfgang Mohr, „Parzival und Gawan", in: *Wolfram von Eschenbach*, hg. v. Heinz Rupp, Darmstadt: wbg 1966, S. 287–318, hier S. 294 [Herv. i. O.], vgl. auch S. 306 f.).

20 Das hat Bachtin im Sinn, wenn er von „Abenteuerzeit" spricht: Sie sei eine „außerzeitliche Spanne zwischen zwei Momenten der biografischen Zeit". „Die Kluft, die Pause, die Spanne, die zwischen diesen beiden unmittelbar aneinander grenzenden Momenten entsteht und in der sich ja gerade der ganze Roman entfaltet, geht in die biographische Zeitreihe nicht ein, liegt außerhalb der biographischen Zeit, sie vermag weder am Leben der Helden etwas zu verändern noch ihm etwas hinzuzufügen." (Michail Bachtin, *Formen der Zeit im Roman. Untersuchungen zur historischen Poetik*, Frankfurt/Main: S. Fischer 1989, S. 13). Hier liegt eine Gemeinsamkeit von Märchen und antikem Abenteuerroman.

bei Eintritt der Geschlechtsreife (auch als rites de passage, Pubertätsweihe oder Reifezeremonien bezeichnet).[21]

Die Gewaltsamkeit dieser Riten[22] hat sich in Spuren erhalten, wurde aber seit der neolithischen Revolution mehrfach überschrieben. Als Gemeinsamkeit bleibt, dass eine Entwicklung im Märchen anders als diskontinuierlich nicht gedacht werden kann. Wer auszog, kehrt nicht zurück; er oder sie heiratet die Prinzessin oder den Prinzen, gelangt zu märchenhaftem Reichtum. Es ist ein Schnitt, die Vergangenheit tritt zurück, als ob sie nie gewesen wäre.[23]

Also entweder Löschung oder Restitution des Ursprungs; dazwischen gibt es, so weit ich sehe, nicht viel. Wie es bei Panzer heißt: „Entwicklung und Verknüpfung der Handlung [...] ist im allgemeinen nicht die Sache des Märchens [...] Vielmehr erscheint die Handlung überall von außen gestoßen; der künstliche geschürzte Knoten wird nie gelöst, sondern durchhauen."[24]

Der Auszug ins Abenteuer

Märchen *und* Abenteuererzählungen beginnen mit dem Auszug in die fremde Welt. Er ist aber verschieden motiviert. In den Märchen ist es vor allem anderen die *Not*, die die Heldinnen und Helden dazu zwingt. Dabei kann es sich um materielle Not handeln – ein Hof, der seine Leute nicht mehr ernährt wie in

21 Vladimir Propp, *Die historischen Wurzeln des Zaubermärchens*, übers. v. Martin Pfeiffer, München: Hanser 1987, S. 61. Initiation als Tod und Neugeburt: S. 111 f.; als restlose Vergesellschaftung: S. 168 (deswegen tragen die Märchenhelden meist keine Namen); zusammenfassend: „der Zyklus der Initiation [ist] die älteste Grundlage des Märchens" (S. 461).

22 Vgl. Propp, *Die historischen Wurzeln*, Kap. III (S. 59–136): Die Initiation ist ein Gewaltmodell der Identitätsbildung. Es wurden Brandmale beigebracht, Hautstreifen abgeschnitten und die Wunde verätzt, so dass eine lebenslange Narbe zurückblieb; Finger wurden abgeschnitten und bei den männlichen Initiationsriten stand die Beschneidung im Zentrum.

23 Auch die Bestrafung der bösen Eltern – meistens die Stiefmutter, die Mutter (die Hexe als Mutterfigur) – erfolgt nach diesem Schema; so wie in einem russischen Märchen, in dem von der Vergangenheit buchstäblich nichts mehr übrig bleibt: „Die Hexe aber wurde einem Pferd an den Schweif gebunden, das Pferd jagte davon und die Hexe wurde zerstückelt: wenn ein Bein liegenblieb, wurde es zu einem Schürhaken, wenn ein Arm liegenblieb, wurde er zu einem Rechen, und wo der Kopf liegenblieb – wucherte ein Strauch über einem hohlen Stumpf; Vögel kamen geflogen und pickten das Fleisch auf, Winde erhoben sich und verwehten die Knochen, und so blieb von ihr keine Spur und kein Zeichen." (Alexander Nikolajewitsch Afanasjew, *Russische Volksmärchen*, übers. v. Swetlana Geier, Frankfurt/Main: S. Fischer 2013, S. 213).

24 Panzer, *Märchen*, S. 92 f.

dem Märchen „Die drei Brüder" , um ein zerrüttetes Verhältnis zwischen Eltern und Kindern wie in „Sneewittchen" oder „Das Mädchen ohne Hände", in dem ein Vater seine Tochter an den Teufel verkauft, oder um beides wie in „Hänsel und Gretel". Die Abenteurer dagegen ziehen *freiwillig* von zuhause fort, „querant avantures", wie es am Anfang des *Yvain* heißt.[25] Im *Parzival* ist das ähnlich; nur dass es in einer psychologisch plausibleren Form vorgeführt wird: Das Naturkind, das fernab von aller Gesellschaft von seiner Mutter aufgezogen wird, begegnet durch Zufall einigen Rittern, die es in ihrem Glanz zunächst für Götter hält, die ihm aber dann, als ihm klargemacht wird, dass sie Menschen sind wie es selbst, als höchstes erreichbares Ideal erscheinen, das die leer gebliebene Vaterstelle besetzt. In anderen Fällen wird der Auszug durch Konkurrenz innerhalb der Männergesellschaft der Tafelrunde motiviert. So wartet Yvain nicht ab, bis die gesamte Tafelrunde nach Artus' Beschluss sich aufmacht, um der Erzählung Calogrenants zu folgen; er will sich hervortun, setzt sich ab und reitet voraus – den Abenteuern entgegen, von denen der Hauptteil des Romans vom Löwenritter berichtet. Oder wenn, in Wolfram *Parzival*, der Ritter Segramors, „der ie nâch strîte ranc"[26], also der nach Streit gierte, Artus und Gynovêr frühmorgens aus dem Bett wirft, damit er zum Zweikampf mit Parzival zugelassen werde.

Die Motive für den Auszug des höfischen Ritters mögen sich im Einzelnen voneinander unterscheiden. Dennoch scheint es eine Art Gravitationszentrum zu geben, um das herum sie sich bewegen: eine *libidinöse Triebkraft mit starken erotisch-aggressiven Komponenten*. Sie steht am Ursprung des Abenteuers; an ihrem Vorhandensein hängt, ob man eine Erzählfolge als Abenteuer bezeichnen sollte.[27] In den Märchen spielt sie keine Rolle, ebenso wenig aber auch in dem, was man die ‚Abenteuer des Odysseus' zu nennen pflegt – den Komplex von Erzählungen also, mit denen er am Hof der Phäaken seine Gastgeber bezaubert, und die mit einiger Wahrscheinlichkeit auf mediterrane Seefahrermärchen zurückgehen.[28]

Sicherlich gehen die Motive für den Auszug des Ritters im Einzelnen auseinander. Im *Erec* ist es sowohl im ersten wie im zweiten Kursus die gekränkte

25 Chrétien de Troyes, *Yvain* (*Der Löwenritter*), V. 177.

26 Wolfram von Eschenbach, *Parzival*, Abschn. 285, 1.

27 Insofern wäre mein Vorschlag, die im „Wissenschaftlichen Programm" gegebene Arbeitsdefinition von ‚Abenteuer' um diesen Punkt zu ergänzen: „(5.) ein erotisch und/oder aggressiv fundiertes Bedürfnis, Abenteuer zu erleben." Dieses muss nicht von Beginn der Erzählung an vorhanden sein. Es kann sich auch herausstellen, wie zum Beispiel in Tolkiens *The Hobbit*, in dem erst mit der Zeit die Abenteuerlust in dem ängstlichen Spießer erwacht, als welcher der Protagonist zunächst vorgeführt wird.

28 Vgl. dazu den Beitrag von Susanne Gödde in diesem Band.

Ehre, die ihn dazu bestimmt. Das Gegenüber, vor dem er sie wiederherstellen muss, ist in beiden Fällen eine Frau: zunächst die Königin, dann Enite, die er aus diesem Grund auch auf die zweite Abenteuerfahrt mitnimmt. Iwein wird zunächst angetrieben von dem schieren Bedürfnis, sich vor den anderen Artusrittern auszuzeichnen. Hier bildet die männlich-männliche Konkurrenz die entscheidende Triebkraft. Im zweiten Teil sind es seine Reue und der Wunsch, die Geliebte wiederzubekommen, die ihn erneut ins Abenteuer aufbrechen lassen. Im Fall des *Parzival* ist es der übermenschliche Glanz, der von der ritterlichen Existenz ausgeht und mit der Suche nach dem unbekannten Vater verbunden ist. Das Ganze ist aber grundiert von einem fast animalischen Tatendrang. Auch wenn der zweite Teil des Romans, dem Schema des doppelten Kursus entsprechend, davon bestimmt ist, wieder zum Gral zu gelangen und Anfortas zu erlösen, bleibt Parzival bis zum Schluss unbedacht. Nie fragt er nach dem Namen dessen, der ihm begegnet. Sowohl in Form der Auseinandersetzung mit Gawan als auch beim letzten Kampf mit Feirefiz, ist ihm zunächst egal, wer ihm gegenüber steht. Die bloße Gelegenheit, seine Kraft zu beweisen, genügt.

Die Erscheinungsformen des Bedürfnisses nach Bewährung durch Abenteuer sind also verschieden. Dennoch gibt es einen libidinösen Kern, der ihnen gemeinsam ist. Die aggressive und die sexuelle Komponente liegen hier relativ ungeschieden nebeneinander. Gustav Ehrismann spricht in diesem Zusammenhang von „blossem tatendrang", ja von Sport.[29] Dabei mag es sich teilweise um eine Rückprojektion handeln. Aber auch Wolfgang Mohr benennt diesen Punkt, wenn er als Ausgangspunkt des ritterlichen Handelns eine „seltsame Mischung von atavistischen allgemeinmenschlichen Regungen, von magischen Resten aus heroischer Zeit und von ausgesprochen hohen ethischen Forderungen der ritterlichen Kultur" namhaft macht[30] Fast noch mehr als an der Rahmenkonstruktion wird dies im Detail erkennbar, also an den vielen Zweikämpfen, die die Wege der Ritter durchs Abenteuer skandieren. Die Ritter nutzen fast durchweg jede sich bietende Gelegenheit, um sich abzureagieren, den männlichen Konkurrenten zu besiegen, nach Möglichkeit vor den Augen

---

29 Das Subjekt des Abenteuers: der „jüngling, der aus blossem tatendrang [...] das heimathaus verlässt, [...] existenzen, die [...] vollkommen plan- und kopflos des sports wegen in der welt herumziehen" (Gustav Ehrismann, „Märchen im höfischen Epos", in: *Paul und Braunes Beiträge zur Geschichte der deutschen Sprache und Literatur* 20 (1905), S. 14–54, hier S. 21 f.). Seine Folgerung, „der abentheuernde ritter ist also eine märchenfigur", ist freilich aus diesem Grunde unzulässig: in den Märchen kommen – mit Ausnahme der Heldenmärchen, die gattungstypologisch eher zur Sage zählen – solche Figuren gerade nicht vor.

30 Mohr, „Parzival und Gawan", S. 301. Nichts davon passt auf das Märchen.

einer anwesenden Frau. Daher die Bedeutung der Turniere, in denen diese Öffentlichkeit gesichert ist. Ein männlich-libidinöses Begehren, in dem erotische und aggressive Komponenten sich nur schwer voneinander unterscheiden lassen, wird zum Erzählprinzip gemacht. In dieser Kombination ist das weder in den *chansons de geste* noch in den antiken Abenteuererzählungen der Fall, die sich auf eine der beiden Komponenten beschränken.[31] Überspitzt formuliert und im episodischen Detail betrachtet, erscheinen diese Romane wie eine fortgesetzte Serie von Rangeleien Halbwüchsiger. Calogrenant antwortet bei Hartmann auf die Frage des „vilain", des „ungevüegen manne", nach dem Abenteuer: „daz ich suochende rîte / einen man der mit mir strîte" – „einen Mann / zu suchen, der mit mir kämpft."[32] Man „tjostiert", das heißt, im Kern geht es noch nicht einmal darum, den Gegner zu töten. Man prüft vielmehr, wessen Lanze härter ist. Ihr Zersplittern beendet den Kampf zwar nicht, entscheidet ihn aber in den meisten Fällen. Es geht um Potenz und männliche sexuelle Konkurrenz mit homoerotischem Untergrund. „Si minneten sunder bette", heißt es bei Hartmann anlässlich des finalen Zweikampfs zwischen Erec und dem Roten Ritter: „Das erhob sich herzliche Lieb („herzenminne") / nach großem Gewinn. / Sie brauchten kein Bett für ihre Liebe."[33]

Der Ausdruck des erotischen Bedürfnisses beschränkt sich nicht auf die Begegnungen konkurrierender Adoleszenter. Auch wirkliche erotische Begegnungen zwischen Männern und – ebenfalls begehrenden – Frauen finden sich in Menge, von einer bis dahin unbekannten Strahlkraft und ganz unabhängig davon, ob sich der Ritter schon gebunden hat: etwa in der zweiten Begegnung Parzivals mit Jeschute, die er unwissend erniedrigt hatte, so dass sie von ihrem Ritter verstoßen wurde:

> Auch hatten Äste, viele Dornen
> ihr Hemd zerfetzt; überall, wo hier jetzt die Risse klafften,
> sah er viele Schnüre, Knoten;
> darunter war ein helles Schimmern –
> Haut, noch mehr als schwanenweiß.

---

31 In den Chansons de geste spielt überdies die soziale, teilweise auch die religiöse Funktion der zu bestehenden Kämpfe eine Rolle. „Die Ritter, die dort [in den Chansons de geste] reiten, haben ein Amt und stehen in einem politisch-geschichtlichen Zusammenhang […]; das feudale Ethos [dagegen] dient keiner politischen Funktion und überhaupt keiner praktischen Wirklichkeit mehr; es ist absolut geworden. Es hat keinen anderen Zweck mehr als die Selbstverwirklichung" (Auerbach, *Mimesis*, S. 130).

32 Hartmann von Aue, *Iwein* V. 532 f., in: ders., *Gregorius. Der arme Heinrich. Iwein*, übers. u. hg. v. Volker Mertens, Frankfurt/Main: Deutscher Klassiker Verlag 2004, S. 317–768, hier S. 346 f.

33 Hartmann von Aue, *Erec*, V. 9108–9108, S. 397.

Sie hatte nur ein Knüpfwerk an.
Wo es ihre Haut bedeckte, sah er sie in hellem Weiß –
die andre Haut mit Sonnenbrand.
Die Lippen rot – wie kam das bloß?!
Und dieses Rot war derart stark –
man hätte Feuer fangen können!
In jeder Angriffsrichtung waren
ihre Flanken ungedeckt [...]
Wer sagt, sie trug viel Filigran,
der fügt ihr reichlich Unrecht zu:
sie hatte beinahe gar nichts an.[34]

Die freien Verse, für die sich Dieter Kühn in dieser Übersetzung entschieden hat, müssen auf die rhythmisierende Verstärkung des erotischen Effekts durch den Reim verzichten. Es sind eben die „stricke“, die die „blicke“ der schwanenweißen Haut *auf* den Betrachter – dessen Blicke dadurch magisch angezogen werden –, auslösen; die „sunnen nôt“, also die von der Sonne verbrannte Haut geleitet klanglich zum erotischen Fetisch der roten Lippen – „ir munt was rôt“ –, zu denen Wolfram generell ein obsessives Verhältnis zur Schau stellt.

Ein libidinöser, stark erotisch fundierter Schub löst das Abenteuer aus und treibt es voran. Er kann und muss sogar sublimiert und spiritualisiert werden. In den Märchen spielt die Liebe „keine bedeutende Rolle für die Gesamthandlung.“[35] Das Neue und die davon ausgehende Provokation bestehen darin, dass der Eros, seines widerchristlichen Gehalts entkleidet, zu einer säkularen Kulturmacht wird, die auf einem immer differenzierteren, immer reicheren *Verhältnis von Körpern* basiert. In dieser Form bildet er – ausgehend vom höfischen Roman über den *dolce stil novo* bis hin zu Boccaccios Liebes- und Naturlehre – wahrscheinlich ein Initial säkularen Erzählens in Europa. Er hält die ausufernden Versromane zusammen, integriert die eventuell vorausliegenden Märchenmotive und schlägt den Bogen, der verhindert, dass sie in Einzelerzählungen zerfallen.[36]

Im Märchen findet sich von alledem keine Spur[37] – mit der einzigen Ausnahme der *Heldenmärchen*, die deswegen in den Untersuchungen, die ich vorhin nannte, eine irritierend bevorzugte Rolle spielen. In der Grimmschen

34 Wolfram von Eschenbach, *Parzival*, Abschn. 257, 8–24. Vgl. auch die erste Schilderung Énides bei Chrétien (V. 400 ff.) und bei Hartmann von Aue (V. 323 ff.).

35 Völker, *Märchenhafte Elemente*, S. 26.

36 Nolting-Hauffs Begriff „Märchenreihe“ (vgl. Anm. 12) ist also auch hinsichtlich des Bestandteils der „Reihe“ problematisch.

37 Vgl. Lüthi, „Das Volksmärchen als Dichtung und als Aussage“, S. 298; Lutz Röhrich, „Mensch und Tier im Märchen“, in: *Wege der Märchenforschung*, S. 250. Er verweist zum Beispiel auf das Märchen vom Froschkönig.

Sammlung kommen sie nicht vor; die formalistisch ansetzende Forschung bezieht sich deswegen vor allem auf die Zusammenstellung Afanasjews, die sie berücksichtigt. Hier wird aus lauter, nicht zu bremsender ‚Reckenkraft' ausgezogen; das Heim ist den Helden zu eng geworden, sie sehnen sich danach, auf Widerstände zu treffen, an denen sie sich erproben können.[38] Der erotische Drang spielt aber auch in ihnen eine ganz untergeordnete Rolle. An die Schwäche und erotische Zartheit, die auch zum Erscheinungsbild der höfischen Abenteuerhelden zählt, ist bei ihnen gar nicht zu denken; es sind sympathische, aber brutale Kraftprotze. Die schönen Frauen werden hochschematisch dargestellt, das Epitheton „schön", bzw. „wunderschön" reicht aus; der Grenzwert des Beschreibungswillens ist der Hinweis, die Jungfrau sei „so schön, daß man es weder im Märchen erzählen noch mit der Feder beschreiben könnte".[39] Im Zentrum steht auf Seiten des Recken die schiere physische Kraft, die sich beweisen will.[40]

---

38 Vgl. etwa die Märchen „Iwan Bykowitsch" und „Iwan Sutschenko und Belyi Poljanin" in: Afanasjew, *Russische Volksmärchen*, S. 69 ff., S. 81 ff. In dem Märchen „Krankheit zum Schein" erfolgt der Auszug nicht freiwillig; die Schilderung der übermenschlichen Reckenkraft, die dorthin drängt, ist allerdings sehr typisch: „Er wuchs nicht von Jahr zu Jahr, nicht von Tag zu Tag, sondern von Stunde zu Stunde, von Minute zu Minute, wie ein Hefeteig, der mit gebrühten Eidottern angesetzt ist; er wuchs zu einem starken mächtigen Recken heran, alle Stühle brachen unter ihm zusammen" (S. 138). Ehrismanns Untersuchung ist in dieser Hinsicht symptomatisch, weil sie Märchen und Heldensage je nach Bedarf ineinander verfließen lässt.

39 Afanasjew, *Russische Volksmärchen*, S. 99.

40 Ein aufschlussreicher Ausdruck der erotischen Triebmacht im Abenteuerroman ist das Pferd. Wie im Freudschen Bild von Ross und Reiter – „man könnte das Verhältnis des Ichs zum Es mit dem eines Reiters zu seinem Pferd vergleichen" (Sigmund Freud, *Vorlesungen zur Einführung in die Psychoanalyse/Neue Folge der Vorlesungen zur Einführung in die Psychoanalyse*, hg. v. Alexander Mitscherlich u. a., Frankfurt/Main: S. Fischer 1982 [= *Studienausgabe*, Bd. 1], S. 514) – ist es das Ensemble der Triebmächte, das den Ritter auf seinen Weg bringt und ihn sogar führt, wenn er nicht mehr weiter weiß. Das Pferd zu verlieren oder sich mit einer Schindmähre zufrieden geben zu müssen, ist entehrend und zugleich ein sicheres Zeichen davon, dass es dem fahrenden Ritter an einem Wesentlichen ermangelt. Das Pferd ist, wie es im *Don Quijote* heißt „la fuerza de las aventuras", auch wenn das für Rocinante schwerlich gilt (Miguel de Cervantes, *Don Quijote de la Mancha*, hg. v. Francisco Rico, Madrid: Real Academia Española 2015, S. 49, Kap. I.2). Was die Auseinandersetzung mit dem feindlichen Ritter entscheidet, ist nicht bloß die Geschicklichkeit, die Lanze an der richtigen Stelle und mit der richtigen Hebelwirkung anzusetzen – es ist die schiere Kraft des Zusammenpralls, die der Ritter seinem Pferd; der Beherrschung des ihn vorwärts jagenden libidinösen Impulses, verdankt. In den Märchen dagegen sind Pferde auf geradezu betonte Weise abwesend. Man ist zu Fuß unterwegs. Eine Ausnahme bilden wiederum die russischen Heldenmärchen, in denen der Held erst dann ein fertiger Held ist, wenn ihm ein „Reckenross" zur Seite steht, dass allein von ihm geritten werden kann.

Die Protagonisten in Märchen- und Abenteuererzählungen

Das führt auf einen weiteren wichtigen Unterschied zwischen Märchen und Abenteuer. In aller Regel nämlich ist die Statur ihrer Protagonisten eine ganz andere.

Märchenhelden sind *schwache Helden*. Es sind die Dummen, die Zurückgesetzten und Zurückgebliebenen (die Dummlinge oder Däumlinge), die Faulen, Stiefkinder oder jüngsten Geschwister, die ihr Glück machen – und es sind nicht zuletzt die Mädchen und jungen Frauen. Dieses Glück verdienen sie sich nicht durch Stärke oder Tapferkeit, sondern durch Bescheidenheit, List und ein Naturvertrauen, das sie zu Bündnissen mit den unteren Mächten befähigt – Bündnisse, die ihr Unternehmen gelingen lassen.

Auch in den russischen Märchen gibt es diesen Typus. Er heißt dort Iwan Durak, Iwan der Dumme. Swetlana Geier, die die aktuelle Übersetzung der Afanasjew'schen Sammlung besorgt hat, schreibt über ihn:

> In seiner Person konzentrieren sich viele menschliche Schwächen (Trunksucht, Faulheit, Trägheit) und abstoßende Gewohnheiten: Er ist schmutzig und ungepflegt, seine Nase läuft, er nimmt es nicht so genau mit der Wahrheit. Seine hervorragendste Eigenschaft jedoch ist seine ‚Dummheit', d.h. er handelt hartnäckig wider den gesunden Menschenverstand, und er lernt nicht, d.h. er ist nicht gewillt, aus der Erfahrung allgemeine Schlüsse zu ziehen. Er wird nicht ‚klüger' – und gerade das führt die Wendung zum Guten herbei und macht den Dummen zum Eidam des Zaren.[41]

Prägnanter lässt sich das Ensemble der Eigenschaften, die der Abenteurer hinter sich lassen muss, um Abenteurer werden zu können, nicht zusammenfassen.

Vertieft man sich in diese Opposition, so stößt man darauf, dass die Märchenhelden im Kern *weich* sind, nachgiebig, listig und fügsam. An körperlichen Auseinandersetzungen – also an Abenteuern (wenn wir uns an die Definition von Chrétien und Hartmann halten) – haben die Märchenhelden kein Interesse[42]; wenn sie denn um etwas kämpfen müssen, bevorzugen sie die List und/oder die zauberische Überlegenheit, die ihnen die Unterstützung durch chthonische Mächte gewährt – Zwerge, Feen, aber auch den entchristlichten

41 Afanasjew, *Russische Volksmärchen*, S. 274. Stärker als in der deutschen Tradition spielt die mythologische Figur des Tricksters in die russische Überlieferung hinein.

42 Es ist merkwürdig, dass in der so kenntnisreichen Untersuchung Völkers dieser Umstand gar nicht gesehen und als „Hauptbedingung" des Märchens bzw. des ‚Märchenhaften' die „Abenteuerfahrt" genannt wird (Völker, *Märchenhafte Elemente*, S. 25). Der Märchenheld durchlaufe, so heißt es an anderer Stelle, eine „Abenteuerreihe" (S. 20).

Teufel selbst, der eher als gutmütiger Grobian denn als dämonische Macht erscheint.[43]

Das Märchen „Die Bienenkönigin" beginnt so:

> Zwei Königssöhne gingen einmal auf Abentheuer, und geriethen in ein wildes, wüstes Leben, so daß sie gar nicht wieder nach Haus kamen. Der jüngste, welcher der Dummling hieß, ging aus und suchte seine Brüder; aber wie er sie fand, verspotteten sie ihn, daß er mit seiner Einfalt sich durch die Welt schlagen wolle, da sie zwei nicht durchkämen und wären doch viel klüger. Da zogen sie miteinander fort und kamen an einen Ameisenhaufen; die zwei ältesten wollten ihn aufwühlen, und sehen, wie die kleinen Ameisen in der Angst herumkröchen und ihre Eier forttrügen; aber der Dummling sagte: ‚laßt die Thiere in Fried', ich leids nicht, daß ihr sie stört.'[44]

Hier sind viele Elemente des Gegensatzes von Märchenheld und Abenteurer enthalten: zunächst die grundsätzliche Warnung vor dem Abenteuer, durch das man nur auf Abwege kommen kann; die Opposition der Bevorzugten und des Benachteiligten, Zurückgesetzten, der durch Naivität und Einfalt den Spott der anderen auf sich zieht; Aggression und sinnloser Vernichtungsdrang auf der einen, Schutz der kleinen Schwarmwesen auf der anderen Seite – zu denen dann im weiteren Verlauf des Märchens noch Enten und Bienen dazukommen, die dem Dummling helfen, die den drei Brüdern gestellten Aufgaben zu lösen, die verzauberte Prinzessin zu befreien und mit seinen Brüdern am Ende in Eintracht zu leben. In dem sich anschließenden Märchen „Die drei Federn" wird das Schema des Abenteuers noch in der Weise invertiert, dass das Glück nicht in der Ferne zu suchen ist, sondern nahebei liegt:

> Es war einmal ein König, der schickte seine drei Söhne in die Welt, und welcher von ihnen das feinste Linnengarn mitbrächte, der sollte nach seinem Tod das Reich haben. Und damit sie wüßten, wo hinaus sie zögen, stellte er sich vor sein Schloss und blies drei Federn in die Luft, nach deren Flug sollten sie sich richten. Die eine flog nach Westen, der folgte der älteste, die andere nach Osten, der folgte der zweite, die dritte aber fiel auf einen Stein, nicht weit von dem Pallast, da mußte der dritte Prinz, der Dummling, zurück bleiben, und die anderen lachten ihn aus[45].

---

43 Vgl. „Der Schmidt und der Teufel" (KHM 81, nur 1812), „Von dem Teufel mit den drei goldenen Haaren" (KHM 29), „Des Teufels rußiger Bruder" (KHM 100).

44 KHM 62.

45 KHM 63. Ich zitiere nach der Erstdruckfassung.

Initiation – Abenteuer – Bildung: Verlaufsformen des Erwachsenwerdens

Die Märchenhelden – vorsichtiger gesagt: viele Märchenhelden; eine Mehrheit unter ihnen – verhalten sich wie Kinder, ihre Weltwahrnehmung, die alles nimmt, wie es ist, entspricht der von Kindern. Sie demonstrieren entweder, dass man nicht erwachsen werden muss, um in der der Welt das Glück zu finden. Oder ihr Lebenslauf – das ist das zweite, darauf aufsitzende Entwicklungsschema der Märchen – dokumentiert den initiatorischen Sprung, durch den das Kind zum Erwachsenen wird – mit einer Zwangsgewalt, von der sich in den Märchen etliche Spuren erhalten haben. Daher rührt die eigentümlich stumpfe, unorganische Form, die die in den Märchen dargestellten Lebensläufe haben, denen ein wie immer geartetes Konzept von *kontinuierlicher* ‚Entwicklung' fremd ist.[46]

Das Abenteuer dagegen ist entwicklungstypologisch in einer Phase angesiedelt, von der das Märchen noch nichts weiß, weil der von ihm umgebene Erfahrungskern ein anderer ist. Mit dem Abenteuer beginnt die Idee wirksam zu werden, dass Menschen aus libidinöser Kraft ein biografisches Kontinuum aufbauen können. Das initiatorische Moment verschwindet dabei nicht gänzlich. Sowohl das erlebte als auch das erzählte Abenteuer haben ja bis heute eine quasi initiatorische Funktion für Heranwachsende. Aber es wird umgepolt. Das Abenteuer, so könnte man versuchsweise formulieren, ist die in Eigenregie genommene, von sich aus unternommene Initiation. Es ist die Initiation, die zum Ziel eines Bedürfnisses geworden ist. Damit verschwindet etwas von der Gewaltsamkeit des Initiationsprozesses. Dieser wird dadurch nicht gänzlich unverbindlich, nimmt aber Aspekte des Spielerischen an. Die Interaktion von erzählten und erlebten Abenteuer hat daran ihren Anteil. Die Initiation kennt nur zwei Möglichkeiten, Leben oder Tod, *pass* oder *fail*. In der Abenteuererzählung gibt es schon Zwischenstufen, die durch das Erzählen vom Abenteuer hergestellt werden. So kann sich eine Niederlage im Nachhinein als notwendiges Mittel zum Ziel herausstellen. Das ist eine Kernidee des doppelten Kursus. Möglich ist dies freilich nur, wenn ein Entwicklungsgedanke dahinter steht, der die Serie von Einzelerlebnissen zu einem Bogen verknüpft.

Vieles an der Erzählform des Abenteuers bleibt schematisch und es gelingt ihr nicht, sich von äußeren Vorgaben zu lösen, auch wenn die providentielle

46 Lüthi spricht von der grundsätzlichen Stumpfheit aller Märchenmotive (Lüthi, *Märchen*, S. 57); Panzer davon, „daß die innere Fügung der Märchenhandlung eine sehr lose zu sein pflegt" (Panzer, *Märchen*, S. 105).

Ordnung, die gerade in den Vor- und Frühformen des Abenteuers wie den antiken Romanen eine bedeutende Rolle spielt, bereits biegsamer und tiefer in die Einzelexistenz vermittelt ist als das Initiationsschema, das sich in der Starrheit vieler Märchenerzählungen niedergeschlagen hat. Gerade in der mittelalterlichen Ausformung des Abenteurernarrativs tritt das providentielle Moment jedoch zurück – auch wenn es nicht verschwindet.[47] Das Faszinosum dieser Geschichten liegt darin, dass Individuen damit beginnen, eine Ordnung ihres Lebens zu erschaffen.

Im großen bürgerlichen Projekt der Bildung setzt sich das fort. Der Sinn des Lebens kann nur ein individueller sein. Alle rituell präformierenden Momente treten zurück; die Ordnung der Bildung entfaltet sich im kontinuierlichen Wechselspiel von Individuum und Umwelt. Erst durch die Bildung selbst wird das Subjekt zu der Instanz, die das Ziel erreichen kann. Ein vorgegebenes Telos, das es natürlich auch in der bürgerlichen Welt noch gibt, muss verinnerlicht, im Gang der eigenen Erfahrung angeeignet und (re-)produziert werden. Dabei kann es sich verändern. Bildung ist ein autotransformativer Prozess mit systemischen Zügen; die von außen gesetzte und die aus ihm selbst generierte Zukunft interagieren ständig miteinander.

Davon könnte in den Abenteuererzählungen noch keineswegs die Rede sein; oder höchstens in einem so reflektierten und anspruchsvollen Gebilde wie Wolframs *Parzival*, in dem das Bildungspotenzial des Abenteuerschemas zu maximaler Reichweite entfaltet wird. In der Masse seiner Produktionen hat das Abenteuer seinen Ort auf halber Strecke zwischen den Lebenserzählungen von Märchen und Bildungsroman, zwischen der Heteronomie ritueller Formgebung und der Autonomie systemischer Selbstgenese. Vielleicht verdankt es dieser Kompromissstellung seine Popularität – gerade in einer Epoche, in der die bürgerliche Bildungsvorstellung zurücktritt und sich herausstellt, dass sie nicht mehr als eine historische Episode gewesen sein könnte.

---

47 Vgl. den Beitrag von Mireille Schnyder in diesem Band, v. a. Abschnitt 1: „*sælic spil* oder *âventiure vinden*“.

MANUEL MÜHLBACHER

Die Lust an der Endlosigkeit
Spuren des Abenteuers in der italienischen Gattungspoetik des 16. Jahrhunderts

Mit der Wiederentdeckung der aristotelischen *Poetik* im Italien des 16. Jahrhunderts beginnt eine neue Epoche der dichtungstheoretischen Reflexion. In den poetologischen Traktaten, die sich bis dahin meist an der *Ars poetica* des Horaz und an rhetorischen Kategorien orientiert hatten, eröffnen sich durch die Hinwendung zu Aristoteles völlig neue Fragestellungen: Begriffe wie „misericordia e ispavento", „mutazione", „riconoscenza", „principio, mezzo e fine", „verisimilitudine e necessità" und „unità della favola" werden innerhalb kurzer Zeit zum Gemeingut.[1] Schon in der ersten Hälfte des Jahrhunderts beginnt die Exegese des Textes, etwa in Form von philologischen Textausgaben, Übersetzungen und umfangreichen Kommentaren, ab den 1550er Jahren wird die *Poetik* dann zum zentralen, ja geradezu hegemonialen Referenztext der Dichtungstheorie. Eine besonders prominente Stellung innerhalb der Aristoteles-Rezeption des *Cinquecento* nimmt bekanntlich die Debatte um Epos und *romanzo* ein, die sich zunächst anhand von Ariostos *Orlando furioso* kristallisiert und sich nach der Publikation von Tassos *Gerusalemme liberata* zu einer hitzigen Polemik auswächst.[2] Für die moderne Gattung des *romanzo*, die sich als eine widersprüchliche Synthese aus der *chanson de geste* und dem höfischen Roman des französischen Mittelalters auffassen lässt,[3] stellt die Konfrontation mit der *Poetik* zugleich einen Fluch und einen

1 Die italienischen Begriffe wurden dem Kommentar von Lodovico Castelvetro entnommen: *Poetica d'Aristotele: vulgarizzata e sposta* [1570], hg. v. Werther Romani, Rom: Laterza 1979, S. 155, 182, 205, 270. Sie finden sich aber in dieser oder ähnlicher Form in allen Texten, die in diesem Artikel zitiert werden.

2 Die Orientierung im umfangreichen Korpus der poetologischen Traktate des 16. Jahrhunderts wäre ohne Bernard Weinbergs monumentale Überblicksdarstellung kaum möglich. Vgl. *A History of Literary Criticism in the Italian Renaissance*, Chicago u. London: University of Chicago Press 1974, insb. Bd. 2, S. 954–1073. Grundlegend ist weiterhin die diskursanalytische Studie von Klaus Hempfer, der die Rezeptionszeugnisse zum *Furioso* für eine Heuristik der Textlektüre nutzbar macht: vgl. *Diskrepante Lektüren. Die Orlando-Furioso-Rezeption im Cinquecento*, Stuttgart: Frank Steiner Verlag 1987. Auch in diesem Artikel sollen die Texte mit einem heuristischen Interesse gelesen werden, allerdings in einer narratologischen Perspektive.

3 Vgl. dazu Karlheinz Stierle, „Die Verwilderung des Romans als Ursprung seiner Möglichkeit", in: *Literatur in der Gesellschaft des Spätmittelalters*, hg. v. Hans Ulrich Gumbrecht, Heidelberg: Winter 1980, S. 253–313.

 | DOI:10.30965/9783846764725_008

Segen dar: Da der *Orlando furioso* – aber auch andere als *romanzi* bezeichnete Texte wie Matteo Boiardos *Orlando innamorato* oder Luigi Pulcis *Morgante* – der aristotelischen Forderung nach Handlungseinheit nicht gerecht werden, sieht sich die Fraktion der Modernen vor die Alternative gestellt, entweder die Autorität des Aristoteles auf die antiken Gattungen einzuschränken oder die Regeln der *Poetik* so auszulegen bzw. anzuwenden, dass auch die *romanzi* aristotelisch gerechtfertigt werden können.[4] Die meisten Dichtungstheoretiker entscheiden sich für die zweite Option und lesen einen polyzentrischen Text wie den *Furioso* gewaltsam als ein Epos mit einem einheitlichen *mythos* und eingefügten Episoden. Versuche, den *romanzo* als legitime Form der modernen Dichtung mit eigenen Regeln zu etablieren, wie sie etwa Giovan Battista Giraldi (*Discorsi intorno al comporre de' romanzi*, 1554) und Gioseppe Malatesta (*Della nuova poesia*, 1589) unternehmen, stellen in diesem Kontext eher eine Ausnahme dar.

Doch auch dort, wo der *romanzo* in das Korsett des antiken Epos gezwungen werden soll, kann die falsche bzw. deplatzierte Anwendung der aristotelischen Begriffe eine Quelle für innovative Reflexionen darstellen. Gerade das problematische Festhalten am Primat der Handlungseinheit führt dazu, dass zum ersten Mal seit der Antike eine vertiefte Analyse von Plot-Strukturen möglich wird. Ein gutes Beispiel für dieses Ineinander von falschen Prämissen und konzeptueller Innovation findet sich bei Leonardo Salviati, der die Handlungseinheit des *Furioso* in mehreren Traktaten mit geradezu sophistischen Argumenten verteidigt.[5] Im *Infarinato secondo* von 1588, seinem letzten Beitrag zur Kontroverse um den *Furioso* und die *Liberata*, kommt er dann jedoch zu einer bemerkenswerten Unterscheidung, nämlich der zwischen Handlungsvielfalt in der „larghezza" und in der „lunghezza": Demnach gelte es zu differenzieren, ob man es mit einer Vielzahl von parallelen, aber in sich einheitlichen Handlungen oder mit einer einsträngigen, aber immer wieder neu einsetzenden Handlung zu tun habe.[6] Während der Typ des episodischen Epos (also Vielfalt in der „lunghezza") von Aristoteles thematisiert wird,[7] stellt die Vervielfältigung der Handlungen in der Breite eine narratologische Überlegung dar, die kein antikes Vorbild hat und die dem *Furioso* schon weit besser gerecht wird. So erzeugen selbst Fehlinterpretationen neue Beschreibungsinstrumente. Die Rezeption und Kanonisierung der *Poetik* hat somit einen paradoxen Effekt:

4 Zu diesen Optionen, die die Debatte um den *Furioso* strukturieren, vgl. Daniel Javitch, *Proclaiming a Classic: The Canonization of „Orlando Furioso"*, Princeton: Princeton University Press 2014, S. 21–47.

5 Zu Salviatis inkonsistenter Argumentation vgl. auch Hempfer, *Diskrepante Lektüren*, S. 151–156.

6 Vgl. Leonardo Salviati, *Lo' Nfarinato secondo*, Florenz: Anton Padovani 1588, S. 73.

7 Aristoteles, *Poetik*, übers. v. Manfred Fuhrmann, Stuttgart: Reclam 2006, 1451a.

Die aristotelische Brille führt in den meisten Fällen entweder zu einer kategorischen Abwertung oder zu einer groben Fehllektüre der *romanzi*. Doch gleichzeitig bringt sie erzähltheoretische Reflexionen hervor, die auf Grundlage von horazischen oder rhetorischen Begriffen niemals möglich gewesen wären. In letzter Konsequenz wird dadurch auch die Gattungsidentität des *romanzo* geschärft.[8]

Gemäß seinem mittelalterlichen Erbe ist der *romanzo* ein Genre, das ohne das narrative Schema des Abenteuers nicht zu denken wäre. Gerade Boiardos *Innamorato* beruht auf einer „serialità virtualmente infinita dell'avventura", wie Sergio Zatti schreibt.[9] Im *Furioso* wurde demgegenüber bereits ein Bedeutungsverlust des Abenteuers gegenüber *queste*-Strukturen beobachtet,[10] was freilich nicht verhindert, dass zahlreiche Handlungssequenzen Boiardos Modell ineinander verwobener Abenteuer-Serien verpflichtet bleiben. Auch Pulcis *Morgante*, der noch dem Handlungsschema der *cantari* folgt, lässt die Ritter immer wieder vom Hof Karls des Großen aufbrechen, um im Orient Abenteuer zu suchen. Wer angesichts der ausgeprägten Abenteuerlichkeit des *romanzo* hofft, in den dichtungstheoretischen Traktaten des *Cinquecento* auf explizite Kommentare zur *ventura* bzw. *aventura* zu stoßen, wird erst einmal enttäuscht: Die Analytiker des *romanzo* verwenden den Begriff so gut wie nie, und dort, wo er vorkommt, wird er nicht als narrative Einheit, sondern als Teil des arthurischen Stoffkreises verwendet. Die ausführlichste Würdigung der ritterlichen Abenteuersuche findet sich bei Simone Fornari, der 1549 einen umfangreichen Kommentar zum *Orlando furioso* veröffentlicht. Bezeichnenderweise wird das Abenteuer nicht in den grundsätzlichen Überlegungen des Einleitungskapitels thematisiert, wo Fornari den *Furioso* aristotelisch zu rechtfertigen versucht und dessen Handlung als Epos mit eingeschobenen Episoden beschreibt, sondern eher beiläufig im Kommentar zum 27. Gesang:

---

8 Daniel Javitch weist darauf hin, dass die Auslegung des *Furioso* als aristotelisches Epos ab den 1560er Jahren an Überzeugungskraft verliert. Die strukturellen Besonderheiten des *romanzo* treten damit deutlicher hervor. Vgl. Javitch, *Proclaiming a Classic*, S. 44–47. Gerade Gioseppe Malatesta verwendet in *Della nuova poesia* große Energie darauf, die aristotelische Fehllektüre zu widerlegen und den *Furioso* als Repräsentanten einer genuin modernen *romanzo*-Gattung zu rechtfertigen. Vgl. Malatesta, *Della nuova poesia ovvero delle difese del Furioso*, Verona: Sebastiano dalle Donne 1589, z. B. S. 31 f.

9 Sergio Zatti, „L'avventura del cavaliere rinascimentale", in: *L'eroe e l'ostacolo. Forme dell'avventura nella narrativa occidentale*, hg. v. dems., Rom: Bulzoni 2010, S. 101–130, hier S. 114.

10 Vgl. dazu Riccardo Bruscagli, „‚Ventura' e ‚inchiesta' fra Boiardo e Ariosto", in: ders., *Stagioni della civiltà estense*, Pisa: Nistri-Lischi 1983, S. 87–126.

> L'inchiesta era d'andar per tutto cercando strane aventure con tal conditione, che i guerrieri, che à cio fare si disponevano, giuravano di prender la difesa di pupilli, di vedove, & d'ogni persona, che di soccorso bisogno havesse. [...] Promettevano di non ritornare adietro, ne torcere il dritto viaggio per ischifare alcun pericolo, che eßi sentissero di dover loro incontrare. [...] Dopo il ritorno eran costretti di confessare la verita d'ogni cosa avenuta, anchor che loro vituperosa fusse, per doversi mandar poi fedelmente nelle charte, & nelle memorie. Per questo adunque andar qua, & la errando eran cavalieri erranti nominati.[11]
>
> Die *inchiesta* bestand darin, überall umherzuziehen und nach merkwürdigen Abenteuern zu suchen. Die Krieger, die sich dies vornahmen, mussten schwören, die Partei von Waisen, Witwen und allen anderen hilfsbedürftigen Personen zu ergreifen. Sie versprachen, nicht umzukehren und nicht vom geraden Weg abzuweichen, um eine Gefahr zu vermeiden, die sie auf sich zukommen sahen. Nach ihrer Rückkehr waren sie verpflichtet, die Wahrheit über alles Geschehene zu bekennen, auch wenn es ihnen zur Schande gereichte, weil es dann zuverlässig dem Papier und dem Gedächtnis anvertraut werden musste. Wegen dieser Irrfahrten, die sie bald hierhin, bald dorthin führten, wurden sie fahrende Ritter genannt.

Fornari trägt daraufhin Episoden zusammen, die dem Schema von Suche und plötzlicher Bewährungsprobe folgen, ohne freilich zu bemerken, dass diese bei Ariosto ironisch gefärbt sind. Die Merkmale des Abenteuers, die Fornari anführt, sind durchaus einschlägig: das Umherirren im Raum, die freiwillige Suche nach der Gefahr, der Prüfungscharakter (als Alternative von Ehre und Schande), die obligatorische Abfolge von Handeln und Erzählen. Doch stellt er keinerlei Beziehung zu den aristotelischen Begriffen her, mit denen er die Handlung beschreibt, ja die Abenteuersuche scheint das *êthos* der Figuren viel stärker zu betreffen als den *mythos*. Auch Torquato Tasso behandelt das Abenteuer als reines Material: „amori, cavallerie, venture ed incanti" bilden gemeinsam einen modernen Erzählstoff ohne zwingende Implikationen für die Handlungsstruktur des Textes.[12] Und wenn Giason Denores in seiner *Poetica* (1588) eine Beziehung zwischen den episodischen Epen der Antike und der seriellen Struktur der modernen *romanzi* herstellt, kommt er nicht auf die Idee, die Episoden des Ritterromans als „aventure" zu bezeichnen.[13] Insofern

11 Simone Fornari, *La spositione di M. Simon Fornari sopra l'Orlando furioso di Lodovico Ariosto*, Florenz: Lorenzo Torrentino 1549, S. 452 f. Zitate aus dem Italienischen werden im Folgenden übersetzt. Falls keine Quelle angegeben ist, handelt es sich um eigene Übersetzungen des Autors.

12 Torquato Tasso, *Discorsi dell'arte poetica e in particolare sopra il poema eroico*, in: ders., *Scritti sull'arte poetica*, hg. v. Ettore Mazzali, Turin: Einaudi, S. 3–64, hier S. 40.

13 Vgl. Giason Denores, *Poetica*, Padua: Paulo Meietto 1588, S. 58.

lässt sich konstatieren, dass es in der Gattungspoetik des *Cinquecento* kein Bewusstsein für das Abenteuer als narrative Einheit gibt.

Dennoch wäre es verfehlt, die Untersuchung an dieser Stelle abzubrechen und nicht weiter nach Spuren des Abenteuers in der Debatte um Epos und *romanzo* zu suchen – immerhin handelt es sich um ein in der Frühen Neuzeit einzigartiges Korpus von Rezeptionszeugnissen, die aus der Lektüre von Texten mit stark abenteuerlichem Charakter hervorgegangen sind. Allerdings muss man dafür über einen rein begriffsgeschichtlichen Ansatz hinausgehen und nach strukturellen und rezeptionsästhetischen Zuschreibungen Ausschau halten, die sich auch dann auf das Erzählschema des Abenteuers beziehen lassen, wenn dieses gar nicht explizit genannt wird. Dadurch lassen sich Beschreibungskategorien gewinnen, die als Ausgangspunkt für eine moderne, literaturwissenschaftliche Philologie des Abenteuers dienen können und zugleich einen historischen Resonanzraum besitzen. Auch wenn man die Aussagen der Dichtungstheoretiker des *Cinquecento* nicht einfach für bare Münze nehmen sollte, enthalten sie oft einen wahren Kern, der in heuristischer Hinsicht aufgegriffen und weiterentwickelt werden sollte. Freilich wird man nicht alle Elemente, die sich sinnvoll mit dem Abenteuer in Verbindung bringen lassen, in einem einzigen Text und als Bestandteile einer geschlossenen Theorie finden. Statt die Inhalte einzelner Poetiken vollständig zu rekonstruieren, muss man einem Lektüreparcours folgen, der durch mehrere Texte führt, diese aufeinander bezieht und in einen Dialog miteinander versetzt. Auf diese Weise lässt sich der Gattungspoetik des *Cinquecento* ein Wissen entnehmen, das in keinem einzelnen Text enthalten ist, sondern nur aus dem Korpus als Ganzem hervorgeht. Zwei Theoretiker werden dennoch eine herausgehobene Rolle spielen: einerseits Giovan Battista Pigna, der in *I romanzi* (1554) eine Lanze für den *Furioso* bricht, auch wenn er im Wesentlichen an der Richtschnur der *Poetik* festhält; andererseits Torquato Tasso, insbesondere dessen *Apologia in difesa della Gerusalemme liberata* (1585), die *Discorsi dell'arte poetica* (1587) und die *Discorsi del poema eroico* (1594). Passagen aus den Traktaten anderer Autoren werden diese Texte flankieren.

Während bereits großangelegte literaturgeschichtliche und diskursanalytische Studien zur Debatte um die Gattungsdifferenz von Epos und *romanzo* vorliegen, verfolgt dieser Artikel ein erzähltheoretisches Interesse, das sich in eine rezeptionsästhetische und eine strukturelle Fragestellung auffächert. Der erste Abschnitt untersucht die Faszinationskräfte, die bei der Lektüre der *romanzi* am Werk sind: Was fesselt den Leser an den Text? Der zweite Abschnitt widmet sich hingegen dem Problem der Schlussgebung: Wie lässt sich ein *romanzo* zu Ende erzählen? Narratives Begehren und textuelle Struktur sollen dadurch in ihrer Verschränkung begriffen werden.

1 Fahrende Leser und Dichter

Die zentrale soziologische Opposition, die die Debatte um Epos und *romanzo* strukturiert, ist die zwischen gebildeten und ungebildeten Lesern, zwischen *dotti* und *indotti*. Überall dort, wo ein Text diskreditiert werden soll, ist die Rede vom *volgo* nicht fern, häufig in Form von lexikalischen Varianten wie *la moltitudine, i molti, i plebei* usw. Wenn etwa Antonio Sebastiano Minturno, ein überzeugter Aristoteliker, die Mängel des *Orlando furioso* erörtert, liegt für ihn oft nahe, dass Ariosto sich dem Geschmack der Masse anbiedern wollte: „per piacere à molti elegesse di seguire l'abuso, che ne' Romanzi trovava"[14] („um der Masse zu gefallen, folgte Ariosto dem Missbrauch, den er in den *romanzi* vorfand"). Auch für Pigna ist die „feccia del volgo"[15] („der Abschaum des Pöbels") das Publikum des durchschnittlichen *romanzo*. Der *volgo* meint eine Leserschaft, die sich nicht von rationalen Prinzipien leiten lässt, sondern nach rein sinnlichem Genuss strebt. Er ist der Repräsentant einer rein lustbezogenen Konsumhaltung, eines ästhetischen Hedonismus, der weder vor den Prinzipien der aristotelischen *Poetik* noch vor denen der christlichen Moral bestehen kann. Welche Rezipientengruppe damit genau gemeint ist, bleibt stets offen. Man kann an das einfache Volk denken, das auf öffentlichen Plätzen gegen bares Geld den Vorträgen herumziehender Sänger, der *cantastorie* oder *cantimbanchi* lauscht. Über diese populäre und hochgradig kommerzielle Art des Geschichtenkonsums schütten die Humanisten regelmäßig ihren Hohn aus: Giraldi etwa spricht vom „cantar di questi plebei, che con le lor ciancie tendono le reti alle borse di chi ascolta"[16] („Gesang dieser Plebejer, die mit ihrem Geschwätz der Geldbörse des Zuhörers eine Falle stellen"). Seit Ende des 15. Jahrhunderts befindet sich jedoch vor allem der Buchmarkt in voller Expansion, und in den Händen der frühneuzeitlichen Drucker avanciert der Ritterroman schnell zum erfolgreichsten Genre der Zeit. Die aus einzelnen, nur schwach verbundenen Abenteuern bestehenden *romanzi* kommen den Vermarktungsstrategien umtriebiger Verleger entgegen, die längere Texte in Episoden zerlegen und in regelmäßigen Abständen an die alphabetisierte Mittelschicht verkaufen – es handelt sich, wie Marco Villoresi treffend feststellt, um die erste serielle Produktion von Konsumliteratur im Stil

---

14 Antonio Sebastiano Minturno, *L'arte poetica* [1564], München: Wilhelm Fink 1971, S. 29. Zum Argument der ungebildeten Leserschaft vgl. auch Hempfer, *Diskrepante Lektüren*, S. 51–53.

15 Giovan Battista Pigna, *I romanzi*, hg. v. Salvatore Ritrovato, Bologna: Commissione per i testi di lingua 1997, S. 45.

16 Giovan Battista Giraldi, *Discorsi intorno al comporre*, hg. v. Susanna Villari, Messina: Centro interdipartimentale di studi umanistici 2002, S. 16.

des Feuilleton-Romans.[17] Auch wenn die Dichtungstheoretiker des 16. Jahrhunderts selten auf konkrete Vermarktungs- und Lektürepraktiken eingehen, stellt der kommerzielle Erfolg des *romanzo* zweifelsohne einen Hintergrund dar, vor dem die Polemik gegen den genusssüchtigen *volgo* zu verstehen ist. Dass der *Orlando furioso* zu einem der größten Verkaufsschlager des 16. Jahrhunderts wurde[18] und dadurch in eine verdächtige Nähe zur Breitenwirkung ungleich simplerer *romanzi* rückt, bringt die Anhänger Ariostos immer wieder in Verlegenheit: Sie müssen erklären, wie es möglich ist, dass ein Text „non solo appresso del volgo, ma etiandio di huomini gravißimi"[19] („nicht nur beim Pöbel, sondern auch bei ernsten Männern") Anklang finden kann, wie Leonardo Salviati in seinem ersten Beitrag in der Ariosto-Tasso-Kontroverse schreibt – ein Dilemma, das gerne durch das horazische Argument aufgelöst wird, dass *prodesse* und *delectare* zusammengehören.[20] Dass der moderne *romanzo*, insbesondere der *Furioso*, einer breiten Leserschicht mehr *diletto* und *piacere* verschafft als das antike Epos, ist eine allgemein anerkannte Tatsache.

Der Topos des *volgo* im Zusammenhang mit der *romanzo*-Gattung ist keine Erfindung des 16. Jahrhunderts, sondern findet sich schon bei Petrarca, den Pigna in einer Passage von *I romanzi* explizit zitiert.[21] In einer wegen ihres polemischen Charakters berühmten Passage des *Trionfo d'amore* liest man, wie sich die Artusritter in eine lange Serie von sündhaft Liebenden einreihen:

> Ecco quei che le carte empion di sogni:
> Lancilotto, Tristano, e gli altri erranti,
> ove conven che 'l vulgo errante agogni.
>
> Schau Lancelot und Tristan Bücher schmücken,
> Nebst andern Irrenden, mit Traumgebäuden;
> Drob steht das irre Volk starr vor Entzücken[22]

---

17 Vgl. Marco Villoresi, *La fabbrica dei cavalieri. Cantari, poemi, romanzi in prosa fra Medioevo e Rinascimento*, Rom: Salerno 2005, S. 31 u. 148.

18 Vgl. Javitch, *Proclaiming a Classic*, S. 10–20. Allein zwischen 1540 und 1580 zählt Javitch 113 Auflagen des *Furioso*.

19 Leonardo Salviati, *Degli accademici della Crusca difesa dell'Orlando furioso dell'Ariosto. Stacciata prima*, Florenz: Domenico Manzani 1584, S. 1.

20 So etwa bei Giraldi, *Discorsi intorno al comporre*, S. 18 f. u. 23.

21 Vgl. Pigna, *I romanzi*, S. 44.

22 Francesco Petrarca, *Trionfi, Rime estravaganti, Codice degli abbozzi*, hg. v. Vinicio Pacca u. Laura Paolino, Mailand: Mondadori 1996, S. 148 (Triumphus Cupidinis III, V. 79–81) u. *Canzoniere, Triumphe, Verstreute Gedichte*, übers. v. Karl Förster u. Hans Grote, hg. v. Hans Grote, Düsseldorf u. Zürich: Artemis & Winkler 2002, S. 571. Zur ambivalenten Rolle der Lancelot-Figur bei Petrarca (und bei Dante) allgemein vgl. Daniela Delcorno Branca, *Tristano e Lancilotto in Italia. Studi di letteratura arturiana*, Ravenna: Longo 1998, S. 143–154.

Dem unwahrscheinlichen und traumhaften Charakter der Ritterromane entspricht ein Lektüremodus, der auf quasi-erotischem Begehren beruht: Durch das „agognare" rückt der *volgo* in ein Verhältnis zu den Romanen, das dem zwischen Ritter und Dame entspricht. Dass es sich dabei nicht nur um eine Verirrung des literarischen Geschmacks, sondern moralisch betrachtet um einen Zustand der Sünde handelt, signalisiert die Metapher des „errare", die einerseits auf die Abenteuersuche des Ritters verweist, andererseits aber auch an die Metaphorik des verlorenen Wegs denken lässt, insbesondere an die „via smarrita" im ersten Gesang von Dantes *Commedia* – ein intertextueller Verweis, der sich auch dadurch bestätigt, dass Petrarca auf die Artusritter zwei Liebende aus dem Inferno folgen lässt, nämlich Paolo und Francesca.[23] Auch diese lasen bekanntlich „per diletto"[24] einen Ritterroman, den altfranzösischen *Prosa-Lancelot*, und werden im ersten Höllenkreis von einem Wind umhergewirbelt, der nach dem Prinzip des *contrappasso* das unkontrollierte Spiel der Leidenschaften imitiert, gleichzeitig aber auch an das Umherirren des fahrenden Ritters erinnert: „di qua, di là, di giù, di sù li mena" („scheucht [...] [sie] nach hier, nach dort, nach oben, nach unten").[25] Dante macht die Abenteuersuche dadurch zu einem strukturellen und psychologischen Äquivalent der sündhaften Liebe; er spannt beide Formen des Begehrens durch den Begriff des „errore" zusammen und verurteilt sie moralisch. Im Gegenzug wird das sinnliche Begehren, für das Paolo und Francesca im Inferno schmoren, als eine Triebkraft des Lesens gedeutet, d. h. als eine Art des Literaturgebrauchs, die nicht auf spirituellen Gewinn, sondern auf reinen Genuss abzielt.

---

23 Vgl. Petrarca, *Trionfi*, S. 150 (Triumphus Cupidinis III, V. 83 f.). Aufgrund einer Passage aus *De vulgari eloquentia* („Arturi regis ambages pulcerimme") stellen Pacca und Paolino im Kommentar zu diesen Stellen der *Trionfi* einen Gegensatz zwischen Petrarcas negativem und Dantes scheinbar positivem Urteil über die Artusstoffe her. Da die „ambages" aber auch eine dunkle, doppeldeutige Rede und einen in die Irre führenden Weg meinen können, ist Dantes Lob auf die Ritter der Artusrunde mit Vorsicht zu genießen. Vgl. die Annotation zur entsprechenden Stelle von *De vulgari eloquentia* in: Dante, *Le opere*, hg. v. Enrico Fenzi, Rom: Salerno 2012, Bd. 3, S. 68 (I.II.2).

24 Dante, *Divina Commedia*, hg. v. Anna Maria Chiavacci Leonardi, Mailand: Mondadori 1991, *Inf.* V. 127.

25 Dante, *Divina Commedia, Inf.* V. 43 u. *Die Göttliche Komödie I: Hölle*, übers. v. Hartmut Köhler, Stuttgart: Reclam 2010, S. 77. Die Verbindung zwischen der Bestrafung der Liebenden im Inferno und dem Umherirren des fahrenden Ritters stellt auch Ariosto her, der mit denselben Formeln die vergebliche *inchiesta* seiner Figuren beschreibt. Vgl. dazu Donald Carne-Ross, „The One and the Many: A Reading of *Ornaldo Furioso*", in: *Arion* 3 (1976), S. 146–219, hier S. 153. Eine ähnliche Parallele zwischen Abenteuer und Eros bei Dante hat zuletzt Giorgio Agamben aufgewiesen. Vgl. *L'avventura*, Rom: nottetempo 2015, S. 48–53.

Folgt man der intertextuellen Kette, die von den Traktaten des 16. Jahrhunderts zu Petrarca und dann zu Dante führt, so lässt sich nachvollziehen, wie dem *romanzo* ein erotisch konnotiertes Faszinationsprinzip zugeschrieben wird. Auch wenn der *diletto* in der Dichtungstheorie des *Cinquecento* meist als ein positives Schlagwort auftaucht, bleibt er rechtfertigungsbedürftig, wie die geradezu obligatorische Ergänzung durch das Schlagwort des „giovamento" zeigt.[26] In Anschluss an Terence Cave kann man hier Abwehrreflexe gegen ein sich gerade herausbildendes säkulares Lektüreprinzip sehen, das auf persönlichen Lustgewinn abzielt und sich dem Schema der moralischen Allegorie entzieht.[27] Und doch besitzt die Verurteilung, die den „cavaliere errante" bei Petrarca und Dante trifft und die bis ins 16. Jahrhundert nachhallt, einen Erkenntniswert: Das Begehren des Ritters und das des Lesers nach immer neuen Abenteuern lässt sich tatsächlich nicht stillen, weil das Ende des einen immer nach dem Beginn des nächsten Abenteuers ruft. Der Unterschied zur tragischen Katharsis, die aus der Peripetie eines einheitlichen *mythos* hervorgeht und deshalb nicht beliebig wiederholbar ist, könnte kaum größer sein. Dass die Anhänger des antiken Epos deren Fehlen im *Furioso* beklagen, fügt sich in dieses Bild.[28]

Auf Petrarcas Vorstellung eines irrenden Romanlesers antwortet im *Cinquecento* aber nicht nur die kollektive Kritik am Geschmack des *volgo*, sondern auch eine wesentlich innovativere Metapher, die sich erneut bei Pigna findet. Dieser deutet die Bewegung des Umherirrens positiv um und macht sie zu einem Erzählprinzip des *romanzo*. Im Zusammenhang mit dem narrativen Verfahren, das heute als *entrelacement* bezeichnet wird, führt Pigna die Vorstellung eines „poema errante" in die Diskussion ein. Der Text irrt selbst zwischen verschiedenen Handlungssträngen umher und vollzieht dadurch die ziellose Bewegung des fahrenden Ritters auf einer strukturellen Ebene nach:

26 Giraldi, *Discorsi intorno al comporre*, S. 27.

27 Vgl. Terence Cave, „‚Suspendere animos': pour une histoire de la notion de suspens", hg. v. Gisèle Matthieu-Castellani u. Michel Plaisance, Paris: Aux Amateurs de Livres 1990, S. 211–218.

28 So etwa Filippo Sassetti, der das Fehlen der Katharsis vor allem darauf zurückführt, dass eine Figur wie Orlando selbstverschuldet ins Unglück gerät, aber auch eine Verbindung zu den Unterbrechungen der Handlungsstränge herstellt: Wenn eine Tragödie kurz vor dem Moment des Glückswechsels unterbrochen würde, ginge die Hälfte des Schreckens verloren, weil die „sospensione d'animo" des Lesers bzw. Zuschauers langsam abkühlen würde, statt sich plötzlich zu entladen. Vgl. Filippo Sassetti, „Il discorso contro l'Ariosto", in: *Rendiconti della Reale Accademia dei Lincei* 22 (1913), S. 474–524, hier S. 502 f. u. 511–515.

> E perché d'erranti persone è tutto il poema, egli altresì errante è, in quanto che piglia e intermette infinite volte cose infinite, e sempre con arte, percioché, se bene l'ordine epico non osserva, non è che una sua regola non abbia, la quale è questa, che quasi non può farne fallare: tralascia quando il tempo dà che s'interponga o quando nol dà.[29]

> Und weil die ganze Dichtung von umherirrenden Personen handelt, irrt sie selbst umher, insofern sie unendliche Male unendlich viele Dinge aufgreift und einstreut, und das immer voller Kunst, denn auch wenn sie der epischen Ordnung nicht folgt, bedeutet dies noch nicht, dass die keine eigene Regel besitzt, die sie auch kaum verfehlen kann, und diese lautet: sie bricht ab, wenn sich ein Einschub anbietet, oder wenn er sich nicht anbietet.

Zunächst, so legt Pigna nahe, setzt das *entrelacement* eine Handlungsstruktur voraus, in der sich Momente der Spannung und der Entspannung abwechseln. Der Erzähler kann den Handlungsstrang unterbrechen, wenn gerade ein Ruhepunkt erreicht ist, oder einen Moment besonderer Spannung wählen, um zu einem anderen Handlungsstrang zu springen, wodurch ein Cliffhanger entsteht. Beide Varianten lassen sich jedoch als Teil eines hedonistischen Lektüreprinzips verstehen: Bei der ‚passenden' Unterbrechung entsteht eine beruhigende „contentezza, e perciò piacere" („Freude, und daher Genuss"), im Fall der unvermittelten Unterbrechung hingegen wird der Leser gespannt („sospeso"), „e ne nasce un desiderio che fa diletto"[30] („und daraus entsteht ein Verlangen, das Vergnügen bereitet"). Gerade der zweite Fall, das spannungssteigernde *entrelacement*, erinnert an das Schmachten des sündigen Lesers bei Petrarca: Durch das Prinzip der ständigen *sospensione* erzeugt der *romanzo* immer neuen Genuss, ohne das Begehren jemals völlig zu stillen. Insgesamt beschreibt Pigna das *entrelacement* als ein strukturell realisiertes Meta-Abenteuer: Das unvorhersehbare Springen zwischen den Handlungssträngen entspricht den unkalkulierbaren Wendungen der fahrenden Ritterschaft.

Pignas ingeniöse Parallele zwischen Abenteuerweg und Textstruktur bringt aber auch eine neue Problematik ins Spiel, nämlich das Verhältnis zwischen Gesetz und Zufall. Die Kunstregel, die Pigna dem romanhaften *entrelacement* zuschreibt, ist schlichtweg paradox: Obwohl der *romanzo* nicht den aristotelischen Vorschriften für das Epos folgt, ist er nicht regellos, aber seine Regel ist so beliebig, dass er gar nicht gegen sie verstoßen kann. Der *romanzo* wird dadurch zu einer Gattung der Kontingenz: Nichts ist jemals notwendig, alles

29 Pigna, *I romanzi*, S. 48 f.

30 Pigna, *I romanzi*, S. 49. Die systematische Spannungserzeugung durch das *entrelacement* ist eine Erfindung Boiardos. Vgl. dazu Marco Praloran, *„Maraviglioso artificio". Tecniche narrative e rappresentative nell'Orlando innamorato*, Lucca: Maria Pacini Fazzi 1990, S. 21.

ist jederzeit möglich. Regeln lassen sich nur als freie Wahl zwischen zwei komplementären Mengen formulieren.[31] Zu dieser Beobachtung ergibt sich ein interessantes Echo in Tassos poetologischen Schriften. Am Anfang des dritten Buchs der *Discorsi del poema eroico* vergleicht dieser die moderne Dichtung mit den Entdeckungsreisen der Neuzeit: In beiden Fällen wird ein Terrain erschlossen, das in der Antike unkartiert war. Allerdings sollten weder der Entdecker noch der Dichter auf gut Glück verfahren, sondern rationalen Regeln folgen: „non lodo l'audacia senza consiglio, parendomi pazzia ch'altri voglia fare arte del caso […] e tutto concedere alla fortuna"[32] („den Wagemut ohne Planung lobe ich nicht, denn es scheint mir Wahnsinn, dass so mancher den Zufall zur Kunst erheben […] und alles dem Glück überlassen will"). Mit Hilfe der „ragione" bzw. des „intelletto" müsse man daher versuchen „di moderare i fortunosi avvenimenti e di restringerli quasi sotto alcuna legge"[33] („die Wechselfälle des Glücks zu mäßigen und sie gewissermaßen einem Gesetz zu unterwerfen"). Die Kritik am Aufsuchen des Zufalls evoziert einmal mehr die ritterliche Abenteuerlust und macht diese zu einem Analogon für das regellose Vorgehen der *romanzo*-Autoren. Auch wenn Pigna versucht, eine Regel für das romanhafte *entrelacement* anzugeben, sagt er unfreiwillig genau dasselbe wie Tasso: Die Gattung des *romanzo* ist ebenso kontingent wie das Umherirren der „cavalieri erranti", denen völlig unmotiviert immer neue Bewährungsproben begegnen. Das Beharren auf der Notwendigkeit eines vernünftigen Gesetzes subsumiert die Sinnlichkeit zudem implizit unter die Domäne des Zufalls: Wer ohne Vernunft auszieht, ist den unvorhersehbaren Wechselfälle der Fortuna ausgeliefert. Der rational Planende kann Zufälle hingegen ausschließen.

Tasso erteilt dem Genuss damit freilich keine Absage: Anders als viele Kritiker des *romanzo* lehnt er hedonistische Lektürepraktiken nicht ab, sondern geht davon aus, dass die Dichtung grundsätzlich auf *diletto* abziele. Dieser lasse

---

31 Stefano Jossa stellt fest, dass sich Pigna mit seiner Suche nach immanenten ästhetischen Strukturgesetzen von seinem ehemaligen Lehrer Giraldi absetzt – die Orientierung an der aristotelischen *Poetik* zielt demnach darauf ab, die Dichtung vor der Subjektivität des Dichters und der Willkür des historischen Gebrauchs in Schutz zu nehmen. Wie willkürlich die von Pigna formulierte Regel ist, unterschlägt Jossa jedoch, indem er das obige Zitat nach „non è che una sua regola non abbia" abbricht. Vgl. Stefano Jossa, *Rappresentazione e scrittura. La crisi delle forme poetiche rinascimentali (1540–1560)*, Neapel: Vivarium 1996, S. 187.

32 Tasso, *Discorsi del poema eroico*, in: ders., *Scritti sull'arte poetica*, S. 141–383, hier S. 215. Man kann hier eine unterschwellige Polemik gegen Giraldi sehen, der die modernen Dichter auffordert, über die Säulen des Herkules – also die antiken Gattungen und deren Regeln – hinauszugehen. Vgl. Giraldi, *Discorsi intorno al comporre*, S. 53 f.

33 Tasso, *Discorsi del poema eroico*, S. 215.

sich jedoch durch das Befolgen bestimmter Kunstregeln – insbesondere der aristotelischen Forderung nach Einheit der Handlung – am besten steigern. Neben diesen ewigen Wahrheiten („non si muta già mai“[34]) bezieht Tassos Dichtungstheorie jedoch auch ein historisch-variables Element mit ein, nämlich das Verlangen des modernen Lesers nach *varietà*.[35] Der Dichter darf die antiken Epen daher nicht sklavisch nachahmen, vielmehr muss er der besonderen Bedürfnisse des zeitgenössischen Publikums Rechnung tragen:

> Non era per aventura così necessaria questa varietà a' tempi di Virgilio e d'Omero, essendo gli uomini di quel secolo di gusto non così isvogliato: però non tanto v'attesero, benché maggiore nondimeno in Virgilio che in Omero si ritrovi. Necessariissima era a' nostri tempi.

> Möglich, daß diese Abwechslung zu den Zeiten Vergils und Homers entbehrlicher war, da sich der Geschmack der Menschen jener Jahrhunderte noch nicht so übersättigt hatte. Sie waren deshalb nicht so sehr darauf aus. Immerhin ist die Abwechslung bei Vergil schon viel ausgeprägter als bei Homer. Ganz unerlässlich war sie für unsere Zeiten.[36]

Es gibt, so legt dieses Dekadenznarrativ nahe, eine kulturgeschichtlich fortschreitende Zerstreuung der Aufmerksamkeit, der die Dichter mit einer immer stärkeren Beigabe von *varietà* begegnen, um die „gusti sì delicati“ (den „so heikle[n] Geschmack“)[37] ihrer Leser zu befriedigen. Das Erfolgsrezept der *romanzo*-Autoren besteht darin, die gestiegene Nachfrage nach ästhetischer Abwechslung durch die Vervielfältigung der Handlungen und Handlungsstränge zu befriedigen, während schulbuchmäßige Klassizisten für ein Publikum schreiben, das seit Jahrhunderten nicht mehr existiert. Aus Tassos Perspektive ist die umherirrende Struktur, die Pigna dem *romanzo* zuschreibt, ein modernes Phänomen: Sie kommt einem gerade in der Neuzeit gewachsenen Bedürfnis entgegen, muss aber natürlich auch ihrerseits einen

---

34 Tasso, *Discorsi del poema eroico*, S. 215.

35 Zur Rolle der *varietà* in Tassos Dichtungstheorie allgemein vgl. Georges Güntert, „Unità e varietà nella *Gerusalemme liberata*“, in: *Versants* 3 (1982), S. 45–76. Güntert geht u. a. den Quellen von Tassos Einheitskonzeption nach, während die historische Wandelbarkeit der *varietà* eher nebenbei behandelt wird. Eine Orientierung in den zahlreichen frühneuzeitlichen Bewältigungsstrategien angesichts explodierender Vielheit und Heterogenität ermöglicht der von Marc Föcking u. Bernhard Huss herausgegebene Sammelband *Varietas und Ordo. Zur Dialektik von Vielfalt und Einheit in Renaissance und Barock*, Stuttgart: Steiner 2003.

36 Tasso, *Discorsi dell'arte poetica*, S. 41 u. *Werke und Briefe*, München: Winkler 1978, übers. v. Emil Staiger, S. 770.

37 Tasso, *Discorsi dell'arte poetica*, S. 41 u. *Werke und Briefe*, S. 71.

Gewöhnungseffekt erzeugen, so dass der Leser in der Folge nach immer mehr Abwechslung verlangen wird.

Tassos Konzept des Epos zielt darauf ab, eine Synthese aus dem gestiegenen Verlangen nach *varietà* und den unveränderlichen Regeln der *Poetik* herzustellen. So wie der Kosmos eine Einheit bildet, die doch eine Vielfalt der Teile umfasst, so muss auch eine Vielfalt unterschiedlicher Gegenstände in die Einheit der Handlung eingehen: „ma che nondimeno uno sia il poema che tanta varietà di materie contegna, una la forma e la favola sua“ („ein Dichtwerk, das aber, bei aller Mannigfaltigkeit der Gegenstände, eine Einheit bildet, einheitlich ist in Gestalt und Handlung“).[38] Der epische Dichter macht sich dadurch eine wesentliche Einsicht des modernen *romanzo* zu eigen, ohne die ewigen Lehren des Aristoteles zu verletzen. Es liegt nahe, in Tassos Lösungsversuch zugleich einen Kompromiss zwischen Sinnlichkeit und Vernunft zu sehen: Die rational nachvollziehbaren Wahrheiten der Poetik sind unveränderlich, während das sinnliche Verlangen nach *varietà* einem historischen Wandel unterliegt. Auf ähnliche Weise legt Giovambattista Strozzi das Verhältnis von Einheit und Vielheit aus, als er 1599 vor der florentinischen Accademia degli Alterati einen Vortrag zur „unità della favola“ hält. Die Einheit ist ein universelles metaphysisches Prinzip, das Gott, der Welt und dem Menschen innewohnt und dessen Betrachtung Genuss erzeugt. Die Vielheit gefällt ebenfalls, allerdings auf einer rein empirischen Ebene: „La varietà è per se stessa dilettevole; e perché è cosa manifesta al senso, non ne occorre altra prova“[39] („Die Abwechslung bereitet an sich Genuss; und weil dies für die Sinne offensichtlich ist, wird kein anderer Beweis benötigt“). Die Freude an der Vielfalt der Gegenstände steigt jedoch, wenn sie in eine Einheit eingebettet ist – ähnlich wie Tasso strebt Strozzi also nach einer Synthese aus rationaler *unità* und sinnlicher *varietà*, auch wenn seine Theorie der Handlung keine historische Dimension besitzt.

Aus diesen Elementen ergibt sich ein stimmiges Rezeptionsmuster, das im italienischen 16. Jahrhundert fortwährend mit dem *romanzo* in Verbindung gebracht wird: ungebildete und genusssüchtige Leserschaft, sinnliche Lust am Text, dezentrierte Struktur, schwache Synthese der einzelnen Teile, moralische und strukturelle Regellosigkeit, zerstreute Aufmerksamkeit und dadurch Verlangen nach immer mehr *varietà*. Trotz der stets polemischen Untertöne enthält diese Kritik ein analytisches Moment: Man hat es hier mit

38 Tasso, *Discorsi dell'arte poetica*, S. 41 f. u. *Werke und Briefe*, S. 771.

39 Giovambattista Strozzi, „Dell'unità della favola“ [1599], in: *Trattati di poetica e retorica del Cinquecento*, hg. v. Bernard Weinberg, Rom u. Bari: Laterza 1974, Bd. 4, S. 333–344, hier S. 339.

einer rudimentären Psychologie des Lesens zu tun, die an den frühneuzeitlichen *romanzi* geschult ist und Aufschluss darüber gibt, welche Rezeptionsmechanismen bei der Lektüre von abenteuerlichen Narrativen am Werk sind. Inwiefern diese Beschreibung auf die einzelnen Texte zutrifft, steht freilich auf einem völlig anderen Blatt und muss von Fall zu Fall geprüft werden. Es erweist sich jedoch als aufschlussreich, die unter der Gattungsbezeichnung des *romanzo* verhandelten Texte am kritischen Erwartungshorizont der aristotelischen Dichtungstheoretiker zu messen – auch und gerade dann, wenn die polemischen Zuschreibungen wie im Fall des *Orlando furioso* nicht aufgehen.

2 Offene Enden

Die Frage nach der Faszination des *romanzo* ist untrennbar mit einem strukturellen Problem verbunden: dem der narrativen Schlussgebung. Im *Cinquecento* wird die Fragestellung natürlich stets in aristotelischen Termini formuliert. Das Epos beruht auf einem einzigen *mythos*, der über Anfang und Mitte zum Ende führt. Davon ausgehend lautet eine Beschreibung der *romanzo*-Handlung etwa so: „molte et varie attioni di molti et varii"[40] („viele und wechselnde Handlungen, die von Vielen und Wechselnden vollbracht werden"), oder noch kürzer: „più fatti di più uomini"[41] („mehrere Taten mehrerer Männer"). Hat man einen Text wie den *Orlando innamorato* vor Augen, so kann man die „fatti" und „azioni" getrost als einen Platzhalter für das nie genannte Abenteuer lesen. Da ein solcher *romanzo* nicht eine Handlung, sondern viele ineinander verschlungene Abenteuer schildert, die außerdem von vielen Rittern vollbracht werden, drängt sich die Frage auf, wo die Grenzen des Textes liegen. Sowohl in seiner episodischen Länge als auch in der Breite seiner Handlungsvielfalt scheint der *romanzo* kein natürliches Limit zu kennen. Pigna unterstreicht diesen Punkt in aller Deutlichkeit: „essendo che più azioni di termine mancherebbono, e verrebbe il processo in infinito, e più fini farebbono"[42] („da mehreren Handlungen der Schluss fehlen würde, liefen sie ins Unendliche fort und hätten mehrere Enden"). Dieses Problem ergibt sich nicht nur aus der aristotelischen *Poetik*, an der Pigna sich orientiert, sondern findet seine literaturgeschichtliche Entsprechung im seriellen Charakter der frühneuzeitlichen Ritterromane. Autoren wie Pigna

40 Giraldi, *Discorsi intorno al comporre*, S. 39.

41 Pigna, *I romanzi*, S. 30.

42 Pigna, *I romanzi*, S. 30.

oder Giraldi waren nicht nur mit der ausufernden einheimischen Produktion, sondern auch mit dem spanischen *Amadís*-Zyklus vertraut, der ab 1546 auf Italienisch erschien.[43] Es fehlte also nicht an Anschauungsmaterial, das von der konstitutiven Endlosigkeit des *romanzo* zeugt. Pigna versucht deshalb, ein feststehendes Ziel zu formulieren, auf das der *romanzo* zusteuert und nach dessen Erreichen er enden muss: „da qualche famosa sua impresa comincerò, trasferendomi a molte altre, e in una mi fermerò, oltra la quale una maggiore o avere o formare non possa"[44] („ich werde mit einer seiner berühmten Taten beginnen, und zu vielen anderen vorrücken, und bei einer werde ich aufhören, jenseits von der eine größere Tat weder gegeben noch gedacht werden kann"). Erneut handelt es sich um eine Regel, die nichts als ein Inbegriff der Regellosigkeit ist. Im *romanzo* präsentiert sich jede Tat immer schon als die größte, völlig unabhängig von ihrer syntagmatischen Position: „E cominciaron sì fiera battaglia / che far comparazion non si può a quella" („So heftig stürzten sie sich in den Streit, / mit dem kein anderer sich je verglich"),[45] heißt es etwa im sechsten Gesang von Pulcis *Morgante*, der an dieser Stelle bereits die Rhetorik des Superlativs parodiert. Da der Ritterroman nach dem Prinzip der *amplificatio* immer gewaltigere Taten aneinanderreiht, lässt sich nach Pignas Maßgabe kein Ende finden: Jedes Abenteuer kann überboten werden, wenn die Phantasie des Autors nur mächtig genug ist.

Das Problem der Unendlichkeit des *romanzo* hat auch Tasso erkannt: „può questo progresso andare in infinito, senza che le sia da l'arte prefisso o circonscritto termine alcuno" („und dies kann bis ins Unendliche gehen, ohne daß die Kunstregel eine Grenze vorschreiben oder umreißen könnte").[46] Dennoch, so argumentiert er, lässt sich für den *romanzo* zumindest indirekt eine ideale Ausdehnung angeben. Deren Bestimmung folgt Tassos eigener Logik: Für ihn begründet der *romanzo* keine eigene, moderne Gattung, er stellt vielmehr eine degradierte Variante des Epos dar. Das eigentliche Ziel des Autors müsste also darin bestehen, die Regeln der aristotelischen *Poetik* zu befolgen und ein Epos zu schreiben. Wenn er aus Rücksicht auf den vorherrschenden

---

43 Vgl. Giraldi, *Discorsi intorno al comporre*, S. 48 u. Pigna, *I romanzi*, S. 26. Zur seriellen Struktur des *Amadís*-Zyklus und seiner Verbreitung sowie Übersetzung vgl. Henrike Schaffert, *Der Amadisroman. Serielles Erzählen in der Frühen Neuzeit*, Berlin u. a.: De Gruyter 2015, S. 13.

44 Pigna, *I romanzi*, S. 40.

45 Luigi Pulci, *Morgante*, hg. v. Aulo Greco, Turin: UTET 2004, VI.44 u. *Morgante*, übers. v. Edith u. Horst Heintze, hg. v. Falk Peter Weber, Berlin u. Madison: Galda Verlag 2008, VI.44.

46 Tasso, *Discorsi dell'arte poetica*, S. 28 u. *Werke und Briefe*, S. 758.

Publikumsgeschmack dennoch in der epischen Sub-Gattung schreiben will, die *romanzo* genannt wird, dann muss er sich jedoch nach völlig anderen Regeln richten. Im Fall der Ausdehnung läuft die goldene Regel des *romanzo* auf eine Negation der aristotelischen Forderung nach Übersichtlichkeit (*eusynoptos*[47]) hinaus: Derjenige *romanzo* ist der beste, der die größte Ausdehnung besitzt.[48] Passenderweise beschreibt Tasso dieses Streben nach Grenzenlosigkeit mit einem Vergleich, der aus den Ritterromanen selbst hergenommen ist: „la grandezza [è] tanto più risguardevole, quanto meno usata, perciò che fra' giganti ancora quelli sono più maravigliosi che superano più la commune statura"[49] („die Ausdehnung ist umso bemerkenswerter, je ungewöhnlicher sie ist, weil ja auch unter den Riesen diejenigen am wunderbarsten sind, die die durchschnittliche Statur am deutlichsten übertreffen"). Die Größe des Riesen steht metaphorisch für das Ausmaß des Textes: Beide sind einer unbegrenzten Steigerung fähig und werden ihrer Rolle doch dann am besten gerecht, wenn sie alle anderen übertreffen. Denkt man an Pignas Vorstellung einer unüberbietbaren Heldentat, die das Ende des *romanzo* markiert, wäre aber auch eine metonymische Lesart möglich: Der Riese ist als schrecklicher Gegner Bestandteil zahlreicher Abenteuer. Seine Körpermaße sind zugleich das Maß, an dem sich die bestehende Prüfung bemessen lässt – ein Prinzip, das später Cervantes parodiert, indem er die Riesen im Kopf seines Helden wortwörtlich bis in den Himmel wachsen lässt: „diez gigantes que con las cabezas no sólo tocan, sino pasan las nubes" („zehn Riesen [...], deren Köpfe die Wolken nicht nur streifen, sondern überragen").[50] Den größten Riesen, das gewaltigste Abenteuer und das definitive Ende kann es im *romanzo* niemals geben.

Der *romanzo* zielt daher gemäß seinem Gattungsideal auf Endlosigkeit ab, auf sich immer weiter addierende und verschlingende Abenteuer, denen nur äußere Zwischenfälle ein Ende setzen können: etwa wenn der Verfasser durch Tod oder sonstige Umstände gehindert wird, den Text fortzusetzen. Es handelt sich hier nicht um eine reine Spekulation, denn Boiardos unvollendeter, aber immerhin 69 Gesänge umfassender *Orlando innamorato* bricht mitten im neunten Gesang des dritten Teils ab, und zwar mit einem Hinweis

47 Vgl. dazu Aristoteles, *Poetik*, 1459a.

48 Vgl. Tasso, *Apologia della Gerusalemme liberata*, in: ders., *Scritti sull'arte poetica*, S. 65–139, hier S. 73. Tasso verteidigt an dieser Stelle den *Amadigi* seines Vaters Bernardo und gerät dabei in manchen Widerspruch zu seiner eigenen Theorie des Epos. Dieser Punkt soll hier jedoch nicht vertieft werden.

49 Tasso, *Apologia della Gerusalemme liberata*, S. 72.

50 Miguel de Cervantes, *Don Quijote de la Mancha*, hg. v. Francisco Rico, Madrid: Real Academia Española 2015, Bd. 1, S. 733, Kap. II.6 u. *Don Quijote von der Mancha*, übers. u. hg. v. Susanne Lange, München: dtv 2016, Bd. 2, S. 57.

auf den Einfall eines französischen Heeres unter der Führung Karls VIII., das im Oktober 1494 Ferrara erreichte:

> (Mentre che io canto, o Dio redemptore,
> Vedo la Italia tutta a fiama e a foco
> Per questi Gallli, che con gran valore
> Vengon per disertar non sciò che loco:
> Però vi lascio in questo vano amore
> Di Fiordespina ardente a poco a poco.
> Un altra fiata, se mi fia concesso,
> Raconterovi el tutto per espresso).
>
> Indeß ich dieses sing' – o Gott der Güte! –
> Seh' ich Italien rings in Flamm' und Brand
> Durch diese Gallier, deren Kriegsgewüte
> Verheeren will, ich weiß nicht welches Land.
> Drum lass' ich Fleurdespinen, die erglühte
> Von eitler Liebe, nach und nach entbrannt.
> Ein andermal (begünstigt Gott mein Streben)
> Hoff' ich von Allem euch Bericht zu geben.[51]

Die letzte Stanze markiert den Einbruch eines völlig äußeren, kontingenten Ereignisses in den Text, dessen letzter Cliffhanger nicht mehr aufgelöst wird.[52] Boiardo starb zwei Monate später, und sein Text erschien 1495 in der finalen Fassung, die dann von diversen Autoren – darunter auch Ariosto – fortgesetzt wurde.[53] Selbst der äußere Zufall unterbricht den Text nur vorübergehend, denn in letzter Instanz triumphiert einmal mehr das Gattungsprinzip der unendlichen Fortsetzung.

Es bietet sich an, die End- und Ziellosigkeit des *romanzo* mit dem bereits skizzierten Rezeptionsmodell der Spannung zu verbinden: Pigna zufolge

---

51 Matteo Boiardo, *Orlando innamorato*, hg. v. Andrea Canova, Mailand: BUR 2016, III. IX.26 u. *Matteo Maria Bojardo's, Grafen von Scandiano, Verliebter Roland*, übers. v. Johann Diederich Gries, Stuttgart: Beck und Fränkel 1839, Bd. 4, S. 375.

52 Daniela Delcorno Branca weist darauf hin, dass die kontingente Unterbrechung gleichzeitig Boiardos Prinzip der Spannungserzeugung gehorcht – schon das zweite Buch des *Innamorato* endete mit dem Hinweis auf „quest'anime fele / Che fan guera per sdegno e per furore" (II.XXXI.50). Insofern liegt nahe, dass Boiardo seinen Text auch nach dem Ende des französischen Feldzuges hätte fortsetzen können, wenn er nicht vorher verstorben wäre (vgl. Delcorno Branca, „La conclusione dell'*Orlando furioso*: qualche osservazione", in: *Boiardo, Ariosto e i libri di battaglia*, hg. v. Andrea Canova u. Paola Vecchi Galli, Novara: Interlinea 2007, S. 127–137, hier S. 128).

53 Zu den Fortsetzungen des *Innamorato*, die meist weit hinter ihrem Modell zurückbleiben, vgl. Marco Villoresi, *La letteratura cavalleresca. Dai cicli medievali all'Ariosto*, Rom: Carocci 2000, S. 172–176.

besteht der Reiz des *romanzo* aus einer Serie von relativ kurzen Spannungen und Entspannungen, in die das *entrelacement* spannungssteigernd eingreift, indem es die Abenteuer der Figuren durch das Umherirren des Erzählers noch einmal verdoppelt.[54] Übergeordnete Spannungsbögen, sofern sie überhaupt vorhanden sind, erfüllen dann in erster Linie die Funktion, neue Abenteuer zu ermöglichen. Dieses zirkuläre Modell von Spannungsaufbau und -abfuhr ist ebenso offen wie der *romanzo* selbst, ja es stellt nichts anderes dar als das rezeptionsästhetische Korrelat der narrativen Endlosigkeit. Mit Hilfe der dichtungstheoretischen Texte des 16. Jahrhunderts lässt sich das Prinzip des *romanzo* bereits auf Begriffe bringen, die an Peter Brooks' Theorie des narrativen Begehrens erinnern, und das ist sicherlich kein Zufall, denn Brooks beruft sich immer wieder auf die aristotelische Handlungsstruktur von Anfang, Mitte und Ende, die auch in der Debatte um Epos und *romanzo* einen ständigen Referenzpunkt darstellt. Für Brooks ist die Tatsache von zentraler Bedeutung, dass jede Erzählung ein Ende voraussetzt, weil nur durch die narrative Schließung die im Plot angelegte Bedeutung zur Geltung kommt – was auch einer definitiven Abfuhr der durch den Impuls des Anfangs erzeugten Spannung entspricht:

> The very possibility of meaning plotted through sequence and through time depends on the anticipated structuring force of the ending: the interminable would be the meaningless, and the lack of ending would jeopardize the beginning.[55]

Nun ist dieses Modell offensichtlich am realistischen Roman des 19. Jahrhunderts und an der aristotelischen *Poetik* geschult, also an einer literarischen Strömung, die sich im Gegensatz zur abenteueraffinen *romance* herausgebildet hat, und an einem theoretischen Text, der früh für die Kritik am Abenteuerschema eingespannt wurde. Die frühneuzeitliche Narrativik unterhält demgegenüber ein flexibleres Verhältnis zur Schließung. Ihre strukturelle Offenheit resultiert daraus, dass das Abenteuer über weite Strecken sich selbst überlassen bleibt, was zur endlosen Verschlingung einer Vielzahl von Abenteuer-Sequenzen führt. Aus diesem Modell versucht schon Ariosto auszusteigen: Seine erste Operation besteht folgerichtig darin, die Bedeutung

54 Allerdings lässt sich auch die Entstehung eines modernen Spannungskonzepts, das einen einzigen, kausallogischen Handlungsbogen voraussetzt, in den Poetiken des 16. Jahrhunderts nachvollziehen. Vgl. dazu Irmgard Scharold, „Tancredis Phantasmen. Zur historischen Genese von Schauer und Spannung in Theorie und literarischer Praxis des italienischen Cinquecento", in: *Gespannte Erwartungen. Beiträge zur Geschichte der literarischen Spannung*, hg. v. Kathrin Ackermann u. Judith Moser-Kroiss, Wien u. Berlin: LIT Verlag 2007, S. 59–97.

55 Peter Brooks, *Reading for the Plot. Design and Intention in Narrative*, Harvard: Harvard University Press 1992, S. 93.

des Abenteuers gegenüber der *queste* der einzelnen Ritter zu reduzieren und diese schließlich in ein episch gefärbtes Finale übergehen zu lassen.[56] Der Text entgeht der eigenen Endlosigkeit unter anderem dadurch, dass er seine epischen Bestandteile – die *matière de France* mit dem kollektiven Kampf gegen die Mauren – reaktiviert. In den „verwilderten" Romanen des Mittelalters und der Frühen Neuzeit, wo das Abenteuer keinem höheren Sinnzusammenhang mehr zugeordnet ist, sondern einen reinen Selbstzweck darstellt,[57] findet sich hingegen ein narratives Begehren, das nicht nach dem einen Ende strebt, sondern sich immer wieder erneuert und daher eher zyklisch als teleologisch angelegt ist. Umso überraschender ist es, dass Brooks gerade das Abenteuer als Paradefall des vom Ende her konstruierten Handlungsschemas aufgreift: „The sense of adventure thus plotted from its end, so to speak, has something of the rigor and necessity provided in poetry by meter and rhyme".[58] Das mag auf einzelne Abenteuer zutreffen, wo das scheinbar kontingente Ereignis immer schon auf einen bestimmten Sinn, nämlich die Bewährung des Helden ausgerichtet ist. Doch im *romanzo* der Frühen Neuzeit bilden Abenteuer gerade kein finalisiertes Syntagma, sondern endlose Serien. Das Ende des einen Abenteuers geht hier immer schon mit dem Begehren nach dem nächsten einher – so wie auch ein Vers oder ein Reim, um bei Brooks' Analogie zu bleiben, formal abgeschossen ist und gleichzeitig auf die nächste metrische Einheit vorausweist. Zu dieser Analogie zwischen narrativer und metrischer Einheit[59] passt, dass Giraldi die für den *romanzo* typische Strophenform, die Oktave, nach einem ähnlichen Muster beschreibt. Der Abschluss der Oktave im Paarreim hebt einen Zustand der Spannung auf und erzeugt *diletto*, doch mit dem Erreichen dieses metrischen Ruhepunkts entsteht bereits das Verlangen nach der nächsten Strophe:

> perché aspettando quel fine chi legge o chi ascolta, quanto piú dolce il ritrova, tanto piú volentieri vi si riposa e divien piú avido di udire le altre stanze; nella

56 Vgl. dazu den bereits zitierten Artikel von Bruscagli, „,Ventura' e ,inchiesta' fra Boiardo e Ariosto". Zur epischen Schließung des Textes vgl. David Quint, „The Figure of Atlante: Ariosto's and Boiardo's Poem", in: *MLN* 94 (1979), S. 77–91. Auch wenn Bruscagli und Quint entscheidende Beobachtungen machen, sollte man nicht von einer definitiven Abkehr Ariostos vom Abenteuer ausgehen – dieses hat bis in die letzten Gesänge seinen festen Platz in der narrativen Ökonomie des *Furioso*.

57 Vgl. Stierle, „Die Verwilderung des Romans", S. 262.

58 Brooks, *Reading for the Plot*, S. 94.

59 Zum Verhältnis von Abenteuer und Vers- bzw. Prosaform vgl. auch den Beitrag von Martin von Koppenfels in diesem Band.

> qual cosa, insieme col diletto che dà il poeta, si mostra egli di molto giudicio in sapere con felice destrezza pigliare l'animo di chi legge, et con mirabilie artificio.[60]

> denn auf dieses Ende hat der Leser bzw. Zuhörer gewartet, und je angenehmer es ihm erscheint, desto lieber ruht er sich an dieser Stelle aus und wird begierig, die anderen Strophen zu hören. Dadurch erzeugt der Dichter nicht nur Genuss, sondern beweist auch seine Urteilskraft, weil er mit glücklichem Geschick und wundersamer Kunstfertigkeit die Seele des Lesers zu ergreifen weiß.

Diesem zyklischen Schema von Spannung und Genuss gehorcht auch das seriell erzählte Abenteuer. Dem unendlichen Text des *romanzo* entspricht deshalb ein unersättliches narratives Begehren, das bei Petrarca als ein Zustand des „aggognare", des Schmachtens beschrieben wurde.

Während die Endlosigkeit des *romanzo* für die meisten Leser offenbar lustvollen Charakter hatte, spricht aus den poetologischen Traktaten des *Cinquecento* bereits eine gewisse „fear of endlessness", wie man mit Brooks sagen könnte.[61] Aber wie später in der Literatur der Moderne findet auch in der Frühen Neuzeit kein reiner Ausschluss des Abenteuers statt – selbst Tasso scheint es unmöglich, den modernen Leser an einen Text zu fesseln, ohne die im *romanzo* enthaltene *varietà* zumindest auf Ebene des verarbeiteten Materials zu integrieren. Der abenteuerliche *romanzo* kann zwar endlos fortlaufen, er gilt im 16. Jahrhundert aber auch als eine literarische Gattung, die einen schnellen Lustgewinn garantiert und das Begehren einer breiten Leserschicht besonders stark an sich bindet. Wer diese Lust am Text nicht eliminieren wollte, der konnte auch das Abenteuer nicht endgültig loswerden.

60 Giraldi, *Discorsi intorno al comporre*, S. 123.

61 Brooks, *Reading for the Plot*, S. 109.

MICHAEL WALTENBERGER

Tychander und Springinsfeld

Krieg als pikarische Abenteuersphäre bei Hieronymus Dürer und Grimmelshausen

I

Will man ‚Abenteuer' als ein kulturübergreifendes und epochenüberschreitendes Paradigma konzipieren, dann hat dieser Versuch selbst etwas zutiefst Abenteuerliches: ein mutiger Vorstoß ins konzeptuell Ungebahnte, um neue Beobachtungschancen nutzen zu können. Weitgehend ungebahnt ist jedenfalls bisher der Weg einer „Philologie des Abenteuers", soweit sie sich im Zwischenraum zwischen Soziologien, Philosophien und Psychologien des Abenteuers einerseits, den Rekonstruktionen historisch je spezifischer Erfahrungs- und Erzählschemata andererseits bewegen müsste. Soll sich das Paradigma nicht im Jenseits der Texte auflösen, dann sind Abkürzungen, die eine fundamentale soziokulturelle Funktionsbestimmung direkt mit in der Lektüre freigesetzten Energien eines anthropologisch verallgemeinerten Begehrens verbinden, möglichst zu vermeiden. Anders gesagt: Auch wenn der ideologische, identifikatorische, kompensatorische oder eskapistische Zweck klar zu sein scheint; auch wenn die imaginären und affektiven Wirkungen wichtiger scheinen als Strukturbildung und Sinnstiftung, führt doch kein Weg daran vorbei, wenigstens hypothetisch nach textuellen und narrativen Strukturen zu fragen, die geeignet sind, jene Funktionen einzulösen, indem sie die Erfahrung des Abenteuerlichen stimulieren.

Wie also könnte man strukturelle Bedingungen beschreiben, unter denen Erzählen dem Phantasma des Abenteuers Raum gibt?[1] Während mir an Bachtins Vorstellung vom Chronotopos[2] der Aspekt einer unauflöslichen Interdependenz von Raum und Zeit essenziell erscheint, können seine Beschreibungen historisch spezifischer Chronotopoi zwar für je konkrete Analysen hilfreich sein; der Annäherung an eine allgemeine strukturelle

1 Vgl. die Einleitung zu diesem Band, oben S. 6.

2 Michail M. Bachtin, *Chronotopos*, übers. v. Michael Dewey, hg. v. Edwald Kowalski u. Michael Wegner, 3. Aufl., Frankfurt/Main: Suhrkamp 2014. Zu den theoretischen Grundlagen, den unterschiedlichen konzeptuellen Facetten und zur unfesten Verwendung des Begriffs durch Bachtin vgl. Michael C. Frank, „Chronotopoi", in: *Handbuch Literatur & Raum*, hg. v. Jörg Dünne u. Andreas Mahler, Berlin u. Boston: de Gruyter 2015, S. 160–169.

 | DOI:10.30965/9783846764725_009

Charakteristik abenteuerlichen Erzählens sind sie wohl eher hinderlich. Wichtig scheint mir jedenfalls, nicht von vornherein einen Abenteuerraum als chronotopische Andersartigkeit im kategorialen qualitativen Unterschied zum Alltäglichen, Gewohnten und Naheliegenden zu konzipieren. Ansetzen müsste man vielmehr, glaube ich, bei einer irreduziblen zeitlichen bzw. narrativen Bewegung des ‚Raum-Gebens', in der sich ein konstitutiv paradoxer Ordnungsbezug entfaltet: Voraussetzung für das Abenteuer ist nicht schon der Ausgang oder Ausbruch aus der Normalität ins Offene allein; das Extraordinäre gewinnt den ephemeren Reiz des Abenteuerlichen erst und insoweit, als die Erfahrung des Offenen und Gefährlichen zugleich als eine episodische Öffnung im Rahmen eines prinzipiell fortdauernden Ordnungsvertrauens gedacht werden kann. Abenteuererzählen, so könnte man sagen, befriedigt ein „paradoxe[s] Bedürfnis[]" zwischen Sicherheit und Ausbruch,[3] indem es diese Spannung prozessiert.

Unter dieser Prämisse geht mein tastender Versuch, der strukturellen Charakteristik des Abenteuererzählens etwas näherzukommen, bewusst von einer konzeptuellen Gegenstellung aus – zum einen nämlich von der auf Zeitlichkeit basierenden Erzähltheorie Paul Ricœurs, zum andern und konträr dazu von Jurij Lotmans strukturalistisch-topologischem Sujetbegriff. Die Akzentuierung einer ökonomischen Terminologie geschieht dabei im Vorgriff auf die anschließenden analytischen Beobachtungen an zwei Texten, deren paradoxer Ordnungsbezug sich nicht nur inhaltlich in ökonomischem Geschehen ausprägt, sondern auch strukturell als ökonomische Dynamik besonders gut beschreibbar erscheint.

Nach Ricœur besteht ein wesentlicher Aspekt des Erzählens darin, jener Sphäre menschlicher Erfahrung Anerkennung und sogar Ehre zuteil werden zu lassen, die aus dem Blickwinkel der formalen Logik und normativer Ordnungsentwürfe lediglich negativ im Begriff der Kontingenz zu bestimmen ist. In diesem ‚Anerkennen' des Kontingenten eignet dem Erzählen darüber

3 So die Themenformulierung von Nicolai Hannig und Hiram Kümper („Paradoxien zwischen Sicherheit und Ausbruch", in: *Abenteuer. Zur Geschichte eines paradoxen Bedürfnisses*, hg. v. dens., Paderborn: Schöningh 2015, S. 11–49), die damit freilich nicht auf eine erzählstrukturelle Bestimmung zielen, sondern in erster Linie auf eine sozial- und kulturhistorische Annäherung an das Abenteuer als Phänomen der Moderne. In Simmels philosophisch-psychologischer Sicht korrespondiert dem die Beobachtung des Abenteuers „als eine Kreuzung des Sicherheits- mit dem Unsicherheitsmoment des Lebens" (Georg Simmel, „Philosophie des Abenteuers", in: ders., *Aufsätze und Abhandlungen 1909–1918*, hg. v. Rüdiger Kramme u. Angela Rammstedt, Frankfurt/Main: Suhrkamp 2001, Bd. 1 [= Simmel, *Gesamtausgabe*, hg. v. Otthein Rammstedt, Bd. 12], S. 97–110, hier S. 102).

hinaus eine spezifische Intelligibilität.[4] Man kann die Emphase dieses erzähltheoretischen Grund-Satzes etwas abkühlen, indem man ihn zum Prinzip einer Ökonomie des Erzählens umformuliert: Erzählen, könnte man dann sagen, beruht – im doppelten Wortsinn – auf einer Investition von Kontingenz, nämlich als ‚Einkleidung' einer ‚rohen' Materie erfahrungshafter „contingence sauvage"[5] und zugleich als ‚Einsatz' dieser Kontingenz, um einen Wandel, den Wechsel von einem Zustand der Ordnung in einen anderen, zu vollziehen bzw. nachvollziehbar zu machen. Bei einem konsequent sujethaften Erzählen im Lotman'schen Sinn wäre dieser ‚Einsatz' auf eine einfache Transaktion konzentriert: auf einen topologisch mehr oder weniger markanten transgressiven Akt des Helden. In diesem Akt öffnet sich ereignishaft die Ordnung – nur um sich sogleich wieder in einem neuen Zustand zu schließen.[6]

Abenteuerlich wird das Erzählen nun, insofern die Ereignishaftigkeit sich vom Moment der Überschreitung ablöst. Die in der Transgression aktualisierte Ordnung wird dabei suspendiert und verzeitlicht: Sie erscheint als Horizont, vor dem sich die Ereignishaftigkeit zu einer ‚Zwischen-Zeit' ausdehnt, in der die Ricœur'sche „contingence sauvage" insofern ‚Anerkennung' und spezifische Form gewinnt, als auf diese Weise nicht mehr nur die Differenz zwischen verschiedenen Ordnungszuständen auf dem narrativen Spiel steht. Vielmehr wird fundamentaler die Unterscheidbarkeit zwischen dem lediglich vorläufig ‚Unordentlichen' und einem Anderen vor und außerhalb der Ordnung(en) unsicher.[7] Der transgressive Akt wandelt sich dabei in einen intentionalen;

---

4 Paul Ricœur, „Contingence et Rationalité dans le Récit", in: *Studien zur neueren französischen Phänomenologie: Ricœur, Foucault, Derrida*, hg. v. Ernst W. Orth, Freiburg/Breisgau u. München: Alber 1986, S. 11–29, hier S. 11. Deutsche Übersetzung: Paul Ricœur, *Zufall und Vernunft in der Geschichte*, übers. v. Helga Marcelli, Tübingen: konkursbuch Verlag 1986, S. 11.

5 Ricœur, „Contingence", S. 15.

6 Jurij M. Lotman, *Die Struktur literarischer Texte.* übers. v. Rolf-Dietrich Keil, 4. Aufl., München: Wilhelm Fink 1993, S. 329–340. Selbstverständlich geht es hier nicht um Kritik an Lotmans Konzeption, sondern ganz im Gegenteil um die Nutzung ihrer längst vielfältig bewiesenen Aufschlusskraft durch die Integration in ein Modell, das Spannungsverhältnisse des Erzählens möglichst präzise in einer klaren Polarität beschreibbar machen soll. Um Lotman gerecht zu werden, müssten im übrigen die Aspekte zeitlicher Dynamik berücksichtigt werden, die in seiner späteren Theoriebildung wichtig werden.

7 Mit Bernhard Waldenfels kann man unterscheiden „zwischen einem transordinalen *Außerordentlichen,* das die Grenzen der jeweiligen Ordnung überschreitet, einem intraordinalen *Unordentlichen,* das auf dem Boden der jeweiligen Ordnung den Maßstäben eben dieser Ordnung widerspricht, und einem infraordinalen *Ungeordneten,* aus dem die Ordnung hervorgeht" (Waldenfels, *Bruchlinien der Erfahrung. Phänomenologie, Psychoanalyse, Phänomenotechnik,* Frankfurt/Main: Suhrkamp 2002, insb. S. 273 [Herv. i. O.]). Vgl. dort auch S. 234–258 („Innerhalb und außerhalb der Ordnung") sowie, etwas anders akzentuiert, ders., *Ordnung im Zwielicht,* 2. Aufl., München: Wilhelm Fink 2013, S. 25 f. und passim.

er wird zur Zukunft entwerfenden – dem Abenteuer ‚Raum gebenden' – Entscheidung, Unsicherheit und Gefahren in Kauf zu nehmen für erhöhte Chancen auf Lust, Glück, Ehre, Selbstbestätigung oder Weltrettung – oder auch auf Sinn, Wissen, Erkenntnis und Wahrheit. Mit Blick auf Genres des abenteuerlichen Erzählens, in denen der Protagonist notwendig und unfreiwillig in eine Sphäre der Unsicherheit und Gefahr gerät, kann man sich allerdings fragen, ob eine freie Entscheidung im Figurenbewusstsein erforderlich ist – solange die drohende Gefahr mindestens in der Erwartung der Rezipienten durch eine genre- oder schemagemäße Finalität mit bestimmbaren Gewinnaussichten verknüpft ist und insofern auf der Ebene des Erzählens als kalkuliertes Risiko begriffen werden kann.[8] Auch die topologische Prägnanz der Überschreitung kann als konkreter Eintritt in die Sphäre abenteuerlicher Ordnungsunsicherheit bewahrt sein – etwa im Ausritt des Ritters aus der Burg in den Aventiurenwald, im Aufbruch der Expedition aus der westlich-zivilisierten Stadt in die Wildnis Afrikas oder im Start des Raumschiffs, das in die unendlichen Weiten des Alls fliegt. Auch dies ist aber nicht unbedingt notwendig: Es kann auch sein, dass die Abenteuersphäre konkret-räumlich gar nicht von der Sphäre des Bekannten, Gewohnten, Zivilisierten und Sicheren abgesetzt ist, sondern diese lediglich in der eigenwilligen Wahrnehmung des Protagonisten als Raum der Ordnungsunsicherheit und Gefahr erscheint – womöglich auch lediglich auf der Ebene des Erzählens als solche perspektiviert wird.

Im übrigen zielt die Investition von Kontingenz im abenteuerlichen Erzählen normalerweise nicht auf die Prägnanz einer tragischen Peripetie, auf fundamentale Veränderungen des Ordnungszustands oder gar auf die revolutionäre Etablierung einer neuen Ordnung. Im Gegenteil: Je weiter sich die abenteuerliche Sphäre der Ordnungsunsicherheit ausdehnt, desto mehr widerstrebt dies den Ansprüchen einer auf klare Differenz angelegten erzählerischen Ordnungsmodellierung in Gründungsmythen oder Heldenepen ebenso wie den Ansprüchen auf prozessuale Stringenz in Narrativen der Bildung, der Entwicklung und des Fortschritts. Effizienter angelegt ist abenteuerliche Kontingenz-Investition einerseits, wenn man nicht signifikante Veränderungen propagieren, sondern sich der Beständigkeit von Ordnung im Durchgang durch abenteuerliche Unsicherheit vergewissern will – und auf der Kehrseite: wenn man Ordnungsvertrauen als Voraussetzung für den Lustgewinn einer sicheren, ungefährlichen Erfahrung von Unsicherheit und Gefahr nimmt. Das trifft wohl vor allem für große Teile dessen zu, was

8 Vgl. zur (Perspektiven-)Differenz zwischen Gefahr und Risiko Niklas Luhmann, *Soziologische Aufklärung 5. Konstruktivistische Perspektiven*, 3. Aufl., Wiesbaden: Verlag für Sozialwissenschaften 2005, S. 131–169.

als triviale Abenteuerliteratur verbucht werden kann, deren Makrostrukturen ja im Lotman'schen Sinne eigentlich sujetlos sind.[9]

Eine konsequente Steigerung abenteuerlicher Kontingenz-Investition bringt allerdings, am Anspruch der Ordnung gemessen, anökonomische Effekte mit sich: Die Dehnung des Ereignishaften führt tendenziell zu episodischer Multiplikation, komplexer Varianz und zur Selbstbezüglichkeit – kurz: zu struktureller Wucherung und semantischem Wucher. Das kann in erster Linie aisthetische Wirkungen verstärken: Effekte der Immersion und identifikatorischen Affizierung sowie der Rhythmisierung von Spannung und Entspannung. Die Wucherung kann aber auch als Formpotenzial genutzt werden: Offene syntagmatische Verkettungen, die sich aus der Sujetfügung lösen, setzen nicht per se schon Kontingenz frei. Sie können auch – etwa in den Wunderserien legendarischen Erzählens – durch Abundanz die Ordnung bekräftigen; sie können außerdem durch die Akzentuierung paradigmatischer Bezüge zu einem Sinngewinn im Paradigma genutzt werden.[10] Solche paradigmatischen Strukturen können zuletzt wieder im Ordnungshorizont aufgehoben sein. Es können daraus aber auch signifikante Figurationen des Ungeordneten, Inkommensurablen und Invididuellen hervorgehen, die sich mehr oder weniger prägnant vom Ordnungshorizont abheben. Ersteres, den paradigmatischen, im Ordnungshorizont aufgehobenen Sinngewinn abenteuerlichen Erzählens, könnte man etwa für die Aventiuren Erecs oder Iweins veranschlagen: Im Durchgang durch die Episoden konturieren sich qua Wiederholung und

9 Erzählen dient dabei weniger der Kontingenzbewältigung als vielmehr einer Nezessitätskompensation. Zur Opposition von sujethaften und sujetlosen Texten vgl. Lotman, *Die Struktur literarischer Texte*, S. 336–339.

10 Effekte der Paradigmatisierung in episodischer Reihung würde ich also zunächst als Konsequenz einer vom Text durch die Akzentuierung motivischer oder schematischer Analogien nahegelegten (und zumindest potenziell sinnstiftenden) Korrelation begreifen, die keine zeitliche Prozessualität oder handlungslogische Kausalität voraussetzt. Ob solche Korrelationsmuster eher der Bekräftigung und Differenzierung von Ordnung dienen oder aber deren Zersetzung bewirken, hängt, meine ich, von spezifischen historischen Aktualisierungen und textuellen Formen ab. Insofern ist meine Auffassung von den Möglichkeiten des ‚Erzählens im Paradigma' weniger pointiert als diejenige, die Rainer Warning unter anderem am Beispiel von Gottfrieds *Tristan* entwickelt hat: „Erzählen im Paradigma. Kontingenzbewältigung und Kontingenzexposition", in: *Romanistisches Jahrbuch* 52 (2001), S. 176–209 u. „Die narrative Lust an der List. Norm und Transgression im Tristan", in: *Transgressionen. Literatur als Ethnographie*, hg. v. Gerhard Neumann u. Rainer Warning, Freiburg/Breisgau: Rombach 2003, S. 175–212. Vgl. dazu auch Peter Strohschneider, „Kippfiguren. Erzählmuster des Schwankromans und ökonomische Kulturmuster in Strickers ‚Amis'", in: *Text und Kontext. Fallstudien und theoretische Begründungen einer kulturwissenschaftlich angeleiteten Mediävistik*, hg. v. Jan-Dirk Müller, München: Oldenbourg 2007, S. 163–190.

Variation Ansichten der höfischen Kultur von den Bedingungen ihrer Möglichkeit her. Der Ordnungszustand der arthurischen Gesellschaft, den das Erzählen zu Beginn voraussetzt, hat sich an seinem Ende nicht grundlegend verändert; er ist aber genauer sichtbar geworden – nämlich als differenziertes, von inneren Spannungen durchzogenes Gefüge. Letzteres, also die Prägnanz eines vom Ordnungshorizont abgehobenen Anderen der Ordnung, zeigt sich vielleicht in Wolframs *Parzival* – dies zum einen schon deshalb, weil hier das Dispositiv der arthurischen Ordnung in Konkurrenz zu demjenigen des Gralsrittertums gerät, beides tendenziell episodisch dem Abenteuerweg des Protagonisten eingegliedert und dabei selbst paradigmatisiert wird. Zum andern erweist sich der Gral, der höchste Ordnungsgewissheit in der Immanenz verheißt, zuletzt ja als nachhaltig irritierendes Zeichen für die Unverfügbarkeit einer transzendenten Wahrheit.[11]

Man könnte sich nun fragen, ob und inwiefern eine solche Rekonstruktion struktureller Konstituenten des Abenteuererzählens nicht nur für *chevaliers errants*, Gralssucher, Entdecker und Raumschiffkommandanten triftig wäre, sondern auch für jene weniger heroischen Schwankhelden, Pikaros und Schelme, Hochstapler und Hazardeure, deren Geschichten ebenfalls oft mit dem Attribut des Abenteuerlichen versehen werden. Näherhin: Wie sinnvoll ist es, den „Schelmenroman“ als „Sonderform des Abenteuerromans“ zu betrachten?[12] Auf jeden Fall ergäben sich dadurch interessante Perspektiven auf evidente literarhistorische Gemengelagen, aber auch auf die Erzähldisposition einzelner Texte – etwa im Hinblick auf die Exorbitanz des Abenteuerhelden, die mitunter der Dezentrierung pikarischer Anti-Helden nicht fern zu sein scheint, oder im Hinblick auf die stigmatisierende Marginalität des Pikaro, die in das Charisma des Tricksters oder des intellektuell Überlegenen umschlagen kann.

Um dies beobachtbar zu machen, müsste man jedenfalls dezidiert die oben bereits angesprochene Möglichkeit konzeptuell mit einschließen, dass der Raum des Konventionellen, Gewohnten und Bekannten selbst als Abenteuersphäre wahrgenommen werden kann, in der sich dem Protagonisten soziale und materielle Gewinnchancen gegen Risiken der Entdeckung, der Rache und Bestrafung bieten. Der Moment der zukunftsentwerfenden Entscheidung kann auch hier an das Überschreiten einer topologisch markanten Schwelle

11 Vgl. z. B. Joachim Bumke, „Parzival und Feirefiz – Priester Johannes – Loherangrin. Der offene Schluß des *Parzival* von Wolfram von Eschenbach“, in: *DVjs* 65 (1991), S. 236–264.

12 Gerhart Hoffmeister, „Schelmenroman“, in: *Enzyklopädie des Märchens. Handwörterbuch zur historischen und vergleichenden Erzählforschung*, Bd. 11, Berlin u. New York: de Gruyter 2004, Sp. 1338–1345, hier Sp. 1338.

geknüpft sein – zumal wenn der Protagonist an der Peripherie der sozialen Ordnung situiert ist und von dort in deren Mitte oder in das Milieu eines höheren Standes eintritt. Der intentionale Akt kann aber auch als Augenblick der Erkenntnis oder als Erweckung aus naiver Verblendung – als *desengaño* – inszeniert sein. Im *Lazarillo de Tormes* kommt beides zusammen, als der junge Lazaro zu Beginn seiner pikarischen Karriere den Fluss Tormes überqueren will, dem er seinen Beinamen verdankt, und sein blinder Bettlerboss bei dieser Gelegenheit den Kopf seines jungen Führers unbarmherzig und ohne Vorwarnung gegen die steinerne Statue eines Ochsen knallen lässt. Lazaro spürt den Schmerz noch drei Tage, hat aber zugleich den Eindruck, aus einer tiefen Einfalt zu erwachen.[13]

Da die pikarische Abenteuersphäre nicht in einem Außerhalb situiert ist, sondern aus der ‚Verabenteuerung' des gesellschaftlich und kulturell Vertrauten resultiert, wird hier die Unsicherheit der Unterscheidung zwischen dem vorläufig ‚Unordentlichen', das prinzipiell den Rastern der Ordnung eingepasst werden kann, und einem ‚Außerordentlichen', das sich diesen Rastern nicht fügt, besonders prekär. Dazu kommt noch, dass diese Unsicherheit in die Form einer Ich-Erzählung gefasst ist: Das episodische Syntagma vollzieht die Rasterungen des sozialen Gefüges nach, bildet aber zugleich auch eine autobiographische Kontinuität aus, mit der sich die Ordnungsunsicherheit des erzählten Geschehens auf der Ebene des Erzählens selbst wiederholt und potenziert – nämlich in der strukturell unaufhebbaren Spannung zwischen der riskanten Transgressivität des erzählten Ichs und der Gegenwartssituation des erzählenden Ichs, das nach Reue und Umkehr seine Konformität mit den Ansprüchen der Ordnung behauptet. Einerseits kann diese pikarische Erzähldisposition sujethaft zu satirischer Gesellschaftskritik geschärft werden, soweit der Ich-Erzähler seinen Ordnungsstandpunkt durchzusetzen versucht. Andererseits ist aber die Perspektivität der pikarischen Ich-Erzählung letztlich unüberschreitbar und begünstigt – mit weitreichenden literarhistorischen Konsequenzen – das Hervortreten von Figurationen der Individualität und Subjektivität, die sich inkommensurabel vom Horizont der Ordnung abzuheben scheinen.[14]

---

13 *Lazarillo de Tormes*, hg. v. Francisco Rico, 20. Aufl., Madrid: Cátedra 2008, tr. I, S. 22–24. Vgl. zur Funktion dieser Szene im episodischen Strukturgefüge des *Lazarillo* Michael Waltenberger, „Pikarische Intensitäten: Ein Lektüreversuch zu alteritären Aspekten der Erzählstruktur im ersten ‚tratado' des ‚Lazarillo de Tormes'", in: *Alterität als Leitkonzept für historisches Interpretieren*, hg. v. Jan Mohr u. Anja Becker, Berlin: Akademie Verlag 2012, S. 121–140.

14 Pikarisches Erzählen kann unter diesem Aspekt emphatisch als ein Anfang moderner Subjektkonstitution und insofern auch als „kulturelles Paradigma der Neuzeit" verstanden

II

Diese konträren Tendenzen lassen sich in der zweiten Hälfte des 17. Jahrhunderts an den ersten deutschen Adaptationen des pikarischen Erzählens, die nicht mehr von romanischen Prätexten abhängig sind, gut beobachten.[15] Sie treten in dem Roman *Lauf der Welt und Spiel des Glücks* von Hieronymus Dürer, 1668 zuerst gedruckt, ebenso wie in Grimmelshausens simplicianischem Erzählwerk, das zur gleichen Zeit im Druck zu erscheinen beginnt, besonders deutlich an der je unterschiedlichen narrativen Verarbeitung der tiefgreifenden allgemeinen Ordnungsverunsicherung vor Augen, die durch die Erfahrungen des Dreißigjährigen Kriegs hervorgerufen wurde.

Zunächst zu Dürer[16] als Beispiel für den Versuch, den Ordnungsstandpunkt des erzählenden pikarischen Ichs durchzusetzen, um die im pikarischen Narrativ investierte Kontingenz im Ordnungshorizont aufzuheben: Tychander, der Ich-Erzähler seines Romans, dem durch seinen Namen (zusammengesetzt aus τύχη und ἀνήρ) von vornherein die Wechselhaftigkeit seiner Schicksale eingeschrieben ist, beginnt seinen Bericht mit der Schilderung seiner

---

werden (Christoph Ehland u. Robert Fajen, „Einleitung“, in: *Das Paradigma des Pikaresken. The Paradigm of the Picaresque*, hg. v. dens., Heidelberg: Winter 2007, S. 12).

15 Eigenständigkeit kommt beiden hier betrachteten Texten freilich nur im Hinblick auf die pikarische Gattungstradition zu, nicht aber im Hinblick auf literarische Originalität: In beiden Fällen werden ausgiebig heterogene Text-Ressourcen wiederverwertet.

16 Hieronymus Dürer, *Lauf der Welt und Spiel des Glücks. Zum Spiegel Menschliches Lebens vorgestellet in der Wunderwürdigen Lebens-beschreibung des Tychanders*, Hamburg: Guhts 1668 (Reprint: Hildesheim u. New York: Olms 1984). Vgl. dazu insb. Ansgar M. Cordie, *Raum und Zeit des Vaganten. Formen der Weltaneignung im deutschen Schelmenroman des 17. Jahrhunderts*, Berlin u. New York: de Gruyter 2001, S. 177–343. Meine Lektüre verdankt wesentliche Anregungen einer Studie von Udo Friedrich („Wahrheit und Wahrscheinlichkeit. Zur Paradigmatik und Syntagmatik des Glücks in Hieronymus Dürers ‚Lauf der Welt und Spiel des Glücks‘“, in: *Das Syntagma des Pikaresken*, hg. v. Jan Mohr u. Michael Waltenberger, Heidelberg: Winter 2014, S. 315–347) sowie zwei Aufsätzen von Jan Mohr: „Kalkül und Kontingenz. Narrative Strukturen in Hieronymus Dürers ‚Lauf der Welt Und Spiel des Glücks‘“, in: *Sonderforschungsbereich 573: Mitteilungen* 2009, Heft 2, S. 16–25; „Inseln und Inselräume. Kontingenz in Grimmelshausens und Dürers Schelmenromanen“, in: *Inseln und Archipele. Kulturelle Figuren des Insularen zwischen Isolation und Entgrenzung*, hg. v. Anna E. Wilkens, Patrick Ramponi u. Helge Wendt, Bielefeld: transcript 2011, S. 225–243. Der Roman, der bis ins späte 18. Jahrhundert hinein mehrfach wiederaufgelegt wurde, ist das einzige fiktionale Werk des in Glückstadt geborenen Theologen und Pastors Hieronymus Dürer (1641–1704). Die in der Forschung lange tradierte Verwandtschaft mit Albrecht Dürer wird neuerdings angezweifelt; vgl. zu Biographie und Werk Carolin Struwe-Rohr, „Dürer, Hieronymus“, in: *Frühe Neuzeit in Deutschland 1620–1720. Literaturwissenschaftliches Verfasserlexikon*, hg. v. Stefanie Arend u. a., Berlin u. Boston: de Gruyter 2019 (im Druck).

Pennäler- und Studienzeit in Leiden. Er lebt dort luxuriös und gibt das Geld, das seine Mutter ihm schickt, mit vollen Händen für Liebesaffären aus. Obwohl er an seinen Freunden sieht, wie ehebrecherische Liebesbeziehungen zu Geschlechtskrankheiten, Tod und Seelenverderben führen,[17] lässt er sich davon nur vorübergehend abschrecken: Während das *erzählende* Ich im nachhinein den Satan dafür verantwortlich macht,[18] relativiert das *erzählte* Ich den exemplarischen Geltungsanspruch der einschlägigen Fallgeschichten durch das Kalkül einer geringen Wahrscheinlichkeit solcher Fälle im Verhältnis zur Normalität einer vom „gröste[n] haufe" ganz schadlos und mit Gewinn geübten Praxis.[19]

An seiner eigenen Affäre mit dem Mädchen Dolosette werden freilich nicht die körperlichen und moralischen, sondern die ökonomischen Risiken der Liebe verhandelt: Zuneigung und Liebesdienste lässt sich Dolosette von Tychander stets bezahlen; listig inszeniert sie außerdem Notlagen, um ihren Liebhaber noch besser ausnehmen zu können. Tychander durchschaut das, gibt sich aber mit knapp dosierten Gunsterweisen zufrieden. Das geht gut, bis Tychanders Mutter nach dem Tod ihres Gatten in Schulden gerät, die sie auch deshalb nicht begleichen kann, weil ihr Vermögen durch die Finanzierung ihres Sohnes aufgebraucht ist. Als Tychander davon hört, bringt ihn dies an den Rand des Selbstmords, aber er versucht nun, Geld für seine Mutter aufzutreiben. Nachdem Dolosette seine Bitte um ein Darlehen abgelehnt und das Verhältnis mit ihm brüsk beendet hat, bringen seine Gläubiger ihn in den Schuldturm. Ein Freund löst ihn aus. Tychander bekommt von ihm 50 Taler „zehrungs-geld"[20] und reist damit von Leiden nach Paris, wo das Geld dann aufgebraucht und Arbeit nicht zu finden ist. So zieht er bettelnd nach Deutschland weiter und erfährt unterwegs zufällig vom Tod seiner Mutter.

---

17 Dürer, *Lauf der Welt*, S. 5–17.

18 Dürer, *Lauf der Welt*, S. 8.

19 Dürer, *Lauf der Welt*, S. 16 f.: „Ich nahme solche klägeliche fälle anfangs auch sehr zu herzen […] / aber das ging bald vorüber: als nur die erste bestürzung sich ein wenig geleget hatte / und die furcht durch die zeit verringert wurde / ließ ich mich so fort wieder […] verführen / daß ichs wieder anfienge wo ichs gelaßen / und mir die närrische betrügliche hofnung machte / daß ob gleich solches unglück jenen wiederfahren wäre / so würde es doch eben mich nicht treffen / angesehen der gröste haufe es gleich also machte / und doch selten einmahls ein solcher fall sich begebe." Die Superskriptionen der originalen Schreibung sind in den Zitaten aus Dürers und Grimmelshausens Texten stets aufgelöst; Fettdruck in Dürers Text wird durch Kursivierung wiedergegeben. Alle Hervorhebungen stammen im Folgenden aus dem Original.

20 Dürer, *Lauf der Welt*, S. 62.

Die Todesnachricht motiviert eine ausführliche Rückschau, die mit 70 Seiten ein gutes Sechstel des gesamten Buchs einnimmt.[21] Analeptisch wird darin von der Entstehung der Liebe zwischen den Eltern Tychanders berichtet, wobei die Figurenkonstellation zunächst das Sujetmuster von der wahren Liebe als Passion erwarten lässt, die ihr Ethos gegen ökonomische Erwägungen und Standesdünkel durchsetzt: Der reiche Kaufmann Lukrander liebt die arme Adlige Androfile, doch beide Elternhäuser sind – aus unterschiedlichen Gründen – gegen diese Verbindung. Als der alte, aber reiche Edelmann Simo um das Mädchen wirbt, sind deren Eltern einverstanden. Der Konflikt löst bei den jungen Liebenden die üblichen Affektextreme, Fluchtpläne, Selbstmordgedanken und verzweifelte, tränengetränkte Briefkommunikation aus. Dann aber kommt Lukrander zur Besinnung: Mit dem Tod, so überlegt er, sei alles verloren; hingegen eröffne eine Heirat seiner Geliebten mit dem alten Simo die Chance, dass nach dessen bald zu erwartendem Tod eine Ehe ihm mit der Witwe zugleich das von Simo geerbte Vermögen einbringen könne. Androfile lässt sich von diesem Plan überzeugen. Sie heiratet Simo, und schon bald danach kommt es zu den üblichen schwankhaften Ehebruchsintrigen. Aus ihnen geht ein Kind hervor, das Androfile ihrem Gatten unterschiebt. Simo schöpft Verdacht und reagiert auf den Betrug mit Wut und Prügeln. Der Konflikt eskaliert, bis Androfile Simo schließlich im Schlaf mit einem Kissen erstickt, dem Toten Aquavit einflößt und auf diese Weise eine letale Alkoholvergiftung fingiert. Jetzt geht der ursprüngliche Plan des Liebespaares auf: Lukrander kann Androfile heiraten; das hohe Ethos ihrer leidenschaftlichen Liebe aber hat sich unterdessen in niedrige, sündhafte „üppigkeit und wollust“ gewandelt, wie der Erzähler formuliert.[22] Die moralische Depravation dieser Ehe findet in Verschuldung und schmählichem Tod ein folgerichtiges Ende.

Ausgerechnet diese Elternvorgeschichte, die man auch als parodistisches Hybrid aus höfischem Liebesroman und Schwanknovelle lesen könnte, platziert der Erzähler Tychander einleitend vor die Kulisse des Dreißigjährigen Krieges: „Deutschland brannte gleich in vollen krieges-flammen / und die glut nahme immer mehr und mehr überhand / also daß auch die funcken häufig in die benachbahrte königreiche hinüber stoben und selbige fast in gleichmäßiges verderben zu bringen schienen.“[23] Dabei wird die Kriegserfahrung allerdings ganz unspezifisch und unpolitisch auf allgemeine Topoi der sich unaufhaltsam ausbreitenden Feuersbrunst und Zerstörung beschränkt. Und selbst diese topischen Motive werden sogleich zum bloßen Vorwand einer konventionellen

21 Dürer, *Lauf der Welt*, S. 82–150.

22 Dürer, *Lauf der Welt*, S. 150.

23 Dürer, *Lauf der Welt*, S. 82.

erotischen Kampf- und Belagerungsmetaphorik depotenziert, mittels derer die Entstehung der Liebe zwischen Lukrander und Androfile beschrieben wird: „als dessen gleichwohl ungeachtet Lukrander [...] / benebenst Androfilen [...] / ihre nahmen einem viel anmuhtigerm kriege gegeben / und beide unter der fahnen der süssen liebe sich verschwohren hatten“.[24] Der zerstörerische Funkenschlag des Kriegs verwandelt sich flugs in „papierne[] feuer-kugeln / womit immer eines des andern hertze verhofte anzuzünden [...].“[25] Wird hier auf frappante Weise die Erinnerung an Kriegszerstörung aufgerufen, (nur) um die Intensität des erotischen Affekts auszumalen, so kehrt bald darauf das Moment der kriegerischen Destruktion implizit als Folie des bis zum Mord eskalierenden Ehekriegs zwischen Androfile und Simo wieder. Das ist insofern signifikant, als der Krieg bei Dürer ganz allgemein als Paradigma des im Roman inszenierten Gesellschaftszustands gelten kann: Gerade auch im Vergleich zu den von ihm adaptierten Stoffen und Erzählmustern kann man erkennen, dass existenzieller Ernst, brutale Gewalt und fatale Destruktivität sozialer Konflikte im gesamten Text akzentuiert sind, während abmildernde Komik und spielerische Vieldeutigkeit tendenziell reduziert werden.[26]

Nach diesem analeptischen Einschub erzählt Tychander weiter von seinen eigenen Erfahrungen: Notdürftig schlägt er sich mit Gelegenheitsarbeiten und Betteln durch, bis er während der Übernachtung in einem Spukhaus unter mysteriösen Umständen in den Besitz eines Schatzes gerät. Das versetzt ihn nun in die Lage, in den Soldatenstand einzutreten. Offensichtlich ist das damit verbundene existenzielle Risiko für ihn mit höheren Gewinnaussichten verbunden, als sie anderweitige Betätigungen bieten können: Er beschließt, sein „glück numehr im kriege zu suchen“,[27] investiert in ein Pferd und kauft sich in eine Stellung als Fähnrich in der Leibkompanie eines französischen Obersten ein. Bei einem Duell ersticht er seinen Gegner und muss fliehen; er tritt nun in die spanische Armee ein und erreicht mit seinem Geld die Beförderung zum Hauptmann. Die Gunst seiner Vorgesetzten zu erhalten, ist allerdings teuer; sein Vermögen ist bald aufgebraucht, und so plant er mit ein paar Kameraden einen Überfall auf Kaufleute, die mit Geleitschutz aus seinem eigenen Heer reisen. Bei dem Überfall wird der begleitende Soldat erschossen, damit er seine räuberischen Kameraden nicht identifizieren kann. Doch die Kaufleute können die Räuber so gut beschreiben, dass kurz darauf alle gefasst werden – bis auf

---

24 Dürer, *Lauf der Welt*, S. 82.

25 Dürer, *Lauf der Welt*, S. 83.

26 Das lässt sich etwa an der Bearbeitung von Episoden erkennen, die Dürer dem *Lazarillo* entnimmt: *Lauf der Welt*, S. 63–80 u. S. 150–165 nach *Lazarillo*, tr. II, S. 46–71 (Episoden mit dem Priester), und tr. I, S. 21–46 (Episoden mit dem blinden Bettler).

27 Dürer, *Lauf der Welt*, S. 186.

Tychander, der entkommen kann und nach Deutschland zurückkehrt. Sein „erste[r] versuch des gefährlichen soldaten-lebens“[28] reiht sich damit mehr oder weniger nahtlos in die Episoden seines Scheiterns ein. Auffälligerweise interessiert sich Tychander dabei weder als Akteur noch als Erzähler für das Kriegsgeschehen selbst, und auch nicht dafür, auf welcher Seite er als Soldat dient. Während das *erzählte* Ich ausschließlich Geldgewinn und gutes Leben im Sinn hat,[29] brandmarkt das *erzählende* Ich die besondere moralische Verderbtheit des Soldatenstandes und erkennt ausdrücklich dessen eigentliches Risiko nicht in der Todesgefahr im Kampf, sondern in der Gefährdung des Seelenheils.[30]

Breiter auserzähltes Kriegsgeschehen folgt etwas später: Die Geldnot bringt Tychander dazu, sich von Amsterdam aus mit der Ostindien-Kompanie auf große Fahrt zu begeben. Er umrundet auf dem Handelsschiff das Kap der Guten Hoffnung; nach Schiffbruch, Versklavung und Freikauf verschlägt es ihn in das ostafrikanische christliche Reich Abessinien, wo er dem einheimischen Prinzen David im Erbfolgekonflikt gegen den Prinzen Mose zur Königsherrschaft verhilft. Tychander, dem in Europa zuvor wenig gelungen war, bewährt sich dabei unversehens als strategisch kluger Feldherr, weil er „in der unsrigen kriege etwas erfahrung hatte“.[31] Nach seinem Sieg ernennt David ihn zum obersten Fürsten des Landes. Der Krieg wird also nicht in Europa situiert, sondern in afrikanischer Ferne. Dürers Abessinien ist allerdings kaum exotisch, sondern vor allem Spiegel der eigenen europäischen Verhältnisse. Das Geschehen wird dabei in Erzählmustern geschildert, die nicht aus der pikarischen Tradition, sondern aus derjenigen des historisch-höfischen Romans stammen: Die Figur Tychander verwandelt sich vom pikarischen zum heroischen Abenteuerer.

Dazu passt auch die Entwicklung der notwendig einsetzenden Intrige: Tychanders heimliche Heirat mit Salome, der Tochter von Davids Erzfeind Mose, löst einen Treuekonflikt aus, der sich zu Verschwörungen, Machtkämpfen und schließlich zum Krieg Tychanders gegen seinen Förderer David ausweitet. Durch politische und militärisch-strategische Klugheit gelingt es Tychander nach einem Jahr, David zu besiegen, zu stürzen und selbst die Herrschaft in Abessinien zu übernehmen. Sein Kriegsruhm verbreitet sich schnell in ganz Afrika. Im fremden Land – und zugleich auch in einem anders

28 Dürer, *Lauf der Welt*, S. 189.
29 Vgl. ebenso Cordie, *Raum und Zeit*, S. 290–293.
30 Dürer, *Lauf der Welt*, S. 189.
31 Dürer, *Lauf der Welt*, S. 298.

gearteten literarischen Setting – erreicht er seinen Glücks- und Karrieregipfel.[32] Schon im nächsten Augenblick kündigt sich jedoch sein tiefer Sturz ins Unglück an. So unvermittelt er in Abessinien begonnen hat, klug und erfolgreich zu handeln, so abrupt verfällt er nun in einen Hochmut, der ihn das Vergangene vergessen und ihm die Zukunft gleichgültig werden lässt.[33] Plötzlich fehlen ihm die zuvor bewiesenen Führungsqualitäten; sein Volk wird abtrünnig und seine Verbündeten stellen sich gegen ihn. In der entscheidenden Schlacht erleidet er eine Niederlage; seine letzten Truppen fallen von ihm ab. So arm und ohnmächtig, wie er nach Abessinien gekommen war, muss er es wieder verlassen.

Nach einigen weiteren Abenteuern in arabischen Gefilden bringt ihn schließlich seine Welterfahrung zur *conversio*: Er erkennt als einzig Beständiges in der Welt deren Unbeständigkeit, wendet sich von allem Irdischen ab und richtet seine Gedanken auf den Himmel.[34] Allerdings hält er vorerst an seiner Liebe zu Salome fest, weil er glaubt, „Gott selber" habe sie ihm „als mein Ander Ich [...] zu gesellet".[35] Auch darin jedoch wird Tychander zuletzt enttäuscht: Er erfährt nämlich, dass sie niemals ihn, sondern lediglich die durch ihn erlangte „wohlfahrt" geliebt und sich nach seiner Flucht schnell mit seinem größten Feind und Herrschaftsnachfolger verbunden habe.[36] Wie schon in der Elternvorgeschichte wird also auch am Ende des Romans noch einmal das Liebes-Ethos pointiert als Fassade für ökonomische Mechanismen desavouiert. Die Verquickung von erotischem und monetärem Begehren bestätigt sich als wesentliches Treibmittel für den titelgebenden „Lauf der Welt" in Dürers Roman. Und die im „Spiel des Glücks" alludierte Fortuna scheint vom Ende her ganz traditionell als jene Instanz adressiert, an der im Anschein *kontingenter* Wechselfälle die *Notwendigkeit* des Scheiterns allen weltlichen Begehrens einsichtig wird. Die menschlichen Schicksale erweisen sich, wie der Erzähler Tychander es bereits zu Anfang des Romans vorwegnimmt, als von wechselnden Winden abhängige Segelfahrt auf dem „meer der Eitelkeit". Aus dessen Gefahren hat sich Tychander zuletzt in die „selige[] anfurt *der Verschmähung der Welt*" gerettet, um von hier aus auf sein Leben zurückzublicken.[37]

---

32 Dürer, *Lauf der Welt*, S. 354.

33 Dürer, *Lauf der Welt*, S. 355 f.

34 Vgl. Dürer, *Lauf der Welt*, S. 414 f.: „Nun legte ich alle begierde weltlicher glückseligkeit mit der hoffnung dieselbige zu erlangen zu gleich ab / und fing an meine *Vergnügung* in einem *beständigern* und *warhaftigem Gute* zu suchen. Weil aber solches auf der welt nicht zu finden / verließ ich dieselbige / nicht mit dem leibe / doch mit gedancken / und richtete mein höchstes verlangen / mein ganzes hertze nach dem Himmel."

35 Dürer, *Lauf der Welt*, S. 415.

36 Dürer, *Lauf der Welt*, S. 415.

37 Dürer, *Lauf der Welt*, S. 3 f.

Auffälligerweise wird dieser zwar von der Welt distanzierte, aber immer noch diesseitige Rückzugsort lediglich metaphorisch bezeichnet; eine genauere topographische Situierung oder sonstige narrative Konkretisierung bleibt aus.[38] Man kann darin symptomatisch die Konsequenz des Versuchs erkennen, gegen die Grundspannung der abenteuerlich-pikarischen Erzählanlage am Ende den Ordnungsstandpunkt des erzählenden Ichs in einer scharfen Differenz zwischen Teilhabe und Beobachtung[39] durchzusetzen: Immer wieder hat zuvor die Lebensgeschichte Tychanders eindringlich vor Augen geführt, dass es vielleicht möglich ist, auf Liebe zu verzichten, weil sie sündhaft ist; dass aber ohne Geld „als gleichsam dem fünfften Elemente unser leben nicht wohl kan erhalten werden".[40] Die schiere Existenz involviert den Menschen in ökonomische Zusammenhänge: Auf fast jeder Seite des Romans ist detailliert von Geldnot, Gelderwerb, Kauf, Tausch und Verlust, natürlich auch von Diebstahl und Raub die Rede. Ein radikales Heraustreten aus ökonomischen Zusammenhängen – und eine radikale Negation ökonomischer Rationalität – ist in den von Dürer konstruierten Weltverhältnissen schwer vorstellbar; es wäre auch einem bürgerlich-kaufmännischen Publikum in der Hansestadt Hamburg, wo der Roman geschrieben und gedruckt wurde, kaum plausibel.[41] Sündhafte Geldgier könnte unter dieser Vorgabe allenfalls graduell von der Legitimität der Existenzsicherung, vorsorgenden Haushaltens und kaufmännischen Gewinnkalküls abgehoben werden.

Die ‚Verabenteuerung' der gesellschaftlichen Ordnung in Dürers Roman legt also deren ökonomische Fundierungen und Mechanismen offen; sie kulminieren im Kriegszustand, der bei höchstem Risiko höchste Gewinnchancen bietet. Das ständige Scheitern Tychanders veranschaulicht dabei *ex negativo* immer wieder aufs Neue die Notwendigkeit ökonomischer Vernunft.[42] In der Rückschau des Ich-Erzählers erhält es hingegen eine moralische

38 Der Erzähler bricht seinen Bericht ab, als das erzählte Ich sich, verkleidet als Derwisch, noch unterwegs in Arabien befindet (Dürer, *Lauf der Welt*, S. 413) und markiert die Paralipse ausdrücklich: „Ich unterlaße nun anzuführen die wunderlichen fälle / so sich nach diesem ferner mit mir zugetragen / und strenge vielmehr / meine feder an einmahl zum ende solcher erzehlung zu eilen" (S. 414). Vgl. Cordie, *Raum und Zeit*, S. 334: „Angeblich wendet sich Tychander nun von *der Eitelkeit aller Irdischen Dinge* ab, doch wie diese Abwendung glaubwürdig zu realisieren sei, verschweigt der Erzähler."

39 Vgl. Hans Blumenberg, *Schiffbruch mit Zuschauer. Paradigma einer Daseinsmetapher*, Frankfurt/Main: Suhrkamp 1997.

40 Dürer, *Lauf der Welt*, S. 266.

41 Zur Einbettung des Romans in seine sozioökonomischen Kontexte vgl. Cordie, *Raum und Zeit*, S. 177–183.

42 Zum Nebeneinander christlicher Normen und solcher, „die sich aus der Logik ökonomischer Verhältnisse ergeben", vgl. Cordie, *Raum und Zeit*, S. 215.

Exempelfunktion: An ihm soll sich zeigen, dass wahre Tugendhaftigkeit letztlich nur im radikalen Rückzug aus der Welt, mithin also auf der Schwelle zur Transzendenz zu haben ist. Nach der *conversio* – und vor dem Tod[43] – wird damit die eigene notwendigerweise innerweltliche Situierung des Ich-Erzählers zum blinden Fleck des fiktionalen Weltentwurfs, der das Risiko der pikarischen Erzähleinstellung indiziert: Mit jeder Konkretisierung der immanenten Situation des Erzählens würden die zuvor eindrücklich demonstrierten Kontingenzen des In-der-Welt-Seins virulent bleiben und würde die vom Erzähler beanspruchte Geltung der moralischen Ordnung relativiert. Insofern ist das im Titel wie auch permanent im Erzählen adressierte ‚Glück' – die Instanz der auch im Titelkupfer dargestellten Fortuna – hier weniger als emblematische Essenz einer erzählend vermittelten geistlichen Lehre zu begreifen, sondern eher als eine Chiffre, die auseinanderdriftende Modi der Bewältigung von Kontingenz zusammenspannt: ihre moralische Erledigung im Sinne der *vanitas* und ihre ökonomische Rationalisierung.[44]

III

Auch Grimmelshausens 1670 gedruckte *Kurtzweilige / lusterweckende und recht lächerliche Lebens-Beschreibung* des *seltzame[n] Springinsfeld* endet mit der Behauptung einer moralischen *conversio*, eines Rückzugs des Protagonisten aus der Welt und seines bald darauf folgenden seligen Endes.[45] Der Protagonist berichtet hier allerdings nicht selbst von seinem Leben: Grimmelshausen modifiziert und erweitert die pikarische Erzählanlage in diesem Roman zu einem komplex gestaffelten metadiegetischen Gefüge; darin ist Springinsfelds eigenes Erzählen Bestandteil der (homodiegetischen) Ich-Erzählung einer Figur, die sich selbst als auktorialer „Schreiber" eines anderen simplicianischen

---

43 Auch der Abstand zwischen dem Standpunkt des Erzählers und seinem Tod wird nur metaphorisch formuliert – wobei auch hier die Gefahr noch insofern virulent bleibt, als er das sichere Ufer, das es ihm erlaubt, „das sausen des windes" zu verlachen, „das rauschen der wellen" zu verspotten und die „gefährligkeit der annoch herum irrenden" zu beobachten, noch einmal aufgeben muss: Er wartet auf günstigen Wind, um durch nochmalige Fahrt übers Meer sterbend endlich zur „anfurt des wahren Vaterlandes" gelangen zu können (Dürer, *Lauf der Welt*, S. 5).

44 Vgl. zu dieser Spannung in Dürers Fortuna-Konzept Friedrich, „Wahrheit und Wahrscheinlichkeit", insb. S. 329–331.

45 Hier zitiert nach Hans Jacob Christoffel von Grimmelshausen, *Springinsfeld*, in: ders., *Werke in drei Bänden*, Bd. I/2: *Courasche / Springinsfeld / Wunderbarliches Vogelnest I und II / Rathstübel Plutonis*, hg. v. Dieter Breuer, Frankfurt/Main: Deutscher Klassiker Verlag 1992, S. 153–295. Alle Hervorhebungen stammen im Folgenden aus dem Original.

Romans, der *Courasche*, einführt.[46] Dieser Schreiber, dessen Name Philarchus Grossus von Tromerheim[47] anagrammatisch auf den realen Autor verweist, berichtet eingangs davon, wie er in einem Wirtshaus zufällig auf Simplicissimus und Springinsfeld trifft; später stoßen auch noch des ersteren Eltern dazu. Die gesellige Runde vertreibt sich die Zeit mit Essen, Trinken und Geschichtenerzählen bis weit in die Nacht hinein. Am nächsten Morgen beauftragt Simplicissimus den Schreiber, die Geschicke des Springinsfeld aufzuzeichnen; diesen selbst lädt er auf seinen Hof ein, wo er ihn zu einem christlichen Leben bekehren will.[48] Der Schreiber setzt hinzu, es sei ihm nachträglich zu Ohren gekommen, dass Simplicissimus seinen Gesellen tatsächlich „in seinen alten Tagen gantz anders umbgegossen“ habe und dass dieser bald darauf gestorben sei.[49] Auf diese Weise ist die konstitutive Unabgeschlossenheit der pikarischen Ich-Erzählung zwar umgangen; dafür bleibt der sujethaft sinnstiftende Abschluss von Springinsfelds Lebensgeschichte jedoch aufgrund der lediglich indirekten Authentifizierung durch Hörensagen fragwürdig – zumal Springinsfeld in einem späteren simplicianischen Sprossroman, dem *Rathstübel Plutonis* (1672), weiterhin lebendig und ganz und gar unbekehrt auftritt.[50]

Von Simplicissimus aufgefordert, erzählt Springinsfeld jedenfalls im Wirtshaus die Geschichte seines Lebens. Sie führt den Sohn eines „Albanesischen Gaucklers“ und Seiltänzers nach dessen Unfalltod schon bald in die Niederlande, wo er auf Seiten der Spanier am Krieg teilnimmt. In den zentralen Kapiteln 10

---

46 Grimmelshausen, *Springinsfeld*, Cap. V, S. 181–185.

47 Grimmelshausen, *Springinsfeld*, Titelblatt, S. 155.

48 Vgl. Grimmelshausen, *Springinsfeld*, S. 294: „mit mir *accordirte* er / daß ich dessen Lebens-Beschreibung wie es Springinsfeld selbst erzehlet / schrifftlich auffsetzen solte […]; dem Springinsfeld selbsten aber lude er auff seinen Hoff / bey ihm außzuwinttern / beteuerte aber gegen mir gar hoch / daß er solches nicht seiner par hundert Ducaten halber thu / sondern zusehen ob er ihm nicht auff den Christlichen Weeg eines Gottseeligen Lebens bringen möchte […].“

49 Grimmelshausen, *Springinsfeld*, S. 294 f.: „wie ich mir aber seithero sagen lassen / so hat ihn der verwichne Mertz auffgeriben / nach dem er zuvor durch *Simplicissimum* in seinen alten Tagen gantz anders umbgegossen und ein Christlichs und bessers Leben zuführen bewögt worden; nahm also diser abenteurliche Spriginfeld auff des eben so seltzsamen *Simplicissmi* Bauerhoff (als er ihn zuvor zu seinem Erben eingesetzt) sein letztes ENDE.“

50 Grimmelshausen, *Rathstübel Plutonis*, in: ders., *Werke in drei Bänden*, Bd. I/2, S. 651–742, hier S. 716–718. Zu Springinsfelds *conversio* und zur Frage nach dem moralischen Status des angeblich Bekehrten ebenso wie des bekehrenden Simplicissimus vgl. insb. Maik Bozza, „‚Feingesponnen und grobgewirkt‘. Zu Grimmelshausens ‚Springinsfeld‘“, in: *Daphnis* 31 (2002), S. 255–278. Vgl. zuletzt auch Dieter Breuer, „Vergebliche Bekehrungsversuche. Zur religiösen Dimension in Grimmelshausens ‚Springinsfeld‘“, in: *Simpliciana* 37 (2015), S. 51–62.

bis 20[51] (von insgesamt 27) berichtet er – sporadisch unterbrochen vom Disput mit Simplicissimus, dessen Eltern und dem Schreiber – seine höchst abenteuerlichen Kriegserlebnisse, die ihn kreuz und quer durch Europa, am Ende sogar noch nach Kreta führen, wo er durch eine Mine ein Bein verliert. Er wechselt dabei auch mehrmals die Kriegspartei, manchmal freiwillig, manchmal notgedrungen – ähnlich wie bei Dürer ist das aber nicht weiter bemerkenswert. Anders als bei Dürer wird die Irrelevanz von militärischer Treue, Überzeugung oder Konfession freilich dadurch prekär, dass Springinsfeld sein eigenes Tun und Ergehen dicht mit raumzeitlich und personell konkret bezeichneten Ereignissen des Dreißigjährigen Kriegs korreliert und dabei seine Beteiligung an den großen historischen Entwicklungen – egal auf welcher Seite er gerade kämpft – jeweils im selbstbewusst kollektiven ‚Wir' formuliert. Auch die politischen Entscheidungen und militärischen Strategien werden auf diese Weise in die Kontingenzexposition des pikarischen Erzählens hineingezogen – und dieser Effekt wird noch dadurch gesteigert, dass der erzählende Springinsfeld das Kalkül von Herrschern und Heerführern im Wissen um den späteren Verlauf des Kriegsgeschehens kritisch kommentieren kann.

Natürlich gibt es bessere und schlechtere Strategen. Springinsfeld lobt besonders die militärische Kompetenz des kaiserlich-bayerischen Generals Franz Freiherr von Mercy, aber dessen „gute[] Ordre"[52] ist ihm nicht nur wegen der dadurch ermöglichten militärischen Erfolge wichtig, sondern vor allem, weil sie auch eine gute Versorgung der Truppen mit einschließt. Überhaupt zeigt sich der Krieg in Springinsfelds Erzählung hauptsächlich als sich parasitär verselbständigendes Wirtschaftssystem.[53] Soldaten und Bauern werden darin wie Getreide, Vieh und andere Güter zu Tausch- und Verbrauchsmaterial. Es wird angetrieben von der schieren Existenznot der Soldaten, die an Hunger, Kälte,

---

51 Von weiteren Kriegserlebnissen berichtet er außerdem noch in den Kapiteln 22, 24 und 25.

52 Grimmelshausen, *Springinsfeld*, S. 253.

53 „Die Praxis des Raubens und Plünderns, die von regulärem Militär ebenso gepflegt wurde wie von Freibeutern, also Bewaffneten, die auf eigene Faust loszogen, war nur möglich in Zusammenarbeit mit denen, die das Raub- und Diebesgut aufkauften, um damit Geschäfte zu machen. Der Krieg entwickelte mit der Zeit seine eigenen Wirtschaftskreisläufe, und sie waren ein weiterer Grund für seine lange Dauer" (Herfried Münkler, *Der Dreißigjährige Krieg. Europäische Katastrophe, deutsches Trauma 1618–1648*, 3. Aufl. Berlin: Rowohlt 2017, S. 558). Vgl. zur ökonomischen Thematik im *Springinsfeld* Maximilian Bergengruen, „Die Geschichte der 200 Dukaten. Zählen und Erzählen in Grimmelshausens ‚Springinsfeld'", in: *Simpliciana* 37 (2015), S. 83–104, sowie demnächst Malte Oliver Kleinjung, *Pikareske Ökonomie. Grimmelshausens ‚Der seltzame Springinsfeld' im diskursiven Kontext des 17. Jahrhunderts*, Frankfurt/Main u. a.: Peter Lang (im Druck).

Erschöpfung, an Seuchen wie Pest und Ruhr leiden und auch zwischen den Schlachten ständig von Todesgefahren durch Mensch und Tier bedroht sind.

Existenzsicherung geht freilich auf allen Seiten bruchlos in Gewinnkalkül und brutale Beutegier über: Springinsfeld selbst prahlt mit seinen skrupellos begangenen Betrügereien, Plünderungen und Tötungen von Bauern. Die moralische Empörung darüber wird in einem Disput, der seinen Erzählfluss unterbricht, artikuliert und zugleich suspendiert: Als Simplicissimus' Mutter ihn wegen seiner Verbrechen beschimpft und den Verlust des Beins als göttliche Strafe dafür deutet, wendet Springinsfeld ungerührt ein, ihr Sohn habe sich im Krieg doch ganz genauso verhalten und besitze noch beide Beine. Außerdem hätten es „in verwichenen Kriegs Troublen" einige Bauern ärger als die Soldaten getrieben.[54] Schließlich schaltet sich Simplicissimus selbst ein und gibt zu bedenken, was auch in den Kriegsgeschichten seines Gesellen anschaulich wird: dass nämlich die gegenseitigen Beschuldigungen aufgrund der anfangs- und endlosen Eskalationslogik des Kriegs nicht aufzulösen sind; pauschale, moralisch und juristisch valide Schuldzuweisungen also nicht greifen. Zur Beendigung des Kriegs sei es deshalb auch notwendig gewesen, dass der „Edel Fridenschlus alles beschehene auffhuebe / verbesserte und einen ieden wider redlich machte".[55]

Während bei Dürer die vom Ich-Erzähler beanspruchte moralische Exemplarizität des Geschehens mit einer darin zugleich implizierten Norm ökonomischer Vernunft konkurriert, präsentiert Grimmelshausens Erzählen vom Krieg, das moralischen Sinn ausdrücklich suspendiert, zwar ebenfalls fundamentale ökonomische Mechanismen, aber mit einer gesteigerten Kontingenz, so dass eine rationale Einschätzung der Chancen von Gewinn und Verlust nur begrenzte Reichweite hat. Bei Dürer konnte man an der *Regelmäßigkeit* des Glückswechsels im Zeichen der Fortuna und an Tychanders Scheitern an der eigenen Unvernunft *ex negativo* den *regelmäßig* erwartbaren Erfolg ökonomisch vernünftigen Kalküls erahnen. Bei Grimmelshausen hingegen manifestiert sich die gesteigerte Kontingenz des Krieges in ganz *unregelmäßigen*, nur begrenzt kalkulierbaren Verteilungen von Glück und Unglück, Gewinn und Verlust. Deren narrative Rhythmen schließen sich hier nicht sujethaft, sondern bleiben grundsätzlich vorläufig und episodisch. Das zeigt sich deutlich an den Umständen, unter denen Springinsfelds „Teutsche[] Krigs-Histori"[56] ihr Ende nimmt: Nachdem der General von Mercy in einer Schlacht gefallen ist, erleben die Kaiserlichen Truppen militärische

54 Grimmelshausen, *Springinsfeld*, S. 231.
55 Grimmelshausen, *Springinsfeld*, S. 231.
56 Grimmelshausen, *Springinsfeld*, S. 264.

Misserfolge; aber auch die feindlichen Franzosen haben kein Glück mehr, weil sie durch Hunger und Pest geschwächt sind. Als es zum Waffenstillstand kommt, verlässt Springinsfeld die Kriegsökonomie mit einer positiven Bilanz, weil er zufällig gerade länger keinen Schaden erlitten hat: Er verfügt über drei Pferde, den Sold von drei Monaten, dazu 300 Dukaten. Nachdem er Knecht und Burschen ausgezahlt und zwei seiner Pferde verkauft hat, steht ihm bei seinem Abschied vom Militärdienst ein ansehnliches Kapital zur Verfügung.[57] Bezeichnenderweise ist das erzählte Ich damit jedoch alles andere als zufrieden: Den Waffenstillstand nimmt es als vorzeitigen Abbruch einer Glückssträhne wahr, „dann ich hatte nun ein geraume Zeit hero kein Unglück gehabt / sonder Geld gesamlet; und also muste ich aufhören zu kriegen / da ich vermeinte ich könte es zum besten".[58] Das ist natürlich eine Illusion – das wilde Kalkül des Spielers, den ein Verlust zum Weiterspielen zwingt, ein Gewinn hingegen zu neuem Risiko anspornt.[59]

Ganz in diesem Sinn gibt (der erzählende) Springinsfeld an anderer Stelle seiner Verwunderung darüber Ausdruck, dass den Soldaten die Lust am Krieg trotz der dabei zu gewärtigenden „erbärmliche[n] zufäll" nicht vergehe.[60] Auch alte Soldaten, die viel Mühsal und Todesnot erfahren haben, könnten vom Krieg nicht lassen: Sie würden „dannoch den Krieg nicht quittiren / es seye dann / daß er selbst ein Loch gewinne / oder ihre Persohnen nichts mehr taugen / ferners in demselbigen fortzukommen und auszuharren; nicht weis ich was vor eine Art einer sonderbaren unbesonnenen Unsinnigkeit uns behafftet".[61] Und bereits zu Beginn seines Lebensberichts stellt Springinsfeld fest, die meisten Soldaten würden, „wann sie gut Sach haben / nicht auß dem Krieg begehren / und wann sie Noth leyden / gemeiniglich nicht drauß kommen können".[62] Daraus folgt ein auffällig unentschiedenes Angebot zu deutender Kontingenzbewältigung: Für diejenigen, welche sich aus existenziellen Gründen nicht vom Krieg dispensieren können, bis sich ihnen entweder eine „*occasion*" zum Ausstieg bietet oder sie in ihm „*crepirn*", „könte man" – so der Erzähler in skrupulösem Potentialis – „darvor halten daß es ihr *Fatum* oder Verhängnus so mit sich brächte". Bei denen hingegen, die reiche Beute machen und sie sogleich wieder „unnützlich verschleudern",

57 Grimmelshausen, *Springinsfeld*, S. 264. Dass er dieses Geld bei seinen folgenden ‚zivilen' Unternehmungen schnell wieder verlieren wird, steht auf einem anderen Blatt.

58 Grimmelshausen, *Springinsfeld*, S. 264. Der Konnex von Kampftätigkeit und Gewinnchance ist hier im Verb „kriegen" etymologisch pointiert.

59 Vgl. das Kapitel „Krieg und Spiel" in Kleinjung, *Pikareske Ökonomie*.

60 Grimmelshausen, *Springinsfeld*, S. 237.

61 Grimmelshausen, *Springinsfeld*, S. 237 f.

62 Grimmelshausen, *Springinsfeld*, S. 216 f.

könne man sich vorstellen, dass ihnen dies „der gütige Himmel nicht gönne" und stattdessen an ihnen das „Sprichwort" wahr mache: „So gewonnen / so zerronnen".[63] Angeblich um die Geltung dieser Deutungsmöglichkeiten anhand von Beispielfällen zu untermauern,[64] unterbricht Springinsfeld hier den Bericht seines Lebens und erzählt drei „warhaffte Historien"[65] von Soldaten, die im Krieg wertvolle Beute machen und wieder verlieren. Dabei gerät er nicht nur mit seinem eigentlichen Erzählvorhaben gründlich „auß dem Glaiß", wie Simplicissimus anschließend moniert;[66] auch die drei Fallgeschichten erweisen sich letztlich als wenig geeignet, den ohnehin schon abgeschwächten Geltungsanspruch einer transzendenten (wie auch immer dem Fatum oder dem ‚Himmel' zuzuschreibenden) Ordnung, in der die Kontingenzen des Kriegs aufgehoben werden, exemplarisch zu bekräftigen.[67]

Die erste, ganz knapp berichtete Geschichte handelt von einem Soldaten aus Tillys Heer, der nach der Einnahme Magdeburgs 1631[68] plündernd eine große Geldsumme in seinen Besitz gebracht, kurz darauf durch Glücksspiel jedoch alles wieder verloren hat. Eine Prägnanz des Exemplarischen über die Beliebigkeit des Falls hinaus kommt dem Geschehen erst dadurch zu, dass es durch eine Ordnungsinstanz sanktioniert wird: Nachdem Tilly davon erfahren hat, stellt er den Soldaten zur Rede, verurteilt ihn zum Tode und lässt ihn aufhängen. Statt göttliche Fügung zu exemplifizieren – und damit die Geltung einer moralischen Ordnung zu erweisen – wird der Fall explizit als Verstoß gegen die Normen ökonomischer Rationalität behandelt: Der Verlust des Geldes, mit dem der Soldat „die Tag [s]eines Lebens genug" gehabt hätte, um „wie ein Herr darbey leben [zu] können", deutet aus Tillys Sicht auf eine Unfähigkeit zu vernünftig kalkulierender Selbstsorge. Wer aber nicht fähig sei, zu seinem eigenen Nutzen zu handeln, der könne auch dem Kaiser als Soldat nicht von Nutzen sein.[69]

Der zweite, ebenso knapp referierte Fall wird zunächst dezidiert in Analogie zum ersten exponiert: Wieder geht es um einen Soldaten – nun aber in

63 Grimmelshausen, *Springinsfeld*, S. 217.

64 Grimmelshausen, *Springinsfeld*, S. 217.

65 Grimmelshausen, *Springinsfeld*, S. 216.

66 Grimmelshausen, *Springinsfeld*, S. 223.

67 Vgl. zu dieser Exempeltrias auch Dieter Martin, „‚Obriste Lumpus'. Springinsfelds Erzählen zwischen Authentizitätsanspruch und Exemplarik", in: *Simpliciana* 37 (2015), S. 121–141.

68 Vgl. Münkler, *Der Dreissigjährige Krieg*, S. 464–485, zu diesem entscheidenden Kriegsereignis, bei dem die politischen und strategischen Auswirkungen der unkontrollierten Kollateralschäden – Plünderung, Massaker und Zerstörung durch Brand – den Erfolg Tillys zunichte machten.

69 Grimmelshausen, *Springinsfeld*, S. 217.

schwedischen Diensten –, der viel Geld erbeutet und gleich darauf verspielt. Historische Kulisse ist diesmal die Eroberung der Prager Kleinseite durch den Grafen von Königsmarck 1648. Auch hier wird der militärische Vorgesetzte auf den Fall aufmerksam. Er erhebt dieselben Vorwürfe wie Tilly und will dem Soldaten ausdrücklich „ebenmässig obenangeregten Tyllischen *Process* machen" – doch der Soldat nimmt das ökonomische Argument auf und dreht es zu seinen Gunsten: Seine Hinrichtung könne nicht „mit Billichkeit" geschehen, denn sie nehme ihm für die Zukunft die Chance, seinen Verlust nach der bevorstehenden Eroberung der Prager Altstadt nicht nur wieder ausgleichen zu können, sondern womöglich noch „eine grössere Beuthe zuerhalten".[70] Weil sich in diesem Kalkül der militärische Erfolg im Sinne eines guten Vorzeichens anzukündigen scheint, wird der Soldat freigelassen. Seine Hoffnung auf Gewinn wird allerdings enttäuscht, weil es den Schweden wider Erwarten nicht gelingt, die Prager Altstadt einzunehmen. Bei äquivalenter Ausgangslage wird in der zweiten Fallgeschichte also ein alternatives Resultat erreicht, so dass es naheliegen könnte, die Konstante aus Gewinn und sofortigem Verlust als Evidenzbeleg für die kontingenzaufhebende Wirksamkeit göttlicher Fügung im Kontrast zur Zufallsabhängigkeit innerweltlicher Sanktionsmächte zu verstehen. Immerhin ist das Sujet trotz der abgewendeten Todesstrafe offener, bedenkt man den (vom Erzähler Springinsfeld verschwiegenen) Umstand, dass das Ende der Belagerung von Prag sich weniger einer militärischen Entscheidung verdankt als vielmehr der Beendigung des Kriegs mit der Unterzeichnung des Westfälischen Friedens am 24. Oktober 1648.[71] Auch dieser Umstand kann natürlich der göttlichen Fügung zugerechnet werden. Im Kontext des Berichts von Springinsfelds eigenen Kriegserfahrungen – und damit in der Perspektive des pikarischen Protagonisten – mag der Waffenstillstand aber auch als „Loch" im Krieg wahrgenommen werden, der das ökonomische Kalkül des Kriegsteilnehmers kontingent unterbricht.

Überraschenderweise stellt die dritte – nun weit ausführlicher erzählte und komplexer konstruierte – Fallgeschichte gerade nicht das Moment der Fügung heraus, sondern konterkariert vollends den Geltungsanspruch der schlichten Sprichwortregel „Wie gewonnen / so zerronnen". Auch der dritten Exempelfigur – einem Soldaten namens Lumpus im kurbayerischen Regiment unter Freiherr von Holtz – fällt im Krieg reiche Beute in Form eines „Fäßlein[s] voller Frantzösischen Duplonen" zu.[72] Auch ihm wird die nötige ökonomische Vernunft explizit abgesprochen: Er kann sein Geld weder zählen noch

70 Grimmelshausen, *Springinsfeld*, S. 218.
71 Vgl. Münkler, *Der Dreissigjährige Krieg*, S. 797.
72 Grimmelshausen, *Springinsfeld*, S. 218.

kalkulierend verwenden.[73] Anders als die Soldaten in den vorangegangenen Exempelgeschichten verspielt er es allerdings nicht gleich wieder, sondern begibt sich in die Residenzstadt München, lässt sich in einem Gasthaus nieder und verausgabt sein Vermögen dort mit großer Freigebigkeit für ein bequemes, „herrliche[s] Leben" im hochstaplerisch angemaßten Status eines „Obristen".[74] Seine Lebensweise erregt die Neugier des Freiherrn, der ihn zum Essen einlädt. Lumpus nimmt die Einladung an und drängt ihm als Gastgeschenk eine große Geldsumme und eine wertvolle Kette auf. Dem erstaunten Freiherrn gegenüber legt er dabei die Logik seiner Gabe offen: Es werde sich „die Zeit bald ereignen", zu der sich die Notwendigkeit seines Geschenks erweisen werde – nämlich als Verpflichtung zur Gegenleistung eines Gnadenakts, den Lumpus aber nicht näher erläutert. Nachdem Lumpus in der Folge das „herrliche Leben" als falscher Obrist bis zum letzten Pfennig seines Vermögens ausgekostet hat, wird er bei der Rückkehr zu seinem Regiment gefangengesetzt. Und nun macht sich Lumpus' Geschenk an seinen echten Obristen, den Freiherrn von Holtz, bezahlt: Es rettet ihn vor der drohenden Todesstrafe. Auf den Vorwurf des Freiherrn hin, er habe „so viel Gelds so unnützlich verschwendet", behält Lumpus das letzte Wort der Beispielgeschichte: Schon immer habe er sich gewünscht, „zu wissen / wie einem grossen Herrn zu Mut wäre der alles genug hätte", und diese Erfahrung habe er sich nun mithilfe des Geldes verschaffen müssen.[75]

Im Unterschied zu den anderen beiden exemplarischen ‚Verschwendern' hat Lumpus das Geld zumindest aus seiner Sicht also durchaus mit Nutzen für sich selbst verwendet: Zumindest für sechs Wochen[76] kann er sich von existenzieller Not und Kriegsgefahr befreien – und obwohl ihm die Fähigkeit ökonomischen Kalküls explizit abgesprochen wird, gelingt es ihm mit seinem Geschenk an den Freiherrn doch, vorausschauend einen potenziellen Nutzen zu kalkulieren. In seiner Reaktion auf die dritte Exempelgeschichte unterstreicht Simplicissimus die daraus resultierende Ambivalenz: Lumpus, so resümiert er, habe sich zwar „thörlich genug" verhalten, „aber gleichwol weißlicher als die zwen erstere". Diese nämlich hätten im Spiel mit einem Partner, „der wenig vermag", viel Geld ohne gute Gewinnaussichten riskiert;[77] jener hingegen – so wäre Simplicissimus' Gedanke fortzuführen – hat vielleicht eher

---

73 Grimmelshausen, *Springinsfeld*, S. 218 f.
74 Grimmelshausen, *Springinsfeld*, S. 219.
75 Grimmelshausen, *Springinsfeld*, S. 222.
76 Grimmelshausen, *Springinsfeld*, S. 229.
77 Grimmelshausen, *Springinsfeld*, S. 223.

instinktiv als wohlüberlegt gehandelt, jedenfalls aber sein Geld effizient eingesetzt, um jemanden, der ‚viel vermag', zu seinen Gunsten zu verpflichten.[78]

Insgesamt wird durch die Reihe der Beispielgeschichten der Geltungsanspruch einer transzendenten Ordnung also zwar nicht bestritten; sie wird aber nicht in jeder einzelnen Geschichte aktualisiert, sondern erscheint in deren Abfolge als Horizont, vor dem sich prägnant eine andere diskursive Figuration abzeichnet: diejenige einer ökonomischen (und auch militärischen) Rationalität, deren Kalküle die Kontingenzen des Krieges voraussetzen und dabei zugleich reproduzieren. Der Umweg, den Springinsfelds Erzählen mit der Beispielreihe einschlägt, hat in dieser Hinsicht paradigmatische Bedeutung für Grimmelshausens Adaptation der abenteuerlich-pikarischen Erzähleinstellung: Sie führt vor Augen, wie das offene episodische Erzählen dem Kriegszustand als Abenteuersphäre vor dem – weit in die Ferne gerückten, aber durchaus noch erkennbaren – Horizont der Ordnung Raum gibt. Krieg wird dabei nicht einfach als chaotische Negation von Ordnung wahrgenommen, sondern als Zustand einer ‚abenteuerlichen' Unsicherheit, in dem das lediglich vorläufig ‚Unordentliche' nicht mehr deutlich von dem zu unterscheiden ist, was vor und außerhalb der Ordnung liegt. Wenn Kriegshandlungen, die unter normalen Umständen als moralisch und juristisch transgressive Akte wahrgenommen werden, nicht mehr notwendig die Erwartung einer ordnungsrestituierenden Sanktion implizieren, dann wird denkbar, dass sie sich entweder den Rastern der Ordnung überhaupt entziehen, oder auch, dass sie den Keim anderer Ordnungsentwürfe in sich tragen. Die tiefgreifende Ordnungsverunsicherung durch die Erfahrungen des Dreißigjährigen Kriegs schlägt sich in solchen Erzählstrukturen differenzierter und eindrucksvoller nieder als bei Dürer. Im metadiegetischen Gefüge des *Springinsfeld* wird überdies die konstitutiv unüberschreitbare Perspektivität der pikarischen Ich-Erzählung nicht etwa nivelliert, sondern noch gesteigert, so dass die Entscheidung über den Geltungsanspruch des Ordnungshorizonts weitgehend dem Rezipienten bzw. der Rezipientin überlassen bleibt – und den kaum abschließbaren Debatten der Grimmelshausen-Forschung.[79] Auf Springinsfelds angeblicher *conversio* lässt sich die Geltung der Ordnung jedenfalls nur mit Mühe gründen – zumal seiner eigenen Aussage nach das

78 Bergengruen, „Die Geschichte der 200 Dukaten", S. 88 f., übersieht diese Akzentuierung, wenn er Lumpus' Hochstapelei und sein Geldausgeben lediglich als Indizien für die Sünde der *superbia* ansieht.

79 Symptomatisch dafür sind die immer noch zahlreichen Versuche, der strukturellen Ambivalenz des Erzählens Herr zu werden, indem sie auf eine Evidenz authentischer Intentionen der Figuren und ihres Autors setzen; vgl. z. B. Breuer, „Vergebliche Bekehrungsversuche".

Risiko des Militärdiensts sich zuletzt sogar noch im Verlust bezahlt macht: Zum Abschluss seines Lebensberichts erzählt er, wie er nach einem letzten Kriegseinsatz auf Kreta, der ihn, wie gesagt, ein Bein gekostet hat, als Kriegsversehrter nach Deutschland zurückkehrt, sich eine Geige kauft und bettelnd durchs Land zieht. Dabei verschafft ihm das Mitleid der Leute ein gutes und sicheres Einkommen, so dass er endlich einen ‚Gipfel des Glücks'[80] erreicht: „[…] und weil ich sehe / daß von meinem Capital nichts abgehet / […] so wisste ich nicht / was mich bewögen solte / ein anders und seeligers Leben zu verlangen; ja ich wisste auch kein bessers für mich zufinden."[81]

80 Selbstverständlich ist dieser Zustand in seiner pikarischen Perspektivierung ebenso vorläufig und ambivalent wie das Glück, das der Ich-Erzähler des *Lazarillo* mit dem berühmten letzten Satz des Textes für sich behauptet: „Pues in este tiempo estaba en mi prosperidad y en la cumbre de toda buena fortuna" (*Lazarillo*, tr. VII, S. 135).

81 Grimmelshausen, *Springinsfeld*, S. 293.

INKA MÜLDER-BACH

Das Abenteuer der Novelle

Abenteuer und Ereignis in den *Unterhaltungen deutscher Ausgewanderten* und der *Novelle* Goethes

Die Novelle ist eigentlich nur denkbar durch Einführung eines Abenteuers.

(Paul Scheerbart)

Als sich der Protagonist im dritten Buch von Goethes Roman *Wilhelm Meisters Lehrjahre* (1795/96) mit der Schauspielertruppe auf dem gräflichen Schloss aufhält, wird er von der Baronesse und Philine in eine kleine Intrige verwickelt. Sie soll ihn „der Gräfin näher […] bringen", auf deren „Herz" er einen „tiefen Eindruck" gemacht hat.[1] Während der Graf über Nacht auf die Jagd geritten ist, soll sich Wilhelm, als Graf verkleidet, im gräflichen Kabinett niederlassen. Die Gräfin soll informiert werden, dass ihr Ehemann überraschend zurückgekehrt sei, sie soll sich in das Kabinett begeben und mit ihrem vermeintlichen Gemahl vertraulich verkehren, bis dieser sich schließlich „hübsch artig und galant" (WML 549) als Wilhelm zu erkennen gibt. Doch die Intrige misslingt. Denn der Graf kommt tatsächlich vorzeitig von der Jagd zurück, und zwar so vorzeitig, dass Wilhelm sich noch allein im Kabinett befindet. Mit dem Rücken zur Tür und gegenüber einem Spiegel platziert, sieht er, als die Tür sich öffnet, den Grafen im Spiegel hinter sich, so wie der Graf Wilhelm im Spiegel vor sich erblickt. Verstört von dieser unerklärlichen Begegnung mit dem Spiegelbild seines Doppelgängers, zieht der Graf wortlos die Tür zu, begibt sich zu seiner Gemahlin und ruft dann nach Wilhelm, dem er ein Buch in die Hand drückt, aus welchem der Held „eine abenteuerliche Novelle nicht ohne Beklemmung vorlas" (WML 551). Um welches Buch es sich handelt, wird dem Leser nicht verraten. Der Ausdruck „abenteuerliche Novelle" aber verweist auf die Gattungstradition, an die Goethe mit seiner Verkleidungs- und Doppelgänger-Episode anknüpft. Mit dem Liebhaber in der Rolle des Ehemanns greift er ein Motiv auf, das Giovanni Boccaccio in die Novelle einführte, und gestaltet es so aus,

1 Johann Wolfgang Goethe, *Wilhelm Meisters Lehrjahre*, in: ders., *Sämtliche Werke. Briefe, Tagebücher und Gespräche*, hg. v. Friedmar Apel u. a., Frankfurt/Main: Deutscher Klassiker Verlag 1987–2013 [=FA], I. Abt., Bd. 9, S. 357–992, hier S. 547. Zitate aus *Wilhelm Meisters Lehrjahre* werden künftig nach dieser Ausgabe mit der Sigle WML und Seitenzahlen im fortlaufenden Text belegt.

 | DOI:10.30965/9783846764725_010

dass die erzählte Wirklichkeit zur Bühne wird, auf der das novellistische Motiv sich abspielt.[2]

Als „novellistische Einlage"[3] zeugt die Episode von Goethes Interesse an kleineren prosaischen Erzählformen, deren Spektrum er in den 1790er Jahren erkundet. Gleichzeitig mit der Fertigstellung der ersten, 1795 publizierten Bände der *Lehrjahre* entsteht die Erzählsammlung *Unterhaltungen deutscher Ausgewanderten*, die ebenfalls 1795 in der von Friedrich Schiller herausgegebenen Zeitschrift *Die Horen* erschien. Für die Zuwendung zu diesen kleinen Erzählformen sind divergierende Motive ausgemacht worden. So ist Goethes Beschäftigung mit dem Genre der Novelle als Zeichen eines gewandelten Verhältnisses zum Publikum und eines Bemühens um Öffnung gegenüber breiteren Leserschichten,[4] als Versuch der Entwicklung von Erzählweisen, die nicht den strikten Wahrscheinlichkeitsgeboten der Aufklärung gehorchen,[5] sowie als Ausdruck einer „Polarisierung des literarischen Feldes"[6] rekonstruiert worden, in der die Novelle in Abgrenzung von populären Sensations- und Kriminalgeschichten ebenso wie von populärwissenschaftlichen, moralischen und philosophischen Erzählungen literarisch nobilitiert wird und sich als ein poetisches Genre formbewusster narrativer Prosa konstituiert. Diese divergierenden Befunde lassen sich ergänzen, wenn man der Spur der novellistischen Einlage im dritten Buch der *Lehrjahre* folgt. Sie legt die Vermutung nahe, dass die Konjunktur kleinerer narrativer Formen auch mit der aufklärerischen Kritik des Abenteuers zusammenhängt, das sich nach seiner Austreibung aus dem Roman als integrales Erzählschema zersetzt, in einzelnen Merkmalen oder Zügen aber in kleineren Erzählformen weiterlebt.[7]

---

2 Vgl. Hannelore Schlaffer, *Poetik der Novelle*, Stuttgart u. Weimar: Metzler 1993, S. 46–53. Schlaffer führt die Episode der *Lehrjahre* auf die Geschichte der Verführung Theodelindes, der Gemahlin von König Agilulf, durch einen verkleideten Stallknecht zurück, die bei Boccaccio als zweite Geschichte des dritten Tages erzählt wird.

3 Schlaffer, *Poetik der Novelle*, S. 49.

4 Vgl. Manfred Koch, „Zirkulation und wiederholte Spiegelungen. Kulturelle Gedächtnisbildung durch modernen Ideenumlauf in Goethes ‚Unterhaltungen deutscher Ausgewanderten'", in: *Gedächtnis und Zirkulation. Der Diskurs des Kreislaufs im 18. und frühen 19. Jahrhundert*, hg. v. Harald Schmidt u. Marcus Sandl, Göttingen: Vandenhoeck & Ruprecht 2002, S. 168–187, hier S. 173 f.

5 Vgl. Florentine Biere, *Das andere Erzählen. Zur Poetik der Novelle 1800/1900*, Würzburg: Königshausen & Neumann 2012, S. 65–198, hier bes. S. 65–68.

6 Werner Michler, *Kulturen der Gattung. Poetik im Kontext, 1750–1950*, Göttingen: Wallstein 2015, S. 352.

7 Im Hinblick auf die Fallgeschichte liegt dieser Zusammenhang auf der Hand. Friedrich Schiller etwa betont in der „Vorrede" zu der von ihm herausgegebenen Sammlung aus dem *Pitaval* den Unterhaltungswert der Rechtsfälle, die dem Geschmack an Romanhaftem, an „leidenschaftlichen und verwickelten Situationen", wie sie die populäre Literatur befriedigt,

Man kann sich diesem Zusammenhang in Goethes Werk auf verschiedene Weise nähern: über die eingelegten Novellen in den *Wahlverwandtschaften* und den *Wanderjahren* oder über Novellensammlungen und eigenständige Novellen. Die folgenden Überlegungen beschränken sich auf das zuletzt genannte Korpus. Ausgehend von der Verkleidungs- und Doppelgänger-Episode der *Lehrjahre* gehen sie dem Zusammenhang von Abenteuer und Novellistik am Beispiel von Goethes *Unterhaltungen deutscher Ausgewanderten* sowie seiner späten *Novelle* (1828) nach.

I

Was besagt der Ausdruck „abenteuerliche Novelle", inwiefern gleicht die zitierte Episode der *Lehrjahre* einem „Abenteuer" (WML 556)? Auf der einen Seite kommunizieren diese Begriffe mit einem Grundzug des zweiten bis vierten Buchs des Romans, die sich in verschiedener Hinsicht an den Typus des Abenteuerromans anlehnen.[8] Auf der anderen Seite entsprechen sie den Momenten des Außeralltäglichen, des Sonderbaren, Wunderlichen und Gefährlichen, die der Situation des Helden im gräflichen Kabinett angedichtet werden.[9] Die Ironie ist dabei nicht zu verkennen. Denn außeralltäglich ist die Episode allenfalls insofern, als sie auf einen Einfall zurückgeht, der das Leben als Bühne der Inszenierung abgeschmackter, ungereimter und in diesem Sinn

entgegenkommen, und setzt darauf, dass diese Spannung und diese Verwicklungen genutzt werden können, um Menschen- und Rechtskenntnisse unters breitere Publikum zu schmuggeln. (Friedrich Schiller, „Vorrede zur Pitaval-Ausgabe von 1792–1795", in: *Schillers Pitaval. Merkwürdige Rechtsfälle als ein Beitrag zur Geschichte der Menschheit*, hg. v. Oliver Tekolf, Frankfurt/Main: Eichborn 2005, S. 75–78, hier S. 75). In der Herkunftsgeschichte Mignons, die im achten Buch der *Lehrjahre* als eine pathologische Fallgeschichte nachgetragen wird, finden sich fast alle Plot-Elemente, die Friedrich von Blanckenburg als „Abenteuer" aus dem Roman verbannt wissen will, es fehlt weder an „außerordentlichen Zufällen, Entführungen, Blutschande" noch an „Einbrüchen, […] Verkleidungen, Gefahren zu Wasser und zu Lande" (Friedrich von Blanckenburg, *Versuch über den Roman*, Stuttgart: Metzler 1965, S. 307).

8 Im Hinblick auf das zweite Buch hat das schon Max Kommerell betont, vgl. Max Kommerell, „Wilhelm Meister", in: ders., *Essays, Notizen, Poetische Fragmente*, hg. v. Inge Jens, Olten u. Freiburg/Breisgau: Walter 1969, S. 81–186, hier S. 98–111. Das Verhältnis des Bildungsromans zum Abenteuer steht im Zentrum der Studie, die Oliver Grill im Rahmen des von der Verf. geleiteten Teilprojekts „Dem Abenteuer entgegen. Transformationen des Abenteuers in Bildungsroman und Novelle (Goethe, Keller, Thomas Mann, Musil)" der DFG-Forschungsgruppe *Philologie des Abenteuers* (FOR 2568) schreibt.

9 Die Rede ist von einer „sonderbaren Verkleidung", einer „wunderlichen Maske" und einem „Posten", dessen Einnahme „gefährlich" war (WML 549).

abenteuerlicher Plots versteht, die in Novellen vorgefertigt werden. Von einer Rehabilitierung des Abenteuers oder einer Nobilitierung der Novelle kann hier kaum die Rede sein. Nicht einmal für Wilhelm ist die novellistische Figur des Liebhabers in der Verkleidung des Ehemanns eine attraktive Rolle; sie versetzt Goethes bürgerlichen Helden nur in peinliche „Verlegenheit" (WML 550). Zwar ist sein Sinn durchaus auf Abenteuer gestellt, doch will er höher hinaus. Das scheint ihm zunächst auch gestattet zu werden. So schließt das dritte Buch mit einer Liebesszene zwischen Wilhelm und der Gräfin, an deren Ende der Erzähler ironisch das Handlungsschema des ‚hohen', heliodorischen Abenteuerromans aufruft.[10]

Dass die Anspielungen aufs Abenteuer allein auf den Helden zu beziehen sind, ist allerdings nicht ausgemacht. Es könnte auch das Doppelgänger-Erlebnis des Grafen mitgemeint sein. Dafür spricht nicht zuletzt, dass die Episode werkgenetisch insofern eine Ausnahme darstellt, als sie im Unterschied zur Hauptmasse der Begebenheiten auf dem gräflichen Schloss nicht schon in dem vor 1789 entstandenen Romanfragment *Wilhelm Meisters theatralische Sendung* vorgebildet ist, sondern für die *Lehrjahre* ganz neu konzipiert wurde. Denn die Reaktion des Grafen, dessen „Betragen [...] seit jenem Abenteuer [...] ein völliges Rätsel" (WML 556) ist, der von Ahndungen und Ängsten heimgesucht wird und der Melancholie und religiösen Grübelei verfällt, erinnert nicht nur an die schwärmerische Frömmigkeit des Grafen Zinzendorf, dessen Herrnhuter Brüdergemeine Goethes fiktiver Graf sein ganzes Vermögen hinterlassen wird. Sie korrespondiert auch mit der gesteigerten Empfänglichkeit für Wunder und Wunderbares, die Goethe in Schriften der 1790er Jahre als eine Folge der epochalen Erschütterung der Revolution beobachten zu können glaubte.[11] Damit rückt das semantische Feld in den Blick, in dem das Abenteuer in den *Unterhaltungen deutscher Ausgewanderten* auftaucht.

---

10 „Die Unglücklichen! welche sonderbare Warnung des Zufalls oder der Schickung riß sie aus einander?" (WML 563); zu Adaption und Transformation von Erzählschemata Heliodors in den *Lehrjahren* vgl. Felicitas Igel, *Wilhelm Meisters Lehrjahre im Kontext des hohen Romans*, Würzburg: Ergon 2007; Cornelia Zumbusch, „Nachgetragene Ursprünge. Vorgeschichten im Roman (Wieland, Goethe, Stifter)", in: *Poetica* 43 (2011), S. 267–299; Thomas Borgstedt, „*Wilhelm Meisters Lehrjahre* und das Heliodorische Romanschema", in: *Heliodorus redivivus. Vernetzung und interkultureller Kontext in der europäischen Aithiopika-Rezeption der Frühen Neuzeit*, hg. v. Christian Rivoletti u. Stefan Seeber, Stuttgart: Steiner 2018, S. 217–229.

11 Vgl. Jürgen Söring, „Die Verwirrung und das Wunderbare in Goethes *Unterhaltungen deutscher Ausgewanderten*", in: *Zeitschrift für deutsche Philologie* 100 (1981), S. 544–559.

II

Im Medium einer narrativen Fiktion machen Goethes *Unterhaltungen* das traditionelle novellistische Modell des Rahmenzyklus sowie kleine Prosaformen des Erzählens zum Gegenstand poetologischer Sondierungen. Die Grundsituation weist auf das *Decamerone* zurück. So wie Boccaccios Florentiner Aristokraten sich vor den Verheerungen der in der Stadt wütenden Pest aufs Land zurückziehen, flieht bei Goethe eine adlige Familie mit Gefolge vor der französischen Revolutionsarmee von ihren linksrheinischen Gütern auf rechtsrheinisches Gebiet. Doch anders als bei Boccaccio dringt die Katastrophe, vor der man sich in Schutz zu bringen sucht, in die kleine „Gesellschaft" ein.[12] Nicht nur ist der „Donner der Kanonen" aus der Ferne zu hören, angesichts der „vielen zuströmenden Neuigkeiten des Tages" kann „der politische Diskurs" und mit ihm der Streit der Meinungen und Gesinnungen nicht „vermieden werden" (UdA 1000). Bald stehen sich Anhänger und Gegner der Revolution so feindlich gegenüber, dass die eine Partei sich durch die andere vertrieben sieht. Erst nach diesem „Fall" (UdA 1006), der schon der narrativen Konstruktion des Erzählrahmens novellistischen Charakter verleiht, konstituiert sich die Fluchtgesellschaft als eine Erzählgesellschaft.

Den Gesprächen dieser Gesellschaft sucht die Baronesse als Oberhaupt der Familie das „Gesetz" (UdA 1007, 1010 f.) vorzuschreiben. Es sieht vor, dass „alle Unterhaltung über das Interesse des Tages" aus der Gesellschaft zu „verbannen" sei (UdA 1009). Das entspricht dem Programm der *Horen*, die sich, wie ihr Herausgeber Friedrich Schiller ankündigt, im Hinblick auf „das Lieblingsthema des Tages ein strenges Stillschweigen auferlegen", so dass aus den Beiträgen alles „verbannt seyn wird", was „Beziehungen auf den jetzigen Weltlauf" hat.[13] Aber indem Goethe das *Horen*-Programm innerhalb der Fiktion thematisiert, statt es stillschweigend zu befolgen, unterläuft er es. Nicht viel besser ergeht es dem „Gesetz" der Baronesse. Kaum hat sie es erlassen, wird es bereits übertreten:

> Abends nach Tische als die Baronesse zeitig in ihr Zimmer gegangen war, blieben die übrigen beisammen, und sprachen über mancherlei Nachrichten, die eben einliefen, über Gerüchte, die sich verbreiteten. Man war dabei, wie es

---

12 Goethe, *Unterhaltungen deutscher Ausgewanderten*, in: FA, I. Abt., Bd. 9, S. 993–1114, hier S. 997. Zitate aus den *Unterhaltungen* werden künftig im fortlaufenden Text nach dieser Ausgabe mit der Sigle UdA und Seitenzahl belegt.

13 Friedrich Schiller, „[Ankündigung]", in: *Die Horen. Eine Monatsschrift*, hg. v. Schiller, Tübingen: Cotta 1795, Bd. 1, Erstes Stück, S. III–IV (Fotomechanischer Nachdr., Darmstadt 1959). Diese Vorgabe findet sich schon in Schillers „Einladung zur Mitarbeit", die Goethe, anders als die später entstandene „Ankündigung", zu Beginn der Arbeit an den *Unterhaltungen* kannte.

> gewöhnlich in solchen Augenblicken zu geschehen pflegt, im Zweifel was man glauben und was man verwerfen sollte. [...]
> [...] durch einige Wendung des Gesprächs kam man auf die entschiedene Neigung unsrer Natur das Wunderbare zu glauben; man redete vom Romanhaften, vom Geisterhaften und als der Alte einige gute Geschichten dieser Art künftig zu erzählen versprach, versetzte Fräulein Louise: Sie wären recht artig und würden vielen Dank verdienen, wenn Sie uns gleich, da wir eben in der rechten Stimmung beisammen sind, eine solche Geschichte vortrügen, wir würden aufmerksam zuhören und Ihnen dankbar sein. (UdA 1017)

Der von der Tochter der Baronesse angesprochene Alte ist ein Abbé, dem nicht zufällig die Rolle der zentralen Erzählerfigur zufällt. Denn als katholischer Geistlicher ist er gewissermaßen von Berufs wegen Experte für den Glauben an Wunderbares. Er kommt der Bitte um eine entsprechende Erzählung nach und gibt eine *„gespenstermäßige*[] *Mystifikations-Geschichte*“[14] zum Besten, die auf autobiographische Zeugnisse der berühmten zeitgenössischen Schauspielerin Hippolyte Clairon zurückgeht. Daraufhin erzählt Friedrich, der Sohn der Baronesse, eine weitere Spukgeschichte, die in Weimarer Kreisen als Gerücht zirkulierte, bevor der Neffe Karl, ein leidenschaftlicher Anhänger der Revolution, das Wort ergreift und am Ende des ersten Abends mit zwei Anekdoten aus den Memoiren des Marschalls von Bassompierre zur Unterhaltung beiträgt. Die Geschichten sind also allesamt „alte Bekannte“, die man allerdings „in einer neuen Gestalt“ wieder trifft (UdA 1016); und alle gehören der „Art“ an, die der Alte ankündigt, der Art des „Wunderbaren“, „Romanhaften“, „Geisterhaften“. Sie handeln von etwas Unerklärlichem, Rätselhaftem, das unaufgelöst bleibt: von einem Ereignis, „dessen Möglichkeit und Zusammenhang man nicht einsiehet“;[15] von einem Geschehen, das „den Charakter hat, der in den ehemaligen Romanen herrschend war, wie das Abentheuerliche, Verstiegene in Handlungen, in Begebenheiten“.[16]

Dass Goethe sich mit solchen vermeintlichen Trivialitäten abgibt, hat nicht nur zeitgenössische Leser irritiert, sondern auch die Forschung verwundert. Doch das Interesse am Wunderbaren, Romanhaften und Geisterhaften wird zeitgeschichtlich situiert. Was das Gespräch auf dieses Thema lenkt, sind ja die „Neuigkeiten des Tages“ (UdA 1000), die einlaufenden Nachrichten und

14 Goethe an Schiller, 5. Dezember 1794, in: *Der Briefwechsel zwischen Schiller und Goethe*, hg. v. Emil Staiger, Frankfurt/Main: Insel 1966, S. 71.

15 Johann Christoph Adelung, „Wunderbar“, in: ders., *Grammatisch-kritisches Wörterbuch der hochdeutschen Mundart*, 2., verm. u. verb. Ausgabe, Leipzig: Breitkopf u. Härtel 1801, Vierter Theil, Sp. 1622 (Repr. Nachdr., Hildesheim u. New York: Olms 1970).

16 Johann Georg Sulzer, „Romanhaft“, in: ders., *Allgemeine Theorie der schönen Künste*, Biel: Heilmann 1777, Bd. 2.2, S. 543–544.

Gerüchte über die „Weltbegebenheiten“ (UdA 1006). Diese „Wendung“ des Gesprächs korrespondiert mit einer Metaphorik, die sich verschiedentlich in Goethes Kommentaren zu den Ereignissen der Zeit findet, etwa in einem Brief vom Juli 1794, in dem die Rede ist vom „Spucken [sic!] des garstigen Gespenstes, das man Genius der Zeit nennt“.[17] So haben die Erzählungen des ersten Abends „Symptomcharakter“ und stellen in mehrfacher Hinsicht „ein leise ironisches Nachbeben jener Erschütterungen dar[ ]“,[18] die der revolutionäre Umsturz hervorgerufen hat. Nicht nur handeln sie von rätselhaften Vorfällen. Sie lösen Diskussionen aus und provozieren Erklärungsversuche, die von der „Neigung [...] das Wunderbare zu glauben“ zeugen und damit von einer fundamentalen Verunsicherung rationaler Weltbilder und Wirklichkeitsmodelle.

Diese Verunsicherung ist im Licht der Unschlüssigkeit gelesen worden, die für Tzvetan Todorov das zentrale Kriterium des Phantastischen ausmacht.[19] Das Phantastische stellt sich Todorov zufolge ein, wenn nicht zu entscheiden ist, ob ein fiktives Ereignis der realistisch-natürlichen oder der wunderbar-übernatürlichen Ordnung der Welt angehört. Die Spukgeschichten und rätselhaften Begebenheiten der *Unterhaltungen* wären demnach in doppelter Weise Ausdruck einer Wiederkehr des Verdrängten: Einerseits brächten sie die durch die Vorschriften der Baronesse tabuisierte politische Aktualität indirekt zur Sprache. Andererseits wären sie Symptom einer epochalen Zäsur, jenseits derer das Wunderbare, Romanhafte und Geisterhafte, das die aufgeklärte Vernunft überwunden zu haben glaubte, als Phantastisches wiederkehrt. Die Affinität, die sich daraus zwischen dem traditionellen Erzählschema des Abenteuers – als Inbegriff des Romanhaften – und der romantischen Poetik des Phantastischen ergibt, wird in einer Novelle wie E. T. A. Hoffmanns *Die Abenteuer der Silvesternacht* bereits im Titel fassbar.

Goethes Erzählungen allerdings betonen noch einen anderen Aspekt und dies gerade dort, wo sie ihrerseits explizit von Abenteuern sprechen. Das ist schon in der ersten Spukgeschichte der Fall, die der Alte auf die Bitte Luises hin erzählt und die er selbst miterlebt haben will. Die Geschichte handelt von einer neapolitanischen Sängerin namens Antonelli, die sich von den Besitzansprüchen eines Liebhabers, den sie ursprünglich als Freund auserkoren hatte, so bedrängt fühlt, dass sie das Verhältnis abbricht und sich auch dann nicht erweichen lässt, ihn wiederzusehen, als er im Sterben liegt. Nach seinem Tod stellt sich bei einer Abendgesellschaft erstmals der Spuk ein.

17 Goethe an Johann Heinrich Meyer, 17. Juli 1794, in: FA, II. Abt., Bd. 4, S. 13.
18 Söring, „Die Verwirrung und das Wunderbare“, S. 549.
19 Vgl. Söring, „Die Verwirrung und das Wunderbare“, S. 555 f.

> Wir saßen nach Tische in einem vertrauten Gespräch und waren alle heiter und gutes [sic!] Muts. Es war gegen Mitternacht, als sich auf einmal, mitten unter uns, eine klägliche, durchdringende, ängstliche und lange nachtönende Stimme hören ließ. Wir fuhren zusammen, sahen einander an und sahen uns um, was aus diesem Abenteuer werden sollte. Die Stimme schien an den Wänden zu verklingen, wie sie aus der Mitte des Zimmers hervorgedrungen war. (UdA 1022 f.)

Das Abenteuer, von dem hier die Rede ist,[20] ist ein unerhörtes Hörereignis, ein akustischer Schock, der plötzlich in die Normalität einbricht. Das „unvermutete[] Abenteuer" (UdA 1026) dieses Einbruchs wird sich im weiteren Fortgang der Geschichte mehrfach wiederholen, ohne dass sich das „klingende Gespenst" (UdA 1024) dingfest machen ließe. Bei Clairon erfährt es schon dadurch eine Deutung, dass es als Wiedergänger, als „revenant",[21] bezeichnet wird. Goethes Geistlicher dagegen hält sich mit Deutungen zurück und verweist nur am Ende auf ein Gespräch mit der Sängerin, in dem diese nahelegt, der verschmähte Liebhaber habe sich von jenseits des Grabes gemeldet. Spuk also muss herhalten, um Spuk zu erklären.

Schockcharakter, Unheimlichkeit und Rätselhaftigkeit: Diese in der Antonelli-Geschichte ironisch und mit leichter Hand ins Spiel gebrachten Momente sind auch konstitutiv für das Erlebnis, in das die im weiteren Verlauf des Abends erzählte Geschichte aus dem *Journal* des Marschall von Bassompierre mündet. Die Geschichte, die Karl als Ich-Erzähler – und in der Übersetzung Goethes – wiedergibt, handelt von der Liebschaft mit einer schönen Krämerin, die den berühmten Hofmann bittet, „eine Nacht" mit ihm „unter Einer Decke zubringen" zu dürfen (UdA 1033). Wegen der in Paris ausgebrochenen Pest mit eigenen Matratzen, Decken und Leintüchern ausgerüstet, trifft der Memoirenschreiber sich mit ihr in einem „schändliche[n] Haus" (UdA 1034) und genießt mit ihr „zwischen zwei Leintüchern" (UdA 1033) eine so vergnügliche Nacht, dass er sie wiederzusehen begehrt. Sie willigt ein und man verabredet sich für den kommenden Sonntag im Haus ihrer Tante. Ungeduldig vor Verlangen, stellt er sich viel zu früh am Treffpunkt ein, die Tür ist verschlossen, aber „im ganzen Hause" ist „Licht", das manchmal „wie eine Flamme aufzulodern" (UdA 1035) scheint.

> Ich ging zurück und einige Straßen auf und ab. Endlich zog mich das Verlangen wieder nach der Türe. Ich fand sie offen und eilte durch den Gang die Treppe

20 Auch im französischen Original wird die Begebenheit einmal (wenn auch an anderer Stelle) als „aventure" bezeichnet. Clairon, Claire Josèphe Hippolyte Leris de LaTude, *Mémoires d'Hippolyte Clairon et réflexions sur l'art dramatique*, Paris: Buisson 1799 (= An VII [Franz. Revolution]), S. 7.

21 Clairon, *Mémoires*, S. 7.

> hinauf. Aber wie erstaunt war ich, als ich in dem Zimmer ein paar Leute fand, welche Bettstroh verbrannten und bei der Flamme, die das ganze Zimmer erleuchtete, zwei nackte Körper auf dem Tische ausgestreckt sahe. Ich zog mich eilig zurück und stieß im Hinausgehen auf ein paar Totengräber, die mich fragten, was ich suchte? Ich zog den Degen, um sie mir vom Leibe zu halten und kam nicht unbewegt von diesem seltsamen Anblick nach Hause. Ich trank sogleich drei bis vier Gläser Wein, ein Mittel gegen die pestilenzialischen Einflüsse, das man in Deutschland sehr bewährt hält, und trat, nachdem ich ausgeruhet, den andern Tag meine Reise nach Lothringen an.
> Alle Mühe, die ich mir nach meiner Rückkunft gegeben, irgend etwas von dieser Frau zu erfahren, war vergeblich. [...]
> Dieses Abenteuer begegnete mir mit einer Person vom geringen Stande, aber ich versichere, daß ohne den unangenehmen Ausgang es eins der reizendsten gewesen wäre, deren ich mich erinnere, und daß ich niemals ohne Sehnsucht an das schöne Weibchen habe denken können. (UdA 1035)

Erneut also ein schockhaftes Ereignis, diesmal in Gestalt eines Tableaus. Es antwortet dem im Zeichen des flammenden Lichts engggeführten Begehren nach Aufklärung und nach Sexualität in dem unheimlichen Bild zweier Leichen, die so nackt sind wie die Körper der Liebenden „zwischen zwei Leintüchern“ in der gemeinsamen Nacht und den verdrängten Konnex von Sexualität und Tod plötzlich vor Augen stellen. Erst in der Übertragung Goethes rückt die Dimension des Schockhaften ins Zentrum, erst in ihr entsteht der „harte[] Kontrast“[22] zwischen dem Ereignis und dem stilistischen Gestus des Memoirenerzählers.[23] Im Original leitet dieser seine Erzählung mit den Worten ein: „Je partis un soir de la court et veux dire une aventure quy me survint, quy, pour n'estre de grande conséquence, est néanmois extravagante.“[24] Goethe streicht diesen Einleitungssatz und behält sich den Begriff des Abenteuers für den Schluss vor, um ihn dort zu hinterfragen. Wenn die traditionelle *âventiure* „ein in eine Sinnstruktur hineinerzähltes Erlebnis ist“ und als solches „Instandstellung eines aus der Ordnung geratenen Geschehens“,[25] dann gleicht das extravagante Abenteuer Bassompierres in der Fassung Goethes einem verstörenden Erlebnis, das sich in seiner Kontingenz der narrativen Integration entzieht. Weder bringt der Erzähler in Erfahrung, um wen es sich bei den

---

22 August Wilhelm Schlegel, „Rezension der ‚Horen'“, in: *Allgemeine Literatur-Zeitung* (Jena und Leipzig), 6. Januar 1795, zit. n. UdA, S. 1531–1534, hier S. 1532.

23 Vgl. auch Biere, *Das andere Erzählen*, S. 160–168.

24 François de Bassompierre, *Journal de ma vie I* (Episode von 1606), zit. n. UdA, S. 1516–1519, hier S. 1516.

25 Mireille Schnyder, „Sieben Thesen zum Begriff der *âventiure*“, in: *Im Wortfeld des Textes. Worthistorische Beiträge zu den Bezeichnungen von Rede und Schrift im Mittelalter*, hg. v. Gerd Dicke, Manfred Eikelmann u. Burkhard Hasebrink, Berlin u. New York: de Gruyter 2006, S. 369–375, hier S. 370.

beiden Toten handelt und was aus der schönen Krämerin geworden ist, noch gelingt es ihm, das schockhafte Tableau der beiden Leichen, unter denen ebenso gut seine hätte sein können, nachträglich in eine lebensgeschichtliche Sinnstruktur zu überführen.

III

Goethes Arbeit am Roman und seine Erprobung kleiner narrativer Formen ist in den 1790er Jahren Teil einer umfassenden Erkundung sowohl des Begriffs der Gattung als auch des Systems literarischer Gattungen, darunter verschiedener Gattungen bzw. Arten des Erzählens. In kurzen Abständen erscheinen, neben den *Lehrjahren* und den *Unterhaltungen*, die Hexameter-Epen *Reinecke Fuchs* (1794) und *Hermann und Dorothea* (1798), die Idylle *Alexis und Dora* (1796) sowie verschiedene Balladen (1797). Ebenfalls auf die 1790er Jahre geht der Plan zu einem „episch-romantische[n] Gedicht"[26] *Die Jagd* zurück, das ursprünglich als Seitenstück zu *Hermann und Dorothea* geplant war. Die Transformation des Abenteuers in ein novellistisches Ereignis, das bislang an schockhaften Vorfällen der *Unterhaltungen* verfolgt wurde, lässt sich auch an der Entwicklung dieses Erzählprojekts beobachten.

Einem Bericht Wilhelm von Humboldts zufolge war als Held ein deutscher Erbprinz vorgesehen, der aus den Revolutionskriegen zu seiner Familie zurückkehrt. Während man über den Krieg und die politische Lage Gespräche führt, sollte plötzlich „die Nachricht" kommen,

> daß in einem benachbarten kleinen Städtchen beim Jahrmarkt Feuer ausgekommen sei und bei der Verwirrung, die dadurch entsteht, wilde Tiere losgekommen wären, die man da sehen ließ. Nun macht sich der Prinz und sein Gefolge auf, und die heroische Handlung dieses epischen Gedichts ist nun eigentlich die Bekämpfung dieser Tiere.[27]

Das Vorhaben wurde im Austausch mit den eher skeptischen Freunden Schiller und Humboldt hin und her gewendet. Zur Diskussion stand zunächst, ob der Stoff überhaupt ein epischer sei bzw. sich für ein Hexameter-Epos

---

26 Goethe, *Tag und Jahres-Hefte 1797*, in: *Goethes Werke*, hg. im Auftrage der Großherzogin Sophie von Sachsen, Weimar: Böhlau 1887–1919 [= WA], I. Abt., Bd. 35, S. 70–77, hier S. 71 (Nachdruck dtv 1987).

27 Wilhelm von Humboldt an Caroline von Humboldt, 7. April 1797, in: *Wilhelm und Caroline von Humboldt in ihren Briefen*, hg. v. Anna v. Sydow, Bd. 2, Berlin: Mittler 1907, S. 38.

eigne. Was für Schiller dagegen sprach, war unter anderem das „Überraschende, Verwunderung Erregende“[28] der Handlung. Im Zusammenhang mit der Wiederaufnahme der Arbeit am *Faust* kam Goethe dann die Idee, seinen „neuen epischen Plan[] [...] in [...] Reim- und Strophendunst in die Luft“[29] gehen zu lassen. Schiller assoziierte zu diesem Dunst nicht, wie manche spätere Forschung, die Gattung der Ballade, sondern die „Strophenform“ und „metrische Form“ eines „romantischen Gedichts“,[30] also Stanzen in der Tradition der Versepen von Ariost und Tasso.[31] Diese Behandlungsart fand Schillers vorbehaltlose Zustimmung. Denn mit seinem „Seltsamen und Überraschenden“, seiner „Löwen- und Tiger-Geschichte“ und seinen „Fürstlichen Personen und Jägern“, von denen es „nur ein leichter Schritt zu den Ritterfiguren“ sei, sei der Stoff des Gedichts doch nicht repräsentativ für die „griechische Welt“, zu der der Hexameter gehöre, vielmehr könne „die mittlere und neue Welt, also auch die moderne Poesie [...] ihn mit Recht reklamieren.“[32]

Obwohl der Plan des *Jagd*-Epos weit gedieh, kam das Vorhaben nicht zur Ausführung. Erst dreißig Jahre später, im Herbst 1826, im Zuge der Vorbereitung der Publikation des Briefwechsels mit Schiller, nahm Goethe sich seines „romantischen Jagdstücks“[33] wieder an. Ein „[e]rneuertes Schema der wunderbaren Jagd“[34] wurde angelegt und in diesem Schema wurde der Stoff nun als „Novelle“[35] entworfen. Wiederum also bietet sich die kleine Form narrativer Prosa zur Bearbeitung von Begebenheiten an, die den Charakter des Romanhaften und Wunderbaren haben. Mehr noch: In diesem Fall wird ein Projekt, das als romantisches Gedicht in der Tradition frühneuzeitlicher Ritterepen gedacht war, in eine Novelle überführt, die den Gattungsbegriff programmatisch im Titel führt. Die *Novelle* (1828) wiederum wurde unter dem

28 Schiller an Goethe, 25. April 1797, in: *Briefwechsel Schiller–Goethe*, S. 380.

29 Goethe an Schiller, 22. Juni 1797, in: *Briefwechsel Schiller–Goethe*, S. 404.

30 Schiller an Goethe, 26. Juni 1797, in: *Briefwechsel Schiller–Goethe*, S. 407. Die Ballade bringt Goethe erst in seinem Antwortbrief ins Spiel und zwar als eine schlechtere Lösung. „[E]s scheint mir jetzt auch ausgemacht, daß meine Tiger und Löwen in diese Form [des Reims, I. M.-B.] gehören, ich fürchte nur fast, daß das eigentliche Interessante des Sujetes [sic!] sich zuletzt gar in eine Ballade auflösen möchte.“ (Goethe an Schiller, 27. Juni 1797, in: *Briefwechsel Schiller–Goethe*, S. 409).

31 Vgl. die Anm. des Herausgebers, in: *Briefwechsel Schiller–Goethe*, S. 409, sowie Michler, *Kulturen der Gattung*, S. 376 f. Dass ihm Schiller zu „achtzeiligen Stanzen“ riet, erinnerte später auch Goethe (Goethe mit Eckermann, 18. Januar 1827, in: Johann Peter Eckermann, *Gespräche mit Goethe*, hg. v. Ernst Beutler, München: dtv 1999, S. 214).

32 Schiller an Goethe, 26. Juni 1797, in: *Briefwechsel Schiller–Goethe*, S. 407.

33 Goethe, *Tagebücher, 1827–1828*, in: WA, III. Abt., Bd. 11, S. 6.

34 Goethe, *Tagebücher, 1825–1826*, in: WA, III. Abt., Bd. 10, S. 252.

35 Goethe, *Tagebücher, 1825–1826*, in: WA, III. Abt., Bd. 10, S. 255.

Eindruck der Romane von James Fenimore Cooper verfasst, der in einer zeitgenössischen Rezension von *The Last of the Mohicans* (1826) als „Ariosto [...] of the west“[36] bezeichnet wurde. Die Wiederaufnahme des *Jagd*-Plans scheint durch die Lektüre von Coopers Roman *The Pioneers* (1823) im Herbst 1826 angeregt worden zu sein, in den nächsten Wochen las Goethe, gleichzeitig mit der Ausarbeitung der Novelle, die Romane *The Last of the Mohicans* und *The Spy* (1821). Der Hauptgrund für seine Beschäftigung mit Cooper waren die *Wanderjahre* mit ihrer Ausrichtung auf den Vorstellungsraum Amerika, aber auch in der „Jagdnovelle“ hinterließ die Lektüre ihre Spuren.[37] Nichts liegt Goethe in seinem Spätwerk allerdings ferner als die unterhaltsame Erzählung spannender Abenteuer. Vom ersten Satz der *Novelle* an befinden wir uns im Raum einer extrem verdichteten und vielfach geschichteten Prosa, die sich in der distanziert-abgeklärten Haltung ihres Erzählers, ihrem zeremoniellen Gebaren und ihrem stilistischen Dekorum von der Genretradition absetzt und auch von den Novellen der *Wanderjahre* unterscheidet. Dennoch ist der Text durchgängig von der Auseinandersetzung mit der Gattung geprägt. Das zeigt nicht zuletzt das häufig als „variierende[] Wiederholung“[38] bezeichnete Verfahren der Zitation und Umgestaltung, das auf verschiedenen Ebenen zum leitenden Prinzip der novellistischen Komposition wird. Das gilt für den narrativen Diskurs, der in seinem eigenen Fortschreiten eine Vielzahl

36 Vgl. *James Fenimore Cooper. The Critical Heritage*, hg. v. George Dekker u. John P. Williams, London u. New York: Routledge and Kegan Paul 1973, S. 87. Cooper gesellt sich damit zu Walter Scott, der in dieser Rezension als „Ariosto of the north“ bezeichnet wird.

37 Vgl. den Kommentar von Waltraud Wiethölter und Christoph Brecht zu *Novelle*, in: FA, I. Abt., Bd. 8, S. 1080. In der Szene der *Pioneers*, auf die die Herausgeber hier verweisen, rettet Natty Bumppo Elisabeth, die Tochter des Richters Temple, vor einem wilden Tier – bei Cooper einem „panther“ (also Puma) –, indem er das Tier durch einen Kopfschuss tötet. Von einem „Panther“ ist auch in einem der Schemata die Rede, die Goethe 1826 anlegte (vgl. *Novelle*, in: FA, I. Abt., Bd. 8, S. 1055). Die Klage um den toten Tiger wird manchmal mit der Totenzeremonie für Uncas am Ende von *The Last of the Mohicans* in Verbindung gebracht, wobei diese Affinität darauf zurückgeführt worden ist, dass beide Textpassagen eine Reminiszenz an die Sprache Ossians darstellen (vgl. Jane K. Brown, „The Tyranny of the Ideal: The Dialectics of Art in Goethe's ‚Novelle'“, in: *Studies in Romanticism* 19 [1980], S. 217–231; Nicholas Saul, „Goethe and Colonisation: the *Wanderjahre* and Cooper“, in: *Goethe and the English-Speaking World*, hg. v. Nicholas Boyle u. John Guthrie, Rochester u. a.: Camden House 2001, S. 85–98, hier S. 94).

38 Kommentar zu *Novelle*, in: FA, I. Abt., Bd. 8, S. 1064; ebenso: Regine Otto, „Novelle“, in: *Goethe Handbuch in vier Bänden*, hg. v. Bernd Witte u. a., Stuttgart u. Weimar: Metzler 1996–1998, Bd. 3, S. 252–265, hier S. 256; Martin Schneider, „Paradoxien der Präsenz. Die narrative Darstellung ereignishafter Zeiterfahrung in Goethes *Novelle*“, in: *Euphorion* 11 (2017), S. 201–224, hier S. 207.

von Texten und Traditionsbeständen zitiert und transformiert; und es gilt für die diegetische Welt, in der das Neue des novellistischen Ereignisses sich als *déjà-vu* erweist. Zwischen Wiederholungszwang und Restauration auf der einen Seite und Revolution und Traditionsbruch auf der anderen erkundet Goethes *Novelle* Wege, um das Neue, dem sie ihren Namen verdankt, als Erneuerung zu denken, die das Alte zugleich bewahrt und transformiert.

IV

Die Erzählung ist in einem absolutistischen Kleinstaat angesiedelt und spielt in der Epoche ihrer Entstehung.[39] Die Französische Revolution ist Vergangenheit, doch verfolgt sie die älteren Mitglieder der Fürstenfamilie als traumatische Erinnerung an eine Brandkatastrophe, die in der Einbildungskraft jederzeit wieder auflodern kann. Die Gegenwart ist geprägt von politischer Restauration, ökonomischer Liberalisierung, Bürokratisierung der Verwaltung und einem Bemühen, den Schein einer traditionellen Kultur feudaler Repräsentation aufrechtzuerhalten – und also die Repräsentation selbst noch einmal zu repräsentieren. Das spiegelt sich in der Veranstaltung einer Jagd, die etwas von einer „touristisch-folkloristische[n] Darbietung“[40] an sich hat, in der der fürstliche Jagdzug sich den aus Anlass der Handelsmesse in die Stadt geströmten „Fremden“[41] präsentiert.

Die Novelle beginnt mit einer Beschreibung der Jagdgesellschaft, die sich im Schlosshof versammelt:

> Ein dichter Herbstnebel verhüllte noch in der Frühe die weiten Räume des fürstlichen Schloßhofes, als man schon mehr oder weniger durch den sich lichtenden Schleier die ganze Jägerei zu Pferde und zu Fuß durch einander bewegt sah. (N 533)

Dieser erste Satz entwirft ein Tableau, das in einer Zwischenzone zwischen dem Nebel, der „[noch] verhüllte“, und dem „schon“ des „sich lichtenden Schleier[s]“ angesiedelt ist. So wie der Schleier als sich lichtender in Bewegung

39 Wichtige Anregungen zu den folgenden Ausführungen verdanke ich Gesprächen mit und Hinweisen von Oliver Grill, Martin von Koppenfels und Bernhard Teuber.

40 Gerhard Kaiser, „Zur Aktualität Goethes. Kunst und Gesellschaft in seiner *Novelle*“, in: *Jahrbuch der deutschen Schillergesellschaft* 29 (1985), S. 248–264, hier S. 250.

41 Goethe, *Novelle*, in: FA, I. Abt., Bd. 8, S. 531–555, hier S. 534. Zitate aus der Novelle werden künftig nach dieser Ausgabe im fortlaufenden Text mit der Sigle N und Seitenzahlen belegt.

begriffen ist, fungiert er als semi-diaphanes Medium, durch das eine bewegte Szenerie mehr oder weniger zu sehen ist. „Halbgesehenes Gewimmel" (N 1057) heißt es dazu im letzten Schema der Novelle. Denn die Szenerie ist schwankend und im Ganzen diffus. Einzelne Momente treten schon hervor, aber sie ergeben noch keinen Zusammenhang, sondern bleiben ein „Gewimmel". Das korrespondiert mit der Schwellenfunktion, die dem Satz als Anfang der Erzählung zukommt. Zugleich entspricht die zwischen Verhüllung und Entschleierung angesiedelte Zwischenzone des „[h]alb bedeckte[n] Schloßhof[es]" (N 1057) den atmosphärisch geprägten Gründen, die Juliane Vogel als die produktive Matrix herausgestellt hat, aus der die Auftritte der Figuren im Theater Goethes hervorgehen.[42] Und hier wie dort ist die Produktivität des Grundes mit einer Temporalisierung des Erscheinens von Formen und Figuren verbunden. Diese sind nicht einfach da, sondern emergieren in einem Prozess des In-Erscheinung-Tretens. Im Eingangstableau der Novelle gewinnt das Gewimmel dabei die Züge einer Inszenierung, die auf ein Gesehen-Werden angelegt ist: Die Figuren, die in der „Halbhelle" hervortreten, können „eine gewisse Eitelkeit sich zu zeigen nicht verleugnen" (N 533), sie präsentieren sich, stellen sich zur Schau. Offen bleibt, ob diese Eitelkeit habituell oder auf den Fürsten berechnet ist, auf den alle warten.

Der Fürst wird in Form einer narrativen Analepse eingeführt, die mit wenigen Strichen ein Bild von ihm, seiner Gattin und seinem Fürstentum zeichnet. Dann bricht der Fürst „mit Gästen und Gefolge" zur Jagd auf, um „weit in das Gebirg hineinzudringen" und „die friedlichen Bewohner der dortigen Wälder durch einen unerwarteten Kriegszug zu beunruhigen." (N 534) Derweilen bleibt die junge Fürstin mit dem alten Oheim Fürst Friedrich und dem Junker Honorio im Schloss zurück. Mit diesem Trio wird eine Handlung aufgebaut, die den ersten Teil der Erzählung ausmacht. Auf Wunsch der Fürstin, die „große Lust" hat, sich „heute weit in der Welt umzusehen" (N 537), unternimmt man einen Ausritt, dessen Ziel die alte Stammburg des Fürstengeschlechts ist. Diese Handlung spielt sich nicht nur kompositorisch vor dem Hintergrund der in den Tiefenraum des Gebirges eindringenden fürstlichen Jagd ab. Sie hat selbst Züge einer Jagd und ist in einer latenten Gewalt grundiert, die die Wirklichkeit ebenso wie die Vorstellung von ihr prägt. Die Gewalt tritt in einer Kette von novellistischen Begebenheiten zutage, die dem

42 Vgl. Juliane Vogel, *Aus dem Grund. Auftrittsprotokolle zwischen Racine und Nietzsche*, Paderborn: Wilhelm Fink 2018, S. 113–118. Dieser Studie verdanke ich eine Schärfung der Aufmerksamkeit für den szenischen Charakter der novellistischen Ereignisse.

älteren, etymologischen Sinn des Wortes „Ereignis“ entsprechen. Sie ‚eräugnen‘ sich, zeigen sich, stellen sich vor Augen.[43] Dagegen wird das Neue, Unvorhergesehene des novellistischen Ereignisses in der außerordentlich komplizierten Choreographie der Erzählung konsequent durchgestrichen. Die Neugierde der Fürstin richtet sich ironischerweise ja zunächst auf ein „Denkmal alter Zeit“ (N 534). Dieses Denkmal, den „Trutz- und Schutzbau“ (N 535) des Fürstengeschlechts, wird das höfische Personal zwar nie erreichen. Doch bereits auf dem Weg zu ihm steht oder tritt den Figuren vor Augen, was ihnen später als Eruption von Gewalt oder gewaltsame Eruption entgegenkommt, was sich später schockhaft ereignet. Die Zukunft, auf die die Figuren zugehen, ist ein Schauplatz der Vergangenheit; und was ihnen aus der Zukunft entgegenkommt, ist ein Schon-Gesehenes.

In der Ausgestaltung dieses visuellen Geschehens gelangt ein ganzes Spektrum von Organen, Perspektiven, Medien und Instrumenten zum Einsatz: Die Figuren stellen sich die Welt mit äußerem und innerem Auge vor Augen, in Ansichten, Aussichten, Voraussichten, in Überblicken und Rückblicken, in Erzählungen und Zeichnungen, im Licht des Morgens, des Mittags und des Abends, mit „guten unbewaffneten Augen“ (N 542) oder bewaffnet mit optischen Instrumenten. Eine Hauptwaffe ist das „treffliche Teleskop“ (N 534), das vom Vorabend her noch im Schloss in „Stellung“ (N 534) liegt. Es zielt auf die „hohen Ruinen der uralten Stammburg“ (N 534), die das Fürstengeschlecht einst auf einem fernen Berggipfel errichtete und die die „annähernden Gläser“ (N 534) des Rohrs nun vor Augen rücken. Nachdem die Natur sich seit hundertfünfzig Jahren diesen Gipfel zurückerobert hat und „ungehindert und ungestört“ (N 534) in den allmählich verfallenden und zusammenstürzenden Gebäuden emporwachsen konnte, ist man jetzt denkmalpflegerisch tätig geworden. Wie der Oheim erzählt, hat man die „Wildnis zugänglicher“ (N 535) gemacht und durch Sprengungen und Durchbrechungen von Mauerwerk einen Weg in den Schlosshof gebahnt, die Ruine aber inwendig sich selbst überlassen, so dass sich die Äste mächtiger Bäume „bis in die Galerien hinein [erstrecken], auf denen der Ritter sonst auf und ab schritt“ (N 536). Der Prozess

43 Vgl. „ereigen“, „ereignen“, in: *Deutsches Wörterbuch von Jacob und Wilhelm Grimm*, Bd. 3, Leipzig: S. Hirzel 1862, Sp. 784 f. (Fotomechanischer Nachdr., München: dtv 1984). Auch Goethe verwendet „sich ereignen“ u. a. in der Bedeutung von „sich vollziehen, erscheinen, auftreten, auch in der Beschreibung eines unmittelbaren Anblicks“ (Rose Unterberger, „ereignen“, in: *Goethe-Wörterbuch*, hg. v. Berlin-Brandenburgische Akademie der Wissenschaften, Akademie der Wissenschaften in Göttingen u. Heidelberger Akademie der Wissenschaften, Stuttgart u. a.: Verlag W. Kohlhammer, 1977–2018, Bd. 3, Sp. 262 f.). Die ältere Form ‚eräugnen‘ lässt sich in Goethes Schriften erst seit 1815 nachweisen (vgl. Unterberger, „ereignen“, Sp. 262).

der Renaturalisierung der Kultur wird also seinerseits kulturell anverwandelt, so dass in der konservatorischen Inszenierung der Ruine nicht „Natur" und „Kunst", sondern Renaturalisierung und Rekulturalisierung ineinander übergehen. Der Oheim illustriert diese Inszenierung anhand von zeichnerischen „Ansichten der Stammburg" (N 535), die auch die „mannigfaltigen Baumarten" (N 534) mit ihren „verschiedenen Stamm- und Wurzelarten" (N 535 f.) kenntlich machen und zukünftig, in Gemälden ausgeführt, den Gartensaal des Schlosses zieren sollen. Sie lassen die Fürstin „verlangend" werden, „mit Augen zu sehen was mir in der Erzählung unmöglich schien und in der Nachbildung unwahrscheinlich bleibt" (N 537).

Der morphologische Blick auf die Welt, von dem die Beschreibung der Stammburg geprägt ist, macht bei den botanischen Baum-, Stamm- und Wurzelarten nicht Halt. Er umfasst in der metapoetischen Erzählung der *Novelle* auch Gattungen und Arten der Dichtkunst und deren formensprachliche Entwicklung.[44] Der Ausritt, zu dem man auf Wunsch der Fürstin aufbricht, gleicht dem Weg durch eine poetologische Topographie, der von den „wohlversorgte[n] Frucht- und Lustgärten" (N 540) des Lehrgedichts über den *locus amœnus* von „Wiesental" und „Quelle" (N 540) und eine „steinichte breite Fläche" (N 541) zu der heroischen Landschaft der mächtigen Stammburg aufsteigt, die „als Fels- und Waldgipfel" (N 540) hervorragt. Diese literarischen Landschaftsformationen wiederum korrespondieren mit Affekt- und Triebarten, die während des Ausritts durch verschiedene Medien stimuliert werden und in dem Phantasma eines Abenteuers kulminieren, das auf die novellistische Begebenheit projiziert wird.

Noch bevor das Trio aufbricht, um auf dem Weg ins Freie zunächst Stadt und Markt zu durchreiten und sich hoch zu Pferd dem Volk zu präsentieren, hat man entworfen, was dort zu sehen sein wird: Die Fürstin projiziert die „Übersichten" (N 537), die sie am Tag zuvor gewonnen hatte, als der Fürst ihr Messe und Handel erläuterte. Und der Oheim setzt an, von dem „ungeheure[n] Unglück" zu erzählen, das ihm bei jedem Besuch von Markt und Messe „wieder in die Einbildungskraft [flammt]": von der Brandkatastrophe, die sich ihm „gleichsam in die Augen eingebrannt" hat, als er „eine solche Güter- und Warenbreite in Feuer aufgehen sah" (N 538). Was nicht „voraus zu sehen" (N 538) war, ist allerdings das „ohrzerreißende[] Gebrülle" (N 539) eines Löwen, das ihnen entgegen tönt, als sie am Rande der Stadt die Buden und

44 Vgl. Gerhard Neumann, „Fernrohr und Flöte. Erzählte Räume in Goethes *Novelle*", in: *Goethe und die Musik*, hg. v. Walter Hettche u. Rolf Selbmann, Würzburg: Königshausen & Neumann 2012, S. 125–144; Fabian Sturm, „Das ‚Blätterwerk' der Kunst. Auf den Spuren des morphologischen Narrativs in Goethes *Novelle*", in: *Jahrbuch der deutschen Schillergesellschaft* 59 (2015), S. 156–179; Michler, *Kulturen der Gattung*, S. 383–404.

Verschläge des Jahrmarkts passieren, in denen wilde Tiere zur Schau gestellt werden. *In naturam* lässt sich der „König der Einöde" (N 539) zwar (noch) nicht erblicken, aber immerhin im Bilde:

> Zur Bude näher gelangt durften sie die bunten kolossalen Gemälde nicht übersehen, die mit heftigen Farben und kräftigen Bildern jene fremden Tiere darstellten, welche der friedliche Staatsbürger zu schauen unüberwindliche Lust empfinden sollte. Der grimmig ungeheure Tiger sprang auf einen Mohren los, im Begriff ihn zu zerreißen, ein Löwe stand ernsthaft majestätisch, als wenn er keine Beute seiner würdig vor sich sähe; andere wunderliche bunte Geschöpfe verdienten neben diesen mächtigen weniger Aufmerksamkeit. (N 539 f.)

Als die Fürstin vorschlägt, die „seltenen Gäste" bei der „Rückkehr" (N 540) näher zu betrachten, stimmt ausgerechnet der katastrophenfixierte Oheim, der bei jeder Gelegenheit von seinem Branderlebnis erzählt, eine Klage über die Sensationsgier des Menschen und über die Bänkelsänger an, die „Brand und Untergang [...] an jeder Ecke wiederholen" (N 540). Das entbehrt nicht der Ironie und verweist zugleich mit dem „Bänkelsänger" auf einen Kolporteur von Nachrichten, der ein entfernter Verwandter des Novellisten ist.[45]

Nachdem man „zum Tore hinausgelangt" und „in die heiterste Gegend" getreten ist, scheinen die „Schreckensbilder[]" jedoch wie ausgelöscht (N 540). Das entspricht ebenso der Verschränkung von Landschaft und Affekt wie der Umstand, dass bei der Annäherung an die steilen und jähen Felsgipfel der Stammburg, die „dem Kühnsten jeden Angriff zu verbieten [schien]" (N 541), unter den jungen Leuten eben diese Angriffslust sich meldet. So beschließen sie, den Gipfel bis zu dem Punkt „zu erstürmen, zu erobern" (N 541), an dem „ein vorstehender mächtiger Fels einen Flächenraum darbot", von wo man eine weite „Aussicht" auf Schloss, Stadt und Landschaft hat (N 541). Von „dieser öden, steinigten Fläche" (N 534) aus, die unterhalb des letzten Anstiegs zur Burg liegt, war bereits der Fürst bei seinem Eindringen in die Gebirgstiefen aus dem Blickfeld der Fürstin entschwunden, als sie ihm mit einem Teleskop nachsah. Sie bezeichnet den zentralen Schauplatz des ersten Teils der Novelle[46] und zugleich den Schwellenraum, über den die höfische Gesellschaft nie hinauskommen wird.

45 Vgl. Tom Cheesmann, „Goethes Novelle. Die Novelle und der Bänkelsang", in: *Goethe Jahrbuch* 111 (1994), S. 125–140.

46 Vgl. Gerhard Schulz, „Exotik der Gefühle. Goethes *Novelle*", in: ders., *Exotik der Gefühle. Goethe und seine Deutschen*. München: C. H. Beck 1998, S. 105–128, hier S. 116. Der Bild- und Bühnencharakter wird dadurch unterstrichen, dass dieser Schauplatz zugleich den Vordergrund zu der fürstlichen Jagd bezeichnet, die sich im Hintergrund im Tiefenraum des Gebirges abspielt.

Als das Trio diese Fläche in der Mittagsstunde des Pan erreicht, tut das mitgebrachte „Fernrohr" (N 542) seine Dienste. Kaum hat Honorio mit dem „so förderliche[n] Werkzeug" (N 542) den Markt als „Mittelpunkt" (N 537) der Stadt fokussiert, fördert er ein Ereignis zutage, das schon ‚voraus gesehen' (vgl. N 538) wurde, wenngleich nicht im Sinne einer Prognose. Dem lateinischen Wortsinn von Fokus entsprechend, das ja u. a. Brand oder Herd bedeutet, „fängt es [auf dem Markte] an zu brennen", das „Feuer greift weiter um sich" (N 542), und nach kurzer Zeit ist „das Unheil" auch „den guten unbewaffneten Augen der Fürstin bemerklich" (N 542). Das heißt allerdings nicht, dass ihre Sicht der Dinge unvermittelt wäre. So wie das Fernrohr das Feuer zur Erscheinung bringt, entzündet das Feuer die Einbildungskraft der Fürstin. Nachdem der Oheim vor ihnen in die Stadt zurückgeritten und sie mit Honorio allein an den Fuß des Gipfels zurückgekehrt ist, sieht sie in der Phantasie „alle die Schreckbilder welche des trefflichen Oheims wiederholte Erzählung von dem erlebten Jahrmarkts-Brande leider nur zu tief eingesenkt hatte." (N 543) Weil das so ist, wird dem Leser in der Darstellung des Ereignisses anstelle des „unerwartet außerordentlichen Fall[s]" (N 543) des aktuellen Brandes der fürchterliche „Fall" des vergangenen repräsentiert. Das gerät zu einer virtuosen Demonstration hypotypotischer Darstellung:

> Fürchterlich wohl war jener Fall, überraschend und eindringlich genug, um zeitlebens eine Ahnung und Vorstellung wiederkehrenden Unglücks ängstlich zurückzulassen, als zur Nachtzeit auf dem großen budenreichen Marktraum ein plötzlicher Brand Laden auf Laden ergriffen hatte, ehe noch die in und an diesen leichten Hütten Schlafenden aus tiefen Träumen geschüttelt wurden; der Fürst selbst als ein ermüdet angelangter erst eingeschlafener Fremder ans Fenster sprang, alles fürchterlich erleuchtet sah, Flamme nach Flamme, rechts und links sich überspringend, ihm entgegen züngelte. Die Häuser des Marktes, vom Widerschein gerötet, schienen schon zu glühen, drohend sich jeden Augenblick zu entzünden und in Flammen aufzuschlagen; unten wütete das Element unaufhaltsam, die Bretter prasselten, die Latten knackten, Leinwand flog auf und ihre düstern an den Enden flammend ausgezackten Fetzen trieben in der Höhe sich umher, als wenn die bösen Geister in ihrem Elemente[,] um und um gestaltet[,] sich[] mutwillig tanzend verzehren[47] und da und dort aus den Gluten wieder auftauchen wollten. [...] Wie mancher wünschte nur einen Augenblick Stillstand dem heranprasselnden Feuer, nach der Möglichkeit einer Besinnung sich umsehend, und er war mit aller seiner Habe schon ergriffen; an der einen Seite brannte, glühte schon, was an der andern noch in finsterer Nacht stand. [...] Leider nun erneuerte sich vor dem schönen Geiste der Fürstin der wüste

47 Interpunktion in eckigen Klammern nach dem Abdruck der *Novelle* in: WA, I. Abt., Bd. 18, S. 331. FA transkribiert an dieser Stelle: „[...] als wenn die bösen Geister in ihrem Elemente um und um gestaltet sich, mutwillig tanzend, verzehren und da und dort aus den Gluten wieder auftauchen wollten." (N 543)

Wirrwar, nun schien der heitere morgendliche Gesichtskreis umnebelt […]. (N 543 f.)

Um in der Rede quasi-dramatische Präsenzeffekte zu erzeugen, empfahl die antike Rhetorik, das „Vergangene als gegenwärtig Geschehendes“[48] darzustellen. In Goethes *Novelle* vollzieht sich diese Darstellung als mentaler Akt im „Geiste der Fürstin“. Ihr steht das Vergangene, wie es der Oheim erzählte, als aktuelles Geschehen bzw. anstelle des aktuellen Geschehens vor Augen. Was der Erzähler präsentiert, ist also eine Repräsentation, die um drei Stufen von dem Ereignis entfernt ist. Ihr Anspruch ist tendenziell paradox. Denn sie zielt darauf, ein Chaos zur Darstellung zu bringen, ein „wüstes Wirrwar“, das sich als solches der Vergegenständlichung entzieht.

In der narrativen Vergegenwärtigung dieses Wirrwarrs wird die Darstellung des wahrgenommenen Ereignisses mit der Darstellung des Ereignisses der Wahrnehmung verschränkt.[49] Dabei zieht der Text einen doppelten Rahmen ein: Den ersten Rahmen spannt der Einleitungssatz, der im Tempuswechsel vom Präteritum zum Plusquamperfekt von der erzählten Gegenwart der Novelle in die Vorvergangenheit jener Situation führt, die durch den zweiten Rahmen konstituiert wird. Diese Situation ist die des Fürsten, der ans Fenster springt und als Augenzeuge fungiert, aus dessen Sicht die Brandkatastrophe im Weiteren dargestellt wird. In ihren Grundzügen entspricht diese Darstellung dem, was bei Aristoteles *energeia, actualitas* heißt: Die Elemente – Feuer, Flammen – werden in ihrer Wirksamkeit bezeichnet.[50] Metaphorische Belebung spielt dabei eine Rolle, doch zentral ist das Wechselspiel zwischen finiten und infiniten Verbformen bzw. Partizipien.[51] Die Partizipien werden in dreifacher Weise verwendet: substantivisch – die „Schlafenden“–, adjektivisch – der „eingeschlafene[] Fremde[]“, die „flammend ausgezackten Fetzen“, das „heranprasselnde[] Feuer“– und verbal – „rechts und links sich

48 Longinus, *Vom Erhabenen*, übers. u. hg. v. Otto Schönberger, Stuttgart: Reclam 1988, S. 25.

49 Vgl. zu den wissensgeschichtlichen Voraussetzungen dieser Verschränkung Joseph Vogl, „Bemerkungen über Goethes Empirismus“, in: *Versuchsanordnungen 1800*, hg. v. Sabine Schimma u. Joseph Vogl, Zürich u. Berlin: Diaphanes 2009, S. 119–123, hier S. 115.

50 Vgl. Aristoteles, *Rhetorik*, übers. v. Franz G. Sieveke, München: Wilhelm Fink 1989, III, 11, 1411b–1412a.

51 Auf dieses Wechselspiel macht auch Martin Schneider aufmerksam; anders als im Folgenden vorgeschlagen interpretiert er es als Darstellung einer „paradoxe[n] Zeitlichkeit“, in der „das Präteritum präsentisch und das Präsens präterial wird, das Noch-nicht und das Nicht-mehr […] ineinanderfließen“, so dass das Ereignis „in Anbetracht unserer Erwartungen immer zu früh“ geschieht und wir doch nur „nachträglich darauf reagieren“ können (Schneider, „Paradoxien der Präsenz“, S. 215 f.).

überspringend", „vom Widerschein gerötet", „drohend sich [...] zu entzünden". Einen interessanten Vorschlag zur Funktion solcher Partizipien in einem erzählenden Text hat Harald Weinrich in seiner klassischen Studie *Tempus. Besprochene und erzählte Welt* (1964) gemacht. Als infinite Verbformen verhalten sich die Partizipien grundsätzlich indifferent zu Weinrichs Leitunterscheidung. Sie geben keine Informationen darüber, ob der Text in jenem „Modus der [...] Entspanntheit" mitgeteilt ist und aufgenommen werden soll, der Weinrich zufolge durch die Erzähltempora des Präteritums und Plusquamperfekts signalisiert wird, oder im Modus der „Gespanntheit", wie ihn die besprechenden Tempora von Präsens und Perfekt ankündigen.[52] Wohl aber haben sie in einem erzählenden Text Anteil an dem, was Weinrich als „Reliefgebung"[53] bezeichnet. Was Goethes Text im Zusammenspiel von infiniten Verben und Erzähltempora aufbaut, ist demnach eine Art Tempusbühne oder Tempusszene, in der die Partizipien den Hintergrund abstecken, von dem sich ein im Präteritum bezeichnetes Geschehen als Vordergrund abhebt. Wenn es etwa heißt, dass der Fürst beim Sprung ans Fenster „alles fürchterlich erleuchtet sah, Flamme nach Flamme, rechts und links sich überspringend, ihm entgegen züngelte", dann strukturiert sich das Geschehen nicht nur durch den Augenzeugen und die Rahmung, sondern auch durch die Präpositionen sowie durch die Hintergrundtempora von Partizip I und II und das Vordergrundtempus des Präteritums als Szene. So bleibt das Hintergrundgeschehen in dem „heranprasselnden Feuer" nicht im Hintergrund, sondern bewegt sich in den Vordergrund. Anders als die *continuous form* im Englischen, an der Weinrich die Reliefgebung verdeutlicht, signalisiert das Partizip Präsens im Deutschen darüber hinaus grundsätzlich ein in der Gegenwart andauerndes Geschehen. So ist das heranprasselnde Feuer eines, das noch im Heranprasseln begriffen, dessen Bewegung also noch in hohem Maße wirksam, mit großer *energeia* ausgestattet ist.

Das Feuer, das die Fürstin mit den „feurige[n] Augen" ihrer Einbildungskraft „als flammend"[54] vor sich sieht, signalisiert einen Aufruhr der Elemente, der den Erregungspegel der Figuren spiegelt. Auf dem Rückweg in die Stadt, auf dem Honorio und die Fürstin dem Oheim nachfolgen, entbindet dieser Aufruhr Kräfte und Leidenschaften, die der Novelle eine Wendung ins Abenteuerliche

52 Harald Weinrich, *Tempus. Besprochene und erzählte Welt*, München: C. H. Beck 2001, S. 49–50.

53 Weinrich, *Tempus*, S. 115–170.

54 Ein Paralipomenon Goethes zur *Novelle* lautet: „sie [...] glaubte wirklich dergleichen zu sehen und es ist keine Frage daß ein feuriges Auge sich die Gegenstände zum schein enzünden [sic!] [...] und als flammend vor sich schauen können [sic!]." (WA, Abt. I, Bd. 18, S. 468).

verleihen. Diese Wendung ins Abenteuerliche wiederum ist mit einer perspektivischen Verschiebung verbunden: Die abenteuerlichen Ereignisse werden aus der Sicht der Fürstin erzählt und in dieser internen Fokalisierung kehrt sich der Richtungspfeil des Geschehens um. Statt dass die Figuren ihre Aktionen und Blicke auf etwas hin ausrichten, kommt das Geschehen nun auf die Fürstin zu; wie das „heranprasselnde[] Feuer“ in der Brandphantasie ereignet es sich, indem es ihr widerfährt. Das entspricht nicht nur insofern dem abenteuerlichen Charakter des Ereignisses, als *âventiure/aventure* dem Wortsinn nach etwas meint, was aus der Zukunft herankommt oder entgegenkommt; vielmehr scheint in dem Abenteuer der Novelle, wie immer ironisch, auch die Vorstellung des „Sichtbarwerdens“[55] bzw. „Zur-Erscheinung-Kommens“[56] mitzuschwingen, die in mediävistischen Herleitungen unter Bezug auf die Affinität von *aventure* und *adventus* als eine Grundbedeutung von *âventiure* geltend gemacht wird.

Das Abenteuer beginnt mit dem Erscheinen eines Tigers. Er ist beim Brand in der Stadt aus der Schaubude entflohen und kommt nun Honorio und der Fürstin auf ihrem Rückritt in der arkadischen Landschaft entgegen.

> In das friedliche Tal einreitend, seiner labenden Kühle nicht achtend, waren sie kaum einige Schritte von der lebhaften Quelle des nahen fließenden Baches herab, als die Fürstin ganz unten im Gebüsche des Wiesentals etwas seltsames erblickte, das sie alsobald für den Tiger erkannte; heranspringend, wie sie ihn vor kurzem gemalt gesehen, kam er entgegen; […] Flieht! gnädige Frau, rief Honorio, flieht! Sie wandte das Pferd um, dem steilen Berg zu wo sie herabgekommen waren. Der Jüngling aber, dem Untier entgegen, zog die Pistole und schoß, als er sich nahe genug glaubte; leider jedoch war gefehlt, der Tiger sprang seitwärts, das Pferd stutzte, das ergrimmte Tier aber verfolgte seinen Weg, aufwärts unmittelbar der Fürstin nach. (N 544)

Ähnlich wie das Feuer gewinnt das Erscheinen des Tigers vor allem durch das Zusammenspiel von Präteritum, Präsenspartizipien und präpositionalen Richtungsangaben seinen szenischen Charakter. Und ähnlich wie beim Feuer verschränkt sich die Darstellung des wahrgenommenen Ereignisses mit einer Darstellung des Ereignisses der Wahrnehmung. Auffällig ist deren Phrasierung. Und dies um so mehr, als ‚Heranspringen‘ ja Plötzlichkeit

55 Klaus-Peter Wegera, „‚mich enhabe diu âventiure betrogen‘. Ein Beitrag zur Wort- und Begriffsgeschichte von âventiure im Mittelhochdeutschen“, in: *Das Wort. Seine strukturelle und kulturelle Dimension.* Festschrift für Oskar Reichmann zum 65. Geburtstag, hg. v. Vilmos Àgel u. a., Tübingen: Niemeyer 2002, S. 229–244, hier S. 234.

56 Peter Strohschneider, „âventiure-Erzählen und âventiure-Handeln. Eine Modellskizze“, in: Dicke, Eikelmann u. Hasenbrinck (Hgg.), *Im Wortfeld des Textes*, S. 377–388, hier S. 378.

impliziert. Die Wahrnehmung aber erfolgt nicht instantan, sondern beginnt mit dem Erblicken von etwas Seltsamem, das „alsbald" schematisiert und als Tiger erkannt oder wiedererkannt wird – denn auch in diesem Fall ist das, was erkannt wird, ja schon gesehen worden. Die Phrasierung der Wahrnehmung korrespondiert insofern mit den einen andauernden Vorgang bezeichnenden Präsenspartizipien, als sie das plötzliche Erscheinen der Figur temporalisiert. Wenn der Tiger „heranspringend [...] entgegen [kam]", dann ist er noch im Auftreten begriffen, ist noch nicht ganz herangesprungen, hat sich noch nicht ganz vom Hintergrund gelöst. In diesem Fall ist die Erscheinungsform allerdings in hohem Maß ironisch, denn die Fürstin reproduziert das Gemälde, auf dem der Tiger in der Tat auf dem Bildgrund fixiert ist.

Als Goethe 1797 erstmals das Vorhaben der *Jagd*-Erzählung entwickelte, hatte er auch deshalb Zweifel, ob der „Stoff" sich episch bearbeiten ließe, weil dieser „keinen einzigen retardierenden Moment" hatte.[57] In der Novelle ist es ironischerweise der Tiger, der nach dem Fehlschuss Honorios diese Retardierung zustande bringt: „Tiger redardiert bergauf" (N 1059), heißt es dazu im letzten Schema. Diese Retardierung läutet die Episode ein, in der Traditionsbestände von *âventiure* und romantischem Epos aufgerufen werden. Nach der Flucht der Fürstin und dem Fehlschuss Honorios flieht der Tiger „nicht mit heftiger Schnelle" (N 544) den Berg hinauf, verfolgt von dem „Renner" Honorio, der das „Ungeheuer" durch einen Schuss in den Kopf tötet, so dass es ausgestreckt vor der Fürstin zu liegen kommt (N 545). So wie der Junker in eben diesem Moment vom Text zum „Ritter" (N 545) geschlagen wird, wird er für die Fürstin zur Erscheinung, in der sie den schönen Jüngling erblickt, wie er bei ritterlichen Kampfspielen auftritt.

> Der Jüngling war schön, er war herangesprengt, wie ihn die Fürstin oft im Lanzen- und Ringelspiel gesehen hatte. Eben so traf in der Reitbahn seine Kugel im Vorbeisprengen den Türkenkopf auf dem Pfahl, gerade unter dem Turban in die Stirne, eben so spießte er, flüchtig heransprengend, mit dem blanken Säbel das Mohrenhaupt vom Boden auf. In allen solchen Künsten war er gewandt und glücklich, hier kam beides zu statten. (N 545)

Um 1800 ist nicht nur das Zeitalter der ritterlichen Turniere, sondern auch das Zeitalter ihrer theatralen Re-Inszenierung längst vorbei.[58] Was „die Fürstin oft [...] gesehen hatte", kann sie nie anders denn in Abbildungen gesehen oder sich in der Phantasie ausgemalt haben. Der schöne Jüngling im Ritter- und Lanzenspiel ist die Projektion eines Typus, dessen Material anonymen

57 Goethe an Schiller, 22. April 1797, in: *Briefwechsel Schiller–Goethe*, S. 377.
58 Vgl. Michler, *Kulturen der Gattung*, S. 382 f.

Tiefenschichten des kulturellen Gedächtnisses entstammt. Rezente Eindrücke allerdings haben dieses Gedächtnis aktiviert und zeugen davon, dass seine Schichtungen weiterhin virulent sind. Und dies nicht nur in der restaurativen Phantasie des Oheims, der die „Ritter“ in der einstigen „Stammburg“ zu sehen glaubt, sondern ebenso in den Kolossalgemälden der Buden, die in Gestalt des „grimmig ungeheure[n] Tiger[s]“, der „auf einen Mohren los[sprang], im Begriff ihn zu zerreißen“ (N 539 f.) zeigen, dass der europäische Kolonialismus samt seiner Phantasien auch in die letzten Winkel deutscher Kleinstaaten eingedrungen ist.

Die Rolle des ungeheuren Tigers hat nunmehr allerdings Honorio übernommen, der in der Vorstellung der Fürstin „heransprengend“ das Mohrenhaupt aufspießt. Honorio wiederum, der nach seinem Sieg „mit glühender Wange“ vor seiner Dame kniet, verspricht ihr das Fell des getöteten Tigers, das sie „zur Lust begleiten“ soll und das immerhin ein „unschuldigres Triumphzeichen“ sei, „als wenn die Waffen erschlagener Feinde vor dem Sieger her zur Schau getragen wurden“ (N 545). Damit nicht genug, nutzt der vermeintliche Held die „Gunst“ der Stunde, um von der Fürstin die „Gnade“ eines Urlaubs zu erbitten (N 546). Als sei er Ritter einer Tafelrunde, der auf Abenteuer auszieht, will er sich von der fürstlichen „Tafel“ entfernen und „die Welt“ kennenlernen (N 546). Die „Genehmigung zur Aventiure-Fahrt als Gegenleistung für die Befreiung der Dame“ ist allerdings die „paradoxe Umkehrung des Aventiure-Modells“[59] und deutet auf Entsagung hin. Als sie seine Bitte wohlwollend entgegennimmt, zieht daher, von ihr unbemerkt, „anstatt einer jugendlichen Freude eine gewisse Trauer über sein Gesicht“ (N 546). Das ist nicht die einzige Stelle im Text, an der hinter dem Höfling Honorio die Figur des Tasso auftaucht.

Die Jagd nach dem ‚Eräugnis‘, die mit dem „treffliche[n] Teleskop“ beginnt, mündet in das Phantasma eines Abenteuers, in dem für eine ungemessene Spanne Zeit die „Lust“ regiert, bevor das Realitätsprinzip wieder die Kontrolle übernimmt. Darin steckt zum einen eine gattungspoetologische Reflexion über die Formverwandtschaft von Novelle und Abenteuer. Nicht jede Novelle ist ein Abenteuer oder handelt von einem solchen; aber es gibt kein Abenteuer ohne das narrative Element des Ereignisses, das nicht erst seit Goethes auf seine Erzählung bezogene und auf Cervantes zurückgehende Formel von der „sich ereignete[n] unerhörte[n] Begebenheit“[60] als ein definierendes Merkmal der Novelle gilt. Die *âventiure* ist gleichsam eine episch-romantische Stammart des novellistischen Ereignisses und in dem Wald zu Hause, der die Stammburg umschloss, als es noch das „Zauberschlosse“ war, „wozu es

59 Kaiser, „Zur Aktualität Goethes“, S. 254.

60 Goethe mit Eckermann, 29. Januar 1827, in: Eckermann, *Gespräche mit Goethe*, S. 225.

Fürst Friedrichs Geist und Geschmack ausbilden will" (N 549). Diese poetologische Reflexion verbindet sich zum anderen mit einer psychohistorischen. Was die novellistische Jagd nach dem Ereignis antreibt, sind Wünsche, die die Erzählung mit dem Lebensalter der Jugend verbindet: Wünsche nach Ruhm und Ehre, nach Hingabe und Gewalt, nach Eroberung der Welt, Bewährung in der Gefahr und leidenschaftlicher Liebe. Das Abenteuer stellt ein Erlebnis- und Erzählschema zu Verfügung, das diese Impulse nicht sanktioniert, sondern honoriert und ihre Ausagierung ermöglicht.

Dass dieses Schema in der Novelle als Typus auf eine Situation projiziert wird, in der ein dressierter Tiger in panischer Flucht vor einem durch eine Explosion von Schießpulver ausgelösten Feuer von einem Junker per Kopfschuss erledigt wird, ist selbstverständlich in hohem Maße ironisch. Das ändert jedoch nichts daran, dass die Projektion von dem zeugt, was die Moderne versagt.[61] Das Ergebnis dieser Versagung ist eine komplexe und widersprüchliche Gemengelage. Die Novelle entwirft das Bild einer bildhungrigen, sensationsgierigen und präsenzsüchtigen Kultur, die von optischen Inszenierungen eines vermeintlich Elementaren geprägt ist – Ursprüngen und Wildnissen, Jagden und Raubtieren, Feuersbrünsten und Naturgewalten. Diese visuelle Kultur spielt mit der Angstlust, sie nährt Phantasien und stimuliert elementare Triebe. Doch zugleich verlangt sie um ihres eigenen Bestandes willen die Sublimierung dessen, was sie erregt. In dem Ereignis des Abenteuers wird beides figuriert, wird das eine in das andere überführt. Als Ritter, der den Mohrenkopf aufspießt, übernimmt Honorio einerseits in der Imagination der Fürstin die Rolle des Tigers, der auf den kolossalen Gemälden der Schaubuden auf einen Mohren losspringt; andererseits wird ihm statt des Lohnes, der ihm als *âventiure*-Ritter für die Rettung der Dame zustände, Verzicht abverlangt, die Abtötung seiner eigenen ‚tierischen' Natur.

Die im Brand „ankommenden Erregungsgrößen"[62] sind mit der Tötung des Tigers noch nicht aus der diegetischen Welt. Weitere Spreng-Sätze sind noch im Kommen. Dabei kehrt das Bewegungsbild, das dem Budengemälde entstammt und im Tiger-Abenteuer erstmals aktualisiert wurde, insistierend wieder. Zunächst eilt die bunt gekleidete Schaustellerin des Jahrmarkts, der der Tiger gehörte, mit ihrem „schwarzäugige[n], schwarzlockige[n] Knabe[n]" (N 546) an den Schauplatz der Tigertötung und bricht in eine leidenschaftliche Klage über die Ermordung ihres dressierten Gefährten aus. Dann stellt

61 Vgl. Kaiser, „Zur Aktualität Goethes", S. 251–254.

62 Sigmund Freud, *Jenseits des Lustprinzips*, in: ders., *Studienausgabe*, hg. v. Alexander Mitscherlich, Angela Richards u. James Strachey, Frankfurt/Main: S. Fischer 1975, Bd. 3, S. 213–272, hier S. 238.

sich in einem ersten Selbstzitat des ‚heranspringenden Tigers' und „heransprengenden" Jünglings der Fürst samt Gefolge ein:

> Sie [die Schaustellerin, I. M.-B.] hatte nicht ausgeklagt, als über die mittlere Höhe des Bergs am Schlosse herab Reiter heransprengten, die alsobald für das Jagdgefolge des Fürsten erkannt wurden, er selbst voran. Sie hatten, in den hintern Gebirgen jagend, die Brandwolken aufsteigen sehen und […] den geraden Weg nach diesem traurigen Zeichen genommen. Über die steinige Blöße einhersprengend stutzten und starrten sie, nun die unerwartete Gruppe gewahr werdend, die sich auf der leeren Fläche merkwürdig auszeichnete. (N 547)

Nicht nur lexikalisch und grammatikalisch, sondern bis in die durch das „alsobald" signalisierte Verzeitlichung der Wahrnehmung hinein wiederholt der Auftritt der fürstlichen Jäger den des Tigers. Zugleich aber wird das Vorbild insofern variiert, als mitten in der Szene ein Perspektivwechsel stattfindet. Er hat zur Folge, dass diejenigen, aus deren Sicht die Heransprengenden fokalisiert wurden, ihrerseits von denen, die in dem Wechsel zu Einhersprengenden geworden sind, wahrgenommen werden und zwar wie Figuren, die sich auf einer leeren Zeichenfläche zu einer Gruppe konstellieren. Nachdem man die Situation so weit erklärt hat, dass der Fürst „vor dem seltsamen unerhörten Ereignis" (N 547) steht, tritt der Mann der Schaustellerfamilie hinzu, um zu berichten, dass „auch der Löwe los" (N 548) sei, und um Schonung des Tieres zu bitten. Ihren Abschluss findet diese Reihe der Auf- und Hinzutritte in einem letzten Zitat des Bildes vom Tigersprung:

> Noch war der Fürst mit Anordnungen beschäftigt […], als oben vom alten Schloß herab, eilig ein Mann heranspringend gesehen ward, den man bald für den angestellten Wächter erkannte […]. Er kam außer Atem springend, doch hatte er bald mit wenigen Worten angezeigt: oben […] habe sich der Löwe im Sonnenschein gelagert […] und verhalte sich ganz ruhig. (N 548)

Der komische Kontrast zwischen dem heranspringenden Wächter und dem gelagerten Löwen ist nicht zu übersehen. Doch wenn der Wärter bedauert, seine Büchse nicht zur Hand gehabt zu haben, um den Löwen zu erlegen, dann liegt Gewalt weiter in der Luft. Zu einem neuerlichen Ausbruch kommt es aber nicht. Als das Kind der Schaustellerin seine Flöte hervorholt und „sanft gleichsam zu präludieren" (N 549) beginnt, gibt der Fürst den Schaustellern die Chance, ihren Löwen mit friedlichen Mitteln und lebend einzufangen. Damit gibt er eine Besänftigung seiner eigenen Leidenschaften zu erkennen, die auf alle Mitglieder der höfischen Gesellschaft übergreift. Von der „liederartigen Weise" des Knaben „wie bezaubert" (N 550), hören sie, äußerlich regungslos, dem „natürlichen Enthusiasmus" (N 551) der biblisch inspirierten Rede des

Vaters sowie dem vom Vater auf der Flöte begleiteten Gesang des Knaben zu, bis „[a]lles […] wie beschwichtigt [war]" und „jeder in seiner Art gerührt" (N 552).

In dieser Rede, diesem Gesang und der nachfolgenden „vollkommene[n] Stille" (N 552) wendet sich nicht nur das erzählte Geschehen, sondern die Poetik der Novelle: Nachdem der Fürst den *freeze* des Moments gelöst und wieder „[Bewegung] in die Gruppe" (N 552) gebracht hat, entfernt sich das höfische Personal vom Schauplatz und kehrt zum Schloss zurück. Der Erzähler dagegen bleibt bei dem Knaben und der Mutter. Sie steigen mit dem Wärter in die Stammburg auf, wo der Knabe den entsprungenen Löwen einfängt und sich mit dem friedlichen Tier im Schlosshof präsentiert. Diese Wendung von der feudalen Gesellschaft zum fahrenden Volk geht einher mit einem Wechsel von der Prosa zur Poesie, vom Epischen zum Idyllischen (vgl. N 1060) und vom Primat des Bildes zur Synthese von Bild, Rede, Rhythmus und Reim. Das ist die innerdiegetisch sehr hörbare, aber im buchstäblichen Sinn fast „unerhörte", nämlich von der höfischen Gesellschaft verpasste, „sich ereignete Begebenheit", in welche die Novelle mündet.

Angesichts der Überdeterminiertheit Goethe'scher Motive ist es nicht überraschend, dass sich Signale ausmachen lassen, die den Wechsel ankündigen: Das „Zauberschlosse" etwa, das dem Oheim bei der Ausgestaltung der Stammburg vorschwebt, liest sich zunächst wie eine Anspielung auf das Schloss der Armida im Epos Tassos,[63] bis es der Knabe mit der Flöte in den Anspielungsraum der *Zauberflöte* überführt. Auch der gezähmte Löwe ist geeignet, unterschiedliche Traditionen und Sprachen ineinander zu übersetzen, denn er ist in einer Vielzahl von Welten zu Hause, epischen und idyllischen, jüdischen, christlichen und griechisch-römischen. Wichtiger für den Zusammenhang des Textes scheinen mir aber zwei andere Aspekte zu sein: Zum einen führt die Abwendung von der höfischen Repräsentation nicht schlechterdings aus dem Raum der Inszenierung hinaus, sondern in eine andere Kultur des „Schauspiels" (N 554) hinein. So wie sich die Schausteller-Familie von Berufs wegen unterhaltsamen Darbietungen widmet, wird die Stammburg am Ende in ein Theater transformiert, in dem der flötenspielende Knabe mit dem dressierten Löwen in der „Arena" (N 553) das aus uralten Versatzstücken montierte Stück: ‚Knabe dressiert Löwen, zieht ihm einen Dorn aus der Tatze und gewinnt ihn zum Begleiter' aufführt. Vor allem aber ist es der Umstand, dass die Auseinandersetzung mit dem für die Gattung der Novelle konstitutiven Moment des Neuen und dessen Verhältnis zum Alten auch im letzten Teil des Textes fortgeführt wird, der für den Zusammenhang der *Novelle* sorgt.

63 Vgl. Kaiser, „Zur Aktualität Goethes", S. 262.

Die Figuration dieses Verhältnisses verdichtet sich am Ende in zwei komplementären Szenen. Da ist zum einen die Szene, in der Honorio aus dem Text verabschiedet wird. Er kehrt nicht mit dem übrigen höfischen Personal in die Stadt zurück, sondern wird vom Fürsten beauftragt, dafür zu sorgen, dass der Löwe nicht durch den Hohlweg entfliehen kann, der zur Stammburg führt. Dort begegnet ihm die Schaustellerin, als sie mit dem Knaben in die Burg aufsteigt. Beim Anblick seines Gesichts, das „eine rötliche Sonne überschien", glaubt sie, „nie ein schönern Jüngling gesehen zu haben" (N 553). Während Honorio „wie in tiefen Gedanken versunken" (N 533) in den Sonnenuntergang schaut, verkündet sie ihm: „Du schaust nach Abend [...], du tust wohl daran dort gibt's viel zu tun; eile nur, säume nicht, du wirst überwinden. Aber zuerst überwinde dich selbst." (N 553). Die Melancholie ist nicht zu verkennen. Doch wenn Honorio gegen Abend schaut, dann schaut er nach Westen, wo die neue Welt liegt. Das ist die Blickrichtung der *Wanderjahre*. Im Abendlicht der *Novelle* aber verschränken sich Untergang und Aufgang. Die neue Welt liegt dort, wo der Tag der alten endet. In der Schlussszene wird der schöne Schein, der Honorio umgibt, zu einem transfigurierenden Schein gesteigert, in dem das Kind neben dem Löwen „wie verklärt" (N 554) und in seiner „Verklärung [...] wie ein mächtiger siegreicher Überwinder" (N 555) aussieht. Hier verschränken sich die Zeiten im Zeichen eines vom Kind vorgetragenen Liedes, das in den letzten Strahlen der Sonne Phantasien morgenländischer Ursprünge der Poesie evoziert und zugleich in seiner Komposition davon zeugt, wie aus der Transformation von Bestehendem Neues hervorgeht. So wie die Melodie eine „Tonfolge ohne Gesetz" (N 549) ist, scheint sich der Liedtext einem Extemporieren oder einer Improvisation zu verdanken. „[N]ach seiner Art die Zeilen verschränkend und neue hinzufügend" (N 555), greift das Kind Verse aus vorangehenden Strophen wieder auf, arrangiert sie um und bindet neue, „unerhörte" ein. Scheinbar spielerisch und improvisierend entsteht so eine Dichtung, die die novellistische Poetik der Umgestaltung zugleich reflektiert und transzendiert.

KATHRIN HÄRTL

Abenteuerliche Paratexte
Selbstbeschreibungen viktorianischer Abenteuerfiktionen

1 Abenteuer Lesen

NOTICE

PERSONS attempting to find a motive in this narrative will be prosecuted; persons attempting to find a moral in it will be banished; persons attempting to find a plot in it will be shot.

BY ORDER OF THE AUTHOR,
Per G. G., Chief of Ordnance.

Abb. 9.1 „Notice" aus Mark Twain, *The Adventures of Huckleberry Finn*

Mit dieser Warnung ist man zu Beginn von Mark Twains[1] *Adventures of Huckleberry Finn*, die 1884 zuerst in England und dann 1885 in den USA erschienen sind, konfrontiert. Die Suche nach Motiv, Moral und Plot in der folgenden Erzählung ist bei Strafe ausdrücklich verboten; die Signatur „Chief of Ordnance" verleiht der „Notice" militärischen Nachdruck. Dieser Paratext setzt die titelgebenden Abenteuer von Huckleberry Finn gleich zu Beginn einem gänzlich anderen, aber scheinbar ebenso gefahrvollen Unternehmen gleich: dem Lese-Abenteuer. Folgte man den postulierten Bedingungen, um in Huck Finns Welt eintreten zu dürfen, droht dem Leser zunächst keine Gefahr und kein Abenteuer. Gefährlich und abenteuerlich würde es paradoxerweise dann, suchte man in der Erzählung mehr als triviale Unterhaltung, indem man

1 Samuel Langhorne Clemens veröffentlichte viele seiner Texte unter diesem *pen name*.

 | DOI:10.30965/9783846764725_011

sich der Erzählung philologisch näherte.[2] Obwohl Motiv, Moral und Plot auf den ersten Blick kaum als philologische Kernfragen gelten können, führt die „Notice" die Verknüpfung von sprachlich-textueller Vermittlung und der Suche nach dem Plot bereits performativ vor. Denn die häufig in der Literaturwissenschaft despektierlich betrachtete Lesepraxis des „reading for the plot"[3] wird hier bewusst mit dem Reimwort „shot" zur Klimax der Warnung. Sie lässt sich jedoch gleichermaßen als Versprechen lesen, dass sich die Suche lohnen wird, und zwar gerade dort, wo die Literaturwissenschaft üblicherweise nichts oder nur formelhaft Triviales vorzufinden meint – in diesem Fall in der populären englischsprachigen Abenteuerliteratur des 19. Jahrhunderts. Die „Notice" ist ein Verbot, das gerade bei Überschreitung der Textgrenze einen philologischen Schatz und ebenso ein Abenteuer verspricht.

Das am Anfang des Lese-Abenteuers stehende Verbot und dessen notwendige Missachtung werden bereits im etwas weniger bekannten und einflussreichen Vorgänger *The Adventures of Tom Sawyer* (1876) mit der Figur Huckleberry Finn verknüpft: Huck, absoluter Außenseiter seines Heimatstädtchens, gilt als sozialer Abschaum: „Huckleberry was cordially hated and dreaded by all the mothers of the town".[4] Gerade das verleitet jedoch Tom dazu, Hucks Nähe zu suchen: „he [...] was under strict orders not to play with him. So he played with him every time he got the chance".[5] So notwendig es für die Abenteuer von Tom und Huck ist, die sozialen Gesetzmäßigkeiten zu missachten und zu überschreiten, so unumgänglich ist es auch, die „Notice" in *Adventures of Huckleberry Finn* als Einladung zur Übertretung zu betrachten, denn das Verbot der Suche nach Abenteuermotiven, Plotstrukturen und ihrer moralischen, d. h. ideologischen Rahmung heißt ja keinesfalls, dass dieselben nicht existierten.

Betrachtet man allerdings die frühe Rezeption der *Adventures of Huckleberry Finn*, so zeigt sich, dass ironischerweise nicht diejenigen verbannt wurden, die auf Jagd nach Moral in Hucks Abenteuern gegangen sind. Stattdessen wurde das Buch aus amerikanischen Büchereien verbannt. So veranlasste die bekannte Concord Public Library in Massachusetts ein Leihverbot mit dem Argument, das Buch sei zu derb und insbesondere für junge Menschen nicht geeignet:

---

2 Für diese und weitere hilfreiche Anmerkungen und Kommentare danke ich den Teilnehmern des Workshops sowie den Mitgliedern der Forschungsgruppe „Philologie des Abenteuers".

3 Peter Brooks, *Reading for the Plot. Design and Intention in Narrative*, Cambridge u. a.: Harvard University Press 2002, S. 4.

4 Mark Twain, *The Adventures of Tom Sawyer*, London u. New York: MacMillan 1962, S. 52.

5 Twain, *The Adventures of Tom Sawyer*, S. 52.

> It deals with a series of adventures of a very low grade of morality; it is couched in the language of a rough, ignorant dialect, and all through its pages there is a systematic use of bad grammar and an employment of rough, coarse, inelegant expressions. It is also very irreverent. To sum up, the book is flippant and irreverent in its style. It deals with a series of experiences that are certainly not elevating. The whole book is of a class that is much more profitable for the slums than it is for respectable people.[6]

Die Wirkmacht des Abenteuers und seine Grenzüberschreitungen wurden als zu bedrohlich für die Leser verstanden, was sich sowohl in der mangelnden Moral als auch auf sprachlich-stilistischer Ebene bemerkbar mache. Die wenig erfolgversprechende Suche nach Moral wurde zensiert und so wiederum dem Warnschild zu Beginn des Textes stattgegeben. Tatsächlich stellt die Suche nach Moral im Falle von *Huckleberry Finn* bis in die Gegenwart ein gefährliches Terrain dar, heute geht es um die Frage der Darstellungsweise von Sklaverei und der Verwendung des notorischen Begriffs ‚Nigger' in Twains Text.[7] Der Verweigerung, den Text überhaupt zu lesen, begegnet die bekannte afroamerikanische Schriftstellerin Toni Morrison mit ihrer eigenen Leseerfahrung, die wiederum implizit auf die dem Text vorangestellte Warnung Bezug nimmt. Ihre erste Begegnung mit *Adventures of Huckleberry Finn* beschreibt sie als tatsächlich gefährlichen Augenblick:

> Fear and alarm are what I remember most about my first encounter with Mark Twain's *Adventures of Huckleberry Finn.* Palpable alarm. Unlike the treasure-island excursion of *Tom Sawyer*, at no point along Huck's journey was a happy ending signaled or guaranteed.[8]

Die Gefahr, die für Morrison von Hucks Abenteuern ausgeht, besteht zuerst in der Angst vor dem Bruch eines Genreversprechens: In der Regel sollte der Held der Abenteuer dieselben überleben. Morrison ist allerdings nicht nur von der fehlenden Aussicht auf ein Happy End aufgerüttelt, sie ist überdies von ihrer eigenen ambivalenten Haltung gegenüber dem Abenteuer alarmiert:

---

6 „Mark Twain's last book excluded from a Public Library", in: *St. Louis Globe Democrat*, 17. März 1885, S. 1, zitiert nach Shelley Fisher Fishkin, *Was Huck Black? Mark Twain and African-American Voices*, Oxford u. New York: Oxford University Press 1993, S. 115.

7 In einigen US-Bundesstaaten wurde das Buch wieder aus dem Lektürekanon der High-Schools genommen, „because of his racial slurs and the use of the N-word". Vgl. „Banned Books, The Adventures of Huckleberry Finn", Marshall University Libraries, 27. August 2018. https://www.marshall.edu/library/bannedbooks/books/huckfinn.asp (abgerufen am 19. März 2019).

8 Toni Morrison, „This Amazing, Troubling Book", in Twain, *Adventures of Huckleberry Finn*, S. 385–392, hier S. 385.

> It provoked a feeling I can only describe now as muffled rage, as though appreciation of the work required my complicity in and sanction of something shaming. Yet the satisfactions were great: riveting episodes of flight, of cunning; the convincing commentary on adult behavior, watchful and insouciant; the authority of a child's voice in language cut for its renegade tongue and sharp intelligence. [...] Nevertheless, for the second time, curling through the pleasure, clouding the narrative reward, was my original alarm, coupled now with a profoundly distasteful complicity.[9]

Huck Finns Abenteuer und sein Verhältnis zu Jim, dem entflohenen Sklaven, sowie die Darstellung der amerikanischen Südstaaten zeigen auch in den Vereinigten Staaten die unauflösliche Verknüpfung von Imperialismus und Sklaverei, die in anglophonen Abenteuertexten des 19. Jahrhunderts auftreten und insbesondere bei afroamerikanischen, aber auch postkolonialen Schriftstellern im weiteren Sinne zu ambivalenten Haltungen gegenüber Abenteuererzählungen führen.[10] *Adventures of Huckleberry Finn* ist damit in mehrfachem Sinne ein Lektüre-Abenteuer, vor dem mit gutem Recht gewarnt werden kann.

Das Warnschild, das Twain hier am Textbeginn aufstellt, inszeniert eindrücklich ein zentrales Strukturelement des Abenteuers auf textueller Ebene: Die Transgression über die Textgrenze in den Text hinein ist für den Leser ebenso abenteuerlich wie Huck Finns Flucht vor seinem gewalttätigen Vater und die Fahrt auf dem Mississippi. Denn genau wie der (fast immer männliche) Held im Abenteuer in einen (meist exotischen) Raum ein- und übertreten muss, in dem Abenteuer noch oder überhaupt erfahrbar sind, so ist auch der Text ein ‚Raum', dessen Schwelle überschritten werden muss. Dem folgenden Eintritt in den Abenteuerraum durch Leser und Abenteurer tut die drohende Gefahr natürlich keinen Abbruch, im Gegenteil: Der Reiz des Verbotenen und der neugierigen Grenzüberschreitung, der in den Abenteuerromanen des ausgehenden 19. Jahrhunderts eine maßgebliche Motivierung darstellt, wird hier auf den Lektürebeginn übertragen. Den Vergleich zwischen dem erzählten Abenteuer und dem Abenteuer der Lektüre bemüht auch Robert Louis Stevenson in seinen Überlegungen zur *Romance*, indem er die Leselust mit Abenteuerlust gleichsetzt:

> In anything fit to be called by the name of reading, the process itself should be absorbing and voluptuous; we should gloat over a book, be rapt clean out of

9 Morrison, „This Amazing, Troubling Book", S. 385.

10 Chinua Achebe schreibt beispielsweise in *Home and Exile*: „As the years passed and I got better adjusted to the ways of school, I began to enjoy aspects of its offering, especially reading and English composition. This interest led me in my early teenage, boarding school years to such treasures as *Treasure Island, Mutiny on the Bounty, Gulliver's Travels, Ivanhoe, School for Scandal*" (*Home and Exile*, Oxford: Oxford University Press 2000, S. 20).

> ourselves, and rise from the perusal, our mind filled with the busiest, kaleidoscopic dance of images, incapable of sleep or of continuous thought. The words, if the book be eloquent, should run thenceforward in our ears like the noise of breakers, and the story, if it be a story, repeat itself in a thousand coloured pictures to the eye.[11]

Möchte man also über die Form des abenteuerlichen Erzählens Auskunft erhalten, sind wohl solche textuellen Grenzbereiche, die Abenteuergeschichten Kontur und Form verleihen, eine Untersuchung wert. Mark Twains Abenteuer greifen die Struktur und Form zahlreicher anglophoner Abenteuergeschichten auf, die ab dem 19. Jahrhundert das erste Mal explizit an Kinder und Jugendliche gerichtet waren und sich großer Beliebtheit erfreuten. Dieses Reflexionspotential zum Beispiel in Texten von R. M. Ballantyne und Frederic Marryat zu untersuchen ist deswegen bemerkenswert, da sie häufig erstens als Kinderliteratur und zweitens als populäre Literatur betrachtet wurden. So erscheint gerade die Untersuchung von Vorworten bei diesen Abenteuererzählungen unnötig, da ihre ‚Bedeutung' eindeutig ist: Sie sind Teil der Propaganda-Maschinerie des britischen Empire.[12] Allerdings, und das zeigt der amerikanische Text *Adventures of Huckleberry Finn* ganz besonders deutlich, ist vor allen Dingen das Verhältnis von Vorwort und Text aufschlussreich, um zu verstehen, inwiefern diese Abenteuer als imperiale Erfüllungsphantasien funktionieren und welche anderen Diskurse diese Werke außerdem verhandeln. Exemplarisch für diese Art der Romane sind Frederic Marryats *Masterman Ready* (1841) und R. M. Ballantynes *The Coral Island* (1858). An diesen bekannten Abenteuererzählungen und ihren Vorworten lässt sich beispielhaft zeigen, wie sie sich mit den Aspekten befassen, die das Abenteuerliche in Erzählungen des 19. Jahrhunderts bereits prekär und zugleich so populär sein lassen: dem Verhältnis von *romance* und *realism*, dem Abenteuer als Teil von imperialer jugendlicher und männlicher Bildung, gegen die das Abenteuerliche allerdings gleichermaßen widerständig wirkt, sowie zuletzt dem Abenteuer als Transgressionserfahrung. Welche gefährlichen Schwellen überschreiten die Abenteurer der untersuchten Texte also und welche Rückschlüsse lassen sich aus diesen Grenzüberschreitungen auf das Abenteuer als Erzählform ziehen? Nicht nur die ideologischen Aufgaben populärer Abenteuerromane und ihrer Textgrenzen gilt es zu untersuchen, sondern

---

11 Robert Louis Stevenson, „A Gossip on Romance", in: *Essays of Robert Louis Stevenson*, hg. v. William Phelps, New York: Charles Scribners 1906, S. 101–123, hier S. 101.

12 Die Vorworte dieser beiden Texte werden nur am Rande und ohne genauere Untersuchung ihrer Form und Funktion in Bezug auf die Abenteuererzählung selbst genannt (vgl. John Bristow, *Empire Boys: Adventures in a Man's World*, London: Harper Collins 1991, S. 105 sowie Richard Philipps, *Mapping Men and Empire: A Geography of Adventure*, London: Routledge 1997, S. 40).

auch, wie sich diese häufig mit auktorialer Macht vermittelten Funktions- und Wirkmechanismen des Abenteuers, die an der Textgrenze formuliert werden, zu textinternen Abenteuermodi verhalten. Das Abenteuerliche, das sich meist theoretischer Beschreibung widersetzt, scheint sich gleichermaßen auktorialen, ideologisch eindeutigen Absichtserklärungen zu entziehen und erzeugt in Vorworten zu Abenteuererzählungen Ambivalenz. Daher wird zunächst der Paratext und sein strukturelles Verhältnis zum Abenteuer untersucht, um dann zuerst an Marryats *Masterman Ready* und abschließend in Ballantynes *The Coral Island* die verschiedenen Reflexionen über das Abenteuer im Vorwort und Abenteuertext selbst zu betrachten.

2 Abenteuerliche Anfänge

Der schwellenüberschreitende Eintritt in das Abenteuer als Erfahrung ist seit dem Beginn der *aventure* im höfischen Roman von zentraler struktureller und narrativer Bedeutung. Das zeigt bereits der liminale Raum des Waldes inklusive eines Torhüters in einer Burg am Wegrand in Chretien des Troyes' *Yvain*, den Erich Auerbach als beispielhaften höfischen Roman nennt.[13] In den Narnia-Chroniken (1950–1956) von C. S. Lewis ist es ein Schrank, der als Schwelle zwischen Alltagswelt und Abenteuer fungiert, die generische Tradition der räumlichen Transgression bewusst aufgreift und die liminalen Räume der *romance* hyperbolisch parodiert.[14] Die Überschreitung einer Grenze in ein Abenteuer hinein ist in der mittelalterlichen *aventure* keineswegs dem Zufall geschuldet. Für das mittelalterliche Abenteuer stellt Auerbach fest, dass der Ritter sich immer schon für den ‚rechten Weg' entschieden hat, der zur Schwellenüberschreitung führt.[15] Gefährliche Schwellenerfahrungen, deren notwendige Kontingenz immer wieder thematisiert wird, sind demnach eine fundamentale Erfahrung des Abenteuers, und besonders im 19. Jahrhundert ist die Überschreitung einer räumlichen Grenze durch die Fahrt an einen fremden Ort eine fast notwendige Voraussetzung für eine abenteuerliche Erfahrung. Die potenzielle Gefahr, der sich der Abenteurer dabei aussetzt, transferiert, persifliert und überhöht Twain in seiner „Notice" zu *Huckleberry Finn*. Twains „Notice" nimmt damit Stil und Inhalt der Vorworte aufs Korn, die in

13 Erich Auerbach, *Mimesis: Dargestellte Wirklichkeit in der abendländischen Literatur*, Tübingen: Francke 2001, S. 120–136.

14 Nick Davis, „Bunyan and Romance", in: *The Oxford Handbook of John Bunyan*, hg. v. Michael Davies u. W. R. Owens, Oxford: Oxford University Press 2018, S. 379–396, hier S. 379.

15 Auerbach, *Mimesis*, S. 131.

den englischsprachigen Abenteuergeschichten des 19. Jahrhunderts verbreitet sind.[16] Die Abenteuererzählungen, die in Buchform[17] veröffentlicht wurden, besitzen häufig vorangestellte Texte. Sie sind markiert als „Prefaces", „Notices" oder „Introduction". Bei allen bekannten und populären Autoren ihrer Zeit, zum Beispiel Frederic Marryat, G. A. Henty, W. H. G. Kingston, R. M. Ballantyne und R. L. Stevenson, finden sich Rahmungen dieser Art.[18] Die Verwendung eines Vorworts ist bei Abenteuertexten so stark konventionalisiert, dass sich Ballantyne bemüßigt fühlt, in einem Fall mit einem Vorwort auf die Abwesenheit des Vorworts hinzuweisen (1879):

> Preface.
> After mature consideration I have come to the conclusion that this book requires no preface. It is therefore sent forth without one, but I fondly hope that the reader may enjoy it notwithstanding.[19]

Die Verwendung von Vorworten ist bemerkenswerterweise schon sehr früh Teil des Abenteuerdiskurses genauso wie seiner Parodien. Seit der frühen Neuzeit werden Abenteuertexten ausgiebige Vorworte vorangestellt, die häufig einen ironischen oder zumindest komischen Tonfall aufweisen.[20] Das Auftreten von Paratexten, und insbesondere des Vorworts, ist jedoch in keiner Weise auf Abenteuererzählungen beschränkt. Allerdings, und das soll hier gezeigt werden, erfüllen sie in Abenteuertexten eine besondere Funktion, die mit der zentralen Rolle der Grenzüberschreitung, die dem Abenteuer strukturell inhärent ist, einhergeht. Diese Paratexte, die zu Beginn des Textes stehen, können als Auftakt und Grenzzone in den Abenteuertext hinein gelten. Sie markieren den Anfang des Abenteuers, das meist durch seine fehlende Exposition auffällt

---

16 Huckleberry Finn ist allerdings tatsächlich komplexer: Denn *nach* der „Notice" findet sich ein weiterer Paratext, dessen Ton, Rhetorik und Adressat gänzlich anders ist als die „Notice". Dort nimmt der Autor eine Bewertung vor und legt eine Intention nahe, indem er auf Dialekt und Sprechakte der Figuren hinweist und ihre Authentizität bezeugt.

17 Die Paratexte, die in seriellen Formen auftreten, sind gerade wegen ihrer Verortung in einem übergeordneten Publikationsmedium gänzlich anderer Natur und werden daher an dieser Stelle vernachlässigt.

18 Dies gilt bei einer kursorischen Betrachtung von zahlreichen Abenteuertexten, insbesondere für die Abenteuer, die als Monographien erschienen sind. Die Existenz von Vorworten lässt sich quantitativ unterscheiden: Während Kingston fast nie Vorworte schreibt, schreiben Henty und Ballantyne diese fast immer, Marryat und Stevenson dagegen seltener.

19 R. M. Ballantyne, *Philosopher Jack. A Tale from the Southern Seas*, London: James Nisbet & Co. 1879, unpag. (Preface).

20 Sowohl Cervantes' *Don Quijote* als auch Swifts *Gulliver's Travels* sind einschlägige Beispiele für diese Praxis.

und den Erzählbeginn *in medias res* präferiert, und sie stehen in Kontrast zum ‚eigentlichen' Beginn der Erzählung.

Auf die zentrale Rolle von Anfang und Schlussgebung weisen bereits Georg Simmels Überlegungen zum Abenteuer hin. Er beschreibt das spannungsvolle Verhältnis zwischen Zufall und Sinngebung im Abenteuernarrativ, das sich in der Gestaltung von Anfang und Schluss ergibt:

> Zum Abenteuer wird ein solches erst durch jene doppelte Sinngebung: daß es in sich eine durch Anfang und Ende festgelegte Gestaltung eines irgendwie bedeutungsvollen Sinnes ist, und daß es, in all seiner Zufälligkeit, all seiner Exterritorialität gegenüber dem Lebenskontinuum, doch mit dem Wesen und der Bestimmung seines Trägers in einem weitesten, die rationaleren Lebensreihen übergreifenden Sinne und in einer geheimnisvollen Notwendigkeit zusammenhängt.[21]

Der Zufall, der aus der Sicht der ins Abenteuer verstrickten Figur in den überraschenden Ereignissen wirkt, wird, sobald das Abenteuer als Erzählung präsentiert ist, einer Sinnstiftung untergeordnet.[22] Zentral für diese Sinngebung sind gemäß Simmel Anfang und Ende eines Abenteuers, das er als Erfahrungsform versteht. Allerdings, und das lässt sich an den folgenden Texten zeigen, sind für dieses Spannungsverhältnis von Abenteuer und narrativer Struktur auch im Abenteuertext die Setzung und Markierung des Anfangs – genauso wie des Endes – von großer Bedeutung.

Anfang und Schluss eines Erzähltextes bestehen, mit Genette gesprochen, nicht aus dem ersten beziehungsweise letzten Satz des Textes, sondern vielmehr aus dem, was ihn umgibt, vom Titel, über das Epigramm, das Vorwort, die Kapitelübersicht und die Covergestaltung bis im weitesten Sinne hin zu Rezensionen, Interviews oder Herausgeber-Einleitungen in kritischen Editionen: dem Paratext.[23] Dieser ist ein Grenzbereich, eine „unbestimmte

---

21 Georg Simmel, „Philosophie des Abenteuers", in: ders., *Aufsätze und Abhandlungen 1909–1918*, hg. v. Rüdiger Kramme u. Angela Rammstedt, Suhrkamp: Frankfurt/Main 2001, Bd. 1 (= Simmel, *Gesamtausgabe*, hg. v. Otthein Rammstedt, Bd. 12), S. 97–110, hier S. 99.

22 Northrop Frye beschreibt ebenfalls die Tendenz, dass Abenteuer, trotz ihres seriellen Charakters, eine übergeordnete Struktur annehmen, sobald sie in Narrativen geformt sind: „as soon as romance achieves a literary form, it tends to limit itself to a sequence of minor adventures leading up to a major or climacteric adventure, usually announced from the beginning. We may call this major adventure, the element that gives literary form to the romance, the quest" (Northrop Frye, *Anatomy of Criticism*, Princeton: Princeton University Press 1990, S. 186).

23 Gérard Genette, *Paratexte: Das Buch vom Beiwerk des Buches*, übers. v. Dieter Hornig, hg. v. Harald Weinrich, Frankfurt/Main: Suhrkamp 2001, S. 9–10.

Zone".[24] Genette und die weiteren kritischen Auseinandersetzungen mit dem von ihm eingeführten Begriff[25] machen darauf aufmerksam, dass es sich beim Textrand um eine räumliche Struktur handelt, die sich nicht auf eine zweidimensionale Grenzlinie reduzieren lässt, sondern vielmehr einen Raum öffnet, dessen Volumen variieren kann und dessen Ränder wiederum selbst unscharf sein können.[26] In diesem Grenzbereich werden häufig „das Zuschreibungsverhältnis zwischen Autor und Werk sowie die diskursiven Vertragsbedingungen zwischen Autor und Leser" festgelegt.[27] Das heißt, dass sowohl generische als auch narrative Strukturen und ideologische Positionierungen sowie Kontextualisierungen verhandelt und gesetzt werden. Der Beginn, und damit das Übertreten der Schwelle in den Text hinein, spielt eine zentrale Rolle für die Konstruktion von Sinnstiftung und Kohärenz im folgenden Text.[28]

Insbesondere das Vorwort nimmt bezüglich der Sinnkonstruktion eine interessante temporale Position ein. Das Vor-Wort, das zu Beginn des Textes steht und den Anfang vorgibt sowie markiert, ist tatsächlich der Textteil, der erst nach Abschluss des eingeführten Textes geschrieben worden sein kann, denn es greift voraus, was am Ende der Lektüre steht:

> From the viewpoint of the fore-word, which recreates an intention-to-say after the fact, the text exists as something written – a past – which, under the false appearance of a present, a hidden omnipotent author (in full mastery of his product) is presenting to the reader as his future.[29]

So ist das Vorwort naiv betrachtet zwar nur die Markierung des Textbeginns, hat allerdings eine doppelte temporale Struktur, bei der – einem

24 Genette, *Paratexte*, S. 10.

25 Der französische Titel von Genettes Monographie *Seuils* (dt. ‚Schwelle', erschienen 1987) stellt noch wesentlich stärker als der formalistische deutsche Titel *Paratexte* die räumliche Figuration des Ein- und Austritts in den Mittelpunkt, die eine Grunderfahrung des Lesens darstellt.

26 Für ausführliche literatur- und kulturtheoretische Auseinandersetzungen mit dem Paratext als „kommunikative[m] Anschluss" (Lotman), der sich rekursiv verhält, vgl. Till Dembeck, *Texte rahmen: Grenzregionen literarischer Werke im 18. Jahrhundert (Gottsched, Wieland, Moritz, Jean Paul)*, Berlin u. a.: De Gruyter 2007, S. 1–52; als Sprechakt vgl. Uwe Wirth, *Die Geburt des Autors aus dem Geist der Herausgeberfiktion. Editorale Rahmung im Roman um 1800: Wieland, Goethe, Brentano, Jean Paul und E. T. A. Hoffmann*, München: Wilhelm Fink 2008.

27 Wirth, *Die Geburt des Autors aus dem Geist der Herausgeberfiktion*, S. 45.

28 Die Rolle des Anfangs diskutiert Edward Said ausführlich und beschreibt, welche besondere Rolle gerade der Anfang in der Konstruktion von Sinn einnimmt (vgl. Said, *Beginnings: Intention and Method*, London: Granta 2012, S. 5).

29 Jacques Derrida, *Dissemination*, übers. v. Barbara Johnson, London: Athlone Press 1981, S. 7.

Möbiusband gleichend – Anfang und Ende gegenseitig aufeinander verweisen und die lineare Struktur aufbrechen. Daraus ergibt sich eine interessante strukturelle Ähnlichkeit zum Abenteuer, das als Erfahrung, folgte man Simmel, gleichermaßen in eine lineare Zeitstruktur eingebunden, dieser aber nicht untergeordnet werden kann – das Abenteuer zeichnet sich durch sein „Außer-der-Reihe-Sein"[30] aus.

Besonders Vorworte, aber auch andere paratextuelle Strategien, sind für Abenteuertexte immer wieder Aushandlungsorte des Abenteuerlichen, vielleicht gerade weil eine poetologische, ästhetische Auseinandersetzung mit dem Abenteuerlichen in den Texten selbst, aber auch im kritischem Diskurs spätestens seit dem Abwandern des Abenteuers in die populäre Literatur kaum mehr Raum findet.[31] Ein weiterer Grund liegt auch darin, dass das Abenteuer häufig im Grenzbereich zwischen faktualem und fiktionalem Erzählen auftritt und dementsprechend Legimitations- und/oder Beglaubigungsstrategien im Vorwort benötigt. Behaupten beispielsweise Titel oder Vorwort, es handle sich um eine Abenteuergeschichte, wird eine Lektüre nahegelegt, und das mag zuerst einmal Zweck dieser Rahmentexte sein: die Texte als das zu markieren, was sie sein wollen oder sollen. Der Paratext ist also „nicht bloß eine Zone des Übergangs, sondern der Transaktion"[32] und ist, so Uwe Wirth, auf vielsinnige Weise eine „Vor-Schrift":

> Das Vorwort ist nämlich in dreifacher Hinsicht *Vor-Schrift*: Es versucht erstens, dem Leser eine ideale Lektürehaltung vorzuschreiben [...]. Zweitens folgt das Vorwort vorgeschriebenen Eingangsformeln, erweist sich mithin als rhetorisches Ritual, [...] das mit dem Äußern bestimmter rhetorischer Eingangsformeln einen Anfang macht. Drittens ist das Vorwort auch insofern Vor-Schrift, als es sich einer Dynamik des Davor- und Dazuschreibens verdankt.[33]

Als Leserlenkung und Interpretationshilfe ist der Paratext stark konventionalisiert und ritualisiert, er ist aber auch ‚dazu-geschrieben' und kann deswegen Abenteuer reflektieren (und zwar als Erfahrungs- und als Erzählformat). In der Regel propagieren Vorworte, oft ganz ungeniert, eine Haltung, die der (meist) jugendliche Leser gegenüber der Abenteuererzählung einzunehmen habe. Natürlich sollen ein Motiv, eine Moral und ein Plot für den Leser sichtbar

30 Simmel, „Philosophie des Abenteuers", S. 98.

31 Während andere Begriffe, die eng mit dem Abenteuer verknüpft sind, wie das Heroische und *Romance* im 19. Jahrhundert in den kritischen Diskursen stark vertreten sind, finden sich keine kritischen Essays aus dieser Zeit, die *adventure* als ästhetisches Erzählmodell diskutieren.

32 Genette, *Paratexte*, S. 10.

33 Wirth, *Die Geburt des Autors aus dem Geist der Herausgeberfiktion*, S. 87.

sein, und sie werden am Textrand angekündigt und kommentiert. Genau darin besteht laut Genette die wichtigste Funktion des Vorworts, „eine gute Lektüre des Texts zu gewährleisten“,[34] das heißt, der auktoriale Sprecher des Vorworts erläutert, warum und wie der folgende Text zu lesen sei. Diese einfache Funktionsweise, die Genette dem Vorwort und Paratext allgemein zuschreibt, lässt sich mithin in Frage stellen: Horst Zander zeigt, dass bereits in Sternes *Tristram Shandy* die auktoriale Funktion des Vorworts persifliert und angezweifelt wird.[35] Gleichermaßen lässt sich Twains „Notice“ einerseits als Parodie einer Lektüreanweisung lesen, die außerhalb des eigentlichen Textes liegt und die Geschichte über Huck Finns abenteuerliche Floßfahrt auf dem Mississippi nur rahmt. Andererseits nimmt sie die Frage nach Autorität und Fiktionalität der autodiegetischen Erzählinstanz vorweg, denn der ‚eigentliche‘ Text beginnt folgendermaßen:

> You don't know about me, without you have read a book by the name of „The Adventures of Tom Sawyer“ but that ain't no matter. That book was made by Mr. Mark Twain, and he told the truth, mainly. There was things which he stretched, but mainly he told the truth.[36]

Huck Finn stellt in diesem ersten Satz ganz explizit den intertextuellen Bezug zu seinem Vorgängertext her, der so selbst zum Rahmentext wird: *The Adventures of Tom Sawyer*. Darüber hinaus nennt er auch seinen Urheber, Mark Twain, den Autornamen, der selbst ein Pseudonym ist. Die Grenzzone, die durch die „Notice“ (und weitere Paratexte) ausgefüllt wird, verschwimmt daher sowohl mit der Ich-Erzählung von Huck Finn als auch mit der außertextuellen Welt des Autornamens und seiner bereits verfassten Texte: Der Rahmen des Textes wird sowohl nach außen als auch nach innen erweitert und unscharf.[37]

Diese Unschärfe schlägt sich auch in Huckleberrys Aussage zur Wahrheit nieder: „He told the truth, mainly“. Moral, Motiv und Plot gibt es zwar demnach nicht in diesem Text, dafür aber (hauptsächlich) Wahrheit. Betrachtet man im Überblick die Vorworte der bereits genannten Autoren, ist die Frage nach der Wahrhaftigkeit oder Wahrheit eine zentrale Frage, die im Vorwort diskutiert wird. W. H. G. Kingston legitimiert beispielsweise seine Neufassung von *Rival*

---

34 Genette, *Paratexte*, S. 191.

35 Vgl. Horst Zander, „‚Non enim adjectio haec ejus, sed opus ipsum est‘: Überlegungen zum Paratext in ‚Tristram Shandy‘“, in: *Poetica* 28 (1996), S. 132–153, hier S. 152.

36 Twain, *Adventures of Huckleberry Finn*, S. 13.

37 Vgl. Wirth, *Die Geburt des Autors aus der Herausgeberfiktion*, S. 82 sowie Dembeck, *Texte rahmen*, S. 23.

Crusoes, eine der ersten Robinsonaden, die von einer Frau, Agnes Strickland, verfasst wurde, folgendermaßen:

> The publishers, however, consider that the work, esteemed as it was in former years, is, from the style and the very natural mistakes of a young lady discernible with regards to matters nautical, scarcely suited to the taste of the present day.[38]

Die Fehler, die einer wirklichkeitsgetreuen Repräsentation nautischer Dinge abkömmlich sind und die natürlich durch die weibliche Autorin produziert wurden, muss Kingston also ausräumen.

Das Verhältnis zu bereits erzählten Abenteuern, Legitimationsstrategien und das Spannungsfeld zwischen *Romance* und *Realism* beschäftigt viele dieser Vorworte, die die Rahmen zu Abenteuertexten bilden. Sie konturieren dadurch das Abenteuer als Erfahrung und Erzählform. In der zweiten Hälfte des 19. Jahrhunderts gibt es in England eine regelrechte Explosion an Abenteuertexten, die – angepasst an die Entwicklung des Lesepublikums, der Veröffentlichungswege und Bildungspolitik – hauptsächlich an männliche Jugendliche gerichtet sind. Pädagogisches Programm dieser Texte ist religiöse und gesellschaftspolitische Bildung, die den „boy" zu einem nützlichen und gehorsamen Diener des seinerzeit massiv expandierenden Empire macht.[39] Ein typisches Beispiel dafür ist G. A. Hentys *With Clive in India, or the Beginning of an Empire* (1883):

> My Dear Lads, – In the following pages I have endeavoured to give you a vivid picture of the wonderful events of the ten years, which at their commencement saw Madras in the hands of the French, Calcutta at the mercy of the Nabob of Bengal, and English influence apparently at the point of extinction in India, and which ended in the final triumph of the English both in Bengal and Madras.[40]

Das Ziel der väterlichen Autorstimme ist klar: Den jungen Burschen sollen auf lebendige Weise die imperialen, militärischen Erfolge nahegebracht werden. Die Produktions- und Rezeptionsbedingungen waren auf ein – häufig jugendliches – Massenpublikum ausgelegt, weshalb ideologische Leserlenkung und Konventionalität dieser Vorworte relativ stark ausgeprägt sind. Allerdings reflektieren sie trotz aller formelhaften Wiederholung nicht nur imperiale Ideologie, vorgetragen von paternalistischen Autorenfiguren. Vielmehr lassen

---

38 W. H. G. Kingston, *The Rival Crusoes*, London: Griffith, Farran, Browne 1878, unpag. (Preface).

39 Richard Phillips, *Mapping Men and Empire: A Geography of Adventure*, London: Routledge 1997, S. 34.

40 G. A. Henty, *With Clive in India or the Beginning of An Empire*, New York: Scribner 1883, unpag.

sich auch unter solchen Vorzeichen Aussagen zum Abenteuer als Erzählstruktur und Erfahrungsform in diesen Narrativen und ihren Paratexten finden sowie philologisch untersuchen.

3 Realismus, *Romance* und Providenz in *Masterman Ready*

Masterman Ready und *Coral Island* sind Robinsonaden; als Adaptionen und Umschriften des *Robinson Crusoe* von Defoe konzentrieren sie sich dabei – das trifft im Übrigen auf beinahe alle Robinsonaden des 19. Jahrhunderts zu – auf die Episoden des Schiffbruchs und des Lebens auf einer einsamen, exotischen Insel.[41] Sie beziehen sich darüber hinaus auch auf das programmatische Vorwort von *Robinson Crusoe*. Es sind die „just History of Fact" und gleichzeitig das „Wonder", die der fingierte Herausgeber als Lektüreargument im dortigen Vorwort vorbringt.[42] Während in der früheren Forschung *Robinson Crusoe* als einer der ersten realistischen Romane verstanden wurde,[43] zeigt sich bereits in Defoes Vorwort das angedeutete Spannungsfeld zwischen *Realism* und *Romance*, und genau dieses wird auch in den Robinsonaden der folgenden Jahrhunderte immer wieder aufgegriffen. Peter Hulme, der sich damit von Ian Watt abgrenzt, verfolgt die Traditionslinien der *Romance* in *Robinson Crusoe* und stellt zugleich die häufig missachtete Beziehung zwischen Kolonialismus und *Romance* aus:

> The romance form is useful to the colonial enterprise precisely because it *reduces* (in another sense of that key word) a potentially embarrassing cultural complexity to the simplicity of the essential romance terminology: heroes and villains.[44]

Hulme zeigt erfolgreich, dass *Robinson Crusoe*, trotz aller Strategien, die einen Realitätseffekt erzeugen mögen, den Erzählstrukturen von *romance* und im Besonderen von *adventure* verbunden ist, insbesondere, wenn er auf die zentrale Rolle von *providence* eingeht:

---

41 Eve Bannet zeigt, dass die unzähligen Veränderungen, Umschriften und gekürzten Versionen des *Robinson Crusoe* im 18. Jahrhundert hingegen nicht die Insel-Episode präferieren, sondern eher die sie rahmenden Abenteuer (vgl. *Transatlantic Stories and the History of Reading, 1720–1810: Migrant Fictions*, New York u. Cambridge: Cambridge University Press 2011, S. 32).

42 Daniel Defoe, *Robinson Crusoe*, hg. v. Thomas Keymer, Oxford: Oxford University Press 2008, unpag.

43 Vgl. Ian Watt, *The Rise of the Novel* [1957], London: Penguin 2015.

44 Peter Hulme, *Colonial Encounters. Europe and the Native Caribbean*, London u. New York: Methuen 1986, S. 210.

> The modern realist novel, as understood by Watt, can usefully be defined by its absolute incompatibility with any notion of Providence. Nothing defines Providence more clearly than its reliance on plot. Providence is history with a plot, authored by God.[45]

Genau diese Ambivalenz greift Marryats 1841 veröffentlichter Roman *Masterman Ready* auf. Der Text handelt von der braven, bürgerlichen Familie Seagrave, die nach einem Schiffbruch die rettende Insel bewohnt und kultiviert, von ‚Wilden' angegriffen und zu guter Letzt durch *providence* von einem Schiff gerettet wird und zurück in die Zivilisation gelangt. Der titelgebende Masterman Ready ist ein alter Seemann, der, ganz seinem Namen Ehre machend, stets sofort mit Rat und Tat zur Seite steht, dem jungen William Seagrave die Welt erklärt und ständig abenteuerliche Geschichten aus seiner Zeit mit den Hottentotten zum Besten gibt. Ready stirbt schließlich einen heroischen Tod, die ‚Wilden' durchbohren ihn mit einem Speer: Abenteuerliches bietet die Erzählung also allemal.

Das Vorwort, betitelt mit „Preface", beginnt, Masterman Ready als Geschichtenerzähler vorwegnehmend, mit einem väterlichen Versprechen: „I promised my children to write a book for them."[46] Väterliche und autoritative Sprechakte sind weit verbreitet: So beginnt beispielsweise auch G. A. Henty alle seine in Briefform verfassten Vorreden immer mit „Dear Lads", „Liebe Jungs". Die väterliche Autorität im Vorwort von *Masterman Ready* korreliert mit der heterodiegetischen Erzählinstanz, die, alle Leser in einem ‚Wir' selbstverständlich einschließend, die Handlung selbst zwar kaum kommentiert, dafür aber Erzählentscheidungen markiert: „We shall, for the future, omit the regular daily routine of our party on the island, as we shall have quite enough to do to narrate the various incidents which each day brought forth."[47] Die Kinder wünschen sich eine Fortsetzung von *The Swiss Family Robinson*, ein Text von Johann David Wyss, der 1814 auf Englisch erschien, zuvor auf Deutsch 1812/1813, und eine episodische Robinsonade bildet, die stark pietistisch und didaktisch geprägt ist. Diese Vorlage hält die Autorfigur des Vorworts jedoch für unzulänglich:

> the fault which I find in it is, that it does not adhere to the probable, or even the possible, which should ever be the case in a book, even if fictitious, when written for children.
> [...]

45 Hulme, *Colonial Encounters*, S. 177.

46 Frederic Marryat, *Masterman Ready; or, The Wreck of the Pacific. Written for Young People*, London: Longman 1841, S. vii.

47 Marryat, *Masterman Ready*, S. 60.

> Fiction, when written for young people, should, at all events, be *based* upon truth.[48]

Beginnt der Text noch mit einer verhältnismäßig unschuldigen Legitimation der Erzählung, die den Autor mit einem Schreibauftrag versieht, befasst sich das Vorwort an dieser Stelle mit philologischen Kernfragen nach dem Verhältnis von Vorlage zu Text, von Fakt zu Fiktion, und fragt weiter nach Mimesis und zu guter Letzt nach *truth*, der Wahrheit, auf der Fiktion basieren solle. Die Legitimation des *Masterman Ready* speist sich also aus einem Wahrheitsanspruch, was die mimetisch realistische Darstellung von Welt angeht: Die Mängel der *Schweizerischen Familie Robinson* liegen besonders in der Darstellung der Insel: Dort tummeln sich gleichzeitig Kängurus, Pinguine und Flamingos; auch Gerste und Ananas gedeihen prächtig nebeneinander. „Wahrheit" wird hier im Vorwort als Realismus verstanden, der unter allen Umständen („at all events") im Abenteuertext aufrechterhalten werden muss.[49] Während also dem Abenteuer üblicherweise die Nähe zur *Romance* nachgesagt wird und damit gerade kein mimetischer Wirklichkeitsanspruch naheliegend ist, fingiert dieses Vorwort Realismus, ganz im Stil von *Robinson Crusoe*. Es ist bemerkenswert, dass die Kritik des Vorworts an der *Swiss Family Robinson* als Beifügung zur textinternen Absage an den Defoeschen *Robinson Crusoe* durch Ready gelesen werden kann:

> „Were you ever shipwrecked on a desolate island like Robinson Crusoe?"
> „Yes, Master William, I have been shipwrecked; but I never heard of Robinson Crusoe. So many have been shipwrecked and undergone great hardships, and so many more have never lived to tell what they suffered, that it's not very likely that I should have known that one man you speak of, out of so many."
> „Oh! but it's all in a book which I have read. I could tell you all about it – and so I will when the ship is quiet again".[50]

Zur Lektüre von Robinson Crusoe kommt es nicht mehr. Sowohl im Vorwort als auch textintern werden die literarischen Vorlagen von den Autoritätsfiguren als unzulänglich markiert. *Robinson Crusoe* ist für Ready deswegen kein lesenswerter Text, da das erlebte Abenteuer im Zentrum steht, woraus eine

---

48 Marryat, *Masterman Ready*, S. vii [Herv. i. O.].

49 Verena Rutschmann stellt berechtigterweise fest, dass im Gegensatz zu *Masterman Ready* Wyss' Robinsonade wenig Abenteuerliches bietet, sondern eher einer Enzyklopädie ähnelt (vgl. „‚Der Schweizerische Robinson' – Eine erzählte Enzyklopädie", in: *Populäre Enzyklopädien. Von der Auswahl, Ordnung und Vermittlung des Wissens*, hg. v. Ingrid Tomkowiak, Zürich: Chronos 2002, S. 159–174, hier S. 172).

50 Marryat, *Masterman Ready*, S. 3.

Abwertung des Abenteuers als Erzählstruktur resultiert. Die Fingierung des faktualen Status von Defoes *Robinson Crusoe* wird hier weitergeführt: Ready nimmt an, dass *Robinson Crusoe* eine wahre Geschichte sei,[51] gleichzeitig ist die eigene Erfahrung und das Erzählen davon wesentlich bedeutender. Die Auseinandersetzung mit Defoes *Robinson* greift demnach die Legitimationsstrategie des Vorworts auf: Lesen ist hier, im Gegensatz zu Twains *Adventures of Huckleberry Finn*, nicht abenteuerlich. Diese Kontrastierung von Erfahrung und Lesen korrespondiert bemerkenswerterweise mit Rousseaus *Émile*, der *Robinson Crusoe* als einzige nützliche Lektüre empfiehlt:

> Dieser Roman muß von seinem überflüssigen Beiwerk befreit werden. Er muß mit dem Schiffbruch Robinsons beginnen und mit der Ankunft des rettenden Schiffes enden. So wird er Emil während der ganzen Zeitspanne, von der hier die Rede ist, Unterhaltung und Belehrung zugleich sein.[52]

Hier ist die eigene vormittägliche, abenteuerliche Erfahrung des jungen Émile im Wald vorrangig und notwendig, um Sinn und Zweck der Wissenschaften und implizit auch der kulturellen Praxis des Lesens zu verstehen.[53] *Robinson Crusoe* ist das einzige Buch, und davon wiederum nur ein bestimmter Teil, das Rousseau überhaupt als Lektüre für den jungen Émile zulässt.

Fokussiert das Vorwort also hauptsächlich auf Wahrheit und das Primat der Erfahrung, spielt eine ganz andere Form der Wahrscheinlichkeit in der eigentlichen Erzählung die wichtigere Rolle: Providenz. So beginnt die Erzählung mit der Vorstellung des Kapitäns und des Schiffs, das später Schiffbruch erleiden wird: „the captain was a good seaman, who did what he considered best for the safety of his vessel, and then put his trust in that Providence who is ever watchful over us."[54] Die Erzählinstanz, den Leser durch „us" selbstverständlich einschließend, richtet dementsprechend das Providenzversprechen an die Leser und übertritt damit die Textgrenze, Gottes Vorsehung ist nicht nur den Seagraves, sondern auch dem (viktorianischen) Lesepublikum versprochen. Die Aufgabe, dieses Versprechen immer wieder zu erneuern, wird dann recht bald Masterman Ready übertragen, der regelmäßig für die Familie Seagrave eine Auslegung der Ereignisse und der noch zu erwartenden Ereignisse betreibt: „Mr. Seagrave; they forget that there is a Power above, who will Himself decide that point – a Power compared to which the efforts of weak man are as

51 Phillips, *Mapping Men and Empire*, S. 93.

52 Jean-Jacques Rousseau, *Emil; oder über die Erziehung* [1762], übers. v. Ludwig Schmidts, Paderborn: Ferdinand Schöningh 1971, S. 180 f.

53 Rousseau, *Emil*, S. 175 f.

54 Marryat, *Masterman Ready*, S. 2.

nought."[55] Trotz dieses Versprechens, dass die Familie durch die Vorsehung beschützt werde, sind die Seagraves allerlei Gefahren und Abenteuern ausgesetzt. Allerdings erleben sie ihre Abenteuer trotz der exotischen Umgebung im privaten domestizierten Rahmen der Familie, aus dem sie kaum einmal heraustreten. So kommentiert die Mutter die späte Rückkehr ihres Sohnes: „You are very late, William, dear, [...] I was quite uneasy till I saw the boat at a distance." „Yes, mamma; but we could not help it."[56] Auch der kleine Bruder Tommy wird gescholten, weil er mit dem Fingerhut der Mutter gespielt hat: „Well, sir, I said you should have no dinner, till the thimble was found, so, as it is found, you may have your dinner".[57] Es passt zu diesem häuslichen Rahmen, dass Ready in den Kapiteln, die von seinen vergangenen Abenteuern auf den Schiffen der britischen Handelsmarine berichten, meist als großväterliche Erzählerfigur auftritt. Am Ende der Erzählung treffen diese verschiedenen Formen der „truth" – Realismus und Providenz – aufeinander: Dem providenziellen Erscheinen des Schiffes, das die Seagraves vor den ‚Wilden' rettet, wird eine Erklärung nachgeschoben, die die göttliche Providenz, der die Seagraves ausgeliefert sind, nachrangig werden lässt, menschliche Handlungsgewalt in den Vordergrund stellt und diese auch erzählt: „Before we wind up this history, it will be as well to state to my young readers how it was that Captain Osborn made his appearance at so fortunate a moment."[58] Der Anspruch des realistischen Abenteuerraums, den das Vorwort propagiert, wird hier also auf die Handlungsebene verschoben: Der wunderbaren Rettung muss eine Erklärung beigefügt werden, genauso wie der Abenteuerraum, die Insel, realistisch repräsentiert werden muss. Das Vorwort, das zu Beginn verspricht, was und wie erzählt werden wird, reflektiert darüber hinaus auch Providenz, die als Erfolgsversprechen für das zu erlebende Abenteuer fungiert. Die Konstruktion von Sinn wird in beiden Fällen zwar zu Beginn ausgesprochen, aber vom Ende her gedacht und legt damit die ambivalente, temporale Struktur von Vorworten offen, auf die Derrida hingewiesen hat, und die sich in der Abenteuerstruktur spiegelt.

---

55 Marryat, *Masterman Ready*, S. 32.
56 Marryat, *Masterman Ready*, S. 268.
57 Marryat, *Masterman Ready*, S. 143.
58 Marryat, *Masterman Ready*, S. 310.

4 Abenteuer als Spiel – Initiation in *The Coral Island*

Während in *Masterman Ready* Providenz und Realismus im Vorwort zentral sind, fokussiert das Vorwort in *The Coral Island* (1858) einen anderen Aspekt des Abenteuers und nimmt überdies eine völlig andere Perspektive ein:

> Preface
> I was a boy when I went through the wonderful adventures herein set down. With the memory of my boyish feelings strong upon me, I present my book specially to boys, in the earnest hope that they may derive valuable information, much pleasure, great profit, and unbounded amusement from its pages.
> One word more. If there is any boy or man who loves to be melancholy and morose, and who cannot enter with kindly sympathy into the regions of fun, let me seriously advise him to shut my book and put it away. It is not meant for him.
> Ralph Rover[59]

Ralph Rover, der das Vorwort signiert, ist Held und Erzähler des darauffolgenden Abenteuers, das von drei Jungen berichtet, die auf einer Insel im Südpazifik stranden. Ihre Insel ist ein kleines Paradies. Im Gegensatz zu den vorangegangenen Robinsonaden findet keine landwirtschaftliche Kultivierung statt,[60] Essen und alles Weitere wird eher im Modus des Spiels erjagt: So erlegen Ralph, Peterkin und Jack Schweine mit Pfeil und Bogen oder schwimmen in einem künstlich angelegten Pool. Während in Marryats *Masterman Ready* die faktuale Stimme des väterlichen Autors markiert wird, die die folgende Fiktion bewertet, anpreist und beschreibt, verschiebt sich hier die Rolle des Vorwortes weg von der ‚äußeren' Grenze hin zur Abenteuererzählung, markiert durch die Signatur „Ralph Rover", dessen Eigenname zum ersten Wort und zur Selbstbeschreibung im eigentlichen Text wird: „Roving has always been, and still is, my ruling passion".[61] Auch hier wird auf den Prätext *Robinson Crusoe* angespielt, Crusoes „wandring Inclination" und „Rambling thoughts" lösen seinen Aufbruch als Seemann aus.[62] *The Coral Island* zelebriert den jugendlichen Abenteurer und gleicht sich so, obwohl das Vorwort klar macht, dass die Erzählung aus der Retrospektive verfasst ist, dem Adressaten der Erzählung an: „With the memory of my boyish feelings strong upon me"[63] legitimiert der alt gewordene Erzähler seinen Erzählakt und fingiert eine jugendliche Nähe zum Abenteuer. So treten im ersten Teil der Erzählung, abgesehen von der

59 R. M. Ballantyne, *The Coral Island, A Tale of the Pacific* [1858], London: Nisbet 1901, unpag.
60 Phillips, *Mapping Men and Empire*, S. 38.
61 Ballantyne, *The Coral Island*, S. 1.
62 Defoe, *Robinson Crusoe*, S. 5.
63 Ballantyne, *The Coral Island*, unpag.

obligatorisch traurig zurückgelassenen Mutter, kaum Erwachsene auf, und auch im Vorwort spielen diese explizit keine Rolle. Dies steht ganz im Gegensatz zur Familienkonstellation in *Masterman Ready*, wo die Vater-Funktion im Vorwort dreifach besetzt ist: Zum einen durch die Autorfigur („I promised my children to write a book for them"), zum anderen durch Ready und zuletzt mit Vater Seagrave: „My idea is to show the practical man in Ready and the theoretical in the father of the family".[64] Während diese übermächtige Vaterfigur in *Masterman Ready* Vorwort und Text bestimmt und auch keine Grenzüberschreitungen der jugendlichen Abenteurer erlaubt, ist die Ausgangssituation in *The Coral Island* eine andere: In diesem Vorwort wird die Authentizität des Textes ohne Verweise auf Vorgängertexte allein durch den Helden der Geschichte bezeugt. Autorität erhält der Sprecher durch seine dem Text vorangegangenen Erfahrungen: „I went through the wonderful adventures herein set down."[65] Die doppelte Bedeutung des zusammengesetzten Verbs „to go through" lässt jedoch offen, welchen Status die berichteten Ereignisse haben: „to go through" kann nämlich gleichermaßen im physischen Sinne „etwas durchlaufen" als auch „gedanklich durchspielen" bedeuten. Das Vorwort besteht dementsprechend kaum auf der Wahrhaftigkeit des Abenteuers, sondern auf seinem spielerischen Charakter, der in einen Erwachsenen-freien Raum verlagert ist, in dem Spiel und damit Abenteuer möglich sind. Geleitet ist Ralph von einem überbordenden Enthusiasmus potentieller Abenteuer, die den Text hindurch anhalten; weder Schiffbruch, Kannibalen oder Gefangenschaft können Ralph die Lust am Abenteuer nehmen, die aus dem abenteuerlichen Seemannsgarn anderer Seeleute entspringt: „I freely confess that my heart glowed ardently within me as they recounted their wild adventures in foreign lands".[66]

Durch den Verweis auf die kindlichen Affekte und damit weniger die väterliche Autorität des Autors verlagert sich auch die Triebenergie der Abenteuererzählung und Lektüre. Die klimaktische Präsentation der Leseziele markiert diese Verschiebung: „they [the boys] may derive valuable information, much pleasure, great profit, and unbounded amusement from its pages." Bei Marryat ist es ganz eindeutig die Stimulation der Neugierde, die den Leser zu einem wissbegierigen Kind machen soll: „induce children to think" und „to stimulate them to seek for information".[67] In *The Coral Island* ist Wissensvermittlung zwar genannt, wesentlich ist aber die ungezügelte Lust am Lesen und am

64 Marryat, *Masterman Ready*, S. viii.
65 Ballantyne, *The Coral Island*, unpag.
66 Ballantyne, *The Coral Island*, S. 4.
67 Marryat, *Masterman Ready*, S. viii.

Abenteuer, die der fiktive Autor Rover hervorhebt. Der Sprecher geht sogar noch weiter: Es handelt sich sowohl beim Text als auch bei der Insel, die den Abenteuerraum bildet, um „regions of fun", die nur denen vorbehalten sein sollen, die weder melancholisch noch schlechtgelaunt sind. Die Jungen erleben tatsächlich die Abenteuer, von denen Ralph bereits gehört hat, in dem Augenblick, in dem sie aus der britischen Erwachsenenwelt herausgeworfen werden und allein auf der Insel sind. Der Schiffbruch wird als Schwellenerfahrung inszeniert, die jedoch keine nachhaltigen tragischen Folgen hat, sondern zuerst „regions of fun" eröffnet, von denen bereits im Vorwort die Rede ist. Dort sind zwar im Verlauf der Erzählung auch Missionare tätig, deren Ziel es ist, die ‚Kannibalen' grundlegend zu ändern. Allerdings ist die Insel für die jugendlichen Abenteurer selbst ein Raum, den sie wieder verlassen können, ohne offensichtlich gealtert zu sein, eine Moral oder Erziehung durch ihre Erfahrungen erhalten zu haben.[68] Als Beispiel kann dafür Ralphs Entführung durch die Piraten dienen: Ralph befreundet sich auf dem Piratenschiff mit dem Piraten Bloody Bill. Dieser verhilft Ralph zur Flucht, stirbt aber dabei an den Folgen einer Verwundung.[69] Kaum ist Ralph erfolgreich auf die Koralleninsel zu seinen Freunden zurückgekehrt, spielt der Tod seines Retters Billy keinerlei Rolle mehr, sein Name fällt im Text nicht mehr. Dies steht im scharfen Kontrast zu Jim Hawkins Piratenabenteuern in Stevensons *Treasure Island*, die offensichtlich nachhaltigen Eindruck auf Jim hinterlassen haben:

> Oxen and wainropes would not bring me back again to that accursed island; and the worst dreams that ever I have are when I hear the surf booming about its coasts, or start upright in bed, with the sharp vice of Captain Flint still ringing in my ears: ‚Pieces of eight! pieces of eight!'[70]

Trotz des fehlenden Erziehungs- und Bildungsprogramms liefert Ralphs Hinweis auf seine eigene Abenteuerlust und ihre Ursache, nämlich die Lektüre anderer Abenteurer, eine Funktion dieser Abenteuererzählung:

---

68 Genauso beschreibt es Bachtin als Bedingung für den Chronotopos des Abenteuers (vgl. Michail Bachtin, *Chronotopos*, übers. v. Michael Dewy, Frankfurt/Main: Suhrkamp 2008, S. 12 f.).

69 Ballantyne, *The Coral Island*, S. 196–255.

70 Robert Louis Stevenson, *Treasure Island* [1883], hg. v. Peter Hunt, Oxford: Oxford University Press 2011, S. 183.

> Ralph's exciting chronicle seems calculated to produce the same effect on boy readers that the sailor's stories had on him: to inspire to venture out into the world that has afforded him such intense and various pleasures.[71]

Die spielerische Aneignung, ein ‚Anderer' sein zu wollen, wird in der zweiten Hälfte der Erzählung allerdings zurückgenommen: „This island story, therefore, allows the boys to get as close as possible to being both pirates (defiant daring, individualistic) and savages (survivors taming nature) but without turning into them."[72] Ralph, Peterkin und Jack werden, sobald der Kontakt mit Vertretern des Empire – hier insbesondere den Missionaren – wiederhergestellt ist, zu Instrumenten, deren Überleben nicht mehr spielerisch in den „regions of fun" verortet ist, sondern in einem Missionsauftrag wirkmächtig wird: Kannibalen werden erst durch die Hilfe der Jungs konvertiert und deren Götzen verbrannt. Das Vorwort maskiert die imperialen Zwecke und Ziele als Spiel und verortet das Abenteuer in einem Erwachsenen-freien Raum, der Spiel, Spaß und Spannung verspricht. Dem Wunscherfüllungsversprechen des Vorworts wird besonders das Ende des Textes entgegengesetzt, als die Jungs nach England zurückkehren und der Erzähler, der nun nicht mehr vorgibt, von „boyish feelings" geleitet zu werden, die Rückkehr nicht nur auf ihre christliche Dimension hin auslegt, sondern auch die patriotische Sehnsucht nach der Heimat als unwiderrufliches Ende des spielerischen Abenteuers festlegt:

> To part is the lot of all mankind. The world is a scene of constant leave-taking, and the hands that grasp in cordial greeting to-day are doomed ere long to unite for the last time, when the quivering lips pronounce the word – „Farewell." [...] May it not, perchance, teach us to devote our thoughts more frequently and attentively to that land where we meet, but part no more?[73]

5 Abenteuerliches Ende

Ein wichtiges Ziel der Rahmung der viktorianischen Abenteuerromane durch Vorworte ist es, trotz aller Differenzen, diese Erzählungen explizit als Abenteuer auszugeben. Dabei wird der (jugendliche) Leser aufgefordert, bewusst in den Raum des Abenteuers ein- und auszutreten, damit er keinesfalls Gefahr läuft, diesen mit der Alltagswelt zu verwechseln. Gerade im

---

71 Marah Gubar, *Artful Dodgers: Reconceiving the Golden Age of Children's Literature*, Oxford: Oxford University Press 2009, S. 72.

72 John Bristow, *Empire Boys: Adventures in a Man's World*, London: Harper Collins 1991, S. 107.

73 Ballantyne, *The Coral Island*, S. 336.

Falle von *Masterman Ready* scheint das insbesondere durch die Betonung der realistischen Raumdarstellung auf den ersten Blick kontraintuitiv, allerdings wird die Fiktionalität des Textes gerade durch die Notwendigkeit dieser Legitimationsverfahren erst betont. *Masterman Ready* ist diesbezüglich auch deswegen ein Sonderfall, da der Roman, im Gegensatz zu vielen anderen Abenteuertexten, nicht nur ein Vorwort beinhaltet, sondern auch mit einem Paratext das Ende der Erzählung beschließt: Die ersten Ausgaben des *Masterman Ready* schließen mit einer „Notice" ab, in der die Fiktionalität der genannten Figuren ausdrücklich betont wird, da sich angebliche Verwandte eines ‚echten' Masterman Ready über die Namensgebung beschwert haben sollen.[74] Die „Notice" inszeniert damit, wie bereits das Vorwort, den Anspruch einer realistischen Darstellung durch die mögliche Verwechslung des ‚realen' mit dem fiktionalen Protagonisten. Gerade die Richtigstellung der Verwechslung markiert jedoch den notwendigen Wieder-Eintritt und die folgende Re-Integration in eine bürgerliche, viktorianische Lebenswelt. Während Mrs Seagrave das Ende des Abenteuerraums betrauert, erhofft Mr Seagrave in der Alltagswelt das gleiche Maß an Glück:

> „We shall never be more happy than we were on that island, Seagrave."
> „It will indeed be well, my dear, if we never are less happy," replied her husband.[75]

Nach diesem kurzen Ausbruch weiblicher Abenteuernostalgie übernimmt aber am Ende die väterliche Erzählinstanz wieder explizit die Federführung in *Masterman Ready*; sie erläutert den jungen Lesern in einem Postskriptum, wie es Familie Seagrave nach ihrer Rückkehr nach England ergangen ist: Sie alle sind Musterbeispiele bürgerlicher Ordnung und Beschaulichkeit geworden.[76] Dadurch wird dieses Abenteuer als einmaliges Ereignis inszeniert, und der jugendliche Leser wird kaum in Versuchung sein, selbst Abenteurer werden zu wollen. Obwohl Masterman Ready im Erzählverlauf und besonders in seiner Antwort auf die *Crusoe*-Lektüre des jungen Seagraves das Abenteuer als Erfahrungsmodell der Erzählform ‚Abenteuer' vorzieht, tritt mit der scharfen Abgrenzung des Abenteuerraums durch die Paratexte der pädagogische Effekt ein, dass gerade die Lektüre des Abenteuers zur Bildung eines vorbildlichen viktorianischen Jungen und potentiellen Familienvaters ausreicht.

Die Re-Integration der Abenteurer in die Gesellschaft wird im Falle von *The Coral Island* durch Heimweh und gleichzeitig eine nostalgische Rückschau auf

74 Marryat, *Masterman Ready*, unpag.
75 Marryat, *Masterman Ready*, S. 313.
76 Marryat, *Masterman Ready*, S. 313.

die Insel beschlossen. Während eine religiöse Sehnsucht nach der endgültigen Heimkehr formuliert wird, die Ruhe und Frieden und damit auf keinen Fall mehr Abenteuer verspricht, bleibt die Gefahr und Möglichkeit des nächsten Grenzübertritts nicht ausgeschlossen, da die Zukunft der Jungen nicht erzählt wird und daher eine mögliche Serialisierung des Abenteuers erhalten bleibt. Tatsächlich folgte nur drei Jahre nach seinem erfolgreichsten Buch *The Coral Island* Ballantynes Fortsetzung *The Gorilla Hunters. The Coral Island* wird jedoch wesentlich wirkmächtiger über Ballantyne hinaus fortgesetzt und fungiert als Intertext zu William Goldings bekanntem Text *Lord of the Flies* (1954), der über hundert Jahre nach *The Coral Island* erschienen ist. Kurz nach dem unvermittelten Beginn von William Goldings *Lord of the Flies* vergleichen die jugendlichen Protagonisten der Erzählung ihre bisherigen Erlebnisse und besonders den Raum, in dem sie sich befinden, mit literarischen Vorgängern: „‚It's like in a book.' At once there was a clamour. ‚Treasure Island –' ‚Swallows and Amazons –' ‚Coral Island –'".[77] Die Rahmung, den Text als Abenteuer zu lesen, wird hier innerhalb des Textes angesiedelt. „It's like in a book" formuliert nicht nur das Versprechen, dass der abenteuerliche Raum, in den die Kinder und Jugendlichen in *Lord of the Flies* nach einem Flugzeugabsturz hineingeworfen sind, ebenso paradiesisch wie die Koralleninsel bei Ballantyne sein wird, sondern auch, dass die Abenteuer darüber hinaus den gleichen spielerischen Charakter besitzen. Doch dieses textinhärente Versprechen weist keine väterliche Autorität auf wie in *Masterman Ready*. Genauso wenig beinhaltet sie die Überlebensgarantie der Abenteurer, wie das die Autorfiktion von Ralph Rover in *The Coral Island* zusichert. So wird die Hoffnung auf einen lustvollen, aber angstfreien Abenteuerraum, die die Kinder mit der Referenz auf die gelesenen Abenteuer formulieren, in *Lord of the Flies* enttäuscht, allenfalls Jims Alpträume aus *Treasure Island*[78] finden eine Resonanz bei Golding. Trotz der fehlenden Paratexte, die Ein- und Austritt aus dem Abenteuerraum markieren, endet *Lord of the Flies*, wie es begonnen hat: mit einer Referenz auf *The Coral Island*, die die Rückkehr aus dem alptraumhaften Abenteuer markiert:

> ‚I should have thought that a pack of British boys – you're all British aren't you? – would have been able to put up a better show than that – I mean –' ‚It was like that at first,' said Ralph, ‚before things –' He stopped. ‚We were together then –' The officer nodded helpfully. ‚I know. Jolly good show. Like the Coral Island.'[79]

---

77 William Golding, *The Lord of the Flies*, London: Guild Publishing London 1984, S. 30.
78 Robert Louis Stevenson, *Treasure Island*, S. 183.
79 William Golding, *The Lord of the Flies*, S. 181 f.

Auch der Officer, der die Kinder am Ende des Buches von der Insel retten wird, hat demnach die Hoffnung, dass *The Coral Island* als Abenteuerraum noch möglich ist, inklusive der imperialistischen Implikationen britischer Männlichkeit. Obwohl Goldings Buch selbst auf Paratexte weitgehend verzichtet, rahmt der Text die Ereignisse dennoch durch die expliziten intertextuellen Bezüge zu Beginn und Ende des Buches und lässt so zu, dass der Text in der Tradition des viktorianischen Abenteuerromans gelesen wird. Ein- und Austritt in die Abenteuerwelt werden hier allerdings nicht mehr markiert und heben so die Grenzen des abenteuerlichen Raums auf, der im viktorianischen Kinder- und Jugendroman noch aufrechterhalten wird, um die Gefahr des Abenteuers einzuhegen.

DARIYA MANOVA

Abenteuerstoffe
Zur Materialität des Abenteuers

> Nur sechs Meilen stark schätzt man die feste Kruste, unter welcher das Centralfeuer seine glühenden Wogen schlägt; von Fuß zu Fuß nimmt die Hitze zu, welche dieser Hölle entströmt, und tausenderlei Gefahren grinsen dem Sterblichen, welcher sich einen Weg in jene Tiefen bahnt, entgegen. Aber der Herr der Schöpfung kennt kein Hinderniß, welches er nicht endlich doch noch zu bewältigen vermöchte, und wie der Maulwurf seine Gänge durch die Krume des Ackers und den Rasen der Wiese gräbt, so wühlt sich der Bergmann als Pionier der Industrie hinab in das Dunkel der Tiefe und entreißt den dort herrschenden Mächten Reichtümer, für die weder Maaß noch Zahl zu finden ist.[1]

Der Bergmann, ein Gesandter Gottes, überschreitet furchtlos die natürlichen Grenzen seines Habitats, um die Gaben der Erde in Empfang zu nehmen oder vielmehr ihr diese gewaltvoll zu entreißen. Diese heroisierende Beschreibung des Bergmannsberufs bildete 1875 den Auftakt eines neuen verlegerischen Projekts des Hauses Münchmeyer in Dresden – der Zeitschrift *Schacht und Hütte. Blätter zur Unterhaltung und Belehrung für Berg-, Hütten- und Maschinenarbeiter.* Das Blatt adressierte, wie bereits der Titel deskriptiv offenlegt, die Arbeiter der Montanindustrie und hatte zum Ziel, ihnen unterhaltende, aber in jeder Hinsicht anständige Inhalte zu bieten und Teil von Familie und Freizeit zu werden. Die neue Zeitschrift, die lediglich ein Jahr lang erschien, wurde zusammen mit dem *Deutschen Familienblatt* gegründet und ersetzte das in der Tradition der *Gartenlaube* stehende Blatt *Beobachter an der Elbe*. Wie die Ankündigung deutlich macht, solle *Schacht und Hütte* nicht ausschließlich von und für Experten verfasst werden. Der einfache Arbeiter solle sowohl unter den Autoren als auch unter den Lesern eine bevorzugte Stellung finden. Deshalb seien die Beiträge dieser künftigen Leser ebenso willkommen wie ihre Abonnements.

Nicht verwunderlich ist aus dieser Perspektive, dass der Hauptlesergruppe gleich am Anfang des kurzen Lebenslaufs der Zeitschrift geschmeichelt wird. Folgt man den Ausführungen des ersten Artikels, ist die Reise des Bergmanns unter Tage keine alltägliche Arbeit unter ungerechten Bedingungen, sondern eine Heldentat. Des Bergmanns Kampf mit den unterirdischen, wertvollen

1 „Schätze und Schatzgraber", in: *Schatz und Hütte. Blätter zur Unterhaltung und Belehrung für Berg-, Hütten- und Maschinenarbeiter* 1.1 (1875/76), S. 5.

 | DOI:10.30965/9783846764725_012

Erzen vollendet die anthropologischen Bestimmungen der von Gott geschaffenen menschlichen Spezies.

Dass gerade die abgebauten Stoffe den Bergmann gegenüber seinen Kontrahenten, den Goldwäschern Süd- und Mittelamerikas, den Arbeitern in den kalifornischen und australischen Golddistrikten oder den indischen und brasilianischen Diamantenarbeitern,[2] in einen Vorteil setzen, macht der Text ebenfalls gleich deutlich. Auch wenn Gold und Diamanten viel wertvoller als die Kohle- und Eisenerze seien, brächten diese „leichterworbenen" Schätze den Bevölkerungen, in deren Ländern sie vorkommen, nur Unglück. Kohle und Eisen seien zwar „unscheinbar" und „häßlich", würden jedoch die an ihnen reichen Regionen kultivieren und veredeln, und ihren Förderern, den Bergmännern, Ehre und Anerkennung sichern.[3]

Die Schatzsuche, auf die sich die *deutschen* Bergmänner – gerade im internationalen Vergleich ist die Nationalität signifikant – täglich begeben, ist somit kein halsbrecherisches Wagnis, sondern ein rationaler, verantwortungsvoller Akt. Die Förderung natürlicher Rohstoffe bedeutet in diesem Kontext keine persönliche Bereicherung, sondern die solidarische, fortschrittsbewusste Fürsorge für die Gemeinschaft. Der Abbau von Kohle und Eisen – den Grundstoffen der Industrie des 19. Jahrhunderts – in den deutschen Minen verbindet somit Aufklärung mit Religion und Mystik, die selbstlose Aufopferung für das Gemeinwohl mit dem außergewöhnlichen Mut des Einzelnen, Arbeit mit Abenteuer.[4] So stellt der anonyme Autor des Artikels fest: „Ja, ein Schatzgräber par excellence ist der Bergmann, und keiner seiner Rivalen darf sich mit ihm messen."[5]

2 „Schätze und Schatzgräber", S. 5.

3 „Schätze und Schatzgräber", S. 5.

4 Georg Simmel sieht die Verbindung beider gegensätzlicher Kategorien in der Synthese, die das Abenteuer schon an sich sei: „Die Synthese der großen Lebenskategorien, als deren eine, besondere Formung sich das Abenteuer verwirklicht, vollzieht sich weiterhin zwischen der Aktivität und der Passivität, zwischen dem, was wir erobern, und dem, was uns gegeben wird. Freilich macht die Synthese des Abenteuers den Gegensatz dieser Elemente extrem fühlbar. Wir reißen einerseits mit ihm die Welt gewaltsam in uns hinein. Der Unterschied gegen die Art, wie wir ihr in der Arbeit ihre Gaben abgewinnen, macht das deutlich. Die Arbeit hat sozusagen ein organisches Verhältnis zur Welt, sie entwickelt deren Stoffe und Kräfte kontinuierlich zu ihrer Zuspitzung im menschlichen Zwecke hin, während wir im Abenteuer ein unorganisches Verhältnis zu ihr haben; es bringt die Allüre des Eroberers mit sich, das rasche Ergreifen der Chance, gleichviel ob wir damit ein zu uns, zu der Welt oder zum Verhältnis beider harmonisches oder unharmonisches Stück für uns heraustrennen" (Georg Simmel, „Philosophie des Abenteuers", in: ders., *Aufsätze und Abhandlungen 1909–1918*, hg. v. Rüdiger Kramme u. Angela Rammstedt, Suhrkamp: Frankfurt/Main 2001, Bd. 1 [= Simmel, *Gesamtausgabe*, hg. v. Otthein Rammstedt, Bd. 12], S. 97–110, hier S. 101).

5 „Schätze und Schatzgräber", S. 5.

Die in der Substanz des Rohstoffes und seiner Abbauweise implizierte Moral, die sich auf den Menschen überträgt, ersetzt jede politische Pointe. Keine Spur ist in dem fortschrittsbegeisterten Text von Arbeiterausbeutung, fehlenden Schutzmaßnahmen, zu niedrigen Löhnen oder hungernden Familien zu finden. Die Rhetorik der Schatzsuche ist die verklärende Alternative zu einem Aufruf zum Klassenkampf. Nicht der Kapitalist, sondern die Stoffe selbst, Kolonialgüter wie Gold und Diamanten, so suggerieren die Ausführungen des Anonymus, sind für das Leiden der Bevölkerung verantwortlich. Kohle und Eisen als Bodenschätze dagegen sind *der* prototypische Schatz und somit der einzig wahre Grund für das Abenteuer, das hier immer geregelt, anständig und mit einem gemeinnützigen Zweck erscheint.

1 Rohstoff und Abenteuer zwischen Dresden und Amerika

Die Verbindung zwischen Abenteuer und Arbeit, zwischen Schatz- und Rohstoffsuche ist bedeutender und folgenreicher als die bloße Rhetorik eines Unterhaltungsblatts, wenn man den in den *Blättern* nicht angegebenen, aber mittlerweile ermittelten und nachgewiesenen Autornamen dazuliest: Karl May. Nach abgesessener Zuchthausstrafe von vier Jahren wegen Hochstaplerei, Betrug und Diebstahl blieb May unter polizeilicher Aufsicht und wurde als Redakteur des Münchmeyer Verlags angestellt. Für die von ihm initiierten Neugründungen *Schacht und Hütte* und *Deutsches Familienblatt* verfasste er ein Jahr lang zahlreiche Beiträge, exzerpierte und arbeitete Beiträge aus anderen Blättern und Fachwerken um, beantwortete Leserbriefe und schrieb Rätsel. In *Schacht und Hütte* ist, wie der Titel schon andeutet, eine Vielzahl der Beiträge im Bereich der Montanindustrie, Technik und Wissenschaft angesiedelt. Da sich das Blatt jedoch bereits im Titel als ein Unterhaltungsblatt vorstellt, sind die Artikel in einer populären, leicht verständlichen Sprache geschrieben. Die enge Verbindung von Montanindustrie, Kohle und Erdöl mit Abenteuertopoi wie der Schatzsuche, dem Wilden Westen oder aber auch mit Doppelgänger- und Verwechslungsschemata trug nicht nur zur Popularisierung wissenschaftlich-technischer Entwicklungen bei, sondern auch zur Ausblendung politischer und kritischer Aspekte. So vermischen sich auf den Seiten des Unterhaltungsblatts Sprichwörter und ihre Erklärungen, Fortsetzungsromane und Artikelreihen zu den „Helden des Dampfes", zum „königlichen Proletarier", dem Eisen oder zum Erdöl als „Lichtspender" sowie Statistiken zur Bergwerkindustrie Preußens oder zum Eisenbahnbetrieb.[6]

6 Alle Beiträge, von denen nachgewiesen werden konnte, dass sie mit großer Wahrscheinlichkeit von Karl May stammen, finden sich in Abt. 1, Bd. 1 der historisch-kritischen

Die Stilisierung der Bergmannsarbeit zu Schatzsuche und Kreuzzug für Aufklärung und Fortschritt bleibt dabei kein vereinzeltes Argument und taucht erneut im Text über die Vorzüge des Eisens auf. Diesem zufolge besetzt das Eisen gleichzeitig die höchste und die niedrigste Stelle in der Hierarchie der Stoffe. Auch bestimmt der Stoff die ihn nutzende Gemeinschaft:

> König Eisen ist es, welcher die Kulturstufe einer Nation bestimmt; König Eisen ist's, welcher die Bedürfnisse von Millionen befriedigt; König Eisen ist's, welcher die kühnsten wissenschaftlichen Probleme begünstigt und die größten technischen Schwierigkeiten überwindet, während Eisen, der Proletarier, als Diener und Sclave des Menschen, denselben von den härtesten Arbeiten befreit, seinem Geiste immer neue Flügel verleiht, seine Laster und Länderstrecken und Meere befördert, seine Worte in unbegrenzte Entfernungen trägt und in jeder Lage des großen und kleinen Lebens sich als nothwendig und unentbehrlich beweist.[7]

Seiner Erscheinung nach zwar unauffällig, doch für seine Eigenschaften respektiert, beschleunigt das Eisenerz nicht nur die industrielle Entwicklung. Vielmehr bestimmt es die „Kulturstufe" seiner Förderer. Die Kopplung zwischen Rohstoffabbau und einer linearen Evolutionsvorstellung, die May hier vermutlich aus zeitgenössischen Nachschlagewerken und Literatur übernimmt,[8] wird noch lange aktuell bleiben.[9] Dass der Wert eines Stoffes für die Entwicklung einer Gemeinschaft nicht nur von seinen physikalischen Eigenschaften abhängig ist, sondern dass dem Stoff immaterielle, kulturelle, mythopoetische Bedeutungen zugeschrieben werden, machen Mays Texte für das Unterhaltungsblatt gut sichtbar.

Während das Eisen als königlicher Proletarier die goldene Mitte zwischen edlen Eigenschaften und moralischer Anständigkeit repräsentiert – das wird

---

Karl-May-Ausgabe: Karl May, *Geographische Predigten. Frühe Aufsätze, Gedichte, Rätsel und redaktionelle Texte*, hg. v. Frank Werder u. Joachim Biermann, Bamberg u. Radebeul: Karl-May-Verlag 2015.

7 Karl May, „Ein königlicher Proletarier", in: ders., *Geographische Predigten*, S. 43–51, hier S. 46.

8 Der Münchmeyer Verlag (höchstwahrscheinlich Karl May selbst) veröffentlichte eine Anzeige im *Börsenblatt für den deutschen Buchhandel*, in der „auf antiquarischem Wege" nach Büchern und Zeitschriften über die Bergindustrie gesucht wurde (vgl. May, *Geographische Predigten*, S. 457).

9 Vgl. u. a. Lewis Mumford, *Technics and Civilization*, New York: Harcourt, Brace and Co. 1934 sowie die jüngeren Studien von Vaclav Smil, *Energy and Civilization. A History*, Cambridge/MA: MIT Press 2017 sowie Jean-Claude Debeir, Jean-Paul Deléage u. Daniel Hémery, *In the Servitude of Power. Energy and Civilisation Through the Ages*, London: Zed Books 1991. Für einen Forschungsüberblick vgl. Karin Zachmann, „Introduction", in: *Past and Present Energy Societies. How Energy Connects Politics, Technologies and Cultures*, hg. v. Nina Möllers, Bielefeld: transcript 2012, S. 7–42.

erneut im Text über Krupps Werke nahegelegt[10] –, ist das Petroleum tückisch und gefährlich und steht für eine alternative Art des Abenteuers. Zwar werden auch hier die unzähligen Anwendungsbereiche und Destillate für die Entwicklung von Technik und Industrie gelobt, doch mischen sich in der Geschichte des Erdölabbaus Szenen der abenteuerlichen Gefahr, des erhöhten Risikos, der nicht gemäßigten Leidenschaft, der höchsten Willkür. Auch wenn Petroleum selbst am deutschen Tegernsee entdeckt wurde, wie der Autor berichtet, ist es noch lange nicht zum nützlichsten Schatz jedes Haushalts domestiziert worden. Seine Geschichte gehört in den amerikanischen Wilden Westen:

> Jeder wollte Oel finden. Jeder wollte reich werden. Viele gelangten in kurzer Zeit zu fürstlichem Vermögen und erhielten den Titel eines ‚Oelprinzen'; Viele von ihnen aber starben ärmer noch, als sie erst gewesen waren, wie z. B. Col. Drake, der Entdecker der Quellen in Pennsylvanien, welcher, nachdem er fast unerschöpfliche Reichthümer besessen hatte, elendlich im Armenhause untergehen mußte. Deßhalb wurde damals vielfach der Vorschlag gemacht, die Göttin des Glückes nicht mehr ‚Fortuna' sondern ‚Petrolea' zu nennen.[11]

Nicht nur aufgrund seiner hohen Brennbarkeit, sondern auch wegen der schwankenden und im 19. Jahrhundert nicht zuverlässig voraussagbaren Ergiebigkeit der einzelnen Ölquellen ist Erdöl ein tückischer Geschäftspartner. Ähnlich wie Gold und Diamanten kann das Erdöl Segen und Fluch zugleich sein und seinen Besitzer in Luxus ertränken oder eben in Armut sterben lassen. Nicht heldenhafter Mut und fleißige Arbeit, sondern pures Glück und Zufall sind dabei für Erfolg oder Misserfolg verantwortlich. Während die Eisenerze in der Figur des königlichen Proletariers arm und reich produktiv verbinden, so dass Exzellenz mit Demut einhergeht, kann das Petroleum die Extreme nur exklusiv aufeinander beziehen. Man ist entweder König oder Proletarier.

In der Willkür des Petroleums erkannte May ein Abenteuerpotenzial, das sich von den löblichen Eigenschaften des Bergbaus verabschiedete und eine spannungsreichere Alternative bot. Zwar sind die Bergarbeiter in Mays Beitrag für *Schacht und Hütte* echte Schatzsucher, doch begeben sie sich auf diese grenzüberschreitende Reise in die Tiefen der Erde täglich und im Rahmen einer Arbeitsschicht, für den familienunterstützenden Lohn und für den gesellschaftlichen Fortschritt. Sie regulieren und domestizieren die Schatzsuche

10 Karl May, „Das Krupp'sche Etablissement", in: ders., *Geographische Predigten*, S. 295–300. Der Beitrag erschien 1877 anonym in *Frohe Stunden*, Nr. 14.

11 Karl May, „Ein Lichtspender", in: ders., *Geographische Predigten*, S. 79–86, hier S. 84.

beziehungsweise führen diese auf ihre begrifflichen Ursprünge zurück.[12] Das Petroleum bietet dagegen eine breitere Palette materieller und moralischer Metamorphosen, es wird zum Mittel extremer persönlicher Bereicherung stilisiert und spitzt die Abenteuermuster zu. Zufall und Risikobereitschaft und nicht Disziplin und Tüchtigkeit, wie beim deutschen Bergmann, entscheiden über das Schicksal des nach Öl suchenden Westmanns. Der Abstieg des ersten „Ölprinzen" Colonel Drake, der in Pennsylvanien nach Öl bohrte, klingt in Mays gleichnamiger Erzählung nach, die er kurz nach seiner Zeit bei Münchmeyer und vor dem Beginn seiner Arbeit in der Redaktion der Zeitschrift *Frohe Stunden* des Dresdner Verlegers Bruno Radelli verfasste und dort 1877 veröffentlichte. In dieser bricht ein katastrophales Feuer auf dem Ölfeld des hochmütigen Ölprinzen Alberts aus, gefährdet das Leben seiner Tochter und verschlingt sein ganzes Vermögen. Das vom Petroleum getriebene Abenteuer wird vom Erzabbau und seiner gesitteten Schatzsuche kategorisch unterschieden.

Auf wenigen Seiten und in kurzer Erzähl- und erzählter Zeit erlebt der Besitzer der ergiebigen Ölfelder eine gründliche Verwandlung. Auf der Suche nach Provisionen für ihre weitere, für die Leserschaft nicht näher definierte Reise geraten der Ich-Erzähler und sein Freund und Mitstreiter Sam Hawkens auf das Grundstück des Ölprinzen. Während Alberts darauf besteht, dass Sam ihm seine Stute verkauft, und die unerwarteten Gäste schließlich mit der Waffe bedroht, unterbricht ihn im letzten Moment eine höhere unterirdische Gewalt:

> [D]enn in diesem Augenblicke ertönte ein gewaltiger Donnerschlag und es war uns, als sei die Erde unter uns mitten auseinander geborsten. Der Boden erzitterte und als ich das Auge erschrocken seitwärts wandte, sah ich im oberen Theile des Thales, da, wo der Bohrer thätig gewesen sein mußte, einen glühenden Feuerstrom wohl fünfzig Fuß in die Höhe steigen, welcher flackernd oben breit auseinanderfloß und, wieder zur Erde niedersinkend, mit reißender Schnelligkeit das abfallende Terrain überschwemmte. Zugleich drang ein scharfer stechender, gasartiger Geruch in die Athmungswerkzeuge und die Luft schien von leichtflüssigem, ätherischem Feuer erfüllt zu sein.

12 Zur Mehrdeutigkeit des Begriffs seit dem 18. Jahrhundert, der sowohl Bodenschätze als auch kostbare Gegenstände meint, vgl. das Lemma „Schatz" in: *Johann Heinrich Zedlers Grosses vollständiges Universal-Lexicon aller Wissenschafften und Künste*, Halle u. Leipzig 1742, Bd. 34, Sp. 980 f.; „Schatz" in: Johann Georg Krünitz, *Oekonomisch-technologische Enzyklopädie*, Berlin: Pauli 1825, Bd. 140, S. 453. Vgl. auch das Lemma „Schätze, unterirdische" in: *Johann Heinrich Zedlers Grosses vollständiges Universal-Lexicon aller Wissenschafften und Künste*, Halle u. Leipzig 1742, Bd. 34, Sp. 775 sowie Andrea Westermann, „Inventuren der Erde. Vorratsschätzungen für mineralische Rohstoffe und die Etablierung der Ressourcenökonomie", in: *Berichte zur Wissenschaftsgeschichte* 37 (2014), S. 20–40, hier S. 23.

> Ich kannte dieses furchtbare Phänomen, denn ich hatte es im Gebiete Venango in seiner ganzen Schrecklichkeit gesehen: Der Erdbohrer war auf Oel getroffen und da es in der Nähe unvorsichtiger Weise Licht gegeben hatte, so war der aufsteigende Petroleumstrahl und mit ihm die nahe, mit leichten Gasen geschwängerte Atmosphäre in Brand gerathen.
> ‚Das Thal brennt!' […] ‚Vorwärts, Sir, sonst sind wir verloren!'[13]

Konfrontiert mit der zerstörerischen Kraft der Natur sind die Protagonisten der Erzählung der Bewältigung der elementaren Gewalten nicht gewachsen. Keine disziplinierte und regelmäßig getaktete Schichtarbeit, wie bei den Bergmännern, sondern nur die Flucht kann sie retten. Gezwungen zu fliehen und alles hinter sich zu lassen, werden Alberts und seine Tochter von den „Westmännern" gerettet. Der Ölprinz, der nach dem Brand zum Bettler abgestiegen ist, zeigt sich voller Demut und Dankbarkeit. Er wurde durch den Unfall über die Willkürlichkeit von Glück und Erfolg belehrt. Nur auf die eigenen Kräfte und den eigenen Mut könne man sich im Wilden Westen verlassen – der Erzähler beschließt mit dieser solipsistischen Lehre seine Geschichte. Dadurch wird im Nachhinein das Erdöl zum Produkt des Zufalls, zur Gefahr und nur vermeintlichen Stütze in einer kapitalistisch-imperialistischen Wirtschaft stilisiert. Auch das Abenteuer (*ad-venture*) als Darstellungsprinzip und Stoff wird dadurch auf seine ökonomischen Grundlagen zurückgeführt.[14] Nicht der Fortschritt der Allgemeinheit und das Arbeitsabenteuer, sondern die Anhäufung von Privatkapital und das Abenteuer des Profits sind hier Ziel und Resultat der Rohstoffförderung.

Dass das Erdöl nicht nur einer der jungen Rohstoffe der Industrie war, sondern auch ein beliebter Abenteuerstoff für Karl Mays frühe Erzählungen, die auch seine ersten Erzählungen über die Vereinigten Staaten waren, zeigen die nachgewiesenen Dopplungen einzelner Passagen der Beschreibung des Ölfeuers. May setzte die Szene der brennenden Ölquelle auch in seinen Erzählungen

---

13 Karl May, „Der Oelprinz. Ein Abenteuer aus den Vereinigten Staaten von Nordamerika", in: ders., *Aus der Mappe eines Vielgereisten. Abenteuererzählungen I*, hg. v. Joachim Biermann, Josef Jaser u. Ulrich Scheinhammer-Schmid (= *Karl Mays Werke. Historisch-kritische Ausgabe für die Karl-May-Stiftung*, Abt. 1: Frühwerk, Bd. 8), Karl-May-Verlag: Bamberg u. Radebeul 2015, S. 237–254, hier S. 248.

14 Zur synonymen Nutzung von Abenteuer mit Kaufmannsrisiko seit dem 14. Jahrhundert vgl. Michael Nerlich, *Kritik der Abenteuer-Ideologie. Beitrag zur Erforschung der bürgerlichen Bewusstseinsbildung 1100–1750*, Teil 1, Berlin: Akademie-Verlag 1977, S. 81–93. Zur ökonomischen Bedeutung des Begriffs im Kontext der kommerziellen Seefahrt vgl. Burkhardt Wolf, *Fortuna di mare. Literatur und Seefahrt*, Berlin u. Zürich: Diaphanes 2013, S. 89 f.

„Old Firehand“ und „Three carde monte“ ein.[15] 1883 erschien im vierten Band des Jahrbuchs *Das Neue Universum* die Erzählung „Ein Oelbrand“.[16] Ab 1893 veröffentlichte er seinen Jugendroman *Der Ölprinz* in Fortsetzungen in der Zeitschrift *Der Gute Kamerad*, in dessen Mittelpunkt eine vorgetäuschte Ölquelle steht. Zwar versuchte May, mit seinen frühen redaktionellen Projekten eine vermeintliche verlegerische Lücke zu schließen und die deutschen Industriearbeiter und Bergmänner als Leser von thematisch auf diese ausgerichteten Unterhaltungsblättern zu gewinnen, doch deutet die Kurzlebigkeit der Zeitschriften einen mäßigen Erfolg an.[17] Das Erdöl jedoch erweist sich, trotz oder gerade wegen seiner eher spärlichen Vorkommen in Deutschland und Europa, als produktivere Quelle für Mays Abenteuergeschichten und im Gegensatz zur Kohle als gut geeigneter Abenteuerstoff. Die reichen Ölquellen der Vereinigten Staaten, über die die deutsche Presse regelmäßig berichtete,[18] gehörten zu den frühsten historischen Ereignissen, die Mays schriftstellerische Aufmerksamkeit in die USA locken. Von Lichtquelle und Lesestoff für die Abonnenten von *Schacht und Hütte* wurde das Erdöl und vor allem das (brennende) Erdölfeld in Mays Erzählungen zur Quelle persönlicher und wirtschaftlicher Befreiung und zur menschengemachten Naturkatastrophe.

Karl Mays frühe Karriere als Autor sowohl von Abenteuergeschichten als auch sachlicher Texte und Statistiken und seine Spezialisierung auf Kohle- und Ölförderung sind nicht nur für sein Werk paradigmatisch. Darüber hinaus sind sie für die Verbindung zwischen Rohstoffen bzw. Rohstoffförderung und

---

15 Vgl. dazu Karl May, „Aus der Mappe eines Vielgereisten“, S. 544–557.

16 Zur Publikationsgeschichte der Erzählung vgl. Hartmut Kühne, „Ein Oelbrand“, in: *Karl-May-Handbuch*, hg. v. Gert Ueding, Würzburg: Königshausen & Neumann 2001, S. 410–411.

17 In seiner Autobiographie berichtet May über große Erfolge mit den neuen Blättern und über die Vertretungsreisen zu den Industriestätten, über die er schrieb. „In Beziehung auf ‚Schacht und Hütte‘ bereiste ich Deutschland und Oesterreich, um die großen Firmen z. B. Hartmann, Krupp, Borsig usw. dafür zu interessieren, und da ein solches Blatt damals Bedürfnis war, so erzielte ich Erfolge, über die ich selbst erstaunte“ (vgl. Karl May, „Mein Leben und Streben“, in: *Mein Leben und Streben und andere Selbstdarstellungen von Karl May*, hg. v. Hainer Paul, Ulrich Klappstein u. Joachim Biermann [= *Karl Mays Werke. Historisch-kritische Ausgabe für die Karl-May-Stiftung*, hg. v. d. Karl-May-Gesellschaft, Abt. VI, Bd. 1], Bamberg u. Radebeul: Karl-May-Verlag 2012, S. 9–265, hier S. 157).

18 Neben Berichten wie „Die nordamerikanischen Oelprinzen“, in: *Gartenlaube* 5 (1865), S. 79 f. gehörte auch Friedrich Gerstäckers Werk und insbesondere seine Erzählung „Im Petroleum“ (1871) zu Mays Quellen. Vgl. dazu Andreas Graf, „Von Öl- und anderen Quellen. Texte Friedrich Gerstäckers als Vorbilder für Karl Mays Old Firehand, Der Schatz im Silbersee und Inn-nu-woh“, in: *Jahrbuch der Karl-May-Gesellschaft*, Husum: Hansa Verlag Ingwert Paulsen jr. 1997, S. 331–360. Online verfügbar unter: https://www.karl-may-gesellschaft.de/kmg/seklit/JbKMG/1997/331.htm (abgerufen am 29. April 2019).

Konzepten des Abenteuers sowie für die Bedeutung von Abenteuermustern für das populärwissenschaftliche Schreiben von zentraler Bedeutung. Karl Mays Identifikation mit seinem späteren Romanprotagonisten Old Shatterhand und seine Behauptung, dass er seine abenteuerlichen Erzählungen selbst erlebt habe, reihten sich bereits in der zweiten Hälfte des 19. Jahrhunderts in eine Tradition vorgetäuschter Authentizität im Abenteuergenre ein. Dass dieser aus der vermeintlichen Autobiographie geschöpfte Authentizitätsanspruch sich auf mehreren Bedeutungsebenen mit der Vorstellung von rohen Stoffen verknüpft, wird erst Jahrzehnte später in der Literatur der deutschen Zwischenkriegszeit sichtbar.[19] Einerseits wurden in den 20er und 30er Jahren Abenteuernarrative genutzt, um Wissen über die kriegsentscheidenden, aber zum Frieden ebenso notwendigen Rohstoffe zu popularisieren, andererseits wurde die Vorstellung eines poetologischen (Roh-)Stoffes für die Legitimierung neuer journalistisch-literarischer Gattungen wie der Reportage eingesetzt, in der rasende Reporter ihre abenteuerlichen Reisen und Einblicke in die sozialen Verhältnisse verzeichneten.

2 Amerikanische Wunder der Zwischenkriegszeit

Karl May, der sich literarisch in einem frisch gegründeten Deutschen Kaiserreich behauptete, wollte Relevantes für Arbeit und Alltag der Bergleute publizieren und ihre freien Stunden mit angemessener Unterhaltung und nützlichen Informationen füllen. In seinen Zeitschriftenprojekten romantisierte er die schwere Arbeit des Montanarbeiters, und schrieb dabei die eigenen publizistischen Strategien dem Wesen des Bergbaus zu. In seinen Ausführungen zum deutschen Bergbau wurde Arbeit dem Abenteuer ähnlich, in seinen Erzählungen wiederum verloren die Kontrahenten Old Shatterhands ihren moralischen Anstand und ergaben sich dem maßlosen Risikospiel eines ölbetriebenen Kapitalismus.

---

19 Zur Rolle der Rohstoffe und ihrer Narrative im öffentlichen Diskurs der Zwischenkriegszeit vgl. Dariya Manova, *„Sterbende Kohle" und „flüssiges Gold" – Rohstoffnarrative in der Populärliteratur und Publizistik der deutschen Zwischenkriegszeit*, Dissertation, Humboldt-Universität zu Berlin 2019. Zu „Stoff" als poetologischer Kategorie vgl. Jens Ruchatz, „Realitätsbezug. Implikationen des Stoffbegriffs", in: *Der Stoff, an dem wir hängen. Faszination und Selektion von Material in den Kulturwissenschaften*, hg. v. Gerald Echterhoff u. Michael Eggers, Würzburg: Königshausen & Neumann 2002, S. 107–118. Zum Abenteuer als Stoff von Erzähltexten in Vers- und Prosaform vgl. den Aufsatz von Martin von Koppenfels in diesem Band.

Fünfzig Jahre später wurde die Geschichte der Verknüpfung und Verwandtschaft zwischen Rohstoff und Abenteuer unter neuen Vorzeichen weitergeschrieben. Seit dem nächsten Neuanfang der deutschen Staatlichkeit, der Weimarer Republik, häuften sich die Forderungen nach einer realitätsnahen Literatur, die sich anstatt an bürgerlichen Ideen an den materiellen Bedingungen von Arbeit und Alltag orientieren sollte, sowie die Versuche, populäre Form und Rohstofffragen miteinander zu verbinden. Während es bei Mays Ausflügen in die Welt des Bergbaus und der Erdölförderung darum ging, marktaffine Stoffe für Abenteuergeschichten zu finden, aus Geographie und Tagesberichterstattung für die eigenen Erzählungen Material zu sammeln, nutzten Autoren wie B. Traven, Essad Bey, Lion Feuchtwanger und Leo Lania das Instrumentarium des Abenteuerschemas – die transgressive Reise ins Unbekannte, die Schatzsuche, die Verfolgungsjagd, den Zweikampf – um über eine aus Materialflüssen bestehende Globalwirtschaft zu schreiben. Im Abenteuerlichen sahen die Romanciers und Dramatiker der Weimarer Zeit kein ehrwürdiges Wagnis für das Gemeinwohl, sondern prekäre Arbeit, zu der die vermeintlichen Abenteurer von der ungerechten Verteilung einer kapitalistischen Wirtschaft gezwungen wurden. Das Abenteuer verschwindet dabei nicht und wird nicht als kaschierender Schleier der realen Verhältnisse entfernt. Ganz im Gegenteil nahmen die Autoren der Zwischenkriegszeit das Abenteuer als narratives Prinzip wieder auf, um die Existenz im Kapitalismus als einen spannungsreichen, moralisch verwerflichen Überlebenskampf darzustellen. Das Abenteuer ist nicht mehr die Alternative zum politischen Kampf, sondern das Mittel seiner erfolgreichen Verbreitung.

So unterschiedlich beide Rohstoffdiskurse sein mögen, was sie durch die deutsche Geschichte und Literaturgeschichte miteinander verbindet, ist Amerika als abenteuerlicher Schauplatz, zukunftsversprechende Utopie, Quelle junger Energien und nicht zuletzt flüssiger Rohstoffe. Karl May koppelte die ‚echten' Abenteuer an die Prärie und Savanne Nordamerikas und machte diese Verbindung zu seinem Markenzeichen. Für die deutsche Linksavantgarde waren die USA in der Zwischenkriegszeit nicht nur Beispiel für materiellen Reichtum, sondern galten auch als reich an literarischer Innovation. Sowohl der Vorwurf der Poesielosigkeit, des Pragmatismus und Utilitarismus, den Nikolaus Lenau in seinen enttäuschten Briefen gegen die Vereinigten Staaten und ihre Bürger aussprach und Ferdinand Kürnberger in seinem Roman *Der Amerikamüde* (1855) ausbaute,[20] als auch die Assoziation

20 Ernst Osterkamp, „Deutscher Geist. Ein Überseekoffer", in: *Deutscher Geist. Ein amerikanischer Traum, marbacher magazin* 132 (2010), S. 5–29, hier S. 21. Zu den Entstehungshintergründen des Romans vgl. Rüdiger Steinlein, „Ferdinand Krünbergers ‚Der

energiegeladener Männlichkeit und Vitalität mit der Neuen Welt hatten eine erstaunliche Dauer im deutschsprachigen Amerikadiskurs und erhielten nach dem entscheidenden Eintritt Amerikas in den Ersten Weltkrieg und dem Dawes-Plan von 1924 neue Dimensionen.

Die konservativen und deutschnationalen Intellektuellen und Publizisten beschrieben die USA als eine technokratische Zivilisation ohne Tradition und Tiefe, die zwar aus dem deutschen und europäischen Geist gewachsen ist, ihm aber diametral entgegensteht. Während Ästhetik, Literatur und Unterhaltung, die diese Weltmacht nach Europa exportierte, bei Schriftstellern, Journalisten und Verlegern wie Friedrich Sieburg, Adolf Halfeld, Friedrich Georg Jünger und Eugen Diederichs als materialistisch und oberflächlich in Verruf geraten waren,[21] lobten die linken und linksliberal eingestellten Rudolf Kayser, Wieland Herzfelde, Leo Lania, Egon Erwin Kisch, Erwin Piscator und Bertolt Brecht dieselbe amerikanische Exportkultur und ihre Einflüsse auf die deutsche literarische Produktion als zukunftsweisend, jung und aktuell.[22]

Nicht nur in den positiven und kritischen Haltungen zu den USA, sondern auch in der wirtschaftlichen Strategie und kulturellen Produktion der Amerikaner selbst nahm das Abenteuerliche einen zentralen Platz ein. Denn nach dem (weißen) amerikanischen Gründungsmythos hatten nur die Mutigsten des alten Kontinents den Ozean überquert. Für dieses waghalsige Abenteuer wurden die Europamüden mit den Reichtümern der amerikanischen Natur, mit weiten Ländern und vollkommener Freiheit belohnt. Darauf folgten weitere Proben des Muts, der Überlebenskraft und der Unternehmenslust – Gold- und Ölrausch wie später Börsenspekulation bargen die Möglichkeit zu schnellem Aufstieg. Also hatten der amerikanische Staat und sein Wirtschaftswunder[23] andere Voraussetzungen als die Nationalstaaten in Europa. Die

---

Amerikamüde'. Ein ‚amerikanisches Kulturbild' als Entwurf einer negativen Utopie", in: *Amerika in der deutschen Literatur*, hg. v. Sigrid Bauschinger, Horst Denkler u. Wilfried Malsch, Stuttgart: Reclam 1975, S. 154–177.

21 Friedrich Sieburg, „Anbetung von Fahrstühlen", in: *Weimarer Republik. Manifeste und Dokumente zur deutschen Literatur*, hg. v. Anton Kaes, Stuttgart: Metzler 1983, S. 274–276; Adolf Halfeld, *Amerika und der Amerikanismus: Kritische Betrachtungen eines Deutschen und Europäers*, Jena: Diederichs 1927; Friedrich Georg Jünger, „Amerikanische Literaturinvasion", in: *Der Tag* (23. Juni 1928).

22 Vgl. dazu das Heft der *Neuen Bücherschau* zu amerikanischer Literatur 7.4 (1927). Darüber hinaus Wieland Herzfelde, „Amerikanische Literaturinvasion", in: *Börsenblatt für den deutschen Buchhandel* 198 (25. August 1928), S. 956 sowie Rudolf Kaysers Rubrik „Europäische Rundschau" (1924–1931) für *Die neue Rundschau*, die Zeitschrift des S. Fischer Verlags.

23 Julius Hirsch, *Das amerikanische Wirtschaftswunder*, Berlin: S. Fischer 1926; Paul M. Mazur, *Der Reichtum Amerikas. Seine Ursachen und Folgen*, Berlin: S. Fischer 1928.

märchenhaft hohen Löhne waren ebenso wie die gesteigerte Arbeitseffizienz Folge des Abenteuergeistes der amerikanischen Siedler. Nicht nur die nach Frederick Winslow Taylors Methoden produzierten Automobile und Fleischkonserven, auch die Literatur, die aus Amerika kam, stand, so glaubten die Kritiker wie Anhänger, unter dem Zeichen des amerikanischen Gründungsabenteuers. Über Figuren hinaus, die durch Proben von Körper und Geist die Frontier immer weiter westwärts verschoben und die vermeintlichen Eigenschaften der Gründungsväter verkörperten, überstieg die neue amerikanische Literatur das Abenteuer als Stoff der Erzählung. ‚Abenteuerlich' bezog sich im Literaturdiskurs der 20er und 30er Jahre gleichermaßen auf die Forminnovationen, die die Literaturimporte boten. Die Werke von Jack London, Upton Sinclair, Joseph Hergesheimer, Sinclair Lewis, John Dos Passos und Ernest Hemingway dienten als positive Beispiele für die junge amerikanische Literatur und waren gleichzeitig Vorbilder für die Aktualisierung der deutschen Literatur.[24]

Folgt man den Ausführungen von Medien wie *Die neue Bücherschau*, war dem in der amerikanischen Literatur vermeintlich vorgefundenen narrativen Modell und dem Mythos des amerikanischen Gründungsabenteuers sowie den neuen Perspektiven, die Montage, Statistik und photographischer und dokumentarischer Blick boten, gesellschaftliche und ökonomische Kritik inhärent. Die in diesem Sinne abenteuerreiche Literatur der USA war also keine oberflächliche Unterhaltungslektüre, sondern, ganz im Gegenteil, eine präzise Auseinandersetzung mit den Problemen der Gegenwart.

3 Stoffbiographien

Die ‚traditionelle' abenteuerliche Suche nach einem verschollenen Goldschatz wurde zwischen den Weltkriegen in Werken des epischen Theaters, der politischen Revue, der Reportage oder aber des Abenteuerromans in eine Suche nach unterirdischen Schätzen oder Bodenschätzen transformiert, die den privaten Erfolg beziehungsweise eine Ankopplung an Globalwirtschaft und Börse sichern soll.[25] In dieser Rohstoffgeschichte der kapitalistischen

24 Rudolf Kayser, „Amerikanismus", in: *Weimarer Republik. Manifeste und Dokumente zur deutschen Literatur*, S. 265–268.

25 Gemeint sind hier Leo Lanias Komödie *Konjunktur*, Lion Feuchtwangers *Die Petroleuminseln*, Bertolt Brechts *Jae Fleischhacker*, Egon Erwin Kischs Reportagen aus dem Borinage und B. Travens Rohstoffromane. Vgl. zu letzteren Dariya Manova, „‚Rohstoff für den Roman' – Ressourcen und Infrastruktur in B. Travens Abenteuerromanen", in: *DVjs* 91.1 (2017), S. 51–71.

Globalwirtschaft nahmen die USA als Ort der (Boden-)Schatzsuche, aber auch als Quelle neuer Gattungen wie der Reportage eine besondere Rolle ein. Die populärwissenschaftlichen Artikel für *Schacht und Hütte*, die Rohstoffwirtschaft und Technik mit der Sprache und Metaphorik des Unterhaltungs- und Abenteuerromans verbanden, hatten für Karl Mays Karriere noch einen Übergangscharakter. In den 20er Jahren dagegen wurde ein ähnlich ausgerichtetes populärwissenschaftliches Schreiben aus den USA nach Deutschland und Europa exportiert und etablierte sich zu einer eigenständigen Gattung, die erst später unter dem Namen ‚Sachbuch' firmierte. Paul de Kruifs *Microbe Hunters* (1926, dt. 1927) sowie Hendrik Willem van Loons *The Story of Mankind* (1921, dt. 1925) und *The Story of America* (1927, dt. 1929) wurden schnell auch in Deutschland veröffentlicht und waren Vorbilder für einen neuen, an Abenteuerromanen und Populärbiographien orientierten Schreibstil.

Dafür, dass dieses populärwissenschaftliche Schreiben in Deutschland enthusiastisch aufgenommen wurde, war nicht zuletzt die Mode biographischer Publikationen verantwortlich. Die zu der Zeit bereits berühmten Biographien großer Männer aus der Feder Emil Ludwigs oder auch Stefan Zweigs trugen beträchtlich dazu bei. So wurde auch van Loons *Story of America* als *Werdegang eines Weltteils* übersetzt. Darin deutete sich bereits eine Tendenz in der Entwicklung des deutschsprachigen Sachbuchs an, die zur Konstituierung des Genres in Deutschland beitrug: die Übertragung einer biographischen Erzählstruktur auf andere Gegenstände als das menschliche Leben, wie etwa Dinge, Pflanzen, Länder, Naturgegebenheiten und Stoffe. Zahlreiche Autoren der Zwischenkriegszeit verpackten ihre Ausführungen und Berichte, Reisereportagen und Interviews als ‚Sachbiographien'.

Heinrich Eduard Jacobs Sachbiographie *Sage und Siegeszug des Kaffees* ist wahrscheinlich das prominenteste Beispiel für die Entstehung des Sachbuchs aus dem Geiste der Biographie. Wichtig ist die Publikation aber auch, weil sie durch eine zumindest angekündigte Verlebendigung der Stoffe diese zu Akteuren stilisiert. Abenteuer und Rohstoff werden hier erneut miteinander verknüpft, diesmal jedoch nicht um den Bergmann zu unterhalten, sondern um die Welt der Rohstoffe für eine breite Leserschaft spannungsreich zu gestalten. Die Erzählmuster des Abenteuers sind die passende narrative Form, um Entdeckung, Handel, Verarbeitung und Wirkung der Stoffe zu beschreiben.

Der Kaffee bei Heinrich Eduard Jacob, das Erdöl und die Baumwolle bei Anton Zischka oder der Kautschuk bei Karl Fischer sollten Protagonisten werden und die Leserinnen und Leser auf eine Reise von Entstehung oder Anbau über Bearbeitung und Transport bis hin zu Handel und Konsum mitnehmen. Sie sind sowohl epische Helden, die durch ihre Eigenschaften die Gemeinschaft massiv verändern können, als auch Auslöser waghalsiger Abenteuer und Spekulationen. Auch ein historischer Parcours wird dabei abgeschritten: Von den ältesten Zeugnissen über die Existenz der Stoffe in Mythen und Legenden indigener Völker über neuzeitliche Traktate bis hin zu den neusten wissenschaftlichen Entwicklungen werden die Stoffe in die Chronologie der Menschheitsgeschichte eingeordnet.

Heinrich Eduard Jacobs Vorwort zu seiner Kaffeebiographie, die 1934 bei Rowohlt erschien, erinnert in seiner Radikalität an die Versuche der russischen Formalisten, sich selbst im biographischen Schreiben vom Individuum zu lösen und den Lebenslauf ganz als Produkt komplexer Kooperation und nicht als eine Leistung einzelner willensstarker Männer zu präsentieren.[26]

> Nicht die Vita Napoleons oder Cäsars wird hier erzählt, sondern die Biographie eines Stoffes.
> Eines tausendjährigen, treuen und machtvollen Begleiters der ganzen Menschheit. Eines Helden.
> Wie man die Biographie des Kupfers oder des Weizens erzählen könnte, so wird hier das Leben des Kaffees unter und mit den Menschen erzählt. Sein Einfluss auf den Außenbau und den Innenbau der Gesellschaft; seine Verknüpfung mit ihren Geschicken und mit der Ursache dieser Geschicke.
> Also das Leben einer Materie?
> Es gibt gar keine Materie!
> Was einmal den menschlichen Geist betraf und von ihm weitergemacht wurde, das Strombett der Geschichte entlang, das ist selber Geistesgeschichte![27]

Jacob räumt ein, dass sich die Biographie des Stoffes gar nicht anhand von Material- und Produktionszyklen, sondern nur in der Form einer groß angelegten Geistesgeschichte erzählen lasse. Vielmehr – und hier begibt sich der Autor auf eine erzähltheoretische und philosophische Ebene – existiere Materie nicht getrennt von unseren Erzählungen darüber, also Stoff nicht ohne Form. Durch seinen Koffeingehalt schreibt der Kaffee jedoch auch auf eine ganz konkrete Art und Weise seine Geschichte. Der Kaffee reizt die Nerven so sehr, dass er jeden Konsumenten zum unternehmenslustigen Abenteurer macht:

> Der Kaffee ist schwarz wie Meteoreisen und wirkt nur selten auf das Auge. Tee aber ist ein Halbedelstein, durchsichtig und schon durch diese Schau zur Stufe

26 Devin Fore, „Gegen ‚den lebendigen Menschen'. Experimentelle sowjetische Biographik der 1920er Jahre", in: *Die Biographie. Zur Grundlegung ihrer Theorie*, hg. v. Bernhard Fetz, Berlin: De Gruyter 2009, S. 353–381.

27 Heinrich Eduard Jacob, *Sage und Siegeszug des Kaffees. Die Biographie eines weltwirtschaftlichen Stoffes* [1934], Hamburg: Rowohlt 1964, S. 7.

der Heiterkeit erhebend. Die Wachheit, die aus dem Kaffeeduft strömt, lädt zu geistigen Abenteuern; Teeduft haucht edle Gelassenheit aus.[28]

Zu den vom Kaffee angeregten und vom Koffein getriebenen Abenteuern gehört für Jacob die industrielle Revolution. Ausdauer und Energie für die langen Stunden in den Fabriken des 19. Jahrhunderts schöpften die Arbeiter aus dem bitteren Getränk, das nicht mehr Luxusware, sondern Alltagstrank war:

> Die Stellung des neunzehnten Jahrhunderts ist eine viel umfassendere. Sein Verhältnis zum Kaffee ist ein rein energetisches. Das neunzehnte Jahrhundert ist das Zeitalter unerhörter Leistung. Das Zeitalter der Industrie [...] verlangt vom Menschen theoretisch den vierundzwanzigstündigen Werktag. Ihn konnte nur der Kaffee verbürgen – und darum wurde er Massenkonsum. Im neunzehnten Jahrhundert trank – welch ein Unterschied gegen früher! – auch der Arbeiter Kaffee. Kaffee, in welcher Bereitung auch immer, wurde eine Voraussetzung für Fabriken und Werkstätten.[29]

Auch politische Revolutionen und Unabhängigkeitskriege bekamen den entscheidenden energetischen Anschub vom Kaffeekonsum. Jacob sieht Rebellion und Arbeit, Transgression und Konstanz aus den Kräften der Kaffeebohnen entstehen. Auch Literatur- und Musikgeschichte bringt er in eine direkte Verbindung mit der Koffeineinnahme. Auf dem Gebiet der ästhetischen Leistung resultiere der Kaffeekonsum in gesteigerter Produktion und gesteigertem Affekt.

Am Ende der Kaffeegeschichte, in der Gegenwart angekommen, verliert der Erzähler die historische Distanz, er schreibt nicht mehr im Präteritum, sondern im Stil einer Reportage. Mit eigenen Augen darf er die letzten Entwicklungen der industriellen Kaffeeproduktion und die Auswirkungen des Kaffeeanbaus auf das politische und wirtschaftliche Leben in Brasilien bezeugen. Überproduktion, Produktionssperre und Spekulation sind die Themen, über die der Erzähler einen Flugzeugpiloten unterrichtet, während sie über die brennenden Kaffeefelder – ein Symbol für die zerstörerische Überproduktion von Kaffee – fliegen. Diese abschließende Episode schildert aufgrund der verschobenen Erzählperspektive auch die veränderten Bedingungen der Geschichtsschreibung und Berichterstattung. Der Ich-Erzähler befindet sich unmittelbar im Zentrum des Geschehens, er ist somit keine wissenschaftliche Autorität, sondern nunmehr selbst ein schreibender Abenteurer.

---

28 Jacob, *Sage und Siegeszug des Kaffees*, S. 103.

29 Jacob, *Sage und Siegeszug des Kaffees*, S. 207.

4 Selbsterlebte Schatzsuchen und Rohstoffabenteuer

Der Kulturhistoriker wird zum Reporter, der Reporter zum Abenteurer – das Endziel dieser Entwicklungslinie spitzte Anton Zischka in seinen ebenfalls ab 1934 in regelmäßigem Takt im Goldmann Verlag erscheinenden Rohstoff- und Sachbüchern zu.[30] Der auf Mallorca ansässige Autor zog Wilhelm Goldmanns Aufmerksamkeit durch eine französische Buchpublikation über die Auswirkungen des Erdölhandels auf die Globalpolitik auf sich. *Kampf um die Weltmacht Öl* wurde in der vom Autor selbst durchgeführten deutschen Übersetzung auch die erste Buchpublikation Zischkas auf dem deutschen Markt. Seinen Bericht beginnt Zischka mit der folgenden Vorbemerkung:

> Der Autor hetzte fünfmal um die Welt, immer nach einem Ausweg aus dem Chaos suchend, aus dem Wirrwarr, in dem wir alle befangen sind, zehn Jahre lang auf der Suche nach Klarheit, mit allen Mitteln sich bemühend, Zusammenhänge aufzudecken, sich ein Weltbild zu schaffen. Und dabei fand er, daß fast all die blutigen Konflikte unserer Zeit, all der Kampf und die Unrast und das Ringen um Macht schließlich immer wieder von den gleichen, wenig zahlreichen Männern entfacht werden. Daß es immer um die gleichen, wenig zahlreichen Dinge geht, die sie sich gegenseitig abjagen wollen: Getreide, Eisen, Baumwolle. Und Öl. Öl vor allem.
> Da warf ein Großer dieser Erde eine Bemerkung hin, und dort sprach ein Schatzsucher, ein alter verbrauchter Pionier von seinen Plänen.
> Da erlebte man in Südamerika die Eintönigkeit des Lebens auf einem Petroleumfeld und in Kalifornien den Rausch eines Öl-Booms.
> Da spielte einem in New York der Zufall fast vergessene Dokumente in die Hand und in Neu-Guinea die Aufzeichnungen eines Prospektors.
> Da fuhr man auf Tankschiffen rund um Europa und saß in Direktionsbüros den Herren des „Flüssigen Goldes" gegenüber. Da traf man Männer, die geholfen hatten die Weltmacht Öl zu schaffen, und andre, die am Petroleum zugrunde gegangen waren.
> Da las man sich durch unzählige Bände von Finanzberichten hindurch und versuchte, in Prospekten von Aktiengesellschaften die Wahrheit zu finden. Und so entstand schließlich Stein für Stein das Mosaik dieses Berichtes, das Szenarium

30 So erscheinen bis Kriegsende bei Goldmann: *Der Kampf um die Weltmacht Öl* (1934), *Der Kampf um die Weltmacht Baumwolle* (1935), *Ausbeuter der Natur* (1935, alias Thomas Daring), *Abessinien. Das letzte ungelöste Problem Afrikas* (1935), *Die Auferstehung Arabiens. Ibn Sauds Weg und Ziel* (1935, alias Rupert Donkan), *Japan in der Welt. Die japanische Expansion seit 1854* (1936), *Wissenschaft bricht Monopole. Der Forscherkampf um neue Rohstoffe und neuen Lebensraum* (1936), *Italien in der Welt* (1937), *Brot für zwei Milliarden Menschen* (1938), *Ölkrieg. Wandlung der Weltmacht Öl* (1939), *Englands Bündnisse. Sechs Jahrhunderte britische Kriege mit fremden Waffen* (1940), *Sieg der Arbeit: Geschichte des fünftausendjährigen Kampfes gegen Unwissenheit und Sklaverei* (1941), *Fünftausend Jahre Kleidersorgen. Eine Geschichte der Bekleidung* (1944).

> des Dramas Öl, das typischer erscheint als alle anderen Kämpfe um die Wirtschaftsmacht.
> [...]
> Ein Bericht, der *erlebt* ist, in dem *Menschen* aus Fleisch und Blut die Hauptrolle spielen, Wesen, die hoffen und fürchten und leiden, *Menschen*, und nicht Ziffern.[31]

Schatzsuche, verschollene Dokumente und Karten, weite Reisen sind nur ein Teil der Abenteuertopoi, die im Sachbuchdebüt Zischkas markiert werden. Die kapitalistische und imperialistische Wirtschaft beschreibt und erklärt der beobachtende Erzähler als einen Wildwestroman, in dem er abwechselnd der Protagonist und allsehender Beobachter ist. Auch Zischka beginnt seine Rohstoffgeschichten – ein Jahr später folgt sein Baumwollbuch – mit den frühsten bekannten Manifestationen des Erdöls als eines geheimnisvollen Stoffes mit ungeklärtem Ursprung und zunächst unbekannten Eigenschaften. Auch hier ist es, wie bei Jacob, eine Aneinanderreihung von Zufällen, die zur Entdeckung des Erdöls als produktions- und wirtschaftsrelevanten Stoffes führt. Neben der durch systematische Auslassungen als eigen ausgegebenen investigativen Arbeit, die in einem vermeintlich persönlich geführten Interview mit dem Erdölmagnaten Rockefeller Ausdruck findet, erzählt Zischka die moderne Geschichte des Erdöls als eine Geschichte von Krieg, Konkurrenz, Erpressung, aber auch ungesehenem personellem Aufstieg und der Metamorphose sterblicher Menschen in mächtige Rohstofftitanen. Die Kapitel und Abschnitte, die sich auf Individualbiographien konzentrieren, werden von den Reisen des Erzählers immer wieder abgewechselt. Mexiko und England, Persien und Venezuela, die Sowjetunion, China und die USA sind einzelne Stationen in der Geschichte des Erdöls, denen Zischka jeweils eigene Kapitel widmet.

Die häufigen Plagiatsvorwürfe und Quellennachfragen, die der Korrespondenz zwischen Verleger und Autor zu entnehmen sind,[32] legen nahe, dass nicht die Genauigkeit, der Detailreichtum oder die durch wissenschaftliche Belege gestützten Hypothesen für den Aufbau des Buchs und seinen kommerziellen Vertrieb entscheidend waren. Vielmehr machten gerade die Verallgemeinerungen und Vereinfachungen sowie die Mischung von

---

31 Anton Zischka, *Kampf um die Weltmacht Öl*, Leipzig: Goldmann 1934, S. 7 f.

32 Zu den Plagiatsvorwürfen vgl. Andy Hahnemann, „Vom Sieg der Arbeit. Anton Zischkas Briefwechsel mit seinem Verleger Wilhelm Goldmann 1934–1950", in: *Sachbuch und populäres Wissen im 20. Jahrhundert*, hg v. ders. u. David Oels, Frankfurt/Main: Peter Lang 2008, S. 123–135. Die rege Korrespondenz zwischen Goldmann und Zischka wird innerhalb des Nachlasses Anton Zischkas im Archiv des Deutschen Museum in Munchen aufbewahrt (NL 184).

berichtenden und dynamisch erzählenden Passagen Zischkas Bücher aus. Dort tritt Zischka als Reporter auf, der sich jedoch weder zurücknimmt noch seine Eindrücke durch das Objektiv des neutral beobachtenden Auges sammelt, sondern sich als unmittelbarer Handlungsteilnehmer inszeniert. Während Jacobs Ich-Erzähler seinem Piloten im Flugzeug Grundbegriffe der Wirtschaft gelassen erklärte, sitzt Zischkas Erzähler selbst am Steuer des Flugzeugs und entkommt nur knapp einem Waldbrand im bolivianischen Urwald. Hier finden sich keine ausformulierten Definitionen, sondern im Gegenteil unvollständige Sätze, parataktische Aneinanderreihungen und ein Wechsel ins Präsens, die Spannung und Gefahr suggerieren sollen. Sehr ähnlich gestaltet Zischka auch seine frühen Erzählungen, bei denen man den Höhepunkt der Handlung bereits optisch und am Schriftbild erkennen kann.[33] In den Auslassungen ist der Erzähler gezwungen aktiv zu werden, zu entscheiden und zu handeln, während er schier atemlos zu erzählen scheint:

> Der Brand kommt auf uns zu. Rasend schnell. Himmelhoch schlägt der Rauch auf, es knallt wie von Explosionen, wenn wasserreiches Holz von den Flammen ergriffen wird. Ich reiße die Maschine hoch. Der alte Fokker steigt nur ganz langsam und schwer. Eine Grasfläche unten ... Da läuft Wild ... Herden von Wildschweinen und roten Hirschen ... Und da laufen nackte Menschen. Viele Indios ... Sie laufen wie das gejagte Wild ... [...] Plötzlich beginnt unser Aeroplan zu schaukeln und zu schwingen wie ein betrunkenes Tier ... Heiße Luft schlägt uns ins Gesicht ... Stechender Rauch umhüllt uns ... Wir pressen Tücher über den Mund. Mit aller Kraft versuche ich, die Maschine über das Flammenmeer zu bringen ... Höher ... um Gottes willen nur höher.... Jetzt sind wir mitten im Rauch ... Wie eine Riesenfaust greift die heiße Luft des Waldbrands nach uns, schleudert das Flugzeug empor, läßt es in Luftlöcher sinken ... Flammen unten und Rauch und jetzt tränen die Augen, und es schneidet wie Messer in die Lungen ... Man droht zu ersticken in dem Rauch ... Jetzt ist es aus ... Heiß weht es herauf ... Da sind wir durch den Flammengürtel ... Unten liegt eine rauchende, schwelende, schwarze Ebene ... Trostlos ... Tot ...[34]

Die Kombination von spannungsreichen Passagen und historischen Berichten, von Reportage, Kriminalroman und Biographie, von abenteuerlichen Strapazen und geopolitischen Konflikten – eine Eigenschaft, die in der Forschung der frühen Gattungsgeschichte des Sachbuchs zugeordnet wird[35] –

---

33 Anton Zischka, „Ende gut – alles gut": Zwei abenteuerliche Geschichte aus dem Alltag, in: *Uhu* 9.10 (1932/33), S. 89–94.

34 Zischka, *Weltmacht Öl*, S. 105 f.

35 Vgl. zur Geschichte der Gattung und dem Begriff „Sachbuch" Ulf Diederichs, „Die Verwendung des Begriffes ‚Sachbuch'", in: *Aussichten und Probleme des Sachbuches. Eine Vortragssammlung* (= *Berichte des Instituts für Buchmarkt-Forschung* 17/18/19, August 1965), Hamburg: Verlag für Buchmarkt-Forschung 1965, S. 35–49. Weiterhin zur

kam für den Leipziger Verleger von Unterhaltungsliteratur Wilhelm Goldmann im richtigen Moment. Denn Edgar Wallace' Kriminalromane, die die größten kommerziellen Erfolge für den Verlag einbrachten, gerieten nach 1933 als ‚schädliche Literatur' und ‚Schund' in den Blick der Zensurbehörden, so dass eine Umorientierung ratsam war.[36] Vor dem Hintergrund einer im Aufstieg begriffenen Tatsachenliteratur entschied sich Goldmann, wie er später in seinen Erinnerungen reflektieren sollte, die aktuellen Themen der Rohstoffwirtschaft aufzunehmen. Zischka war hier zwar der erfolgreichste und berühmteste, aber letztlich nur der erste vieler weiterer Goldmann-Autoren, die geopolitische Sachbücher für ein breiteres Publikum verfassten.[37]

Die Entscheidung, Zischkas Publikationen zu einem Modell für eine neue Sparte im Programm auszubauen, war für den Verlag zwar profitabel, jedoch nicht vollkommen unproblematisch. Denn die Behauptungen des Autors, ähnlich zur Selbstidentifikation Karl Mays mit seiner Figur Old Shatterhand, das Beschriebene selbst erlebt zu haben, Interviews geführt zu haben, Zeuge gewesen zu sein, zusammen mit dem eng getakteten Erscheinen seiner Bücher

---

Definition der Gattung vgl. Andy Hahnemann, „Aus der Ordnung der Fakten", in: *Wissen. Erzählen. Narrative der Humanwissenschaften*, hg. v. Arne Höcker, Jeannie Moser, Philippe Weber, Bielefeld: transcript 2006, S. 139–151. Zur Professionalisierung und Homogenisierung des Sachbuchs nach dem Zweiten Weltkrieg vgl. Thomas Lange, „Literatur des technokratischen Bewußtseins. Zum Sachbuch im Dritten Reich", in: *LiLi. Zeitschrift für Literaturwissenschaft und Linguistik* 10 (1980), S. 52–77, hier S. 64. Vgl. auch Andy Hahnemann u. David Oels „Einleitung" in: *Sachbuch und populäres Wissen im 20. Jahrhundert*, S. 7–25.

36 Obwohl die Kontrolle der Unterhaltungsliteratur erst ab dem Herbst 1939 verstärkt und die Liste der für Jugendliche und Büchereien ungeeigneten Druckschriften, in welcher mehrere Wallace-Titel zu finden waren, erst im Oktober 1940 publiziert wurde, wurden größere Veränderungen angekündigt und Meinungen von Angestellten des Propaganda-Ministeriums gegen bestimmte Ausprägungen der Unterhaltungsliteratur seit 1935 öffentlich geäußert. Vgl. Christian Adam, *Lesen unter Hitler. Autoren, Bestseller, Leser im Dritten Reich*, Frankfurt/Main: S. Fischer 2013, S. 29; weiter zum Kriminalroman vgl. S. 189–192. Darüber hinaus Jan-Pieter Barhian, *Literaturpolitik im Dritten Reich. Institutionen, Kompetenzen, Betätigungsfelder*, München: De Gruyter Saur 1995. Vgl. konkret zu Zischka Sebastian Graeb-Könneker, *Autochtone Modernität. Eine Untersuchung der vom Nationalsozialismus geförderten Literatur*, Opladen: Westdeutscher Verlag 1996, S. 169–178. Trotz der Einschränkungen erschienen auch nach 1940 weiterhin einige Krimireihen, diese dann bevorzugt von deutschen Autoren. Vgl. dazu Mirko Schädel, *Illustrierte Bibliographie der Kriminalliteratur 1796–1945 im deutschen Sprachraum*, 2. Bde., Butjadingen: Achilla Presse 2006.

37 Walther Pahl u. a., *Energiehaushalt der Erde* (1935), Robert Bauer, *Zellwolle siegt* (1941), Bruno Luxenberg, *Brotpolitik* (1941), F. L. Neher, *Kupfer/Zinn/Aluminium* (1940), Alfred Oesterheld, *Die Legende vom Gold* (1941) und Wolfgang Jünger, *Kampf um Kautschuk* (1940).

brachten ihm die besondere Aufmerksamkeit von Rezensenten, Leserinnen und Lesern. Dabei verwiesen sie in Besprechungen und Leserbriefen oft auf verwirrende Angaben, undeutliche Statistiken, fehlende Quellen, aber auch auf wörtliche, passagenlange Übereinstimmungen nicht nur innerhalb von Zischkas eigenem Werk, sondern auch mit Reiseschilderungen und Romanen anderer Autoren.

Dass Zischka aus unterschiedlichen Gattungen Inspiration bekam – die sich dann in nicht gekennzeichneten Zitaten äußerte –, bürgt für die äußerst heterogenen Anfänge des deutschsprachigen Sachbuchs. Dass der vielleicht berüchtigtste Plagiatsvorwurf vom in Mexiko wohnhaften Abenteuerschriftsteller B. Traven kam, aus dessen Roman *Die Weiße Rose* (1929) Zischka mehrere Passagen wörtlich übernommen hatte,[38] ist wiederum für die Nähe von Zischkas früher Sachprosa zur aktuellen Abenteuerliteratur aussagekräftig.

Zischkas Erdöl-Buch wurde im Jahr des Erscheinens wegen einer vermeintlichen anti-deutschen Stelle, die jedoch in der deutschen Übersetzung bereits beseitigt war, aus dem Buchmarkt beschlagnahmt. Erst 1939 durfte eine aktualisierte Version mit der Zustimmung des Regimes unter dem Titel *Ölkrieg* erscheinen. Zischkas Baumwollbuch, bei dem sich der Autor zumindest ein Paar von Goldmanns Hinweisen zum neutraleren Erzählton[39] zu Herzen nahm, war dafür ein großer verlegerischer Erfolg. Trotzdem wollte Zischka seine Anfangsstrategie – das Beharren auf dem Selbsterlebten und die Beschreibung der kapitalistischen Rohstoffwirtschaft als eine gefährliche Welt voller Abenteuer – nicht hinter sich lassen.

Um die Glaubwürdigkeit des Geschriebenen zu steigern und nicht als Vielschreiber abgetan zu werden, benutzte Zischka für zwei weitere Publikationen Pseudonyme. Während die Publikationen über den Nahen Osten unter dem Namen Rupert Donkan erscheinen sollten (*Die Auferstehung Arabiens. Ibn Sauds Weg und Ziel*, 1937), sollten die ‚abenteuerlichen' Inhalte unter dem Namen Thomas Daring veröffentlicht werden (*Ausbeuter der Natur*, 1935).[40] In *Ausbeuter der Natur* stellte Zischka als Daring die Suche nach Rohstoffen als abenteuerliche Schatzsuche und riskantes Unternehmen noch einmal explizit ins Zentrum seiner Publikation. Der brutale Kampf um Rohstoffmonopole ist der Grund für die Strapazen, die der sich als Autor gerierende Ich-Erzähler, hier ein Bankangestellter, der im Auftrag der Bank Rohstoffnachforschungen machen muss, durchlebt:

38 B. Traven, „Herr Zischka schreibt ein Buch. (Die Entlarvung eines literarischen Räubers und Weltreise Betrügers)", in: *„Büchergilde". Zeitschrift der Büchergilde Gutenberg* (Wien) 2.5 (1935), S. 76–80.

39 Vgl. zur Lektion im wissenschaftlichen Schreiben u. a. den Brief von Goldmann an Zischka vom 12. März 1935, NL 184/228.

40 Zischka an Goldmann, 07. Juni 1935, NL 184/228.

> Nein, ich hätte diese Reise kreuz und quer durch Südamerika und Afrika, durch Asien, Australien und Kanada, diese Reisen in Flugzeugen und ausgehöhlten Baumstämmen, in Autos und Ochsenkarren, auf Ozeanschiffen und Flußdampfern nicht machen können, wenn nicht Hunger nach Rohstoffen, Gier nach neuen Märkten seit langem die zwei mächtigsten Imperien der Welt gegeneinander hetzte, wenn nicht seit langem England und Amerika um Gold und Kupfer, um Gummi und Zinn, um Öl und Platin ringen würden.[41]

Die Dringlichkeit des Kampfs sieht der Erzähler wiederum in der Endlichkeit der Rohstoffe. Und da der moderne Alltag und die Globalwirtschaft auf Gummi, Erdöl, Kohle, Baumwolle, Kupfer, Zinn und Nickel aufgebaut sind, erscheinen die Bestrebungen von Politik und Wirtschaft, große Vorkommen zu sichern, für den modernen Abenteurer verständlich. Einen Gegensatz dazu bildet der Kampf um „eigentlich Wertloses: um Edelsteine und Gold".[42] Zehn Jahre lang sei der Autor „ein Soldat" in einem Kampf gewesen, in dem nach neuen Möglichkeiten und Schätzen gesucht werde. Seine Abenteuer rechtfertigt Zischkas bzw. Darings Erzähler mit Neugierde und dem Bedürfnis nach klarer Einsicht in die Regeln von Wirtschaft und Gesellschaft. Deswegen müsse er sich unter die Arbeiter und Abenteurer mischen, die Fußsoldaten der großen Rohstoffmagnaten. Dabei changiert seine schreibende Perspektive zwischen der aktiven Teilnahme und der journalistischen Beobachtung, seine narrative Rahmung und Bildsprache wechseln zwischen individueller Glückssuche in einer frühkapitalistischen Welt und der untergeordneten Funktion in einem System von Börsenspekulation und Globalkapital. Die Unentschiedenheit beschreibt sowohl die Figuren, die der Erzähler begleitet, als auch seine vermeintliche Lage – des teilnehmenden Beobachters und scheibenden Abenteurers:

> Nicht von den treibenden Kräften, nicht von Wirtschaftspolitik soll die Rede sein und wenig von Ziffern. Hier sollen nur Menschen geschildert werden, Menschen, die abseits vom Alltag stehen: Schatzsucher und Glücksjäger unserer Zeit. Von den Soldaten der Rohstoff-Schlachten soll berichtet werden und von denen, die ihr Leben für eingebildete Werte opfern, für Smaragde und Rubine, für Diamanten und Opale, für Dinge, die reich machen, obwohl sie nicht den geringsten tatsächlichen Wert haben, deren Magie aber mächtiger denn je ist.[43]

Zischka setzt in dieser Publikation seine Strategie der Erzeugung von Unmittelbarkeit und auktorial beglaubigter Authentizität fort. Die einzelnen Kapitel sind wie Tagebucheinträge mit Datum versehen. Doch die Genauigkeit, die die

41 Thomas Daring (= Anton Zischka), *Ausbeuter der Natur*, Leipzig: Goldmann 1935, S. 5.
42 Daring, *Ausbeuter der Natur*, S. 6.
43 Daring, *Ausbeuter der Natur*, S. 8.

Datierung und tägliche Notation von Fakten suggerieren, bleibt aus. Magnate und Unternehmen, Zeitungen und Zeitschriften werden namenlos zitiert. Lange Aufzählungen und auseinanderbrechende Syntax dominieren die Beschreibungen seiner Reisen. Die zentrale Stellung, die einem einzigen Stoff in den ersten Publikationen verliehen wurde, ist hier durch eine Vervielfältigung der Perspektive ersetzt. Ob auf der Suche nach Diamanten oder Smaragden, auf Robben- oder Gorillajagd, beim Walfang mit Flugzeugen oder auf Radiumsuche in Kanada betont der Erzähler die unvorhersehbaren Wendungen, die berauschenden Erfolge, dicht gefolgt von den zerschmetternden Verlusten und Niederlagen.[44]

Trotz der pazifistischen, kapitalismuskritischen Ausgangsposition der Persona Daring romantisieren die berichteten Strapazen die modernen Abenteurer. Als altertümliche Überbleibsel aus einer früheren Zeit sind die buntscheckigen Schatzsucher von gestern, die sich auf den Zufall verließen, wie der Erzähler in einem eigenständigen Kapitel beschreibt, anachronistische Ausnahmen. Ihre Fähigkeiten und Fertigkeiten werden von Technologie und Wissenschaft verdrängt:

> Heute ist es weniger wichtig, mit einem Colt umgehen zu können – obwohl auch das noch verwünscht nützlich ist – als mit dem Rechenschieber. Heute ist die Kenntnis von Flugzeugmotoren für den Prospektor wichtiger geworden als Meisterschaft im Pokerspiel. Und so sieht man heute auch einem Schatzsucher selten sein Metier an. Es kommt nicht mehr sosehr auf außerordentliche Körperkräfte an. Seit Flugzeuge Hundeschlitten und Trägerkolonnen ersetzen, seit man statt Monate nur ein paar Tage zu neuen Fundorten reist, haben Gehirnmenschen immer mehr die reinen Muskelmenschen unter den Schatzsuchern ersetzt.[45]

Ratio ersetzt körperliche Kraft, die Idee den einst notwendigen Mut. Deswegen seien das Buch, so Daring, und seine Reisen als eine Hommage an die Abenteurer der Vergangenheit zu lesen. Gleichzeitig sind sie aber auch der Erforschung dieser neuen Art von systematischen Expeditionen gewidmet, die die Wissenschaft als Mittel zum wirtschaftlichen Erfolg nutzen und Teil des globalen Kampfs um Rohstoffe sind. Die Welt der Rohstoffförderung, die May als unzertrennlich von der des Abenteuers sah, beginnt sich in den Beschreibungen Zischkas zu verselbstständigen. Keine höheren Werte werden vertreten, weder für die Gemeinschaft noch für das größere Gemeinwohl wird das eigene Leben riskiert, einzig um die Bereicherung einiger weniger

44 So z. B. im Falle der Salzminen, in denen zum Ärgernis der Prospectors und Geologen anstatt des erwarteten Öls Salz entdeckt wird. Vgl. Daring, *Ausbeuter der Natur*, S. 55–59.

45 Daring, *Ausbeuter der Natur*, S. 105.

Menschen geht es hier noch. Während jedoch die Rohstoffexpedition zur blutigen Ausbeutung und zum Wettkampf zwischen Wissenschafts- und Industrienationen wird, verschwindet das Abenteuer nicht vollkommen. Nur ist es nicht mehr in der Diamantenmine selbst zu finden, es besteht nicht in der täglichen Arbeitsschicht unter Tage, denn hier seien, so Darings Ausführungen, Risiko und Überraschung deutlich reduziert. Das Abenteuer des modernen Lebens besteht stattdessen in der Aufschlüsselung der Machtspiele und Kapitalflüsse, die sich hinter den Rohstoffexpeditionen, zwischen Kolonisation und Ausbeutung, zwischen statistischer Wahrscheinlichkeit und Materialproben verbergen. Der moderne und letzte Abenteurer ist hier der schreibende Abenteurer.

Zischkas Publikation brachte ihm zwar ein paar positive Rezensionen ein,[46] doch waren die Verkaufszahlen von *Ausbeuter der Natur* eher verhalten. Die Stimme eines, wenn auch nicht mehr personifizierten, Abenteurer-Erzählers blieb jedoch ein stabiles Element in seinem Werk. Der Reporter und professionelle Abenteurer Zischka lieferte seiner Leserschaft ohne Pause bis nach dem Zweiten Weltkrieg vermeintlich exklusive Einblicke hinter die Kulissen der kapitalistischen Wirtschaft. In seinen Büchern ist dabei nicht nur eine bedeutsame Phase in der Entstehung der Gattung Sachbuch vorgeführt und gespeichert. Sie verweisen gleichzeitig auf die diskursgeschichtliche und poetologische Materialität des Abenteuers als Handelsaventüre und die narrative Abenteuerlichkeit der Rohstoffsuche als Schatzsuche.

46 G. J. schreibt für *Katholisches Leben*, 21. Februar 1937: „Dieses Buch enthält mehr seltsame Erlebnisse als eine ganze Bibliothek von Abenteuerromanen." Auch Hans Kummerlöwe spricht ein positives Urteil aus: „Wer glauben sollte, daß unsere Zeit arm geworden wäre an Abenteuern, an kaum für möglich zu haltenden Erlebnissen, an hemmungsloser Glücksjägerei und Lebenssucht, der greife zu diesem Buche […]" (In: *Völkischer Beobachter*, 19. Juli 1938).

AAGE A. HANSEN-LÖVE

„Wir sind zur einfachsten Kriminalhandlung unfähig…“

Experimentelle Schundliteratur der russischen 20er Jahre

1 Von der ‚Abenteuer‘-Literatur zum Abenteuer ‚Literatur‘

Im Grunde liebten die Autoren der russischen Prosa-Avantgarde und ihre Theoretiker rund um 1917 die literarische Kategorie des ‚Abenteuers‘ durchaus nicht: Gleichzeitig aber konnte man den bedeutenden Publikumseffekt dieser massiv fiktionsorientierten Potentiale einer Spannungs- und Unterhaltungsliteratur ebenso wenig missen wie die damit einhergehenden Chancen, das erstarrte Gattungssystem der neorealistischen Erzählprosa zu revolutionieren. Um dies zu erreichen und zugleich auch die Abenteuer-Merkmale der vorrealistischen Prosa – zumal jener der englischen seriellen Romane des 18. Jahrhunderts – zu nutzen, zielte man auf eine grundlegende Reform, ja ‚Entkernung‘ des Abenteuer-Romans und seiner stereotypen Merkmale.

Dabei konnte man den avantgardistischen Effekt einer bewussten Reprimitivisierung des psychologischen wie ideologischen Gesellschaftsromans der russischen Klassiker gezielt verstärken, indem man die Kategorie des Abenteuers gleich auf mehrfache Weise aktualisierte und neu nutzte. Man versuchte dies mit folgenden Verfahren zu erreichen und zugleich die dahinterstehenden theoretischen Intentionen zu entblößen und damit zu verfremden:

- Ironische Brechung der Leser-Identifikation mit dem fiktionalen Fokus der narrativen Instanzen (Protagonist – Erzähler – Autor),
- Depsychologisierung der Protagonisten zu reinen Handlungsträgern,
- Entideologisierung ihrer Intentionen und Programme,
- Bloßlegung der narrativen Verfahren bis hin zur maschinellen Mechanisierung der Handlungsstruktur,
- Bewusst anti-fiktionale Reduktion des ‚Abenteuers‘ auf narrative Funktionen der Sujetkonstruktion und der Spannungserzeugung als objektive Faktoren der literarischen Wirkung (Effizienz, Erfolg, Literarischer Markt),
- Schaffung künstlicher Trivialgenres einer aktuellen Abenteuerliteratur bei gleichzeitiger Parodie ihrer naiven wie überreflektierten Funktionen,

 | DOI:10.30965/9783846764725_013

- Gegeneinander-Ausspielen der identifikatorischen Spannungseffekte und der autoreflexiven Theoriesignale als Exekutierung eines literarischen ‚Experiments',
- Das Experiment als Modell einer kontrollierten ‚Erfahrung' ersetzt die existenzielle Kategorie des nacherlebbaren Abenteuers als Illusionskonzept.

Die hier lose aufgezählten Verfahren der gezielten Nutzbarmachung einer im Grunde verachteten literarischen Gattung (einer Abenteuer- und Unterhaltungsliteratur mit illusionistischen Zielsetzungen) wurzelten für die russische Prosa-Avantgarde der 20er Jahre in einer doppelten Intention: Einerseits wollte man die Versteinerung des herrschenden Gattungssystems der (neo-)realistischen Romane mit anti-realistischen und anti-fiktionalen Verfremdungsstrategien bekämpfen, anderseits sollte gleichzeitig das unübersehbare Erfolgspotential der Abenteuerliteratur und anderer Genres der Fiktionsprosa für ein Avantgarde-Projekt nutzbar gemacht werden, das auf eine Nobilitierung und ironisch-parodistische Literarisierung von Trivialgattungen abzielte. Gerade die vom Russischen Formalismus geprägte Generation der russischen Prosaiker jener „goldenen 20er Jahre" stellte sich einem solchen Mehrfrontenkrieg auf dem Schlachtfeld des „Kampfes der Gattungen" (*bor'ba žanrov*), den sie zwar am Ende jenes Zeitfensters historisch gegenüber dem Sozialistischen Realismus verlor, literarisch jedoch auf eine ebenso charmante wie witzige Weise für sich entscheiden konnte.

Zu zeigen ist dieser demonstrative Versuch einer ‚experimentellen Schundliteratur' im jugendlichen Geiste der russischen Formalisten auf den verminten Feldern der Bürgerkriegsliteratur ebenso wie auf jenen der nachfolgenden ‚amerikanischen Phase' der frühen Sowjetunion, d. h. in der kurzen halb-kapitalistischen Periode der ‚Neuen Ökonomischen Politik', die für einige Jahre das katastrophale wirtschaftliche Scheitern der Bolschewiki aufhalten sollte, bevor dann Ende der 20er Jahre die schier endlose Stalin-Ära auch das Experiment jenes literarischen Abenteuers unserer Autoren für eine halbe Ewigkeit zum Verstummen brachte.

Wir starten unser literarisches Abenteuer der Rehabilitierung einer diskreditierten Gattung mit den jugendlichen Prosaikern der „Serapionsbrüder von Petrograd" (Anfang der 20er Jahre) und ihrer Rehabilitierung einer handlungsstarken Abenteuer- und Spannungsliteratur und wechseln dann zu der um 1920 maßgeblichen Prosatheorie der russischen Formalisten. Hier herrschte ein ausgeprägtes und sehr unkonventionelles Interesse an der konstruktiven Generierung von narrativer Spannung, die man ausgehend von den Erfahrungen der amerikanischen *short story* (O. Henry) und den Detektivnovellen E. A. Poes für die Theoriebildung ebenso nutzbar machen wollte (Viktor Šklovskij) wie für die aktive Realisierung und Propagierung einer neuen ‚Sujet-Prosa' und der Strategien ihrer Implementierung im aktuellen ‚literarischen Markt' Mitte der 20er Jahre.

Ein Höhepunkt dieses abenteuerlichen Eingriffs in den herrschenden literarischen Prozess war zweifellos die aktive Autorschaft der Formalisten, zumal Viktor Šklovskijs selbst, der zusammen mit dem Meistererzähler Vsevolod Ivanov einen radikal experimentellen Schund- und Trivialroman (*Iprit*, 1925) in der damals noch höchst quirreligen Szene der Massenliteratur installierte. Es war in der Tat eine ‚Installation' auch im heutigen Sinne: ein bewusstes Durchexerzieren von spektakulären Motiven und von Spannungstechniken einer kalkulierten Bestseller-Literatur, die bei den Massen ebenso wie bei den Literaturprofis Wirkung zeigen sollte. In einer gewissen Weise war diese hochriskante Strategie, mit den Mitteln der Abenteuerliteratur das triviale Verlangen nach Spannung und Sensation zugleich zu ironisieren und zu befriedigen, das eigentliche literarische Abenteuer, worauf sich die junge Blüte der russischen Prosa-Avantgarde jener Jahre einlassen wollte.

2 Die Serapionsbrüder von Petrograd: zwischen Ornament und Krimi

Bei manchen Autoren hat es sich eingebürgert, schon bei ihrer Erwähnung den Zusatz „frühverstorben" nicht zu vergessen. Wenn man von Lev Lunc spricht, einem der Gründungsväter der nachrevolutionären Avantgarde-Prosa in Russland, dann heißt es immer wieder: „der leider viel zu früh verstorbene Lev Lunc".[1] Im Grunde könnte man genauso sagen: die früh verstorbene Prosa-Avantgarde, der Lev Lunc sein jugendliches Gesicht verliehen hatte.

Am Ende seiner Generation und am Ende der Avantgardephase der frühen Sowjetunion wird schließlich der längst im Exil sitzende Roman Jakobson anlässlich des Selbstmords Vladimir Majakovskijs „[v]on einer Generation" sprechen, „die ihre Dichter vergeudet hat".[2] Lev Lunc hatte das Glück, dass er dieser Generation und vielen weiteren vorausgeeilt war. Er starb im Todesjahr Lenins 1924 in Hamburg auf der Durchreise zu einem Spanien-Stipendium.

1 Lev Lunc (1901–1924), „Warum wir Serapionsbrüder sind", in: ders., *Die Serapionsbrüder von Petrograd*, Frankfurt/Main: Suhrkamp 1963, S. 7–12. Vgl. auch das Vorwort von Friedrich Scholz, „Lev Lunc und die russische Literatur", in: Lev Lunc, *Die Affen kommen. Erzählungen. Dramen. Essays. Briefe*, hg. v. Wolfgang Schriek, Münster: Helmut Lang Verlag 1989, S. 7–13.

2 Roman Jakobson, „Von einer Generation, die ihre Dichter vergeudet hat" [Zum Freitod Majakovskijs 1930], in: ders., *Poetik. Ausgewählte Aufsätze 1921–1971*, Frankfurt/Main: Suhrkamp 1979, S. 158–191.

Abb. 11.1
Lev Lunc

Gemeinsam mit einer bunten Schar junger Autoren hatte er sich in dem von Maxim Gorkij unterstützten „Haus der Künste" (Literarisches Studio)[3] ab 1919 wie in einer ‚Arche Noah' durch die Bürgerkriegsjahre Petrograds[4] gerettet. Aus dieser losen Gruppe, die sich um 1921 nach E. T. A. Hoffmann „Serapionsbrüder von Petrograd" nannte,[5] sollte die Blüte der Prosa-Avantgarde der jungen Sowjetunion hervorgehen: Viktor Šklovskij, Evgenij Zamjatin, Konstantin Fedin, Lev Lunc, Michail Slonimskij, Vsevolod Ivanov, Elisaveta Polonskaja,

3 Viktor Šklovskij, *Sentimentale Reise* [1923], Frankfurt/Main: Suhrkamp 1964. Vgl. auch Verena Dohrn, *Die Literaturfabrik. Die frühe autobiographische Prosa V. B. Šklovskijs – ein Versuch zur Bewältigung der Krise der Avantgarde*, München, Berlin u. Washington D.C.: Otto Sagner 1987.

4 Seit dem Krieg mit Deutschland wurde die alte Hauptstadtbezeichnung Sankt Peterburg durch Petrograd ersetzt – und das von 1914–1924. Im Todesjahr Lenins wurde aus Peterburg/Petrograd Leningrad, das seinerseits 1991 wieder auf das alte Sankt Peterburg rückgetauft wurde.

5 Die Gruppenbezeichnung leitet sich von E. T. A. Hoffmanns gleichnamiger Erzählsammlung ab, die etwa 100 Jahre zuvor erschien, vgl. dazu: Viktor Šklovskij, „Die Serapionsbrüder" [1921], in: ders., *Die Erweckung des Wortes*, Leipzig: Reclam 1987, S. 59–61 sowie den gleichnamigen Sammelband von 1921, auf Deutsch erschienen in der Übersetzung von Gisela Drohla (Hg.), *Die Serapionsbrüder von Petrograd*, Frankfurt/Main: Insel Verlag 1963.

Nikolaj Nikitin, Michail Zoščenko, Il'ja Gruzdev, Venjamin Kaverin u. a. Eine lebendige Schilderung des stürmischen Lebens im „Haus der Künste" liefert Viktor Šklovskij in seiner Bürgerkriegsprosa: *Die sentimentale Reise* (1923).[6]

Abb. 11.2 Die Serapionsbrüder

Die erste Sitzung der Gruppe fand Anfang Februar 1921 statt – ohne Wahlen oder Anführer, ohne Programm und gegen jede Ideologie und Weltanschauungsprosa. Zentral war die freundschaftliche Verbindung der blutjungen Autoren und ihre geradezu naive und provokante Unabhängigkeit von den literarischen Machthabern.

6 Ausführlich zum Leben im „Literaturhaus" in Petrograd Anfang der 20er Jahre: Šklovskij, *Sentimentale Reise*, S. 262–272. Vgl. dazu Jan Levčenko, „‚Revoljucija vključila skorost' i poechala …' Bronevik v proze Viktora Šklovskogo" („‚Die Revolution gewann an Geschwindigkeit und stürmte los …' Der Panzerwagen in der Prosa Viktor Šklovskijs"), in: *Russkij avangard i vojna* („Russische Avantgarde und Krieg"), hg. v. Kornelija Ičin, Beograd: Izdatel'stvo Filologičeskogo fakul'teta v Belgrade 2014, S. 256–270. Vgl. auch Aage Hansen-Löve, *Der russische Formalismus. Methodologische Rekonstruktion seiner Entwicklung aus dem Prinzip der Verfremdung*, Wien: Verlag der Österreichischen Akademie der Wissenschaften 1978, insb. S. 510–530.

Von Anfang an zeigte sich die traditionelle Gespaltenheit der russischen Literatur, ja Kultur insgesamt, in ‚Ostler' und ‚Westler': Die einen orientierten sich an der übermächtigen Tradition der handlungsschwachen ornamentalen Prosa[7] des russischen Realismus und vor allem der symbolistischen Moderne – zumal Belyjs und Remizovs –, die anderen verstanden sich als ‚Westler' mit dem Drang nach einer Handlungsprosa mit starkem Sujet, Intrigen und viel Spannung.[8]

Das entsprechende Textkorpus der ornamentalen Prosa jener Jahre ist so umfangreich, dass Lev Lunc im Geiste Šklovskijs und der jungen Formalisten in die Klage ausbrechen konnte, die entgegengesetzte Dominante – eine sujet- und spannungsorientierte Prosa[9] – wäre peinlich unterentwickelt, wenn überhaupt vorhanden. Die russischen Autoren kämen mit der banalsten narrativen Intrige nicht zurecht, ja sie wären zur einfachsten Kriminalhandlung unfähig.

---

7 Zur „sujetlosen Prosa" vgl. zuletzt Aage Hansen-Löve, „Frühsowjetische Avantgarde-Prosa: Ornament statt Verbrechen", in: *Prosa: Zur Geschichte und Theorie einer vernachlässigten Kategorie der Literaturwissenschaften*, hg. v. Svetlana Efimova u. Michael Gamper, Berlin u. Boston: de Gruyter (im Druck).

8 Zur Sujet-Prosa der 20er Jahre vgl. Hansen-Löve, *Formalismus*, S. 515–530. Zur „ornamentalen Prosa" jener Periode vgl. ders., *Formalismus*, S. 530–537 sowie ders., „Beobachtungen zur narrativen Kurzgattung", in: *Russische Erzählung. Russian Short Story. Russkij Rasskaz*, hg. v. Rainer Grübel, Amsterdam: Rodopi 1984, S. 1–45. Vgl. auch Hansen-Löve, „Zur Diskussion um die narrative Kurzform in der russischen Prosa der frühen Zwanziger Jahre", in: *Miscellanea Slavica. To Honour the Memory of Jan M. Meijer*, Utrecht 1984, S. 317–339. Vgl. ferner Wolf Schmid, *Ornamentales Erzählen in der russischen Moderne. Čechov – Babel' – Zamjatin*, Frankfurt/Main, Berlin u. a.: Peter Lang 1992.

9 Gemeint ist hier aus der Sicht Viktor Šklovskijs eine stark markierte Handlungsstruktur zumal in der für die Prosa-Avantgarde der frühen 20er Jahre typischen Gattungen der *metafiction*. Vgl. dazu Erika Greber: „The Metafictional Turn in Russian Hoffmannism", in: *Essays in Poetics* 17/1 (1992), S. 1–34. Vgl. auch dies.: „Metafiktion – ein ‚blinder Fleck' des Formalismus?", in: *Poetica* 40 (2008), S. 43–71. Der Begriff der narrativen ‚Spannung' wurde in jener Phase des Formalismus bzw. der ‚formalistischen Prosa' heftig diskutiert: Zum einen sah man die Spannung als Effekt der Sujet-Umstellung bzw. Inversion der Motive, zum andern aber auch als Ausdruck der Exotik und Interessantheit der Motive selbst. So v. a. Boris Tomaševskij in seiner *Teorija literatury* („Theorie der Literatur"), Leningrad: Gosudarstvennoe izdatel'stvo 1927, S. 132 f. (Zur historisch-sozialen Bedingtheit des „Interesses" als „emotionales Element im Thematismus" und den Effekten des „Mitgefühls" insb. S. 133). Vgl. auch Boris Tomaševskij, *Theorie der Literatur. Poetik*, hg. v. Klaus-Dieter Seemann, Wiesbaden: Harrassowitz 1985, S. 157–265, hier S. 217.

Die inhaltlich-thematischen Aspekte waren in der radikal formalistischen Narrativik eher zweitrangig, da es hier primär um strukturelle bzw. syntagmatische Strrukturen des Sujets ging – und nicht um inhaltliche Aspekte der *fabula*. Zur Kompositionsanalyse der ‚Formal-philosophischen Schule' vgl. Hansen-Löve, *Formalismus*, S. 260–273 u. Matthias Aumüller, „Die russische Kompositionstheorie", in: *Slavische Erzähltheorie. Russische und tschechische Ansätze*, hg. v. Wolf Schmid, Berlin u. New York: de Gruyter 2009, S. 91–140.

Lev Lunc war es denn auch, der in jugendlichem Ungestüm die für die Epoche der heraufziehenden Staatskunst und ihre ideologischen Zwänge provokante Losung ausgab, die Prosa-Avantgarde müsse sich „nach Westen!"[10] orientieren: zumal an der Spannungs- und Trivialliteratur der Engländer und Amerikaner. Diese anglo-amerikanische Erfolgsmethode passte durchaus in die Frühphase der NEP-Periode[11] mit ihrer Begeisterung für die Technik-Utopien Amerikas, für den Taylorismus und die „Modern Times":

> Im Westen gibt es von jeher eine gewisse Literaturgattung, die in Rußland als unseriös, um nicht zu sagen schädlich, angesehehn wird. Das ist die sogenannte *Abenteuerliteratur.* In Rußland hat man sie schweren Herzens für die Kinder geduldet. Kindern gegenüber ist man machtlos; sie lasen die „*Welt der Abenteuer*", Cooper, Dumas und Stevenson [...]. Als sie dann älter und vernünftiger waren und von ihren Russischlehrern aufgeklärt wurden, versteckten sie ihre Haggards und Conan Doyles mit bitterem Bedauern in den Bücherschrank, es schickte sich nicht mehr für sie, Kindergeschichten zu lesen [...]. *Boulevardliteratur* und kindliches Vergnügen nannten wir das, was im Westen klassisch ist. *Die Handlung!* [Herv. i. O.] Die Fähigkeit, mit einer komplizierten Intrige umzugehen, Knoten zu schürzen und zu lösen, zu verflechten und zu entflechten, läßt sich nur durch langejährige, sorgfältige Arbeit erwerben [...].
>
> Im Westen blüht der Roman und ist durchaus nicht langweilig. In England – Kipling, Haggard, Wells, in Frankreich A. de Régnier, France, Farrère, in Amerika O'Henry und Jack London [...].
>
> Psychologisieren kann auch ein Neger, doch eine Handlung aufbauen kann nur ein Schriftsteller, der eine große Schule durchlaufen hat [...].
>
> Seid revolutionäre oder konterrevolutionäre Schriftsteller, Mystiker oder Gottesstreiter, aber seid nicht langweilig.
> Deshalb – nach Westen!
> Deshalb – auf die Schulbank, lernt das Abc!
> Fangt von vorne an!
>
> Brüder – zur Handlung! Brüder – in den Untergrund der Literatur! Laßt uns den Bogen in der anderen Richtung überspannen! [...] Wie kleine Gymnasiasten werden wir *Abenteuerromane* nachahmen, zuerst sklavisch, wie Plagiatoren, und dann [...] werden wir sie vorsichtig mit russischem Geist, russischem Denken und russischer Lyrik erfüllen.

---

10 Vgl. die deutsche Ausgabe der Schriften von Lev Lunc, *Die Affen kommen. Erzählungen. Dramen. Essays. Briefe*, Münster: Helmut Lang Verlag 1989, insb. „Warum wir Serapionsbrüder sind", übers. v. Gisela Drohla, S. 257–261, sowie „Nach Westen!", übers. v. ders., S. 267–280.

11 NEP = Neue Ökonomische Politik 1921–1927. Ausführlich dazu vgl. Manfred Hildermeier, *Geschichte der Sowjetunion 1917–1991*, München: C. H. Beck 1998, S. 157–363.

Ein schwerer Weg erwartet uns. Vor uns liegt der ehrenvolle Tod oder der wahre Sieg![12]

Der Aufruf ging auf verwirrende Weise nicht in Erfüllung.[13] Der Tod kam – jedenfalls für Lev Lunc – wenige Jahre danach: ehrenvoll vielleicht, jedoch auf keinen Fall siegreich. Aber: Den Versuch war es wert, den schweren Tanker der russischen Traditionsprosa zu verlassen und in die dahinjagenden Rennboote zu wechseln, die eine Zeit lang die herrschende Sowjetliteratur eher alt aussehen ließen. Das Abenteuer einer neuen Abenteuerliteratur konnte beginnen.

3 Das Schreiben *a tergo*: Boris Ėjchenbaums „O. Henry"

Kurz nach dem Tod von Lev Lunc, im Erscheinungsjahr von Viktor Šklovskijs *Theorie der Prosa* (1925),[14] beschäftigte sich Boris Ėjchenbaum, der maßgebliche Prosatheoretiker des Russischen Formalismus, mit den narrativen Strategien der amerikanischen *short story*, zumal mit jenen von O. Henry, der damals auch in Russland mit durchschlagendem Erfolg übersetzt wurde.[15] Anders als

12 Lev Lunc, „Nach Westen!", S. 267 f., 272, 273, 276, 278 u. 280 (alle Hervorhebungen, die nicht anders markiert, sind stammen von A. H.-L.).

13 Ohne viel zu zögern hatte Lev Lunc die Sache gleich selbst in die Hand genommen und in einer provokant kurzen *short story* ein literaturtheoretisches Exempel statuiert. Programmatisch nannte er den Text „Eine nicht-normale Erscheinung" (Lev Lunc, „Nenormal'noe javlenie", in: *Peterburg* 2 [1922], S. 7–9; Reprint und Interpretation in: Aage Hansen-Löve, „Lev Lunc' Erzählung ‚Nenormal'noe javlenie' als ‚literatur-theoretische Parabel'", in: *Wiener Slawistischer Almanach* 1 [1978], S. 135–154; ders., *Formalismus*, S. 516–523. Deutsch: Lev Lunc, „Eine nicht-normale Erscheinung", in: ders., *Die Affen kommen*, S. 17–25).

14 Viktor Šklovskij, *Die Theorie der Prosa*, Frankfurt/Main: S. Fischer 1966. Šklovskij entfaltet die Sujet-Theorie primär am Beispiel des Detektivromans. Vgl. hierzu „Die Kriminalerzählung bei Conan Doyle", in: *Der Kriminalroman I. Zur Theorie und Geschichte einer Gattung*, hg. v. Jochen Vogt, München: Wilhelm Fink 1971, Bd. 1, S. 76–94. Vgl. auch Šklovskij, *Literatura i kinematograf*, Berlin: Russkoe universal'noe izdatel'stvo 1923, S. 43–44 u. S. 78–80.

Zur „Sujet-Umstellung" (*sjužetnaja perestanovka*) und zur „Zeit-Umstellung" (*vremennoj sdvig*) in der Detektivgeschichte vgl. Viktor Šklovskij, *O teorii prozy* („Über die Theorie der Prosa"), Moskau u. Leningrad: Krug 1925, insb. „Novella tajn", S. 97–111 sowie „Roman tajn", S. 112–138. (Deutsche Übersetzung: Viktor Šklovskij: „Über das Sujet und seine Konstruktion", in: *Russische Proto-Narratologie. Texte in kommentierten Übersetzungen*, hg. v. Wolf Schmid, Berlin u. New York 2009, S. 15–46. Zum Problem der „Interessantheit" von Sujets (*zanimatel'nost', uvlekatel'nost'*) vgl. insb. S. 11 f.

15 Boris Ėjchenbaum, „O. Genri i teorija novelly" [1925], in: ders., *Literatura: Teorija. Kritika. Polemika*, Leningrad: Priboj 1927 [Reprint Chicago 1969], S. 166–209. Deutsche

in seinen Analysen der Erzähl-Rede, zumal der für die *skaz*-Verfahren (etwa in Gogol's Prosagrotesken),[16] konzentriert sich Ėjchenbaum hier ganz auf das damals hochaktuelle Problem der Handlungsschwäche der russischen Prosa – genau so, wie sie von Lev Lunc oder Šklovskij angeprangert wurde. Wie diese konstatiert Ėjchenbaum einen gefährlichen Abgrund zwischen der zumeist sujetlosen Prosa-Avantgarde und ihrer Theoriebildung einerseits sowie den als primitiv abgewerteten Unterhaltungsbedürfnissen des breiten Publikums andererseits.

Ėjchenbaum bezieht sich auf eben jene Jahre um 1923/24, die auch bei den anderen Formalisten den synchronen Kontext ihrer Forderungen nach spannungsgeladenen Kurzgenres bildeten. Diese Parteinahme impliziert eine doppelte Perspektive: einerseits die Verfremdung und Parodie einer auf Wortkunst, Stil und sujetlose Ornamentik orientierten Prosa[17] und andererseits die Option einer Massen- und Gebrauchsliteratur, wie sie zunehmend auch das formalistische Interesse am ‚literarischen Alltag' mit sich brachte.

Entscheidend ist, dass es – gerade im Falle O. Henrys – eindeutig um eine Kunst-Prosa (oder Prosa-Kunst) ging, die im Geiste der Avantgarde unter dem Zeichen der literarischen Verfremdung bzw. generell einer Entblößung der narrativen Verfahren stand. Gleichzeitig befriedigte sie aber auch die Unterhaltungsbedürfnisse des *non-sophisticated reader* sowie den Erfolgsdruck der Journal-Redakteure. Auch hier triumphierte das Postulat einer publikumswirksamen Genre-Wahl – nämlich die Abenteuerliteratur in einer parodistischen, ironischen Genre-Verfremdung, die sowohl die fiktionalen wie die autoreflexiven Bedürfnisse des Autors und des *sophisticated reader* voll befriedigen sollte.

Ėjchenbaum konstatiert zunächst den Riesenerfolg gerade der angelsächsischen Unterhaltungsprosa beim russischen Leser seit 1919/20 – also im Übergang von der Bürgerkriegszeit zu dem halb-kapitalistischen Intermezzo der frühsowjetischen NEP-Periode. Aus dieser Perspektive dominierte das Interesse am Marktwert der Literatur,[18] an Auflage und Verlagswesen,

Übersetzung: Boris Eichenbaum, „O. Henry und die Theorie der Novelle", in: *Literaturtheorie und Literaturkritik in der frühsowjetischen Diskussion. Standorte – Programme – Schulen*, hg. v. Anton Hiersche u. Edward Kowalski, Bern u. a.: Peter Lang 1993, S. 153–195.

16 Wolf Schmid, *Elemente der Narratologie*, Berlin u. Boston: de Gruyter 2014, insb. S. 146–162. Zur *skaz*-Theorie und zur ornamentalen Prosa vgl. Hansen-Löve, *Formalismus*, S. 274–290 u. S. 530–537. Die klassischen Texte der formalistischen *skaz*-Theorie (zumal von Boris Ėjchenbaum und Viktor Vinogradov) finden sich in: *Texte der russischen Formalisten*, hg. v. Jurij Striedter, München: Wilhelm Fink 1969, Bd. 1.

17 Zur „ornamentalen Prosa" vgl. Schmid, *Ornamentales Erzählen*.

18 Zur Theorie des ‚literarischen Marktes' (*literaturnyj rynok*) vgl. Hansen-Löve, *Formalismus*, S. 394–409.

kommerziellem und literarischem Effekt und Erfolg. Es war dies ein ‚Amerikanismus', der sich parallel zur Begeisterung für die Biomechanik und Arbeitstechnologie im Geiste der Fließband-Fabriken eines Taylor entwickelte, dessen Wirkung in der frühen Sowjetunion nicht weniger gewaltig war als ein Jahrzehnt später in Aldous Huxleys *Brave New World*.[19]

Für die Formalisten war die *short story* bzw. die ‚Sujet-Novelle' ein vom Romangenre prinzipiell abweichendes, eigenes Medium des Narrativen, das aus ihrer Sicht in der russischen Prosatradition – mit wenigen Ausnahmen – schlichtweg zu kurz gekommen sei. Beide Genres sind demnach „einander innerlich feindliche Formen"[20], die sich niemals gleichzeitig in einer Literatur entfalten. Die *short story* bzw. die Novelle ist aus einer solchen Sicht eine „elementare Grundform" – heute würden wir sagen: ein autonomes Medium, das zwar wie das Gegen-Genre ‚Roman' ebenfalls mit verbalen Mitteln arbeitet, aber mit völlig anderen narrativen Verfahren.

Während im Roman die sukzessive Aneinanderreihung von Motivketten, ihre Bremsung, Vernetzung und Verlötung dominieren, ist die Kurzgeschichte final auf eine Pointe bzw. eine Auflösung orientiert, geometrisch strukturiert und zwischen einer Ausgangsfrage, einem semantischen Widerspruch und seiner Neutralisierung im *Finish* ausgespannt. Es geht primär um diese Spannung, die in der syntagmatischen Struktur liegt (Inversion der Motive etc.), und nicht um das Thema. Für den Roman dagegen ist das *Finish* immer eine gewisse peinliche Pflichtübung. „Die Novelle ist ein Rätsel, der Roman etwas in der Art einer Scharade oder eines Rebus."[21] „Rätsel" meint in der Narratologie des Russischen Formalismus eine semantische Polarität, die in einem pragmatischen Widerspruch oder einer offenen Frage entfaltet wird, welche dann mit narrativen Mitteln ‚gelöst' wird.

Genau diese Kernstruktur des narrativen Sujets – das „Sujet-Rätsel" und die „Sujet-Parallele"[22] – steht auch im Mittelpunkt von Šklovskijs Prosatheorie. Im Falle der *short story* wird diese Sujetstruktur – vor allem der Typ I, das „Sujet-Rätsel" – gewissermaßen ‚nackt' präsentiert und ohne viel Material von Motivationen, Beschreibungen und Charakteristika quasi ‚geometrisch'

---

19 Vgl. Michael Hagemeister, „‚Unser Körper muss unser Werk sein.' Beherrschung der Natur und Überwindung des Todes in russischen Projekten des frühen 20. Jahrhunderts", in: *Die Neue Menschheit. Biopolitische Utopien in Russland zu Beginn des 20. Jahrhunderts*, hg. v. Boris Groys u. Michael Hagemeister, Frankfurt/Main: Suhrkamp 2005, S. 19–66.

20 Eichenbaum, „O. Henry", S. 155.

21 Eichenbaum, „O. Henry", S. 158.

22 Zu diesen beiden Sujet-Typen bei Šklovski vgl. Hansen-Löve, *Formalismus*, S. 245–252.

entwickelt. Insofern ähnelt diese narrative Kurzform auch der „Wortkunst“[23] bzw. dem Gedicht, das ja auch gewissermaßen *in toto* und in all seinen Teilen gleichzeitig rezipierbar sein sollte. Beide profitieren von ihrer überschaubaren Kürze, die es gestattet, den Text progressiv wie regressiv, von vorne und vom Ende her zu schreiben und zu lesen.

In der *short story* und den Sujet-Genres steht die unterkomplexe Konstruktion im Mittepunkt und nicht die pragmatische, stilistische, perspektivische Komplexität. Daher betont Ėjchenbaum auch mehrfach, dass die *short story* (ebenso wie eine Kriminalgeschichte[24]) „von hinten“[25] her konstruiert wird: von der Auflösung her, von der Pointe, auf die dann für den ‚von vorne‘ rezipierenden Leser alles ‚zuläuft‘. Der Effekt, die Überraschung, ja Überrumpelung des Lesers durch den „Schlußakzent“[26] operiert gleichzeitig mit den fundamentalen Affekten von Rätsel und Auflösung (auch im Sinne von Freuds „Auflösungslust“[27]), Problem und Bewältigung, Frage und Antwort. Genau diese *short story* ist die eigentliche Domäne der amerikanischen Literatur, während die englische aus einer solchen Sicht am Romangenre festhält – von Edward Bulwer-Lytton und William Thackeray bis Charles Dickens. Ganz anders in Amerika: Hier gab es E. A. Poe, Nathaniel Hawthorne, Bret Harte, Henry James, Mark Twain, Jack London – und eben O. Henry.

Das für den russischen Formalismus zentrale Verfremdungsprinzip der „Entblößung des Verfahrens“[28] (*obnaženie priema*) triumphiert hier vollends – ebenso wie die Idee, dass diese Thematisierung und ikonische Präsentation der konstruktiven Techniken, ja komplexer theoretischer Konzepte, auch zu einer ‚Entlarvung‘ von Geisteshaltungen führt, zu einer ironischen, parodistischen Herabminderung ‚hoher‘ Genres und erhabener Positionen

23 Zum Begriff „Wortkunst“ bei Roman Jakobson und im russischen Formalismus vgl. Wolf Schmid, „‚Wortkunst‘ und ‚Erzählkunst‘ im Lichte der Narratologie“, in: *Wortkunst. Erzählkunst. Bildkunst*, hg. v. Rainer Grübel u. Wolf Schmid, München: Biblion 2008, S. 23–37.

24 Zur Theorie der Detektivgeschichte als analytisches Genre im Geiste der abduktiven Schlussfolgerung und mit einer A-Tergo-Schreibperspektive (im Gegensatz zur allgemeineren Kriminalgeschichte) vgl. Manfred Smuda, „Variation und Innovation. Modelle literarischer Möglichkeiten der Prosa in der Nachfolge E. A. Poes“, in: Vogt, *Der Kriminalroman I*, S. 33–62. Vgl auch Ernst Bloch, „Philosophische Ansicht des Detektivromans“, in: Vogt, *Der Kriminalroman II*, S. 322–343, sowie darin Siegfried Kracauer, „Detektiv“, S. 343–356.

25 Eichenbaum, „O. Henry“, S. 160.

26 Eichenbaum, „O. Henry“, S. 161.

27 Sigmund Freud, „Der Witz“, in: ders., *Gesammelte Werke*, Frankfurt/Main: S. Fischer 1961, Bd. VI, insb. S. 193–195.

28 Zur „Entblößung des Verfahrens“ als dem zentralen Motor der V-Poetik im Formalismus vgl. Hansen-Löve, *Formalismus*, S. 197–201.

kultureller Dominanz, die solchermaßen karnevalesk umgestürzt werden. „Entblößung“ der Struktur macht das sichtbar, was die Maskierungen und kulturellen Täuschungsmanöver verbergen – und eben diese Entlarvung verbindet die Analytik der Formalisten mit jener Sigmund Freuds oder derjenigen des frühen Marx.

4 Parteinahme der Formalisten für die ‚Sujet-Prosa'

Zu den radikalsten Theoriebeständen des jungen Formalismus um 1920 gehört zweifellos die frühe Erzähltheorie, die primär auf die Differenz von ‚Fabel' (*fabula*) und ‚Sujet' (*sjužet*) fixiert war.[29] In der *fabula* dominiert der kausal-empirisch rekonstruierbare und dem jeweiligen „Wahrscheinlichkeitsmodell“[30] (Jakobson) folgende *ordo naturalis*, womit eigentlich ein *ordo culturalis* gemeint ist. Eine solche *fabula* gibt es freilich nur in einem annähernd realistischen Erzählen, das sich auf pragmatische Kontexte und konventionelle Handlungsabläufe verlässt, ohne die der Erzähltext unverständlich wäre.

Diese als vorgegeben gedachte ‚Ordnung der Dinge' (die zeitliche, logische, alltägliche Reihung von Motiven und Motivationen) wird im jeweiligen narrativen Sujet deformiert, verfremdet und auf spezifische Weise umgebaut.

Das Sujet ist für die Formalisten kein Thema, nichts Stoffliches – sondern nichts weniger als die Regeln der Text-Syntagmatik, eine Art narrative Syntax. Diese ist regulativ und normbildend im Rahmen eines generellen narrativen Codes (der Erzählsprache und ihrer Konstruktion), der wiederum in eine spezifische textuelle Performanz (im konkreten Einzeltext) und eine konkrete Realisierung im Rezipienten perspektivisch aktualisiert wird. Hier haben wir es dann – analog zur Vers-Rede – mit der ‚Erzähl-Rede' zu tun.[31] In der frühen, vor allem von Šklovskij entwickelten Sujet-Theorie (zusammengefasst in seiner *Theorie der Prosa*, 1925/1929), ging es vor allem um die V-Effekte einer maximalen Differenz zwischen vorgegebener bzw. mitgedachter *fabula*-Ordnung und der konkreten, an generellen Regeln orientierten narrativen Syntax (Sujet) des jeweiligen Textes. Erzählen in der Moderne, besonders aber in Zeiten der Avantgarde, war immer eine kritische, ja polemische

29 Vgl. dazu Hansen-Löve, *Formalismus*, S. 238–259.

30 Roman Jakobson, „Über den Realismus in der Kunst“ [1921], in: Striedter (Hg.), *Texte der russischen Formalisten I*, S. 372–391.

31 Für Schmid, *Elemente der Narratologie*, S. 242–247, wäre das dann die „Präsentation der Erzählung“.

Auseinandersetzung mit den fiktionserzeugenden Potentialen des Narrativen; eine jede Avantgarde-Prosa strebte nach der Verfremdung, Demontage und Neumontage des Erzählens: sei es der Ereignisse einer Handlung, der eingesetzten Diskurse oder einer identifizierbaren Erzählperspektive.

Dabei unterscheidet Šklovskij zwei Typen von Sujets: Als Sujettyp I die „entfaltete Parallele“[32] (*razvernutaja parallel'*), die sich analog zum Konzept der Textentfaltung aus semantischen bzw. rhetorischen Figuren (*razvertyvanie*) verhält. Hier haben wir das Verbindungsstück zum frühen Formalismus, ebenso wie im Sujettyp II, der zukunftsweisend als „Sujet-Rätsel“[33] (*sjužet zagadka/razgadka*) fungiert, wobei hier die komplexe Differenz zwischen Verrätselung (*zagadka*) und Enträtselung (*razgadka*) gerade im Genre des Abenteuer- oder Kriminalromans auf eine prinzipielle semantische Inkongruenz verweist, die vom Leser unter Zuhilfenahme der narrativen Codes rekonstruiert werden. Diese gestatten ihm den Einsatz seiner Ergänzungsleistung, wenn im Gefolge der – vor allem in Kriminal- und Abenteuerromanen eingesetzten – Spannungstechniken (dem „System der Mystifikationen“, *sistema tajn*) die einzelnen narrativen Motive in einer permutierten Reihenfolge (der vorausgesetzten bzw. mitgedachten Fabula-Ordnung) präsentiert werden. Dabei hat der Rezipient die Aufgabe, die Varianten einer wahrscheinlichen Kette und der damit einhergehenden Motivationen der Figuren zu rekonstruieren bzw. zu „erraten“ (*razgadka*).

Šklovskij unterscheidet in diesem Sinne – auch mit Blick auf die aktuelle Situation der (avantgardistischen) Erzählgenres der frühen 20er Jahre – zwischen Sujet-Verfremdungen mithilfe markanter syntagmatischer Umstellungen in prägnant handlungsorientierten Genres (*ostrosjužetnye žanry*) wie Kurzgeschichten, Novellen, Kriminal- und Abenteuerromanen und bewusst sujetschwachen Genres, die dem Prinzip der „Sujetlosigkeit“[34] (*bessjužetnost'*) folgen.

Šklovskij zumal und die anderen jugendlichen Vertreter des russischen Formalismus an der Wende zu den 20er Jahren wollten sich nicht prinzipiell für einen der beiden Prosatypen entscheiden: Der „Auftrag“ (*zakaz*) des aktuellen Genre-Systems wie überhaupt der „Modernität“[35] (*sovremennost'*) war primär

---

32 Hansen-Löve, „Entfaltung, Realisierung“, in: *Glossarium der russischen Avantgarde*, hg. v. Aleksander Flaker, Graz u. Wien: Verlag Droschl 1989, S. 188–211.

33 Zu spieltheoretischen Aspekten der Kunst und Literatur vgl. Hansen-Löve, „Kunst/Spiele. Einiges zum literarischen Ludismus“, in: *Spiel und Ernst. Formen – Poetiken – Zuschreibungen*, hg. v. Dirk Kretschmar u. a., Würzburg: Ergon 2014, S. 243–270, hier S. 250 f.

34 Viktor Šklovskij, „Literatur ohne Sujet“, in: ders., *Theorie der Prosa*, S. 163–185.

35 Für den späten Formalismus seit Mitte der 20er Jahre ist die Aktualität und das ‚Zeitgenössische‘ (*sovremennost'*) der zentrale Motor des ästhetisch-künstlerischen Prozesses

die entblößende outrierte Demonstration eines jeweiligen Extremtyps – also totale Sujethaftigkeit bzw. totale Sujetlosigkeit – als Avantgarde-Konzept, oder aber eine Kombination aus beiden in einem hybriden dritten Typus, der die prägnante Sujethaftigkeit mit einer Material-Montage im Sinne der Faktenliteratur kombinierte.[36]

Eben dies gilt für serielle Großtexte wie Šklovskijs *Sentimentale Reise* (1923). Auch in seiner Theorie der Abenteuererzählung bzw. des Abenteuerromans im Rahmen seiner *Theorie der Prosa* (1925; erweitert 1929) ging es Šklovskij primär um die verfremdende, schockierende Rehabilitierung eines den russischen Erzählkanon negierenden und provozierenden Kriminal- und Abenteuergenres – sei es jenes Conan Doyles oder des alten Cervantes.

Im Mittelpunkt stand das Interesse an Sujet-Verfremdung und nicht an der ontologischen Definition einer generischen Erzählgattung, die favorisiert oder kritisiert werden sollte. In diesem eminent avantgardistischen Verständnis von ‚Genre' hat die Fixierung auf das Sujet immer schon etwas Parodistisches, da die im nach wie vor herrschenden Realismus psychologisch, sozial oder ideologisch reich bestückten Motive und Motivationen auf das reine Handlungsskelett geometrisiert werden.

5 Angewandte Literatursoziologie des späten Formalismus

Ebenso wie für den Kunsttext eine permanente Zufuhr von noch nicht automatisiertem ‚Material' aus peripheren, kunstfernen Bereichen erforderlich ist, entstammt der Zustrom neuer Verfahren, Motive oder Gattungen der literarischen bzw. kulturellen Peripherie, die mit dem Zentrum des Gesamtsystems in einem permanenten Kreislauf verbunden ist.[37]

Der russische Begriff *byt* bezeichnet den Alltag des konkreten Daseins; im Rahmen der formalistischen Theorie des „literarischen Alltags" (*literaturnyj byt*) könnte man auch von ‚Literatur-Szene' sprechen. Gemeint ist damit jenes

(vgl. Hansen-Löve, *Formalismus*, S. 399–401). Er ersetzt den ‚planwirtschaftlichen' literarischen ‚Auftrag' (*zakaz*), der für die linke Avantgarde (auch für Majakovskij) den gesellschaftspolitischen wie ideologischen Beweggrund darstellte (vgl. Hansen-Löve, *Formalismus*, S. 404–406).

36 Ausführlich zur Position der Formalisten im Rahmen des Genre-Systems der 20er Jahre vgl. Hansen-Löve, *Formalismus*, S. 510–570. Letztlich war auch der unten diskutierte *Iprit*-Roman Škovskijs bzw. Ivanovs ein Mischgenre.

37 Hansen-Löve, *Formalismus*, S. 381–386. Zum *literaturnyj byt* vgl. auch S. 397–409.

kommunikative Feld, das zwischen dem Autor als „literarischer Persönlichkeit"[38] (*literaturnaja ličnost'*), den Literaturinstitutionen (Verlag, Salons, Kritik etc.) und den erwartbaren Rezipientenhaltungen vermittelt.

Hier lässt sich eine Homologie zwischen der Konzeption der „Faktenliteratur" (*literatura fakta*) und der literarhistorischen Konzeption des „literarischen Alltags" (*literaturnyj byt*) beobachten, geht es doch in beiden Fällen um die permanente Neu-Valorisierung der Grenze zwischen inner- und außerliterarischem Material, zwischen Norm und Exzentrik, Luxus und Abfall:[39]

> Alle festen statischen Definitionen von Literatur werden durch das Faktum der Evolution hinweggefegt. Jene Definitionen von Literatur, die mit ihren „grundsätzlichen" Zügen operieren, stoßen sich am lebendigen literarischen Faktum. Während es immer schwieriger wird, eine feste Definition von Literatur zu geben, wird jeder beliebige Zeitgenosse mit dem Finger darauf weisen können, was ein literarisches Faktum ist. Er wird sagen, daß dieses nicht zur Literatur gehört, da es ein Faktum des Außerliterarischen oder des persönlichen Lebens des Dichters ist, jenes dagegen gerade als literarisches Faktum erscheint. […] Hier erweisen sich nicht nur die Grenzen, die „Peripherie", die Grenzgebiete der Literatur als fließend, nein, es geht um das „Zentrum" selbst: nicht, dass im Zentrum ein uralter ererbter Strom fließt und evolutioniert und die neuen Erscheinungen nur an seinen Ufern auftauchen – nein, eben diese ganz neuen Erscheinungsformen rücken ins Zentrum vor. Das Zentrum hingegen gleitet an die Peripherie. Jedes beliebige Genre rückt in der Epoche seines Verfalls aus dem Zentrum an die Peripherie, an seinem Platz aber taucht aus den Kleinigkeiten der Literatur, aus ihren Hinterhöfen und Niederungen eine neue Erscheinung im Zentrum auf.[40]

Die Aufträge an die Kunst und Literatur kommen aus einer solchen Sicht nicht direkt aus der Gesellschaft oder den ideologischen Apparaten, sondern aus den herrschenden Erfordernissen des Gattungssystems, aus der Aktualität des laufenden Kultur- und Kunstdiskurses: Die ‚literarische Gegenwart', das dynamische ‚Zeitgenossentum' (*sovremennost'*) und seine Interessenslage

38 Hansen-Löve, *Formalismus*, S. 414–420 (Herv. i. O.). Zur ‚literarischen vs. ‚biographischen Persönlichkeit' des Autors vgl. den maßgeblichen Beitrag von Boris Tomaševskij, „Literatura i biografija" [1923], deutsch: „Literatur und Biographie", in: *Texte zur Theorie der Autorschaft*, hg. v. Fotis Jannidis, Matías Martínez u. Simone Winko, Stuttgart: Reclam 2000, S. 49–61.

39 Boris Groys, *Über das Neue. Versuch einer Kulturökonomie*, München: Hanser 1992, S 55–62.

40 Jurij Tynjanov, „Das literarische Faktum" [1924], in: Striedter (Hg.), *Texte der russischen Formalisten I*, S. 393–431, hier S. 399.

sollten entkoppelt werden vom ‚Parteigenossentum' und den Kommandostellen der offiziellen Kulturpolitik. Es sind objektiv nachvollziehbare, diachron herleitbare und synchron wirksame Gesetzmäßigkeiten, die ein soziales oder kulturelles Faktum zu einem ‚literarischen Faktum' machen. Heute würden wir sagen: Dieses wird projektiv konstruiert, konzeptualisiert, ‚erfunden'; damals sprach man von einer Konstruktion im Sinne von Machen, jetzt aber nicht mehr ein Montage-Bau auf der ‚grünen Wiese', sondern eine Art Selbstorganisation unter der Wirkung jener Kraftfelder, die in der aktuellen Kulturszene quasi naturgesetzlich auftreten.[41]

Es ging darum, den soziologischen bzw. ideologischen Determinismus einer kruden Widerspiegelungstheorie und ihrer pseudo-realistischen Mimesis durch ein falsifizierbares Regelwerk zu ersetzen, das nicht nur historisch rekonstruierbar sein sollte, sondern auch – wie in den ‚harten Wissenschaften' – prädiktabel zu sein hatte: Eine Gesetzmäßigkeit der Biosphäre war ja auch nur dann eine solche, wenn sie nicht nur für die Vergangenheit Geltung hatte, sondern auch gegenwärtige und vor allem zukünftige Situationen regulierte. Die ‚Schwerkraft' des physischen Seins und jene des Daseins sollten ebenso korrespondieren wie das Geheimnis des Fliegens und die Konstruktion utopischer Kunstmaschinen. Die epistemische Vorhersagbarkeit der Kunstrevolution prolongiert auf säkulare Weise die metaphysische der apokalyptischen Antizipation der Jahrhundertwende von 1900.[42]

Was die ‚harten' Naturwissenschaften für ihre Biosphäre postulierten, sollte auch für Jurij Lotmans „Semiosphäre" gelten.[43] Mehr noch: Die Literaturwissenschaftler, zumal die Formalisten, griffen eigenhändig in den literarisch-künstlerischen Prozess ihrer Gegenwart ein; sie verlängerten die Position der Bewertung synchroner Werke durch eigenes literarisches Schaffen, indem sie nicht etwa bloß Erzähltheorie betrieben, sondern gleich selbst Romane, Erzählungen und Filmszenarios schrieben.

41 Es ist ja kein Zufall, dass gerade Šklovskij in jenen Jahren eine ganze Reihe von Broschüren zur Technologie des Schreibens von Romanen, Drehbüchern oder Journalartikeln verfasst hat. All das diente ja der Idee, dass Kunst und Literatur lehrbar seien – jedenfalls sofern es sich dabei um ein Handwerk handelt, einen bewussten Einsatz von Verfahren und Kunstgriffen, die man trainieren kann wie einen Sport, eine angewandte Rhetorik oder Maschinenbau.

42 Hansen-Löve, „Figuren der Ankunft im russischen Symbolismus um 1900", in: *Ankünfte an der Epochenschwelle um 1900*, hg. v. Aage Hansen-Löve, Annegret Heitmann u. Inka Mülder-Bach, München: Wilhelm Fink 2009, S. 109–139.

43 Die Begriffe Semio- und Biosphäre sind zentral für die Kultursemiotik Jurij Lotmans. Vgl. *Semiosfera*, Sankt Peterburg: Inskusstvo 2000. Eine deutsche Übersetzung erschien unter dem Titel: *Die Innenwelt des Denkens*, Franfurt/Main: Suhrkamp 2010, S. 163–290.

6 Experimentelle Trivialliteratur

Das Revolutionäre an der literatursoziologischen Wende des Formalismus seit Mitte der 20er Jahre war die Hereinnahme von bisher als peripher geltenden Genres des Schrifttums und der epistemischen Prozesse: journalistische, faktographische Genres, Werbung und Kunstkritik, Propaganda und Salondiskurse, Tagebücher und Korrespondenzen, Gebrauchs- und Trivialliteratur aller Art. Das literarische Feld wurde so enorm ausgeweitet, während die dabei erschließbaren Regelwerke auf wenige Stereotype und Standards reduzierbar waren. Denn die nunmehr integrierten Genres und Medien, die bisher nur als Hintergrundgeräusch der großen Literatur und Kunst registriert wurden, gaben nunmehr den Ton an und lieferten die Folie, vor der die jeweils literarisch wirksamen Verfahren und Textsorten ablesbar waren.

Indem die Formalisten die Strukturen der Alltagskultur bloßlegten, bewegten sie sich sowohl in der Sphäre einer methodologischen Ausweitung ihrer Forschungsperspektive als auch auf der praktischen Ebene ihrer Anwendung im Rahmen eines neu definierten Gattungs- und Mediensystems. Daher auch der Zusammenhang zwischen der formalistischen Theorie der Trivialmedien und der aktiven Parteinahme für triviale Genres in der Unterhaltungsindustrie von Literatur und Film, Werbung und Selbstinszenierung. Deshalb konnten auch so konträre Konstruktionsprinzipien wie jene der geometrisch konzipierten *short stories* problemlos *neben* die sujetlosen Genres, die Material-Montagen einer ‚Fakten-Literatur' bzw. ‚Fakten-Kinematographie' treten – oder beide konnten zusammen hybride Genres herausbilden, in denen das Prinzip der ‚Großen Abstraktion' (im Sinne Kandinskijs)[44] mit dem der ‚Großen Realistik' gleichberechtigt präsentiert wird.

Gerade diese gespaltenen Perspektive war wohl auch der Grund dafür, dass es im Falle einer konstruierten Trivialliteratur als literaturtheoretisches Experiment so viele Missverständnisse und Misserfolge gab. Denn im Grunde brachte man beide Leserschaften gegen sich auf: Der *non-sophisticated reader* spürte instinktiv die zusätzlichen Absichten der gewitzten Autoren, Versatzstücke aus dem intertextuellen Feld einzuschmuggeln, während die professionellen Leser (ebenso wie die Literatur-Kollegen) bei all dem unter das Verdikt des Goetheschen Satzes gerieten: „Man merkt die Absicht und ist verstimmt." Gerade diese ‚Absichtlichkeit' und ihre intentionale Markierung beherrschte

44 Wassily Kandinsky, „Über die Formfrage" [1912], in: ders., *Essays über Kunst und Künstler*, hg. v. Max Bill, Teufen: Verlag Arthur Niggeli und Willy 1955, S. 15–46, hier: S. 25 f. Vgl. auch Werner Hofmann, *Grundlagen der modernen Kunst*, Stuttgart: Kröner 1978, S. 304 f.

das literarische Täuschungsmanöver von Anfang an und bedingte schließlich auch seine relative Erfolglosigkeit.

Es ist aus einer solchen Sicht keine Schande, sich mit kulinarischer Unterhaltungsliteratur von den Krimis bis zum Comic-Helden Tarzan zu beschäftigen. Schon 1924 hatte sich Šklovskij in einer Glosse mit dem Phänomen des enormen Publikumserfolges der Tarzan-Bücher und Filme beschäftigt: „Man kann Tarzan auch ignorieren – doch das wird wohl traditionell und dumm sein. Das Studium der Massenliteratur und der Ursachen ihres Erfolges ist unumgänglich."[45]

Karl Marx hatte bekanntlich in seinen berühmten *Thesen über Feuerbach* die noch berühmtere Behauptung aufgestellt, „die Philosophen haben die Welt nur verschieden interpretiert; es [komme] aber darauf an, sie zu verändern"[46]. Nicht anders waren die russischen Formalisten – allen voran Viktor Šklovskij und Jurij Tynjanov – davon beseelt, nicht nur die bisherige Literatur als Philologen wie gehabt zu beschreiben, sondern die aktuelle Literatur als Kritiker mitzugestalten und im besten Falle jene Evolutionsgesetze, die man aus der Analyse der Geschichte ableiten konnte, eigenhändig in die Gegenwart und Zukunft zu verlängern.

So war der Philologe kein Philosoph oder Historiker oder Ideologe mehr – sondern wirkte selbst in der Avantgarde der aktuellen „Kunst- und Literaturfront". Genau so nannte sich im übrigen auch die avancierteste Plattform der konstruktivistischen Avantgarde um Vladimir Majakovskij: *Linke Kunstfront – LEF* und *Novyj Lef*. Šklovskij und die seinen wollten nicht nur als Analytiker der synchronen und diachronen Regeln und ihrer textuellen Strukturen auftreten, sie entwickelten sich zu den markantesten Prosaikern ihrer Zeit, zu kämpferischen und umstrittenen Autoren und Regisseuren, die Kunst nicht nur be-schreiben, sondern auch er-schreiben wollten.

Was Lev Lunc programmatisch verlangte und in seinem eigenen Schreiben einlöste; was Šklovskij, Ėjchenbaum oder Tynjanov postulierten, war die Synchronizität und wirkende Aktualität der Theorie *als* Praxis: und in dieser Gleichstellung beider waren der Formalismus und seine Literatur ein Kind der Avantgarde, der Futuristen und Neoprimitivisten. Genauer gesagt: Er war

45 Viktor Šklovskij, „Tarzan", in: *Russkij sovremennik* 3 (1924), S. 253–254. Für Šklovskij ist das neue Medium des Stummfilms für die Entwicklung von dezidiert sujethaften Narrativen besonders prädestiniert (vgl. Viktor Šklovskij, *Literatura i kinematograf*, S. 32–33).

46 Karl Marx, „Thesen über Feuerbach", in, ders.: MEW, Berlin: Dietz 1978, Bd. III, S. 5–7, hier S. 7.

ein Adoptivkind, da seine Prosa – synthetisch gezeugt und vielfach montiert – eine Collage aus vorgegebenen Zitaten und Allusionen darstellte. Das Kind wurde also nicht regulär gezeugt und im Mutterleib der generischen Kreativorgane ausgetragen:[47] Es war konstruiert, gebastelt, technisch montiert als eine Art literarischer Roboter, der im hochverminten Feld der sich formierenden Staatskultur der jungen Sowjetunion eine Literatur verkörpern sollte, die auf parodistische Weise geklont, geklebt und gemacht wirkte.

Wesentlich für Šklovskij war aber das Experimentelle des stilisierten Schundromans unter dem giftigen Titel *Iprit* (1925).[48] Worum es dabei ging, damit hielt Šklovskij nicht hinter dem Berg, wenn er zum Erscheinen des Romans in der Zeitschrift der „Linken Kunstfront" (*Lef*) 1925 schrieb: „Das Auffüllen des Abenteuerschemas nicht mit bedingtem literarischen Material wie bei Džim Dollar (Mariėtta Šaginjan), sondern mit Beschreibungen faktischen Charakters.[49] Die Krise des Genres [der Erzählprosa, A.H.-L.] kann man nur durch das Heranziehen neuen Materials überwinden. Das Genre des Abenteuerromans wird heute als Stilisierung verwendet. So ergibt sich ein Spiel mit Schablonen und der Anschein der Übersetzung aus einer westlichen Literatur."[50]

Den reaktionären Marxisten-Leninisten hält er deren Auftrag entgegen, die Literatur solle nach westlichem Vorbild aber mit ideologisch korrekten Inhalten eine funktionierende Massen- und Unterhaltungsliteratur aus dem Boden stampfen. So hatte Bucharin im Oktober 1922 die Schaffung

47 Zum antigenerischen Wesen des Formalismus und Strukturalismus vgl. Hansen-Löve, *Schwangere Musen – Rebellische Helden. Antigenerisches Schreiben von Sterne zu Dostoevskij, von Flaubert zu Nabokov*, Paderborn: Wilhelm Fink 2019, S. 589–603.

48 Eine Kurzfassung des *Iprit*-Romans erschien zunächst in: *Lef* 7 (1924/25), S. 70–76; vgl. Hansen-Löve, *Formalismus*, S. 525–526. Die erste deutsche Monographie zu *Iprit* stammt von Karin Koller, *Viktor Šklovskijs und Vsevolod Ivanovs experimenteller Trivialroman IPRIT*, Wien 1992 (Magisterarbeit).

49 Brigitte Obermayr, „Sieben Jahre und noch immer ‚selbstbezogen, revolutionär'? Revolution und Abenteuerroman in Marietta Šaginjans *Mess Mend ili Janki v Petrograde*", in: *Revolution und Avantgarde*, hg. v. Anke Niederbudde u. Nora Scholz, Berlin: Frank & Timme 2018, S. 261–286. Mariėtta Šaginjan hat auch im Geiste des Formalismus Anfang der 20er Jahre die Fabula-Schwäche der frühsowjetischen Prosa kritisiert. Vgl. Mariėtta Šaginjan, „Fabula", in: *Literaturnyj dnevnik. Stat'i 1921–1923 g.g.* (Literarisches Tagebuch. Artikel), Moskau u. Peterburg: Krug 1923, S. 55–62, hier S. 59 f. Zu den „Serapionsbrüdern" vgl. insb. S. 128–133.

50 Viktor Šklovskij, „Iperit", in: *Lef* 3.7 (1925), S. 70–76.

einer „revolutionären Romantik“[51] und eines „kommunistischen Pinkerton“[52] verlangt.

Diesem Aufruf folgten scharenweise Autoren und Autorinnen – so Marietta Šaginjan mit ihrem Roman *Mess-Mend oder die Yankees in Petrograd* (1924) oder Ilja Ėrenburg, mit seinem *Chulio Churenito* (1922).[53] Außer diesen beiden sind die anderen einschlägigen roten Abenteuerromane mit wenigen Ausnahmen in der von ihnen selbst geschaffenen literarischen Wüste verdorrt.

Šaginjans Kolportage-Roman *Mess Mend* wurde wie *Iprit* in einer Massenauflage gedruckt und nicht so sehr als ein literaturtheoretisches Experiment publiziert als vielmehr mit dem Ziel, in der Tat einen echten Abenteuerroman in die sowjetischen 20er Jahre zu verpflanzen. Šaginjans Roman erschien nur sechs Monate nach der russischen Heftserie *Mess Mend oder die Yankees in Leningrad*, die sie unter dem Pseudonym „Džim Dollar“ publiziert hatte. Die Auflage betrug 25.000–50.000 Exemplare, die Serie umfasste 10 Heftromane, und den Umschlag gestaltete Aleksandr Rodčenko.

1925 wurde Šklovskijs und Ivanovs Roman *Iprit* als Schundroman im Verlag Gosizdat in Moskau in der gigantischen Auflage von 30.000 Stück herausgebracht; die einzelnen Teile erschienen als insgesamt neun Fortsetzungshefte, deren Einbanddesign genau an die von Schundhefte angepasst war, die man aus dem Westen kannte.

Der literarische Misserfolg des experimentellen Schundromans *Iprit* war gewissermaßen vorprogrammiert, wenn nicht gar eingeplant, waren doch seine Riss- und Sollbruchstellen im Text selbst schon angelegt. Der Misserfolg in der ‚Realliteratur‘ (des herrschenden Realismus) ebenso wie aus der Sicht einer schon nostalgischen Avantgarde, dieses Scheitern lässt sich nicht leugnen.

---

51 „Revolutionäre Romantik“ ist in der russischen Literaturgeschichte die gängige Bezeichnung für „Mitläufer“ (so Leo Trockij in seiner Schrift: *Literatur und Revolution* [1924], Berlin: Gerhardt 1968, S. 51–98), die keine Bolschewiken waren, sich aber dennoch zum neuen Staat und System bekannten bzw. dieses nicht direkt bekämpften. Sie wurden vor allem in der ersten Hälfte der 20er Jahre „geduldet“ und gedruckt. Vgl. dazu Marc Slonim, *Die Sowjetliteratur. Eine Einführung*, Stuttgart: Kröner 1972, S. 45–103. Vgl. auch Reinhard Lauer, *Geschichte der russischen Literatur. Von 1700 bis zur Gegenwart*, München: C. H. Beck 2000, S. 623–633.

52 Vgl. Matthias Schwartz, *Expeditionen in andere Welten. Sowjetische Abenteuerliteratur und Science-Fiction von der Oktoberrevolution bis zum Ende der Stalinzeit*, Wien, Köln u. Weimar: Böhlau-Verlag 2014, S. 85.

53 Vgl. die Rezension dieses pikkaresken NEP-Romans von Lev Lunc in: *Zaveščanie Carja. Neopublikovannye kinoscenarii. Rasskazy. Stat i Recenzii. Pis'ma. Nekrologi* („Das Testament des Zaren. Unpublizierte Kinoszenarien. Erzählungen. Artikel und Rezensionen. Nekrologe“), München: Verlag Otto Sagner 1983, S. 141–144. Vgl. auch Il'ja Erenburg, *Chulio Churenito*, Berlin: Gelikon 1922, Moskau u. Petrograd: Gosizdat 1923. Deutsche Übersetzung: *Die ungewöhnlichen Abenteuer des Julio Jurenito und seiner Jünger*, Frankfurt/Main: Suhrkamp 1976.

Abb. 11.3 Umschlag von Aleksandr Rodčenko zu Mariėtta Šaginjan *Mess Mend*

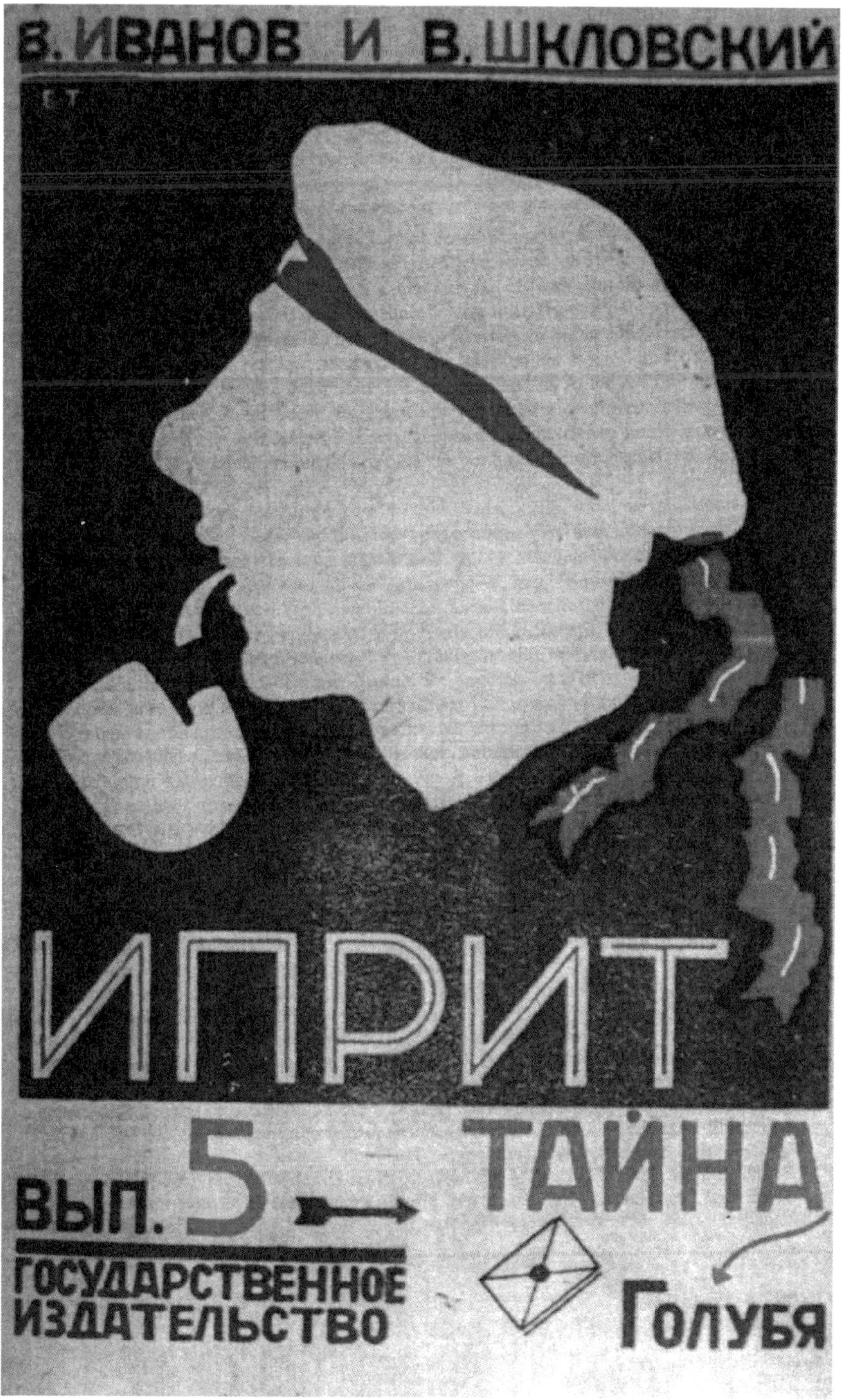

Abb. 11.4 *Iprit*-Ausgaben in ‚Schundheft'-Format

Šklvoskij verbindet die geometrisch zugespitzten Sujet-Genres einer anekdotischen Narrativik, wie er sie selbst in seiner *Sentimenalen Reise* (1919/1923) ins Werk gesetzt hatte, mit der sujetlosen Faktographie und vor allem mit der ornamentalen Erzählrede eines Vsevolod Ivanov, der die ‚östliche' Tradition der Serapionsbrüder und den Ornamentalismus einer zugespitzten Exotik ad absurdum führen sollte. Man saß sich gewissermaßen – wie Il'ja Il'f und Evgenij Petrov, die wohl berühmtesten Co-Autoren der Epoche – an ein und demselben Schreibtisch gegenüber (oder nebeneinander) und tauschte mehr oder weniger laut lachend jeweils Bruchstücke der eigenen Schreibpraxis aus.

Abb. 11.5
Vsevolod Ivanov

Vsevolod Ivanov war also als Co-Autor des *Iprit*-Projekts für die ‚östlichen' Sujet-Linien und Motive zuständig (man kannte das ja von seinem berühmten Bürgerkriegsroman *Der Panzerzug 14–69*), Šklvoskij für die ‚westlichen', wie man das an seinem unverwechselbaren Telegrammstil ablesen kann. Diese beiden Sujet-Linien wurden mehr oder weniger mechanisch miteinander verkoppelt, im wörtlichen Sinne ‚montiert'. Während Šklovskij die Abschweifungstechnik des *Tristram Shandy* in seinen Telegrammstil integrierte, signalisiert Vsevolod Ivanov in den für ihn typischen exotischen Redeflüssen die Technik der stilisierten mündlichen Rede (des *skaz*). Beides zusammen spiegelt sich auch in der Doppelgängerschaft der Haupthelden des *Iprit*, die den Zwillingscharakter des Romanexperiments gewissermaßen verkörpern.

Bis zu einem gewissen Grad resultiert das amüsante Missverständnis der Trivialliteratur in den russischen 20er Jahren aus einer fundamentalen Differenz in deren Einschätzung. Während bei den Russen Trivialität schon durch die bloße Dominanz von Sujetstrukturen signalisiert wird, fällt diese Wirkung in den westlichen, vor allem den hier wirksamen angelsächsischen Literaturen völlig aus, die ja über ein funktionierendes Handlungsrepertoire verfügten. Hier ist die Trivialitätsgrenze erst erreicht, wenn die Invarianz und permanente Wiederholung ein- und derselben Handlungszüge ein Übermaß erreicht hat.

Šklovskijs berühmtes Pamphlet „Die Kunst als Verfahren“ (1917) erfuhr in diesem Roman seine literarische Umsetzung nach der Formel ‚Die Kunst als Verschiebung‘. Es ging um die Konstruktion eines Romans als Verschubbahnhof von Motiven und Motivationen, von kolportagehaften Stereotypen und *slap stick*-Szenen aus Stummfilmen – eingebaut in eine fröhliche literaturtheoretische Schnitzeljagd, die von den gewitzten Autoren für ein animiertes Publikum gedacht war. Zitiert wurde alles (mögliche): von Shakespeare bis Puškin, von Boccaccio zu Defoe, von Boris Pil'njak zu Il'ja Ėrenburg, von Dickens und E. A. Poe zum Detektiv Pinkerton oder Sherlock Holmes, von Džim Dollar oder Mariėtta Šaginjan bis Lev Lunc. Ganz zu schweigen von den Klassikern des 19. Jahrhunderts – von Gogol' bis Dostoevskij. Die aktuelle westliche Abenteuerliteratur war nicht weniger reichlich vertreten: die Rocambole-Fortsetzungsromane[54] ebenso wie die Tarzan-Heftchen und ihre Verfilmungen, die auch in der jungen Sowjetunion mit Riesenerfolg liefen.

Während im Totalitarismus die Vorratswirtschaft und ihre affirmative Attrappenästhetik dominieren sollte, gab es in den 20er Jahren während der NEP-Periode nochmals das veitstanzartige Aufbäumen einer Bedarfswirtschaft und ihrer fiebernden Märkte: Hier sollten eine hoch spekulative Literatur ebenso wie entsprechende Kinogenres ein Massenpublikum unterhalten und zugleich dem Anspruch gerecht werden, Avantgarde einer neuen Ästhetik zu sein. Allenthalben konnte man spüren, dass die linksutopischen Projekte der Revolutionsära längst im Auslaufen waren – im Ersticken und Verhungern. Šklovskij und Ivanovs *Iprit* bildete den Versuch, die gesamten Errungenschaften einer Prosa-Avantgarde in einem einzigen Papierfeuerwerk in die Luft zu schießen und im Konfettiregen einer zerfetzten Literatur das eigene Finale zu übertönen.

54 Klaus-Peter Walter, *Die ‚Rocambole‘-Romane von Ponson du Terrail: Studien zur Geschichte des französischen Feuilletonromans*, Frankfurt/Main: Peter Lang 1986.

So wurde aus dem Experiment mit den zunächst unterschätzten, ja verachteten Versatzstücken einer Literatur des Abenteuers und der Handlungsspannung das Abenteuer einer Literatur, die sich dem Erfolgsdruck der *modern times* und des für wenige Jahre frei funktionierenden ‚Literarischen Marktes' ver-schrieben hatte und dabei ihr hoch entwickeltes Avantgarde-Bewusstsein ironisch ‚zu Markte trug'. Ob dieses Experiment überhaupt gelingen konnte, bleibt bis heute eine offene Frage, die zum Konzept einer ‚offenen Literatur', wie sie die Prosa-Avantgarde jener Jahre provokant postulierte, durchaus passen mag.

JAN SÖFFNER

Die Ordnung der Abenteuer in George R. R. Martins *A Song of Ice and Fire*

Dieser Aufsatz,* der – das zur Warnung – mit Spoilern durchsät ist, wurde in einem Moment der teils in Aggressivität umschlagenden Kollektiventtäuschung verfasst, der die Gemeinschaft der *Game of Thrones*-Fans über das Ende der Serie heimsuchte. Dieser Ärger mag sich bald gelegt haben, aber er bietet guten Anlass für die Frage, was diese Entrüstung über Abenteuernarrative der Gegenwart sagt.

Vieles an der achten Staffel war tatsächlich problematisch. Etlichen Fans missfielen vor allem die Kürze, die Oberflächlichkeit und die Armut an elaborierten Dialogen. Die meisten der entscheidenden Fragen blieben offen oder sie wurden so sporadisch behandelt, dass sie hinterher noch unklarer waren als vorher. Über die Intention, die Hintergründe und die Bedeutung des Night King etwa weiß man auch nach der Serie fast nichts – und vielleicht spricht diese konzeptuelle Schwäche auch dafür, dass die ganze Figur ein eher schwacher Notbehelf und Ersatz für eine in einer Serie nicht darstellbare komplexere Handlung war: George R. R. Martins bislang unvollendete Buchreihe *A Song of Ice and Fire* kennt bislang keinen Night King; nur einen eher werwolfhaften Night's King, der aber gänzlich anders eingeführt worden ist.

Erstaunlich war daran aber, dass vor allem unerwartete Wendungen der Handlung vielen Fans unerträglich schienen – denn genau für solche Erwartungsenttäuschungen waren sowohl die HBO-Serie als auch die Buchreihe eigentlich berühmt. Begeistert waren oft dieselben Fans über den frühen Tod Eddard Starks und über die Geschehnisse das „Red Wedding". Beliebt war auch der Umstand, dass die Figuren oft schlimme oder unerwartet gute Charakterzüge an den Tag legen konnten, die zwar plausibel waren, an die die meisten Rezipienten indes nicht gedacht hatten. Eine Fan-Community, die konstante Erwartungsenttäuschungen schätzt, sollte sich – denkt man – über neuerlich enttäuschte Erwartungen eigentlich nicht so sehr ereifern.

Für die Frage, was die Enttäuschungen der achten Staffel so gravierend machte, spielt vielleicht der Umstand eine Rolle, dass die Fan-Theorien eine große hermeneutische Schärfe im Umgang mit Prophezeiungen an den Tag legten – und dass exakt diese Leistung, die die Fans erbracht hatten, im

---

* Für die klugen und umsichtigen Hinweise danke ich Manuel Mühlbacher.

 | DOI:10.30965/9783846764725_014

Angesicht der finalen Staffel ins Leere lief. Zum Beispiel spielte die Frage, wer die von (vor allem) dem roten Priester Thoros of Myr und der roten Priesterin und Magierin Melisandre of Asshai unter den Figuren der Serie gesuchte Erlöserfigur „Azor Ahai come again" sei, deren Prophezeiung auf entweder Jon Snow oder Daenerys Targaryen (für eingeschworene Minderheiten an Fans auch auf andere, z. B. Jamie Lannister oder Bran Stark) hinzuweisen schien. Nun weiß man: Es gab in der Handlung von *Game of Thrones* keinen Azor Ahai und es wird auch wahrscheinlich im *Song of Ice and Fire* keinen geben. Vielmehr ist klar, dass George R. R. Martin auch diese Prophezeiung, wie eigentlich alle anderen zuvor,[1] gekonnt eingefädelt hatte, um diejenigen, die sich auf sie verlassen hatten, bloßzustellen – was, denkt man an die meisten faktischen Prophetien, Prognosen und Szenarien auch noch unserer Zeit, zwar einen gewissen Realitätseffekt im Sinne Roland Barthes' auslöst,[2] aber keine große Befriedigung über einen in sich geschlossenen Plot.

Was enttäuscht wurde, war damit zunächst das Fantasy-Erzählungen oft innewohnende Transzendenzversprechen: das Versprechen einer Aufhebung der Zufälle und Widerfahrnisse einer gewöhnlichen Realität in einem Narrativ, d. h. einer wirkmächtigen Grundform des Erzählens, der etliche konkrete Narrationen (Erzählungen) folgen, und die als deren zeitliche Ordnung erwartet oder geradezu appräsentiert wird. In den Diskussionen spielte zudem – was noch wichtiger ist – persönliche Betroffenheit eine große Rolle. Das markanteste Beispiel war, dass eine beachtliche Anzahl von Fans ihre Kinder nach *Game of Thrones*-Helden benannt hatten – besonders Khaleesi war ein unter Fans beliebter Mädchenname: Er beruhte auf dem von der Stammesgesellschaft der Dothraki an Daenerys Targaryen verliehenen Herrschertitel. Diese Daenerys aber lässt sich in der letzten Staffel zu dem wohl brutalsten Massenmord der an solchen ohnehin nicht gerade armen Serie hinreißen: der Auslöschung der Stadt Kings Landing durch das Feuer ihres Drachen Drogon.

---

1 Ausgeführt habe ich dies bereits in meinem Buch *Nachdenken über Game of Thrones – George R. R. Martins ‚A Song of Ice and Fire'*, Paderborn: Wilhelm Fink 2017; Tyrion Lannister bringt diesen Umstand prägnanter auf den Punkt: „Prophecy is like a half-trained mule", argumentiert er. „It looks as though it might be useful, but the moment you trust in it, it kicks you in the head." (George R. R. Martin: *A Dance with Dragons*, Kapitel 40 [Tyrion], in: ders., *A Song of Ice and Fire*, New York: Bantam Books Mass Market Edition 2011, Bd. 5, S. 586).

2 Roland Barthes, „L'effet de réel", in: *Communications* 11 (1968), S. 84–89.

Heldenreise

Das Spiel mit der Enttäuschung zeitigte also offenbar wesentlich größere lebensweltliche Konsequenzen, als man bei einer fiktionalen – zumal der Fantasy-Ästhetik unterliegenden – Serie eigentlich hätte erwarten sollen. Wo Erwartungen von einer Erzählung derart wirksam enttäuscht und gebrochen werden können, und wo man gar auf ihr Hineinragen in die Lebenswelt setzt, muss es ein sehr starkes, ein mythisch zu nennendes Grundnarrativ geben, das hier verletzt wurde: Und dieses enttäuschte Grundnarrativ lässt sich leicht ausmachen. Man erkennt darin das von Martin klug und überraschend zum Clou gemachte Scheitern eines der wirkmächtigsten, und vor allem in der Fantasy-Literatur üblichen Abenteuer-Narrative. Denn was Martin – ähnlich den scheiternden Prophezeiungen – erst aufruft und dann spektakulär enttäuscht, ist die „Heldenreise" („Hero's Journey"), d. h. der „Monomythos", den Joseph Campbell in seinem Werk *The Hero with a Thousand Faces* (1949) beschrieben hatte.[3]

Campbell versteht diesen als Narrativ einer (an C. G. Jung angelehnten)[4] Individuation, d. h. einer Selbstwerdung eines Helden oder einer Heldin. Diese Selbstwerdung erfolgt als Emanzipation von einem gewöhnlichen und uneigentlichen Alltagsleben, d. h. es geht um die Ausrichtung der eigenen Existenz auf eine höhere Wahrheit hin. Hierin verbirgt sich bereits jene oben erwartete Aufhebung der Kontingenz einer Alltagswelt durch eine Art Fatum der Handlung, eine Narration, die den Zufälligkeiten von einer höheren Ebene her Notwendigkeit oder zumindest Sinn zukommen lässt. Es handelt sich um ein Abenteuernarrativ – aber eines, das narrative Sinnstiftung qua Spannung und Zielgerichtetheit (mit Frank Kermode ließe sich sagen: Sinnstiftung qua „sense of an ending")[5] mit Sinnstiftung qua Transzendierung verbindet.

Dieses Narrativ folgt einem recht einfachen *quest*-Schema. Einem meist heranwachsenden Helden (oder einer Heldin) eröffnet sich ein die als selbstverständlich geglaubte Welt in Frage stellendes Mysterium. Meist muss er oder sie in das Abenteuer gezwungen werden – und es beginnt die Reise in eine höhere Realität, in der dann ein höheres Ziel verfolgt wird und der Held oder die Heldin sich dabei gegen äußerste Gefahren behaupten und bewähren muss. Zunächst hilft dabei ein Mentor, der aber meistens bald stirbt. Auf sich

3 Vgl. die Neuausgabe: Joseph Campbell, *The Hero with a Thousand Faces*, New York: New World Library 2008.

4 Vgl. etwa Carl Gustav Jung, *Die Beziehungen zwischen dem Ich und dem Unbewußten* [1928], Zweiter Teil: *Die Individuation*, Ostfildern: Patmos 2019, S. 67–150.

5 Frank Kermode, *The Sense of an Ending. Studies in the Theory of Fiction*, Oxford: Oxford University Press 1967.

allein gestellt, besteht der Held oder die Heldin dann die Probe, kehrt in die alte Welt zurück, muss sich dort mit den eigenen Ahnen versöhnen und wird zum Sinnstifter für die Welt, aus der er bzw. sie aufgebrochen ist. Er (oder sie) wird zum Meister beider Welten.

Campbell versuchte dieses Narrativ als überkulturelle Grundstruktur menschlicher Gesellschaften festzulegen; seiner Ansicht nach handelt es sich um einen die Essenz menschlicher Mythen mytho*logisch* zusammentragenden und vereinenden Grundmythos. Das Verfahren, das ihn zu diesen Ergebnissen geführt hatte, war aber derart eklektisch und er selbst derart widerspruchsresistent, dass man seine größte Leistung eher mytho*graphisch* zu nennen hat: Er fand den zumindest in der Massenkultur einflussreichsten Mythos des 20. Jahrhunderts weniger in den Menschheitsmythen und in einer angeborenen Tiefenstruktur der menschlichen Seele vor, als dass er ihn mit seinem Werk erst festlegte.

Besonders – aber nicht nur – in der Fantasy-Bewegung wurde Campbells Heldenreise prägend. Von der akademischeren Intellektualität wenig beachtet, konnte die Heldenreise erstaunlich große Teile der Populär-Kultur für sich gewinnen: Dem Monomythos entsprechen etliche Marvel-Superheldennarrative, Stanley Kubricks *2001: A Space Odyssey*, die ersten sechs *Star Wars*-Episoden genauso wie *The Matrix, Harry Potter* und *Indiana Jones*. Etliche der für die Enkulturierung von Generationen so entscheidenden Disney-Narrative (gegenwärtig etwa *Frozen* oder *Moana*) folgen dem Monomythos. *Creative Writing*-Schulen zogen nach, arbeiteten also mit der als Grundnarrativ eingeübten Erwartungsappräsentation und trugen zu deren noch größerer Verbreitung bei.

Dass ein Abenteuernarrativ in Zeiten, die sich für aufgeklärt, realistisch und entzaubert hielten, eine solche Wirkmacht erreichen konnte, mag überraschen. Doch Campbell hatte vielleicht ein größeres Gespür für seine eigene Zeit als für die Mythen. So barg seine vage Transzendenztheorie in den ersten Jahrzehnten nach dem zweiten Weltkrieg das Versprechen, kulturübergreifend und damit pazifizierend zu funktionieren: Es ließ sich darin, in Zeiten der Menschheit bis dato unbekannter Feindseligkeiten und Völkermorde, etwas Verbindendes sehen. In einer Zeit, die sich mit dem kollektivistischen Totalitarismus der Faschisten und Kommunisten auseinanderzusetzen hatte, bot Campbells Theorie zudem eine Form der Individuations-Ideologie, die (zum Beispiel in den ersten sechs Episoden von *Star Wars*) den Monomythos als individualistisches Narrativ antitotalitaristischer ‚Rebellen' erscheinen ließ. Auch passte der Monomythos in seinem Transzendenzversprechen gleichermaßen in eine Zeit der utopischen wie esoterischen Gegenwelten, mit denen die 68er-Generation der kapitalistischen Realität ihrer

Zeit begegnete. Und schließlich kann Campbell insofern als Kind seiner Zeit gelten, als seine Berufung zur Transzendenz so vage gehalten war, dass sie sich zumindest oberflächlich genauso mit der von Jean Paul Sartre und Simone de Beauvoir theoretisierten existentialistischen Freiheit paaren ließ wie mit einer gnostischen Eigentlichkeit, die zur selben Zeit von Hans Jonas umrissen wurde. Der Monomythos war unbestimmt genug, um sich mit so gut wie allen populärkulturellen Gattungen zu vereinen – aber präzise genug, um darin als Sinnstiftung qua Bestimmung zur Selbstbestimmung gelten zu können, und damit die philosophisch eher gegensätzlichen Konzepte der Freiheit und des Schicksals im Abenteuer zusammenzuführen: Das Narrativ hatte, um eine Marlboro-Reklame derselben Zeit zu zitieren, den „Geschmack von Freiheit und Abenteuer".

Daenerys Targaryen, nach der so viele Mädchen benannt wurden, war nun nicht nur eine der Kandidatinnen für die ausgebliebene Azor-Ahai-Prophetie gewesen, sondern auch eine der Figuren, für die genau dieses Narrativ auf die schlimmste und augenfälligste Weise scheiterte. Als – dem eigenen Glauben nach – letzte rechtmäßige Erbin auf den Thron von Westeros nach Essos geflohen, wächst sie auf der Flucht auf. Nach einer mühsamen Emanzipation von ihrem Bruder erkennt sie nicht nur ihre eigene Bestimmung an, das große Erbe der Targaryens anzutreten, sondern glaubt darin auch ein höheres Schicksal zu erkennen, da sie übernatürliche Begabungen an sich entdeckt. Ein klassisches „calling" (Berufung), d. h. nach Campbell der Eintritt in jene Transzendenz, die Abenteuergeschichte und Individuation vereint, erfolgt, als sie eine Feuerprobe im wörtlichen Sinne besteht und unversehrt einem Scheiterhaufen entsteigt – wo sie im selben Akt drei Drachen aus versteinerten Eiern zum Leben erweckt. Ihre von etlichen Mentoren beförderte Heldenreise führt sie nicht nur durch nahezu das ganze von Martin erfundene Universum der Kulturen von Essos und Westeros, sondern setzt sie auch mit Mächten in Kontakt, die über die Ordnung der gewöhnlichen Welt hinausgehen.

Dass Daenerys nun ihre sich über siebeneinhalb Staffeln und bislang fünftausend Buchseiten erstreckende Heldenreise durch einen einzigen Moment rauschhafter Brutalität zerstört, entspricht genau der Logik derjenigen Wendungen, für die George R. R. Martins Erzählungen so berühmt sind; denn diese lange Vorbereitung scheint eine solche Wendung zu verbieten – aber eben nur in Hinblick auf Campbells narrative Ordnung, nicht in Hinblick auf die tatsächlich beschriebenen Ereignisse. Im Nachhinein scheint jedoch alles sehr plausibel und vor allem erzählerisch klar vorbereitet: Erstaunlich viele von Daenerys scheinbar gerechtfertigten und als Befreiungen gefeierten Taten – etwa die Eroberung der Sklavenstädte Astapor und Mereen sowie in der Serie auch der Mord an den Adeligen in Vaes Dothrak – hatten eine bedenkliche Schattenseite. Sowohl Lord Varys, der dafür als Verräter hingerichtet wird, als auch Tyrion Lannister, dem dieses Schicksal am Ende durch Jon Snows Verrat an Daenerys erspart bleibt, bringen die Kippfigur zwischen Befreiung und Massenmord in der vierten und sechsten Folge der Staffel gut auf den Punkt. Gewissermaßen bringt diese Wendung sogar noch mehr zum Sprechen, nämlich die Spannung der von Martin gegeneinander ausgespielten Erzählformen – einer realistischen, auf charakterliche Stringenz und weltliche Kontingenz setzenden und einer phantastischen, die mit Individuation und Transzendierung des Alltäglichen arbeitet. Hatte Martin am Ende seines ersten, ansonsten vor allem der realistischen Haltung verschriebenen Buches *A Game of Thrones* die Leser mit Daenerys' Drachenerweckung vor den Kopf gestoßen, die die Geschichte letztlich doch noch in die Ordnung der Fantasy zu überführen schien, dann liegt mit dem an Hiroshima erinnernden Feuermeer, das just einer der erweckten Drachen auslöst, die gegenteilige Wendung nahe, die die Fantasy-Erzählordnung unerwartet doch noch in eine realistische Logik umschlagen lässt.[6]

Martin zitiert den Monomythos auch an anderen Stellen oft sehr gekonnt – und lässt ihn dort ebenso scheitern. Leicht ist dies schon daran zu erkennen, dass er notorisch diejenigen Figuren am Leben lässt, die in Monomythos-Erzählungen gestorben wären: Die scheinbaren Nebenfiguren, die gebrochen sind und kein größeres Schicksalspotential mehr erkennen lassen, geschweige denn verfolgen können – Figuren wie Theon Greyjoy, Sandor Clegane, Davos Seaworth oder Catelyn Stark (alias Lady Stoneheart; offenbar erschien Benioff und Weiss dieser letzte Handlungsstrang so wenig publikumskonform, dass sie Catelyn durch einen frühzeitigen Tod erlösten). Unverrichteter Dinge sterben lässt Martin indes genau die klassischen Campbell-Figuren wie Eddard Stark, Robb Stark, Jon Snow (auf dessen vermutlich weniger geradlinige Auferstehung die Buchleser noch warten) oder Podrick Payne (der hingegen in *Game of Thrones* überlebt – auch das eher ein Zeichen einer Begradigung). Deutlicher noch wird die Brechung des Campbell-Narrativs bei zentralen Figuren, die tatsächlich mit starken Monomythos-Anklängen beginnen, aber mit einer Berufung, die eine dafür ungewöhnlich traumatische Versehrtheit zurücklässt: Wenn etwa Bran Stark tatsächlich in eine höhere Welt eingeführt wird, dort auf Mentoren trifft und am

6 Von Martin selbst wurde das Verfahren der Gewöhnung einer fantasy-fernen Leserschaft an seine Romane folgendermaßen beschrieben: „You put a crab in hot water, he'll jump right out. But you put him in cold water, and you gradually heat it up – the hot water is fantasy and magic, and the crab is the audience" (Interview von Dave Itzkoff, *New York Times*, 1. April 2011. https://artsbeat.blogs.nytimes.com/2011/04/01/his-beautiful-dark-twisted-fantasy-george-r-r-martin-talks-game-of-thrones/ [abgerufen am 15. Juni 2019]).

Ende der achten Staffel wirklich beide Welten beherrscht, dann tut er dies aufgrund einer Querschnittslähmung, eines Überfalls auf seine Burg und schließlich aufgrund verborgener Zwänge und Planungen, die jeweils gegen seinen Willen und gegen seine Neigung erfolgten. Wäre er, wie Campbell es verlangt, seinem „bliss", also seiner als *Drang* und *Bestimmung* spürbaren Entrückung in eine höhere Welt gefolgt – und also nicht der Pflicht und dem Zwang, die ihn letztlich retten –, dann wäre seine Reise völlig unmöglich gewesen.

Martin setzt für seine Dekonstruktion der Heldenreise bereits bei der Perspektive ein: bei adeligen Figuren, denen die Welt und die Probleme des „smallfolk" bestenfalls gleichgültig sind; aus dieser somit ausgeblendeten Schicht hätte die Fantasy-Literatur ansonsten gerade ihre Helden (die typischen Farm-Boys à la Luke Skywalker) rekrutiert. Nicht, dass in gezielt verstörenden Dosen nicht auch die gesellschaftliche Untensicht dargeboten würde. Martin widmet fast ein ganzes seiner fünf Bücher (*A Feast for Crows*) den katastrophalen Auswirkungen eines letztlich um die Entführung einer Adeligen geführten Krieges, der seinerseits hunderttausende von Vergewaltigungen nichtadeliger Frauen nach sich zieht (übrigens ein deutlicher Verweis auf den Troja-Mythos, der in glorifizierter Form auch für Campbell eine wichtige Rolle spielte). Was in gewöhnlichen Fantasy-Erzählungen Helden mit tausend Gesichtern gewesen wären, erweist sich in diesen Momenten als Haufen von Millionen chancenloser Underdogs, die bloße Spielbälle eines brutalen Geschehens werden. Die Geschichten, die die von Kapitel zu Kapitel wechselnden – (mit Ausnahme der Prologe und des loyalen und damit selbst der Obensicht verpflichteten Wächters Areo Hotah) durchweg adeligen – Perspektivträger vermitteln, sind indes so angelegt, dass der Leser auf subtile Weise dazu gezwungen wird, die sowohl historisch als auch moralisch problematische Obensicht nachzuvollziehen. Gerade diese Obensicht ist in Daenerys' Auslöschung der Stadt Kings Landing bildlich in Szene gesetzt, fliegt sie doch auf ihrem letzten Drachen Drogon über die Stadt und brennt sie auf eine Weise nieder, die sie selbst die menschlichen Schicksale, die sie ihrem eigenen Schicksal opfert, kaum als solche wahrnehmen lässt. (Auch dies war übrigens in ihrem ersten Drachenflug in einer Arena bereits vorbereitet, der etliche unschuldig verbrannte Zuschauer in der Begeisterung über den Befreiungsakt leicht in Vergessenheit geraten lässt – zu leicht, wie man nun weiß).

Die im Schicksal einer Abenteuerhandlung gebündelte Transzendenz, die die Kontingenz der Realität in einen höheren Sinn aufhebt, ist ein Kernstück der Campbell'schen Theorie der Individuation – besonders da sich menschliche Bestimmung für Campbell, der darin wie Wilhelm Reich ein Vorreiter der *New Age*-Bewegung ist, emotiv äußert: als Gespür und Drang, als Gefühl zu etwas berufen oder für etwas bestimmt zu sein, mit anderen Worten, als

Kopplung der Sehnsucht nach persönlicher Freiheit mit derjenigen nach Abenteuer. Der Glaube an die eigene transzendente Bestimmung ist indes Daenerys' charakterlich schwächster Punkt. „She's a girl who walked into a fire with three stones and walked out with three dragons", sagt Tyrion Lannister in der vierten Folge der achten Staffel: „How could she not believe in destiny?"[7] Die Art, wie sich die Tochter des „Mad King" Aerys allmählich zu einer Städte niederbrennenden „Mad Queen" entwickelt, ist damit nicht einfach ein Fehlschlag innerhalb einer Heldenreise – sie ist vielmehr auf mehreren Ebenen deren fatale Konsequenz: Daenerys folgt ihrem Bewusstsein nach einfach nur ihrer Bestimmung, ihrem Schicksal und ihrer Neigung. Die Wunde des Monomythos, in die *Game of Thrones* hier den Finger legt, liegt in jenem Glauben an eine die einfache Existenz überschreitende Bestimmung des Menschen. Und die Empfindung vieler Fans, zu einem Shitstorm berechtigt zu sein, ähnelt damit in seiner Selbstverständlichkeit exakt demjenigen Glauben, der fiktionsintern Daenerys in ihrer eigenen Zerstörungswut beflügelt hatte.

âventiure

Dieser Glaube scheint in der Fantasy-Bewegung besonders stark ausgeprägt zu sein, und das hängt an einer weiteren kulturgeschichtlichen Bedingung, die Campbell in der Nachkriegszeit vorfand. Es war dies auch eine Zeit, in der die kulturelle Moderne, deren mannigfaltige „Entzauberungs"-Bewegung[8] sich seit ihrem Beginn gegen Ende des 18. Jahrhunderts immer mit einer ebenso vielgesichtigen romantischen Gegenbewegung auseinandersetzen musste, sich zunehmend von jener ungeliebten Stiefschwester zu emanzipieren glaubte – zumal sie in den späten Ausläufern der Romantik (besonders bei Wagner, im Ästhetizismus und in der Esoterik) eine Mythographie erkannte, die auch für den Faschismus und Nationalsozialismus maßgeblich gewesen war. Campbells Narrativ war indes in der Lage, die losen Fäden der auf diese Weise liegen gelassenen Romantik zusammenzufügen und gewissermaßen im Abseits der offiziellen Kultur fortzuführen. Dafür spielte wiederum eine recht maßgebliche Rolle, dass Tolkien, der mit seinem *Lord of the Rings* eine Art Gründungsepos der Fantasy-Literatur vorlegte, Campbells Monomythos schon recht exakt vorweggenommen hatte. Dies liegt nun aber wieder nicht daran, dass es sich eben um einen allgemeinen menschlichen Grundmythos

7 Staffel 8, Folge 4: „The Last of the Starks".

8 Vgl. Max Weber, „Wissenschaft als Beruf" [1919], in: ders., *Schriften*, Stuttgart: Kröner 2002, S. 474–511.

handelt, dem Tolkien als Romancier und Campbell als Theoretiker gerecht geworden wären, sondern ist dem Umstand geschuldet, dass sie beide auf ein romantisches Abenteuernarrativ verwiesen waren, das seinerseits mit einer Spannung zweier Welten – einer alltäglichen und einer magischen – arbeitete und darin Freiheit mit Transzendenz in Form eines Abenteuers bündelte. Auch Stevensons *Treasure Island* oder Conrads *Heart of Darkness* liegt eine solche Struktur zugrunde. Maßgeblich war für die Wirkmacht dieser Erzählform eine Romantik, die ihrerseits auf ein neu entdecktes Mittelalter zurückgriff. Man sollte auch nicht die philologische Schärfe unterschätzen, mit der von Walter Scott oder auf seine Weise auch von Novalis das Mittelalter in den Blick genommen worden war. Ihr Fokus lag dabei in der Tat auf einem gleichermaßen auf Transzendenz und auf Freiheit hin lesbaren Abenteuernarrativ, das hier nur knapp skizziert sei.

Die Paarung von Freiheit und Abenteuer, auf die Romantik und Fantasy gleichermaßen rekurrieren konnten, stammt aus dem 12. Jahrhundert, jener Zeit, in der kurz zuvor mit der Minne oder genauer dem *amor* der Troubadours auch die passionierte Liebe als Lebenshaltung etabliert wurde, die die Emotionsgeschichte der kommenden Jahrhunderte stark beeinflussen sollte. Die spätere Geschichte dieser Liebe zeichnete Niklas Luhmann in seinem unerreichten Bändchen *Liebe als Passion* nach.[9] Denis de Rougemont hatte bereits zuvor versucht, an dieser Liebe, ihrer Radikalität und ihrem Zwiespalt mit der verantwortungsvollen ehelichen Nächstenliebe den Grundkonflikt des Abendlandes festzumachen[10] – und auch Campbell macht darin seine Theorie des „bliss“ als Berufung an dieser Liebe fest. Letzterer allerdings fußt – mehr noch – auf genau jener neuen Figuration des Abenteuers, die die zweite, vielleicht sogar wichtigere kulturelle Weichenstellung ausmacht.

Selbstverständlich waren die Begriffe, Konzepte und Praktiken der Kopplung von Freiheit und Abenteuer schwer vergleichbar – auf den Begriff der *licentia* und der *adventura* werde ich zu sprechen kommen. Doch ist – gerade in Hinblick auf *Game of Thrones* und auf *A Song of Ice and Fire* ein Aspekt an der höfischen Kultur entscheidend, nämlich dass diese eine Kultur extremer „deep plays“ war,[11] eine Kultur, die im öffentlichen Raum notorisch mit dem Feuer spielte. Die Troubadour-Liebe überhöhte meist die Ehefrau des jeweiligen

9 Niklas Luhmann, *Liebe als Passion. Zur Codierung von Intimität*, Frankfurt/Main: Suhrkamp 1982.

10 Denis de Rougemont, *L'amour et l'occident*, Paris: Plon 1939.

11 Vgl. Clifford Geerts, „Deep Play: Notes on the Balinese Cockfight“, in: *Deadalus* 134.4 (2005), S. 56–86.

Lehnsherren – war aber damit immer auch auf ein latent ehebrecherisches Begehren angelegt, das im höfischen Kontext immer auch Spannungspotential haben und Sänger-Mut erfordern musste. Ähnlich waren Turniere (vor allem der ältere Buhurt, später auch der Tjost) nicht allein für die Beteiligten gefährlich, sondern auch für die Repräsentation und Ausübung von Herrschaft. Sie konnten immer in offene Gewalt und tiefe Feindschaften umschlagen; zudem wurden dort die kompetitiven Tugenden der Ritter auf eine Weise ausgespielt und in Szene gesetzt, die nicht nur die Legitimität der Herrschaft der Kaste festigte, sondern potentiell immer auch die Legitimität der jeweils Unterlegenen zumindest spielerisch in Frage stellen konnte. Der Risikosuche und damit dem Abenteuer eignete somit eine politische Dimension, die allerdings auf einer zweiten Ebene stattfand: einer Ebene, der einerseits eine gewisse Eigentlichkeit (im Beweis wahrer ritterlicher *virtus*, die im politischen Alltag unsichtbar blieb), andererseits aber auch die Uneigentlichkeit einer bloß spielerischen Ausnahme zukam.

Diese im *Song of Ice and Fire* in diversen Turnieren und Festen nachvollzogenen und klug in ihrem politischen Risikopotential durchleuchteten „deep plays" waren zwar sicherlich keine Vorläufer demokratischer Kritik an den Herrschenden, wohl aber ein internes Korrektiv und eine Hinterfragung der je Herrschenden durch die höfische Kultur selbst. Es basiert auf einer Art bewusster Aufs-Spiel-Setzung, die es meines Erachtens wahrscheinlich macht, dass auch das Abenteuer-Narrativ, das in diesem Kontext entstand, kaum zu überschätzende emotions-, haltungs- und handlungsgeschichtliche Folgen gezeitigt hat; vielleicht sogar größere als die höfische Liebe. Und ähnlich wie diese führte das Abenteuer in eine Übersteigerung und damit in die Nähe der Transzendenz; es entfaltete sich einerseits auf einer weltlichen, kontingenten und profanen Ebene – und andererseits einer solchen der Risiko-Übersteigerung in Richtung des Fatum und des Wunderbaren, was das Abenteuer ebenfalls in die Nähe der Transzendenz rückte.

Die begriffsgeschichtliche Herkunft des Wortes Abenteuer bzw. italienisch *avventura*, französisch *aventure*, oder Englisch *adventure* weist darauf hin, dass die Helden der höfischen Romane einen Ausritt ins Ungewisse bestehen müssen, der auf erstaunlich ähnliche Weise doppelt kodiert ist. Sich der Kontingenz auszusetzen, ist der Kerngedanke dieses Begriffs, denn das Ungewisse war mittellateinisch die *adventura* – das von alleine Kommende, die Zukunft, woraus dann im Altfranzösischen die *auenture* oder eingemittelhochdeutscht die *âventiure* geworden war: der Zufall, das Glück oder die Ungewissheit, die Kontingenz, in damaligen lateinischen Worten die *fortuna*. Diese ist im mittelalterlichen Wissenssystem nicht ohne einen

Gegenbegriff zu denken, nämlich den der *providentia*, der christlichen Vorsehung. Im theologischen Diskurs waren Zufall, Glück und Ungewissheit – die Kontingenz also – durch den Sündenfall entstanden. Gott hatte die *fortuna* als Statthalterin der eigentlichen Vorsehung über die gefallene Welt eingesetzt – während letztere im Verborgenen in Form seiner allwissenden Voraussicht, Notwendigkeit, Gerechtigkeit und Gewissheit am Werk war. *Âventiure* war daher ein Ausreiten in die Welt der Kontingenz, in der man sein Glück und in diesem Glück schließlich auch die Bestimmung anzutreffen hatte. Dabei war auch der Zwiespalt von *fortuna* und *providentia*, von Zufall und Vorsehung nicht derselbe wie in der zeitgenössischen Theologie. Ritter, die ins Ungewisse ausritten, trafen keine göttliche Wahrheit an, sondern eine unzivilisierte Natur voller Wunder und Bewährung – eine Welt, die von Wesen bewohnt war, von denen man ansonsten nur gehört, die man aber nie gesehen hatte: Riesen, Zwergen, Löwen und Heiden.

Dass auch die Freiheit für diese Transzendenz eine Rolle spielte, war ebenfalls im höfischen Roman angelegt, wo die Freiheit und Pflicht zum Ausritt Bedingung der Möglichkeit des Abenteuers war; denn um in die Gegenwelt des Zufalls und der Bestimmung aufbrechen zu dürfen, mussten die Helden aus den Pflichten der Zivilisation entbunden werden. Die Helden brauchten für den *âventiure*-Ausritt die Erlaubnis, die *licentia* ihres Lehnsherren – mittelhochdeutsch den *urloup*. Die *licentia* war also noch nicht das, was heute der Urlaub wäre – er war vielmehr eine Freiheit auf Zeit, die ein Entbunden-Sein aus den Herrscherpflichten bedeutete, zugleich aber für die eigene Bewährung genutzt werden musste: eine Bewährung, die innerhalb der höfischen Welt nur spielerisch (im Turnier und nach den riskanten Spielregeln der höfischen Liebe) möglich gewesen wäre.

Damit kennt die *âventiure*-Erzählung zwei Arten der Kontingenzbewältigung. Einerseits die gesittete politische Verwaltung einer gefallenen Welt durch ihre Machthaber, die als solche eine gute und gottgewollte Ordnung inmitten der dem Zufall anheimgefallenen Welt etablierten – Macht war insofern legitim, als sie Zufallsbändigung bewirkte. Andererseits stand auch der gegenteilige Weg offen, nämlich das ungehemmte Sich-Einlassen auf den radikalen Zufall der nicht gesitteten, im Wald und in Märchenwelten anzutreffenden gefallenen Welt, d. h. es gab den Weg der *âventiure* als Zufallsübersteigerung. Die Wahrheit lag – und auch hier verhalten sich höfischer und theologischer Diskurs auf völlig uneinige Weise letztlich doch parallel – nicht in der Alltäglichkeit, sie lag nicht in der Macht des Hofes, seiner Verwaltung, seiner Staatlichkeit, sondern in dessen Transzendierung. Bloß war dies nicht eine Transzendierung ins christliche Jenseits, sondern eine Transzendierung ins Abenteuer.

Das ‚bessere Wissen' der realen Welt war damit – anders als bei Campbell – durch die transzendente Welt nicht einfach abgeschafft; vielmehr konnte man auch hier schon die Perspektiven gegeneinander ausspielen. Die Gegenwelten konnten etwa absurd dargestellt werden – umgekehrt ließ sich über oft erstaunlich dumm und naiv gekennzeichnete Helden (wie zum Beispiel Wolframs von Eschenbach Parzival) gut lachen, ohne dass die Geschichte damit in reine Phantastik oder Parodie des Adelsstandes aufgelöst worden wäre, vielmehr konnten die Helden in der anderen Logik der Erzählung weiterhin wirkliche Helden bleiben.

Für diesen Aufsatz ist die umgekehrte Anordnung der Inkongruenz spannender: Denn Helden, die sich auf einer an Campbell erinnernden Reise befanden, konnten auch in der höfischen Epik das höfische System empfindlich stören und sogar in den Untergang führen. Ausbuchstabiert ist dies, lange vor dem *Song of Ice and Fire*, ebenfalls in einem „Lied" genannten Erzähltext, nämlich dem Nibelungenlied. Dieses führt den Abenteurer-Ritter Sîvrit (oder Siegfried), der auf der Suche nach seinem Fatum ist, in einen komplexen und etwas weniger idealisierten Hof ein, dessen Gleichgewicht fortan nicht mehr hergestellt werden kann. Kriemhilt (Kriemhild) wird auf eine Weise zur Vollstreckerin des Unheils, die durchaus schon insofern auf Daenerys hinweisen könnte, als auch sie eine rechtmäßige Königin gewesen ist, die um ihr Ansehen und ihren Mann gebracht wurde; auch sie findet zunächst im Osten, in einer anderen Kultur ein neues und gutes Leben, dessen besänftigende Kraft ihrer Rachsucht aber nicht gewachsen ist. Das Nibelungenlied erzählt diese Geschichte zudem unter Rückgriff auf nordische Untergangsmythen, die auch einen entscheidenden Hintergrund für Martin bilden[12]: Die Spannung zwischen Abenteuer-Reise und Ragnarök liegt beiden Werken ebenso zugrunde wie diejenige zwischen realistisch geschilderter Macht und dem letztendlich ins Verderben führenden Glauben an ein Schicksal.

Was die Romantiker in dieser Abenteuer-Tradition der zwei Welten und der zwei mit einander unverrechenbaren Formen der Kontingenz fanden, war eine Alternative zur im neuzeitlichen Roman dominanten Weltsicht, die mit nur noch einer Welt, nur noch einer Form der Kontingenz und damit ohne Transzendenznarrativ, also ohne Bestimmung auskommt. Um Georg Lukács' *Theorie des Romans* auf diese Fragestellung hin zu perspektivieren, entstand damit eine Unvereinbarkeit von Leben und Wesen, die also solche zum Thema

12 Zu Referenzen auf die nordische Mythologie vgl. Carolyne Larrington, *Winter Is Coming. The Medieval World of Game of Thrones*, London: Tauris 2016.

des Romans wurde,[13] bis in Form der Entdecker- oder Seefahrerromantik und vor allem eben des Campbell-Narrativs eine Ambivalenz zweier aufeinander bezogener Welten, des Alltags und des ihn übersteigenden, eigentlicheren Abenteuers wieder möglich wurde.

Trauma

Damit zurück zu *Game of Thrones*, oder genauer: zum *Song of Ice and Fire* als einer Erzählung, die der neuzeitlichen und realistischen Romantradition genauso viel verdankt wie der phantastischen – oder, um es auf ein Wortspiel zu bringen: Tolstoij genauso viel wie Tolkien. Martin steht in der größeren romantischen Erzähltradition, die, wie gesagt, ebenfalls vor allem insofern die mittelalterliche Poetik neu aufgriff, als sie nach neuen Formen suchte, die innere Spannung zwischen einer entzauberten Realität und einer sie transzendierenden Abenteuerbewegung zum Sprechen zu bringen. Das lässt schon die Räumlichkeit erkennen, die für keine der vermeintlichen Heldenreisen eine Überschreitung einer uneigentlichen Realität in eine eigentliche Abenteuerwelt zulässt (wie sie etwa bei den *Harry Potter*-Romanen in prototypischer Form gilt, aber auch in der höfischen Epik durch den Übergang in die Welt des Abenteuers markiert war). Zunächst einmal spielt die dem Hadrianswall, dem Limes und der Chinesischen Mauer nachempfundene Eismauer im Norden von Westeros eine große Rolle, die eine zunächst eher realistische und mit wenig Übersinnlichem versehene Welt der Zivilisation von einem Norden der Abenteuer trennt. Eine von den Grenzen her bestimmte Territorialität ist

---

13 Georg Lukács, *Die Theorie des Romans. Ein geschichtsphilosophischer Versuch über die Formen der großen Epik* [1916], Bielefeld: Aisthesis 2009. Der Schritt in diese Wirklichkeitspoetik manifestiert sich in Struktur und Thematik am klarsten in Cervantes' Don Quijote, der das Erzählmuster des Ritterromans als ein inkongruentes Aufeinanderprallen von Realität und Erleben modelliert. Der Freiraum von der Alltäglichkeit, der *urloup* und die *âventiure*, sind hier in den Wahnsinn verlagert: den Wahnsinn des Titelhelden, der darin besteht, Ritterromane als faktische Wirklichkeit zu begreifen, und die reale Wirklichkeit als Ritterroman zu verklären – und der alltägliche Wahnsinn der konstruierten und vermeintlich zu sicheren, absurden Realität, die dieser Held wiederum umgekehrt herausfordert. Die Realität beginnt hier als jene entzauberte Welt zu dominieren, in der die Alltagshermeneutik über das Abenteuer herrscht und letzteres an die Unfähigkeit gebunden wird, Fiktion als solche zu erkennen. Cervantes erfindet, dieser Lesart gemäß, den modernen Roman als Spannung zwischen Erzählung und Faktenwelt, zwischen gesellschaftlich konstruierter Wirklichkeit und einer Abenteuerhandlung, die darin eigentlich keinen Ort mehr hat.

eher eine der Neuzeit mit ihrer Entdecker- oder Erobererromantik als eine der mittelalterlichen Welt, deren Territorien von den Zentren her bestimmt sind. Innerhalb des zivilisierten Gebietes zählen bei Martin zwar, wie im Mittelalter, Burgen mehr als Grenzen – aber auch das eher in Anklang an die Neuzeit: Martin führt Landkarten in seine Welt ein und damit einen Blick auf die bekannte Welt, der die Abenteuer an die Stellen der weißen Flecken verlagert.

Um zum anderen, heißesten Azor-Ahai-Kandidaten und dessen vermeintlicher Heldenreise zu kommen, beginnt Jon Snows Abenteuer entsprechend mit einer Überschreitung der Grenze in den Norden. Schnell stellt sich allerdings heraus, dass sich der Realismus der Beschreibung auch auf die Menschen jenseits der Mauer anwenden lässt, so dass man von einem Schritt in die Transzendenz kaum sprechen kann. Zudem stellt sich die zivilisierte Alltagswelt als mehr und mehr von der Magie der Transzendenz infiziert dar, die sich allerdings einmal mehr als enttäuschend und traumatisch erweist. Jons Rückkehr aus dem Norden hat ihn zwar Riesen und fremden Kulturen begegnen lassen – diese erweisen sich aber als normale Menschen, und für die Rückkehr muss er außerdem seine große Liebe Ygritte opfern. Er kehrt nicht weise und als Herr über zwei Welten zurück, sondern nur gemartert und lediglich um das Wissen reicher, dass die eine Welt auch von Wildlings bevölkert ist, die als ebenbürtige Menschen anzuerkennen ihm unter den eigenen Kameraden eine extreme Feindschaft einbringt: eine Feindschaft, die ihn schließlich auch das Leben kostet. Kurz: Die Trennung zweier Welten funktioniert von Anfang an nicht – und damit auch kein Schritt in die Transzendenz oder ein solcher zurück in eine feindliche und dennoch weiterhin banale Alltagswelt. Die von der Grenze bestimmte Räumlichkeit ist also eine täuschende, nämlich in eine falsche Transzendenz führende Räumlichkeit.

Die ohne Gegenüberstellung von Welt der Realität und Welt der Transzendenz ausgetragene innere Spannung verschärft Martin durch eine systematische Enttäuschung der Individuations- und Transzendenzerwartung, d. h. durch eine mutwillige Abkehr von Campbells Heldenreise. Diese löst die Spannung zwischen Kontingenz und Transzendenz – anders als die mittelalterlichen Romane – recht eindeutig in Richtung der letzteren auf, indem sie das Unbestimmte und Kontingente nur der Alltagswelt zuschreibt. Martin inszeniert eine bewusst über die Länge der Romane ergebnisoffen gehaltene Spannung zwischen einer Fantasy-Handlung mit Drachen, Untoten, Wargs, Riesen, und Fabeltieren und einer extrem detaillierten und psychologisch versierten realistischen Erzählweise, die man in einem historischen Roman erwarten würde; und das heißt auch: zwischen einer mit Campbell verrechenbaren Erzählweise und einer Neuerfindung der Fantasy als einer Gattung, die wieder in der Lage ist, eine Spannung zwischen Fantasy und Realismus, zwischen Transzendenzerwartung und immanenter Kontingenzproblematik in ihrem Inneren radikal auszutragen. Insofern ist auch die beschriebene Erwartungsenttäuschung kein Fehler, sondern Kern seines Erzählprojekts.

Einer der entscheidenden Kniffe für das Funktionieren dieser Demontage des Campbell-Narrativs ist, dass Martins Erzählung – wie bereits das Nibelungenlied – nicht allein auf persönliche Bewährung hin angelegt ist, sondern den Wust der vermeintlichen Heldenreisen zugleich um eine allgemeine Bedrohung kreisen lässt – mit anderen Worten: Es geht nicht nur um Individuation, sondern auch um ein mit dieser inkompatibles Kollektivgeschehen. Die Kontingenz bleibt bei Martin daher dominant – und so galt das von der Fangemeinde eigentlich immer wieder gefeierte Moment, dass bei Martin keiner der Protagonisten vor dem frühen Tod sicher ist, unerwartet auch für den Night King und seine Armee (was in der Staffel in etwa den Effekt auslöste, als wäre in einem Bond-Film der Bösewicht nach zwanzig Minuten erledigt). Im Ausbleiben der apokalyptischen Vergemeinschaftung lag die erste große Fan-Enttäuschung, denn das Heer der Untoten, das den kommenden Winter genauso sehr verkörperte wie die Referenz auf eine Götterdämmerung, die ihre tiefbraune Färbung wohl nie mehr wird abstreifen können, war damit keine Referenz mehr: Die Transzendenzerwartung wurde nicht von der Individuation auf ein Kollektivschicksal und auch nicht auf ein Schicksalsbündnis oder gar eine Schicksalsgemeinschaft verlagert.

Wurde *Game of Thrones* mit den beiden Enttäuschungen – derjenigen über Daenerys' Heldenreise zum Genozid und derjenigen über den frühen Tod des Night King – damit zu einer postheroischen Erzählung im Sinne Herfried Münklers,[14] die Heldentum sowohl in Form der Campbell'schen Individualisierung als auch in Form einer schicksalhaften Kollektivierung scheitern lässt? Das wäre zu einfach – und auch das zeigt ein Blick auf die zitierten Heldenreisen. Die Helden bleiben vielmehr insofern Helden, als sie die kontingenten Unbilden, denen sie ausgesetzt sind, trotz ausbleibender Transzendenz durchaus persönlich auf sich nehmen. Martin lässt, um diese Heldenhaftigkeit zu ermöglichen, eine andere Größe an die Stelle der Transzendenz treten, nämlich das Trauma, dem sich seine Helden zu stellen haben. Gerade Jon Snow ist hier ein gutes Beispiel: Im Moment seines Todes (und in den Büchern ist er noch nicht wiedererweckt worden) erschließt sich ihm kaum etwas anderes als eine unaufhebbare Verletzung, die sich auch nach seiner Wiedererweckung in der siebten und achten Staffel von *Game of Thrones* kaum bessern wird.

---

14 Vgl. Herfried Münkler, *Kriegssplitter. Die Evolution der Gewalt im 20. und 21 Jahrhundert*, Berlin: Rowohlt 2015.

Jon ist aber bei weitem nicht der einzige Held, für den Campbell'sches „calling" und Trauma zusammenfallen. Der gebrochene Bran Stark, die von ihren Träumen an ihren schlimmsten Feind verratene Sansa Stark, der verkrüppelte Tyrion Lannister, der um seinen Verstand gefolterte Theon Greyjoy, der seine Söhne umsonst opfernde Davos Seaworth, der seine Hand einbüßende Jamie Lannister – sie alle geraten auf ihre vermeintliche Heldenreise entweder durch eine Berufung, die sich als traumatisch herausstellt, oder durch ein Trauma, das durch keine individuierende Transzendenz übersteigert, überwunden und sublimiert wird – aber *gerade deshalb* eine Helden-Existenz ermöglicht: eine Existenz als Figur, die die eigenen Täuschungen und die Beschränktheit der eigenen Realität erkennen gelernt und sich einer anderen, größeren, weniger von Schicksals- und Berufungsglauben getrübten Wirklichkeit geöffnet hat.

Dafür, dass diese Heldinnen und Helden weiterhin Abenteuer-Heroen sind, spricht der Umstand, dass sie trotz ihrer Traumatisierungen weiter in die Handlung verstrickt bleiben und ihre anders als bei Campbell zu verstehende Helden-Reise also weitergeht. Dagegen spricht, dass das Trauma an sich keine Kategorie für Abenteuererzählungen ist. Martin setzt damit Campbells positiver Transzendenzerwartung durch Berufung und höhere Welt eine negative, eine noch schlechtere, aber dafür größere Realität entgegen; eine Realität, die somit für ein uns fremderes, verstörenderes Abenteuer hin geöffnet ist und sich aus dem Scheitern des „calling" und der Abwesenheit einer Bestimmung und Heilung herleitet. Das Trauma zeigt Martins Figuren eine Realität, die ihnen vorher in einer Art Sartre'scher *mauvaise foi* versperrt war, zu der sie ausgerechnet von Campbells „bliss" angeleitet waren: Das Trauma enthebt Sansa Stark ihren zu platten Burgfräuleinträumen, die sie klein und falsch gemacht hätten; es erlöst Jon Snow von seiner Berufung zur Night's Watch, es öffnet Jamie Lannister auf eine größere Welt der Mitmenschlichkeit hin, es macht Theon Greyjoy zu einem kaputten, aber nicht mehr selbstmitleidigen Charakter – und all das, ohne dass es dafür eine höhere Utopie oder gar transzendente Realität bräuchte. Bleibt eine komplette und allen Sinn zerstörende Gebrochenheit aus, dann droht, wie das Beispiel Daenerys Targaryens zeigt, die Individuation der Heldenreise vielmehr zu entgleiten, weil dann die Verhärtung der Schicksalserwartung als Berechtigung für jede auch noch so problematische Tat herhält.

Eine Öffnung zur Transzendenz qua Trauma ist damit eine Provokation, aber nicht nur der Heldenreise, sondern auch der allzu realistischen Enttäuschungsnarrative eines postheroischen Realismus, der jede Überschreitung der bloßen Immanenz als fatalen Trug zu entlarven glaubt und damit keine andere Freiheit kennt als diejenige der Emanzipation aus ideologischen Zwängen. Damit ist das postheroische Narrativ aber gekennzeichnet von einem Manko, das seltsamerweise Campbells Heldenreise in einer Hinsicht ähnelt, die von Martin überboten wird: Beide kennen Freiheit nur als Emanzipation, als Befreiung der Individuen aus gesellschaftlichen Zwängen. Als Figuren, die die gewöhnliche (täuschende) Realität überschreiten und damit zu einer Freiheit der Taten und Entscheidungen finden, scheinen Martins Figuren trotz ihrer Negativität indes wesentlich freier konzipiert und damit den mittelalterlichen Helden, die Freiheit stattdessen als Freiheit zur Entscheidung und zur Tat kennen, in einer entscheidenden Hinsicht näher zu sein: Abenteuer und Freiheit bedingen sich bei ihm gegenseitig, und diese Bedingung tritt gerade in einem Verzicht auf Emanzipationsnarrative zutage – denn nur so ist das Handeln dieser Helden in genau jener Welt verortet, in der es lebensweltliche Konsequenzen zeitigt und mit voller Reife zur Verantwortlichkeit einhergeht, die als Antwort auf Campbells eher adoleszentes Narrativ zu verstehen ist.

Ob dieser Heroismus glaubhaft wird und ob sich daraus eine neue, für traumatische Erfahrungen offene Abenteuer-Romantik gewinnen lässt, kann zum Zeitpunkt der Niederschrift dieses Aufsatzes kaum gesagt werden. Im Rahmen der Serie, die diese Helden am Ende zu schnell, zu oberflächlich, unterkomplex und hektisch in Szene gesetzt hat, kommt dieser Versuch nicht scharf genug auf den Punkt – und insofern war auch die Fan-Enttäuschung gerechtfertigt. Inwiefern Martin in den Büchern mehr gelingen wird, bleibt offen.

Abbildungsverzeichnis